HALAL FOOD
PRODUCTION

할랄 식품
생산론

미안 리아즈·무함마드 챠드리 지음 | 조영찬 옮김

한울
아카데미

이 도서의 국립중앙도서관 출판예정도서목록(CIP)은 서지정보유통지원시스템 홈페이지
(http://seoji.nl.go.kr)와 국가자료공동목록시스템(http://www.nl.go.kr/kolisnet)에서 이
용하실 수 있습니다. CIP제어번호: CIP2016010752(양장), CIP2016010753(반양장)

HALAL FOOD

PRODUCTION

Mian N. Riaz

&

Muhammad M. Chaudry

HALAL FOOD PRODUCTION

by Mian N. Riaz & Muhammad M. Chaudry

서문

지난 수십 년간 서양의 식품 산업에서 할랄halal 이라는 단어는 아주 일상적인 용어가 되었으며, 이는 무엇보다 중동 및 동남아시아로의 식품 수출에서 기인한 것이다. '허용된' 혹은 '율법에 부합하는'이라는 뜻의 이 아랍어 의미는 아주 명확하다. 그럼에도 그것에 대한 실무적인 해석 방법은 식품 제조사뿐만 아니라 식품 수입 국가들 간에도 큰 인식 차를 드러낸다. 통상적으로, 식품공학과 학생들은 종교와 민족의 차이에 따른 식이食餌 요건을 교육받는 것이 아니라 단순히 코셔Kosher, 할랄, 채식주의와 같은 피상적 개념만을 습득하고 있다. 그럼에도 제품개발, 품질관리, 구매 및 기타 핵심 부서의 인력들은 고객의 수요에 부응하기 위해 앞에 언급된 개념들을 제대로 이해하고 학습할 것이 요구된다.

할랄이라는 주제에 관심 있는 독자를 위한 기존의 서적들은, 시장에 이미 출시된 식품 중에서 무슬림 소비자가 어떤 것을 취사선택할지 결정하는 데 도움을 주기 위한 것이었다. 식품 산업 자체를 대상으로 하여, 미국 및 해외 소비자 모두의 기대에 부합하는 식품을 생산하기 위해 업계에 필요한 정보를 제공하는 서적은 지금까지 없었다.

저자인 미안 리아즈Mian N. Riaz(대학교 교수)와 무함마드 챠드리Muhammad M. Chaudry(할랄 인증 기관 대표)는 식품 전문가에게 필수적인 할랄 관련 정보가 불충분하다는 것에 인식을 같이했다. 두 저자는 이 분야에서만 총 30년 이상의 실무 경력을 보유한 식품공학자들이다. 이 책은 할랄 식품 요건 및 할랄 인증에 관한 이들의 실무 경험과 지식의 집합체이다.

이 책은 할랄 식품 생산에서 고려되어야 할 기본 사항을 핵심적으로 제시하기 위해 쓰였으며, 식품공학자와 식품기술자 그리고 할랄 식품 산업에 종사하는 전문가들에게 좋은 지침서가 될 것이다. 여기에는 할랄 식품 법규, 할랄 식품 생산을 위한 일반 가이드라인, 미국 및 해외 할랄 식품 시장, 그리고 다른 국가들의 무역 및 수입 요건 등 풍부한 정보가 들어 있다. 또한 이 책은 육류, 가금류, 유제품, 생선, 수산물, 곡물, 과자류, 영양 보조 식품에 대한 구체적인 할랄 생산 요건을 다루고 있다. 할랄 식품 생산에서 젤라틴, 효소, 알코올, 기타 불분명한 원재료의 역할을 최대한 자세히 언급하며, 할랄 식품의 라벨 표시, 포장·코팅과 관련한 가이드라인도 예제와 함께 제시한다. 할랄 식품 생산의 새로운 의제인 생명공학 및 유전자 변형 조직GMO도 논의되었다. 관심이 높아지고 있는 동물성 사료에 대한 논란도 간략하나마 다루었다. 그 외에 할랄, 코셔, 채식주의 식품 생산의 차이를 설명하기 위해 장章 하나를 할애했으며, 자사 제품의 할랄 인증을 받고자 하는 식품 회사를 위해 할랄 인증 획득 절차가 기술되어 있다. 아울러, 이 책은 할랄 식품 가공업자가 지침으로 사용할 수 있도록 할랄 식품 관련 정보들을 담은 11개의 부록을 수록하고 있다.

어떤 분야의 할랄 식품 사업이든 상관없이, 현재 이 분야에 종사하고 있거나 혹은 앞으로 시작할 모든 사람에게 이 책이 유용한 정보 출처가 될 것이라 믿는다. 특히 새롭게 이 분야에 들어서는 사람의 경우, 이 책이 할랄 식품 가공을 위한 식품 원재료를 이해하고 이를 적절하게 선택할 수 있는 가이드로 작용할 것이다. 식품 원재료뿐 아니라 식품 서비스, 브랜드 완제품, 다이렉트 마케팅 분야에서 점차 성장하고 있는 할랄 식품 시장이라는 관점에서 볼 때, 이 책은 학계와 업계 모두에게 유용할 것이다.

이 책이 나오기까지 다양한 정보와 영감을 제공하고 이 책을 올바른 방향으로 완성할 수 있도록 이끌어준 모든 분들께 깊은 감사를 드린다.

차 례

chapter 1

서론

Introduction

식품업계 역시 다른 산업계와 마찬가지로 소비자의 수요와 기대에 부응한다. 오늘날 전 세계 모든 사람이 식품·건강·영양에 더욱 관심을 기울이고 있다. 그들은 칼로리, 콜레스테롤, 지방, 염분이 낮게 함유된 건강한 식품을 섭취하고자 한다. 대부분의 사람들은 농약이나 기타 인공 화학물질을 사용하지 않고 유기농법으로 생산된 식품에 관심을 보인다. 미국, 유럽 등 세계 각 지역의 민족적·종교적 다양성으로 인해 식품업계에서는 중국계, 일본계, 이탈리아계, 인도계, 멕시코계, 제7일 안식일 예수재림교 신자, 채식주의자, 유태인, 무슬림처럼 서로 다른 집단에 각각 적합한 식품을 제조하는 것이 바람직한 흐름이 되고 있다.

이슬람교는 세계에서 두 번째로 큰 종교이며 미국을 포함한 전 세계에서 가장 급속히 성장하고 있다. 미국에는 700만 명 이상의 무슬림이 살고 있으며(Cornell University, 2002), 전 세계 무슬림 인구는 약 13억 명이다(Chaudry, 2002). 2018년 미국의 무슬림 인구는 1220만 명에 달할 것으로 추정된다(USA Today, 1999). 이슬람은 단순히 종교의식에 그치는 것이 아니라 삶 그 자체를 대변한다. 율법과 규칙은 무슬림 개인의 삶을 좌우한다. 이슬람에서는 섭취 행위가 종교적 기도와 마찬가지로 하나님에 대한 경배의 하나로 간주된다. 무슬림은 이슬람 식이食餌 규율을 따르며, 이러한 규율에 부합하는 식품은 할랄(율법에 부합하거나 혹은 허용된 것)이라 불린다. 무슬림은 좋은 품질의 할랄 식품을 구하기 위해 노력해야 한다. 오직 할랄 식품만 섭취하는 것은 그들의 종교적 의무이다. 할랄 식품은 비非무슬림 소비자에게도 통상 최고의 품질 수준을 위해 특별히 선택되고 가공된 좋은 제품으로 인식된다.

전 세계 수많은 비무슬림 국가에서도 약 3~4억 명의 무슬림이 다양한 문화와 사회의 일부를 구성하면서 소수집단으로 살고 있는 것으로 추정된다. 그러한 지리적·민족적 다양성에도 불구하고, 모든 무슬림은 이슬람이라는 공통된 신념과 종교를 따른다. 무슬림에게 할랄은 대단히 중요하며 불가결한 종교적 준수 의무에 해당한다. 따라서 할랄은 무슬림이 삶을 영위하기 위한 하나의 보편적 기준을 구성한다.

할랄 식품이란 무슬림에게 금지된 성분이 들어 있지 않은 식품으로 정의할 수 있다. 코란(이슬람 경전)에 따르면, 몸에 좋고 깨끗한 모든 식품은 할랄에 해당한다. 결과적으로 코란과 순나Sunnah(예언자 무함마드의 삶, 활동 및 가르침)에 의해 구체적으로 금지된 것들을 제외한 거의 모든 식물성·동물성 식품이 할랄로 간주된다.

지금까지는 식품 제조사가 할랄 식품 생산을 이해하는 데 지침으로 삼을 만한 내용으로 종교와 생산 현업을 아우르는 책이 없었다. 이 책에서 다루는 특정한 기본 요건만 제외하면 할랄 식품 생산은 통상의 식품 제조와 유사하다. 할랄 식품은 몇몇 예외나 변경만 고려한다면 보통 식품 제조에 사용되는 것과 동일한 장비나 도구로 가공할 수 있다. 다음 장에서는 식품 제조사에 도움이 되는 할랄 식품 생산 요건을 열거하고, 이와 함께 무슬림 사회와 무슬림 시장에 관한 정보도 제공할 것이다.

이 책은 일반적인 할랄 법규, 다양한 제품 형태(육류 제품, 수산물, 유제품, 곡물류, 식품 원재료를 포함해)에 따른 생산 가이드라인, 라벨 표시, 생명공학, 그리고 기타 할랄 소비자의 관심사에 이르기까지 다양한 장으로 구성되어 있다.

이 책은 비무슬림도 이해할 수 있는 방식으로 할랄에 대한 율법과 규칙을 제시한다. 종교적 율법과 관련된 전문용어와 개념은 가능한 한 피했다. 관련 율법은 식품 산업과 동종업계를 위한 일반적인 가이드라인으로 재해석했다. 다음과 같은 몇몇 장은 현재 할랄 적용이 가장 두드러진다고 판단되는 특정 산업에 할애했다.

- **육류·가금류 제품**(Chapter 6) 이 제품군은 할랄 요건과 관련해 가장 엄격하게 규제되는 식품 산업 부문에 해당한다. 금지된 식품류 다섯 개 중에서 네 개가 여기에 포함된다.
- **유제품**(Chapter 7) 치즈 및 유청乳淸, whey 단백질은 비유제품 가공에 광범위하게 사용되어왔다. 레닛rennet 대체 물질이나 증량제 같은 키모신chymosin 타입 제품이 개발되기 전부터 돼지 유래 효소 사용을 둘러싸고 무슬림 사이에 촉발되었던 논란은 아직까지도 진행형이다. 우리는 특히 효소를 중심으로 이들 제품군의 할랄 요건을 균형 있게 조명하고자 했다.
- **생선과 수산물**(Chapter 8) 비록 국제무역에서는 그리 중요하게 여겨지지 않지만 무슬림 소비자에게 생선·수산물 제품은 다른 식품군보다 더욱 논쟁의 대상이 된다. 이 장에서는 다양한 형태의 생선, 조개류, 갑각류, 기타 수산물 제품의 할랄 여부에 대해 설명한다.
- **곡물 제품**(Chapter 9) 곡물 제품, 사탕, 기타 제품군은 무슬림 소비자 사이에서도 상대적으로 논쟁거리가 적기 때문에 간략하게 다루었다. 영양보조 식품(Chapter 10)은 세계 전역, 특히 동남아시아 국가들에서 할랄 인증 제품 수요가 높은 점을 고려해 별도로 기술했다.

■ **식품 원재료**(Chapter 14) 이 장은 식물·동물·미생물로부터 생산되거나 또는 합성 가공을 통해 생산되어 식품 산업 전반에 사용되고 있는 다양한 재료들을 다룬다. 특히 플레이버flavor, 아미노산, 오일 및 추출물, 그리고 혼합 제품을 별도로 집중 고찰했다. 추가적인 논의가 필요한 주요 식품 원재료들은 다음과 같이 별개의 장으로 구성했다. 젤라틴(Chapter 11), 효소(Chapter 12), 알코올(Chapter 13).

상이한 제품군에 대한 할랄 요건을 다루는 각각의 장에는 할랄 통제 포인트 HCP를 규명하기 위해 유해 식품 중점관리요소HACCP 개념이 차용되었다. 이러한 개념 차용의 목적은 식품 안전을 다루는 HACCP를 할랄 통제 포인트로 대체하고자 하는 것이 아니라, 할랄 준수를 위한 핵심 내용을 HACCP에 추가함으로써 해당 요건을 보완하기 위한 것이다. 할랄 통제 포인트는 이해하기 쉽도록 흐름도 형식으로 제시했다. 일선 회사는 이 책에서 제시한 가이드라인을 사용함으로써 자체적으로 할랄 통제 포인트를 구축하고 이것을 표준운영절차 SOP 내부 준수 규정의 하나로 포함시키는 것이 바람직하다.

할랄 식품의 마케팅과 무역 관련 사안들은 두 개의 장으로 구성했다.

첫 번째 장에서는 할랄 식품의 미국 국내 및 국제 교역에 대해 다루었으며, 다음 장에서는 무슬림 인구 분포와 할랄 관련 활동 내역과 함께 다양한 이슬람 국가들의 수입 요건에 대해 알아보았다.

마지막으로, 할랄 인증 획득 절차에 대한 정보를 수록했다. 이 책을 읽는 식품 제조사는 북미 지역에서의 이슬람과 무슬림, 그리고 그들의 식품 관련 이슈에 대한 믿을 만한 정보와 함께 '미국 이슬람 식품 영양 협의회IFANCA'(이하 IFANCA) 등 다수의 할랄 인증 기관에 대한 안목을 넓힐 수 있다. 이들 할랄 인증 기관은 전문적인 자문을 제공하며, 식품 산업 전문가가 이슬람 율법을 준수한 제품을 개발하도록 도움을 준다. 또한 인증 기관들은 할랄 식품, 소비자용 제품, 할랄 육류·가금류에 대한 감독과 인증을 실시한다. 실례로, 초승달과 영문자 M으로 구성된 IFANCA 등록상표인 할랄 인증마크Crescent M®를 다수의 제품 포장에서 어렵지 않게 찾아볼 수 있다. 무슬림 소비자 인구와 할랄 제품 수요를 감안한다면 제조사들이 할랄 제품을 공급하도록 하는 동기부여로는 충분할 것이다. 제품상의 할랄 표시는 전 세계 무슬림 소비자가 할랄 제품을 거리낌 없이 수용하게 하는 중요한 역할을 할 것이다. 할랄 식품 생산과 관련된 몇몇 핵심적인 정보 역시 이 책의 부록으로 구성되어 있는데, 여기에는 국제 식품 규격, 대표적 국가의 할랄 제품 라벨 표시에서의 영양 기준 및 가이드라인, E-넘버를 기준으로 한 범용 원재료의 할랄 여부, 할랄 산업생산 표준, 그리고 미국 몇몇 주의 할랄 식품법이 포함되어 있다.

참고 자료

Chaudry, M. M. 2002. Halal certification process, paper presented at *Market Outlook: 2002 Conference, Toward Efficient Egyptian Processed Food Export Industry in a Global Environment.* Cairo, Egypt.

Cornell University. April 2002. Study on American Muslim. survey sponsored by Bridges TV. Orchard Park, NY.

Facts, figures about Islam. 1999.6.25. "Muslim future: projected Muslim population in the USA." *USA Today,* p.12B.

할랄 식품 율법 및 규정
Halal food laws and regulations

할랄 식품 규율은 하나님(창조주)이 모든 사람을 위해 코란(성경)을 통해 무함마드(예언자)에게 내린 계시를 기본 지침으로 한다. 식품 규율은 하디스 Hadith(무함마드 언행록)에 기록된 순나(무함마드의 삶, 활동, 가르침)를 통해 설명되고 실생활에 적용되었다.

일반적으로, 이 세상의 모든 것은 사람이 사용하고 향유할 수 있도록 허락된다. 코란 구절이나 정통성 있는 순나에 의해 금지된 것을 제외하고는 모두 허용된다. 사람들은 이러한 샤리아Shariah 규칙(이슬람 율법)을 통해 하람Haram (금지된 것)을 제외한 어떤 것이든 자기가 원하는 것을 먹고 마실 수 있는 자유를 누린다.

이슬람 종교에서는 다음과 같은 다섯 가지 근간이 기둥 역할을 한다. ① 하나님 이외에는 다른 신이 없으며 무함마드가 그의 마지막 예언자임을 믿을 것. ② 하루에 다섯 차례 기도할 것. ③ 가난한 이에게 자카트zakat(자선)를 베풀 것. ④ 라마단 달에 금식할 것. 그리고 ⑤ 일생에 한 번은 메카로 성지순례를 행할 것(여건이 허락하는 한). 여기에 추가해, 다양한 가이드라인이 무슬림의 일상을 지배한다. 이 중 하나가 바로 건강 증진을 위한 일련의 식이법食餌法이다. 이러한 규칙은 신앙과 결부되므로 임신이나 투병 중에도 혹은 여행 중에도 항상 지켜져야 한다(Twaigery and Spillman, 1989). 무슬림의 삶은 할랄과 하람을 중심으로 돌아간다. 이러한 규칙은 단지 먹고 마시는 것에만 그치지 않고 그 사람의 생계 수단, 의상, 타인에 대한 태도에까지 적용되기 때문에 대단히 포괄적이다. 다만, 이 책에서는 주로 식품에 초점을 맞추고자 한다.

다양한 민족적·사회적·종교적 집단에서 음식은 가장 중요한 상호작용 요소로 간주된다. 각 집단은 자신들의 음식에 많은 관심을 기울이는데, 무슬림은 자신의 음식이 할랄 식품임을, 유대인은 자신의 음식이 코셔 식품임을, 힌두교인이나 불교도와 일부 특정 집단은 자신의 음식이 채식임을 분명히 하길 원한다.

무슬림은 음식 선택 시 명확한 가이드라인을 따르는데, 다음에서는 할랄 식품의 근본 원칙을 기술하고자 한다.

식품의 허용 여부에 관한 원칙

무슬림은 이슬람의 할랄(허용된 것)과 하람(금지된 것)에 관한 다음과 같은 11가지 일반 원칙을 실무 지침으로 삼고 있다(Al-Qaradawi, 1984).

- 기본적인 원칙은, 구체적으로 금지된 몇몇 예외를 제외하고는 하나님이 창조한 모든 것이 허용된다는 것이다.
- 율법에 부합하는지 어긋나는지에 대한 판단은 오직 하나님의 권한이다. 인간은 누구든 그 신앙의 독실함이나 권력의 정도에 관계없이 이러한 권한을 갖지 않는다.

- 허용된 것을 금지하거나 또는 금지된 것을 허용하는 행위는 자기가 하나님과 동격임을 주장하는 것과 유사하다.

- 무엇인가를 금지하는 기본적인 이유는 그것이 불결하고 유해하기 때문이다. 하나님이 금지한 것들이 왜 혹은 얼마나 불순하거나 유해한지에 대해 무슬림 개개인이 정확히 알 필요는 없다. 어떤 것에는 분명한 이유가 있을 수도 있으며, 또한 어떤 경우에는 그 이유가 모호할 수도 있다.

- 이미 충분히 많은 것들이 우리에게 허용되어 있으며, 금지된 것들은 굳이 없어도 되는 것들이다. 하나님은 더 좋은 대체물을 제공하고 있으며 오직 불필요하거나 없어도 되는 것들만 금지했다.

- '금지'되는 데 일조하는 모든 것들은 그 자체로서 금지에 해당된다. 만약 어떤 것이 금지된다면, 그것을 이끈 모든 것들 역시 금지된다.

- 율법에 어긋난 것을 율법에 부합한다고 허위로 표시하는 것은 금지된다. 하나님이 금지한 것을 얕은 변명을 통해 적법화하는 것은 율법에 부합하지 않는다. 마찬가지로 율법에 부합하는 것을 율법에 어긋난 것으로 표시하는 것도 금지된다.

- 하나님은 의도가 좋다고 해도 율법에 어긋난 것이라면 이를 수용하지 않는다. 믿는 자에게 허용되는 행위라 해도, 그것이 좋은 의도와 함께 할 때만 그 행위가 진정한 신앙 행위로 인정된다. 하람의 경우, 그 의도가 얼마나 좋든 그 목적이 얼마나 숭고하든 혹은 그 목표가 얼마나 높든 상관없이, 항상 하람으로 남는다. 이슬람은 칭찬받을 만한 목표를 달성하기 위한 경우라 하더라도 하람에 해당하는 수단을 동원하는 것은 배격한다. 실제로, 무슬림은 목표가 숭고해야 할뿐만 아니라 이를 달성하기 위해 선택된 수단 역시 적절할 것을 주장한다. "결말이 수단을 정당화한다" 혹은 "잘못된 행위를 통해서라도 자기의 권리를 확보하라"는 격언은 이슬람에서는 수용될 수 없다. 이슬람 율법은 어떤 권리든 오직 공정한 방

법을 통해서만 얻을 것을 요구한다.

- 의심스러운 것은 피해야 한다. 명확하게 율법에 부합하는 것과 명확하게 율법에 어긋난 것 사이에는 회색 지대가 존재한다. 이 영역이 바로 '의심스러운 것'에 해당한다. 이슬람에서는 의심스러운 것을 피하고 율법에 어긋나는 것들로부터 떨어져 있는 것이 무슬림의 독실한 행동으로 여겨진다. 무함마드는 다음과 같이 말했다(Sakr, 1994). "할랄은 분명하며 또한 하람도 분명하다. 이들의 중간에는 의심스러운 무엇인가가 있다. 대부분의 사람들은 이것이 할랄인지 혹은 하람인지 분간하지 못할 수 있다. 누구든, 그것들을 피하라. 그렇게 하는 것이 자신의 종교와 양심에 비추어 결백한 것이다. 이렇게 함으로써 안전을 얻게 될 것이다. 의심스러운 무엇인가에 연관된 사람은 누구든 율법에 어긋나게 되어 결국 금지된 것에 빠져들 수 있다. 이는 제한구역 근처로 사육동물을 방목하려는 자와 마찬가지가 될 것이며, 결국 그 안으로 발을 들여놓게 될 것이다. 실로 알라가 금지한 것들은 율법에 어긋난 것이니라."

- 율법에 어긋난 것들은 모든 사람에게 동일하게 금지된다. 이슬람 율법은 모든 인종과 종파, 성별에 상관없이 보편적으로 적용된다. 어떠한 특권계급도 우대하지 않는다. 실제로도 이슬람에서는 특권계급이 존재하지 않으며, 따라서 특권층 우대라는 문제는 발생하지 않는다. 이러한 원칙은 무슬림 사이뿐만 아니라 무슬림과 비무슬림 사이에도 적용된다.

- 긴요성은 예외 판단에 영향을 가져올 수 있다. 이슬람에서 금지되는 범위는 아주 협소하지만, 그러한 금지 규약의 준수는 매우 강하게 요구된다. 이와 동시에, 이슬람은 생명의 위급성, 사안의 중대성, 혹은 인간이 직면하는 나약함과 능력의 한계를 간과하지 않는다. 무슬림은 불가피한 상황에서 그 필요가 해소되고 이를 통해 생존을 유지할 수 있는 정도까지는 금지된 음식을 먹는 것이 허용된다.

식품의 허용 여부를 설명하는 데는 다음과 같은 다섯 가지 용어가 사용된다.

- 할랄이란, 허용되며 또한 율법에 부합하는 것을 의미한다. 이 개념은 단지 육류와 가금류뿐만 아니라 그 외 식품, 화장품, 개인위생 제품에도 적용된다. 또한 이는 개인의 행동, 공동체와의 상호 교류에도 적용된다.
- 하람이란, 금지된 것을 의미한다. 이는 직접적으로 할랄의 반대 의미에 해당한다.
- 마쉬부흐Mashbooh는 불분명하거나 혹은 의심스러운 것들을 말하며, 이는 학자들의 견해 차이로 인한 경우도 있고 또는 식품의 미확인 원재료로 인한 것일 수도 있다.
- 마크루흐Makrooh는 일반적으로 식품에 대한 소비자의 반감과 관련된 개념이며, 명확히 하람에 해당하지는 않지만 일부 무슬림이 선호하지 않는 것을 가리킨다.
- '자비하Zabiha' 혹은 '다비하Dhabiha'는, 아흘룰 키탑Ahlul Kitab(유대인이나 기독교인)이나 비종교인에 의해 도축된 육류와 대비해, 무슬림에 의해 도축된 육류를 구분하기 위해 미국 무슬림이 자주 사용하는 용어이다.

할랄과 하람

일반적인 코란 지침에 따르면, 구체적으로 하람이라고 언급된 것을 제외한 모든 식품은 할랄이다. 무슬림 경전인 글로리어스 코란(Pickthall, 1994) — 아랍어 원문 및 영어 해설판 — 에 의하면 모든 음식은 원칙적으로 율법에 부합하도록 만들어졌다.

믿는 자들이여! 너희에게 부여한 것들 중 좋은 음식을 골라 먹고, 또한 하나님께 감사하며 (실로) 그 분만을 경배하라.

제2장 172절

원문 O ye who believe! Eat of the good things wherewith We have provided you, and render thanks to Allah, if it is (indeed) He whom ye worship.

율법에 어긋난 음식은 다음과 같은 구절에서 구체적으로 언급되어 있다.

하나님은 오직 부패한 고기, 피, 돼지고기, 그리고 하나님 이외의 대상에게 (이름으로) 제물로 바쳐진 동물을 금지하셨다.

제2장 173절

원문 He hath forbidden you only carrion, and blood, and swine flesh, and that which hath been immolated to (the name of) any other than Allah…

너희에게 금지된 것(음식)은 부패한 고기, 피, 돼지고기, 하나님께 바쳐지지 않은 동물, 목 졸려 죽은 것, 맞아서 죽은 것, 높은 곳에서 떨어져 죽은 것, 뿔에 (받혀서) 죽은 것, (치명타를 가해) 율법에 부합하도록 만든 경우를 제외하고 야수가 먹다 남은 것, 그리고 우상에게 제물로 바쳐진 것들이다. 또한 점괘를 건 화살로 인해 저주를 받은 것 (역시 금지된다). 이것들은 혐오스러운 것이다…

제5장 3절

원문 Forbidden unto you (for food) are carrion and blood and swine flesh, and that which hath been dedicated unto any other than Allah, and the strangled, and the dead through beating, and the dead

> through falling from a height, and that which hath been killed by (the goring of) horns, and the devoured of wild beasts saving that which ye make lawful (by the death-stroke) and that which hath been immolated unto idols. And (forbidden is it) that ye swear by the divining arrows. This is an abomination···

알코올과 기타 취하게 하는 물질의 음용은 다음과 같은 구절에 의해 금지된다.

> 믿는 자들이여! 독한 술과 도박, 그리고 우상숭배와 점괘를 건 화살은 사탄이 만든 술수의 다른 이름일 뿐이니라. 너희가 번성하기 위해서는 그것들을 피하라.
>
> 제5장 90절
>
> 원문   O ye who believe! Strong drink and games of chance, and idols and divining arrows are only an infamy of Satan's handiwork. Leave it aside in order that ye may succeed.

육류는 식품군 중에서 가장 엄격하게 규제되는 항목이다. 피, 돼지고기, 죽은 동물의 고기 혹은 하나님 이외의 대상에게 제물로 바쳐진 것들만 강력하게 금지되는 것이 아니라, 할랄 동물 역시 도축할 때 하나님의 이름을 소리 내면서 도축하도록 요구된다.

> 너희가 믿는 자들이라면, 하나님의 이름이 언급된 것만을 먹어야 한다.
>
> 제6장 118절
>
> 원문   Eat of that over which the name of Allah hath been mentioned, if ye are believers in His revelations.

> 하나님의 이름이 언급되지 않은 것은 먹지 마라! 그것은 혐오스러운 것
> 이다. 사탄은 자신들의 추종자가 너희와 논쟁을 하도록 부추긴다. 만약
> 너희가 그것에 굴복한다면, 너희는 진실로 우상숭배자가 될 것이다.
>
> 제6장 121절
>
> 원문 And eat not of that whereon Allah's name hath not been
> mentioned, for lo! It is abomination. Lo! the devils do inspire their
> minions to dispute with you. But if ye obey them, ye will be in
> truth idolaters.

따라서 무슬림은 정결하고 깨끗하다면 어떠한 음식이든 먹을 수 있지만 다음과 같은 부류 및 그것들로부터 파생되거나 오염된 것들은 제외된다.

- 부패한 고기 혹은 죽은 동물
- 흐르고 있거나 응고된 피
- 돼지고기 및 모든 부산물
- 하나님의 이름을 소리 내지 않으면서 도축된 동물
- 도체屠體로부터 피가 완전히 방출되지 않는 방식으로 도축된 동물
- 하나님 이외의 이름을 소리 내면서 도축된 동물
- 알코올과 약물을 포함해, 모든 형태의 취하게 하는 물질
- 사자, 개, 늑대 혹은 호랑이와 같이 송곳니를 가진 육식동물
- 매, 독수리, 올빼미 혹은 수리 조류와 같이 날카로운 발톱을 가진 조류 (육식성 조류)
- 개구리나 뱀 같은 육상동물

이슬람 식품(식이)법은 코란 구절, 하디스 그리고 이에 대한 무슬림 학자들

의 설명과 해설을 통해 추론된다. 글로리어스 코란에서 식음료에 관해 언급된 추가적인 구절은 다음과 같다.

사람들이여! 지구상에 있는 것 중 율법에 부합하고 유익한 것을 먹되, 사탄의 발자취는 따르지 마라. 사탄은 실로 너희들의 공공연한 적이다.

제2장 168절

원문 O' mankind! Eat of that which is lawful and wholesome in the earth, and follow not the footsteps of the devil. Lo! he is an open enemy for you.

믿는 자들이여! 너희에게 주어진 바를 다하라. …… 를 제외하고 가축은 너희들에게 (음식으로) 허락되었다.

제5장 1절

원문 Oh ye who believe! Fulfill your indentures. The beast of cattle is made lawful unto you (for food) except…

사람들이 자기들에게 율법으로 허락된 것이 무엇인지를 그(무함마드)에게 물으니, 이에 말하기를 (모든) 좋은 것들이 너희들에게 율법으로 허락된다. 또한 사냥개를 조련하듯 너희들이 훈련시킨 맹수와 맹금류 역시, 하나님이 너희에게 가르친 것을 그것들에게 가르친 것이므로, 그것들이 너희를 위해 사냥해온 것들을 먹되, 그것에 대고 하나님의 이름을 소리 내고 또한 하나님에 대한 너의 의무를 다하라. 하나님은 사리에 밝으시다.

제5장 4절

원문 They ask thee (O Muhammad) what is made lawful for them. Say: (all) good things are made lawful for you. And those beasts and birds of prey which ye have trained as hounds are trained, ye teach them that which Allah taught you; so eat of that which they catch for you and mention Allah's name upon it, and observe your duty to Allah. Allah is swift to take account.

오늘날 너희에게는 (모든) 좋은 것들이 율법으로 허락되었다. 성서를 받은 자들(유대인과 기독교인을 말함 — 옮긴이)의 음식은 너희에게 율법으로 허락되며, 또한 너희의 음식은 그들에게 허락되니……

제5장 5절

원문 This day are (all) good things made lawful for you. The food of those who have received Scripture is lawful for you and your food is lawful for them…

믿는 자들이여! 하나님이 너희에게 율법으로 허락한 좋은 것들을 금지하지 말며, 또한 그 정도를 넘지 마라. 하나님은 도가 지나친 자를 사랑하지 않는다.

제5장 87절

원문 Oh ye who believe! Forbid not the good things, which Allah had made lawful for you, and transgress not. Lo Allah loveth not transgressors.

하나님이 너희에게 음식으로 하사한 것 중 율법에 부합하는 좋은 것을 먹되, 너희가 믿고 따르는 하나님에 대한 의무를 준수하라.

제5장 88절

원문 Eat of that which Allah hath bestowed on you as food lawful and good, and keep your duty to Allah in whom ye are believers.

하나님의 이름이 언급되며 도축된 것을 너희들이 어찌 먹지 않을 수 있겠는가? 너희가 강요당하는 경우를 제외하고, 너희에게 금지된 것이 무엇인지 그때 이미 하나님이 설명했거늘.

제6장 119절

원문 How should ye not eat of that over which the name of Allah hath been mentioned, when he hath explained unto you that which is forbidden into you, unless ye are compelled thereto.

하나님의 이름이 언급되지 않은 것은 먹지 마라! 그것은 혐오스러운 것이다. 사탄은 자기들의 추종자로 하여금 너희와 논쟁을 하도록 부추긴다. 만약 너희가 그것에 굴복한다면, 너희는 진실로 우상숭배자가 될 것이다.

제6장 121절

원문 And eat not of that whereon Allah's name hath not been mentioned, for lo! It is abomination. Lo! the devils do inspire their minions to dispute with you. But if ye obey them, ye will be in truth idolaters.

가축의 경우, 하나님은 일부는 짐을 싣기 위해 또 일부는 식용으로 쓰기 위해 만드셨다. 하나님이 너희에게 수여한 것을 먹되, 사탄의 발자취는 따르지 마라. 사탄은 실로 너희들의 공공연한 적이다.

제6장 142절

And of the cattle he produceth production some for burden and some for food; Eat of that which Allah hath bestowed upon you, and follow not the footsteps of the devil, for lo! he is an open foe to you.

말하기를 "부패한 고기, 흘러나오는 피, 돼지고기 — 진실로 악취가 나는 — 혹은 하나님 이외의 이름으로 제물로 바쳐진 혐오스러운 것들을 제외하고는, 나는 그것을 먹는 것을 금하도록 명하라는 계시를 받지 못했다. 그러나 (금지된 것들을 먹도록) 강요당한 사람이 이를 자청했거나 혹은 적절한 정도를 넘은 경우가 아니라면, 너희 주님은 (그에 대해) 실로 너그럽고 자비롭다."

제6장 145절

원문 Say: "I find not in that which is revealed unto me ought prohibited to an eater that he eat thereof except it be carrion, or blood poured forth, or swineflesh — for that verily is foul — or the abomination which was immolated to the name of other than Allah. But who so is compelled (there to), neither craving nor transgressing, (for him) Lo! Your Lord is forgiving, merciful."

그러므로 율법에서 허락된 좋은 음식을 먹되, 그것은 하나님이 너희에게 제공한 것이니, 너희가 그를 섬긴다면 주님의 관대함에 감사하라.

제16장 114절

원문 So eat of the lawful and good food, which Allah has provided for you and thank the bounty of your Lord if it is Him ye serve.

하나님은 너희에게 부패한 고기, 피, 돼지고기 그리고 하나님 이외의 이름으로 제물로 바쳐진 것들을 금지했다. 그러나 그렇게 하도록 이끌린 자

에 대해서는, 이를 자청했거나 혹은 적절한 정도를 넘은 경우가 아니라면,
너희 주님은 실로 이에 대해 너그럽고 자비롭다.

제16장 115절

원문 He hath forbidden for you only carrion, and blood and the
swine flesh, and that which hath been immolated in the name of any
other than Allah; but he who is driven thereto, neither craving nor
transgressing, Lo! then Allah is forgiving, merciful.

주된 하람 식품은 돼지고기, 알코올, 피, 죽은 동물 그리고 하나님 이외의 이름이 언급되며 도축된 동물이다. 또한 할랄 품목에 해당되지만 하람 물질에 의해 오염되었거나 혹은 하람과 혼합된 것도 금지된다. 일반적으로, 대부분의 무슬림은 하나님의 이름으로 도축되지 않은 육류·가금류는 하람으로 취급하거나 혹은 잘해야 마크루흐로 간주한다.

금지의 근거

이슬람 신앙에서, '알라Allah'는 '전능하신 하나님'이다. 그에게 동료는 따로 없다. 무슬림이 되는 첫 번째 요건은 다음을 선언하는 것이다. "하나님(알라) 이외에는 다른 신이 없다." 따라서 모든 것은 하나님에게 봉헌되어야 한다. 이러한 사실에는 이의를 제기할 수 없으며, 이에 대한 설명 역시 필요하지 않다. 앞에 나열한 부류들에 대한 금지의 근거는, 전적으로 엄격하게 코란의 지침에 따른다. 하지만 일부 과학자들은 자신들의 과학적 지식에 근거해 이들 금지 사항을 다음과 같이 설명 혹은 정론화하려고 시도한 바 있다.

- 부패한 고기와 죽은 동물은 그 부패 과정을 통해 사람에게 유해한 화학 성분이 형성되기 때문에 사람에게 부적당하다(Awan, 1988).
- 도체로부터 흘러나온 피에는 유해한 박테리아, 대사 물질 및 독소가 함유되어 있다(Awan, 1988; Hussaini and Sakr, 1983).
- 돼지고기는 사람 몸에 침투하는 병원성 기생충의 매개체로 작용한다. 선모충Trichinella spirails, 旋毛蟲과 유구조충Taenia solium, 有鉤條蟲의 감염은 드문 일이 아니다. 돼지고기 지방산의 구성은 사람의 지방 및 생화학 체계와 양립할 수 없는 것으로 알려져 있다(Awan, 1988; Hussaini and Sakr, 1983; Sakr, 1993).
- 취하는 것은 감각 및 판단력에 영향을 줌으로써 신경 체계에 유해하다고 여겨진다. 많은 경우, 이는 사회적·가정적 문제를 야기하며 심하면 생명을 잃게도 한다(Al-Qaradawi, 1984; Awan, 1988).

하지만 이와 같은 설명 자체의 설득력 유무에 상관없이 이러한 금지를 둘러싼 저변의 기본 원칙은 신성 명령으로 유지되고 있으며, 코란의 여러 부분에서 나타난다. "너희에게 금지된 것은……"과 같은 구절은 무슬림 신자에게 지침이 된다.

현대 산업환경 실무 기준에 따른 주요 금지 사항의 해석 방법

이제부터 할랄 관련 율법이 실무적으로는 어떻게 해석되는지 알아본다.
- **부패한 고기 및 죽은 동물** 일반적으로 부패한 고기를 먹는 것은 인간으로서의 품위에 반하는 것으로 인식되며, 따라서 대부분의 현대 문명사회에서는 누구도 부패한 고기를 먹지 않을 것이다. 하지만 식용 대상 동물

이 적절하게 도축되기도 전에 기절 충격으로 인해 죽는 경우는 언제든 발생할 수 있다. 이러한 사례는 북미 지역보다는 유럽에서 더욱 흔한데, 그렇게 죽은 동물의 고기는 무슬림이 소비하기에 적절하지 않다(Chaudry, 1992).

- **적절한 도축 방식** 동물 도축에 대해서는 엄격한 요건이 존재한다. 해당 동물은 반드시 소, 양 등의 할랄 동물이어야 하며, 반드시 적정 연령의 무슬림에 의해 도축되어야 하고, 도축 시점에 하나님의 이름을 소리 내야 한다. 또한 신속하게, 완전한 방혈이 되도록, 최대한 빨리 죽음에 이르게 하기 위해 동물의 목을 베는 방식으로 도축이 행해져야 한다.

아울러 기타 다른 조건들 역시 준수되어야 한다. 여기에는 동물에 대한 사려 깊은 배려가 포함되는데, 갈증을 해소하기 위해 마실 물을 주거나 날카로운 칼을 사용하는 것 등을 들 수 있다. 이러한 요건을 통해 도축 준비와 진행 과정에서의 동물에 대한 인도적 대우가 보장될 수 있다. 또한 모든 부산물이나 파생 원재료가 무슬림 소비에 적합하려면, 이처럼 적절하게 도축된 동물로부터 얻어져야 한다.

- **돼지** 돼지고기, 비계 및 그 부산물이나 파생 원재료는 절대적으로 무슬림의 소비가 금지된다. 돼지고기로 인한 교차 오염 가능성은 철저하게 방지되어야 한다. 실제로 이슬람에서 이러한 금지는 단지 먹는 것에만 그치지 않는다. 무슬림은 돼지나 기타 하람 매개체를 사거나 팔거나 사육하거나 운반하거나 도축하거나 혹은 어떤 식으로든 그것들로부터 직접 이익을 취해서는 안 된다.
- **피** 일반적으로 흘러나오는 피(액체 상태의 혈액)는 시장에 판매용으로 나오지 않지만, 피나 그 파생 원재료를 사용해 만든 제품들은 판매될 수

있다. 종교학자들의 일반적인 견해에 따르면, 무엇이든 피를 사용해 만든 것은 무슬림 율법에 부합하지 않는다.

- **알코올 및 기타 취하게 하는 물질** 와인, 맥주, 독한 술 같은 알코올성 음료는 엄격하게 금지된다. 알코올성 음료가 일정량 첨가된 식품 역시, 당연히 불결한 것이 되기 때문에 금지된다. 사람의 정신, 건강, 전반적인 행동에 영향을 미치는 비의료용 약물과 기타 취하게 하는 물질 역시 금지된다. 이것들을 직접 음용하든 혹은 음식과 혼합해 섭취하든 모두 허용되지 않는다. 하지만 Chapter 13에서 논의하는 바와 같이, 자연적으로 발생된 알코올이나 식품 제조 공정에 사용된 알코올에 대해서는 일정한 허용치가 부여된다.

편의상 식품은 할랄 여부를 가늠하고 업계용 가이드라인을 정하기 위해 다음과 같은 네 개의 대그룹으로 분류한다.

- **육류 및 가금류** 이 그룹은 다섯 개의 하람(금지) 부류 중 네 개를 차지한다. 따라서 여기에는 엄격한 제한조건이 적용된다. 대상 동물은 반드시 할랄 동물이어야 한다. 돼지를 이슬람 방식으로 도축했다고 해서 이를 할랄이라고 할 수는 없다. 대상 동물은 하나님의 이름이 불리는 가운데 정상적인 정신 상태의 무슬림에 의해 도축되어야 한다. 경정맥, 경동맥, 기도, 식도를 절단하기 위해 반드시 날카로운 칼이 사용되어야 하며, 피는 완전히 방출되어야 한다. 이슬람은 동물에 대한 인도적 대우를 매우 강조하므로 전술한 과정을 거쳐 대상 동물이 완전히 죽기 전에는 절대 해체 작업이 진행되어서는 안 된다.
- **생선 및 수산물** 생선 및 수산물에 대한 수용 정도를 결정하기 위해서는, 서로 다른 지역에 살고 있는 무슬림의 문화적 관습에 대한 이해는 물론

이고, 상이한 교파 간 이슬람 율법학자의 규칙에 대한 이해가 선행되어야 한다. 비늘이 있는 생선은 모든 무슬림이 수용한다. 하지만 일부 집단은 메기처럼 비늘이 없는 생선은 인정하지 않는다. 연체동물, 갑각류 등의 수산물에 대해서는 무슬림 간에 더욱 큰 이견이 존재한다. 실제로 수산물 플레이버가 함유된 제품을 수출하는 경우, 세계 각 대상 지역의 요건을 잘 숙지해야 한다.

- **유제품 및 난제품**邪製品 할랄 동물로부터 얻은 것은 할랄이다. 서양의 대표적인 동물 젖은 우유이며, 대표적인 알 제품은 달걀이다. 그 외의 모든 유제품과 난제품은 제품 라벨에 출처 동물을 표시해야 한다. 동물 젖과 동물의 알로 제조되는 제품은 아주 다양하다. 동물 젖은 치즈, 버터, 크림을 제조하는 데 사용된다. 대부분의 치즈는 다양한 효소를 사용해 제조되는데, 이때 쓰이는 효소가 미생물을 사용했거나 혹은 할랄 도축된 동물을 사용했다면 그 치즈는 할랄이다. 그러나 이러한 효소가 만약 돼지로부터 유래되었다면 하람 치즈이며, 비할랄 도축 동물로부터 얻었다면 의심스러운 것에 해당한다. 마찬가지로, 규명되지 않은 원료로부터 획득된 유화제, 항곰팡이제, 기타 기능성 원재료로 제조된 유제품과 난제품 역시 무슬림이 소비하기에는 의심스럽다.

- **식물 및 채소류** 알코올성 음료나 기타 취하게 하는 것을 제외하고, 일반적으로 이들 재료는 할랄에 해당한다. 하지만 근래에는 동일한 설비를 사용해 식물 및 채소류와 육류 가공이 하나의 플랜트plant에서 이뤄질 수 있으며, 이로 인한 교차 오염의 가능성이 높아지고 있다. 또한 채소류 가공에는 동물로부터 유래된 특정 기능성 원재료가 사용될 수 있는데, 이 경우 해당 제품은 의심스러운 것이 된다. 따라서 식물성 식품의 할랄 적격을 유지하기 위해서는 가공 보조제와 생산 방법에 대한 주의 깊은 모니터링이 요구된다.

할랄 식품 율법에 관한 이 장에서의 고찰을 통해, 실제 식품의 할랄이나 하람 여부는 몇 가지 요소들로 결정된다는 것을 알 수 있었다. 이러한 적격성은 그 본연의 성질, 가공 방법 그리고 획득 방법에 따라 좌우된다. 예를 들어, 돼지로부터 얻은 모든 제품은 그 재료 자체가 하람이기 때문에 당연히 하람으로 간주된다. 마찬가지로 이슬람 방식으로 도축되지 않은 동물로부터 얻은 육류는 허용될 수 없는 것으로 여겨진다. 물론, 도둑질한 음식이거나 혹은 이슬람 교리에 어긋나는 방법으로 얻은 것들 역시 하람에 해당한다. 독이 있거나 취하게 하는 식품과 음료는, 비록 적은 양이라 하더라도 건강에 유해하기 때문에 명백하게 하람에 해당한다.

참고 자료

Al-Qaradawi, Y. 1984. *The Lawful and Prohibited in Islam*. Beirut, Lebanon: The Holy Quran Publishing House.

Awan, J. A. 1988. "Islamic food laws. I. Philosophy of the prohibition of unlawful foods." *Sci. Technol. Islam. World,* 6(3), 151.

Chaudry, M. M. 1992. "Islamic food laws: philosophical basis and practical implications." *Food Technol.,* 46(10), 92, 93, 104.

Hussaini, M. M. and A. H. Sakr. 1983. *Islamic Dietary Laws and Practices*. Bedford Park, IL.: Islamic Food and Nutrition Council of America.

Pickthall, M. M. 1994. *Arabic text and English rendering of The Glorious Quran*. Chicago, IL: Library of Islam, Kazi Publications.

Sakr, A. H. 1993. "Current issues of Halal foods in North America." *Light*. May/June, 3(3), 22-24.

_____. 1994. "Halal and Haram defined." *In: Understanding Halal Foods-Fallacies and Facts*. Lombard, IL.: Foun-dation for Islamic Knowledge.

Twaigery, S. and D. Spillman. 1989. "An introduction to Moslem dietary laws." *Food Technol.,* 7, 88-90.

chapter 3

할랄 식품 생산 일반 가이드라인

General guidelines for halal food production

Chapter 2에서 할랄 율법을 살펴보았고, 이제 해당 법규가 실제 할랄 식품 생산 현장에서 어떻게 적용되는지 설명하고자 한다. 이번 장에서 제시되는 가이드라인은 성격상 일반적인 것들이며, 상이한 제품 형태에 따른 구체적인 가이드라인은 다음 장에서 기술하겠다. 할랄 여부를 판정하고 할랄 생산·인증의 가이드라인을 설정하기 위해 식품은 크게 네 개의 집단으로 분류한다.

육류와 가금류

무슬림은 오직 할랄 동물의 고기만 먹을 수 있음은 이미 주지한 바와 같다. 할랄 방식으로 도축될 수 있는 대상은 반드시 할랄 동물종이어야 한다. 또한 하나님의 이름이 불리는 가운데 정상적인 정신 상태의 성인 무슬림에 의해 도축되어야 한다. 피를 완전히 방출하고 신속히 사망에 이르도록 목을 절단하기 위해 반드시 날카로운 칼이 사용되어야 한다. 이슬람은 동물에 대한 인도적 대우를 매우 강조한다. 대상 동물들은 인도적인 여건에서 사육·운반·취급·수용되어야 한다. 하지만 이것들은 단지 권장되는 조치 사항일 뿐이며 동물에 대한 부적절한 취급으로 그 고기가 하람이 되는 것은 아니다. 미국과 캐나다에서는 비종교적 도축에 앞서 동물을 기절시키는 것이 일반적으로 허용되며, 이때 쓰이는 기절 방법은 통상 치명적 수준은 아니다. 많은 유럽 국가의 경우, 기절시키는 형태와 강도로 인해 방혈되기도 전에 죽는 수가 있는데 이런 경우는 할랄로 인정되지 않는다. 나아가, 도체의 해체 작업(예컨대 뿔, 귀, 다리를 절단하는 것)은 동물이 완전히 죽기 전에 실시되어서는 안 된다(Chaudry, 1997).

▌도축 요건과 방법(다브흐 혹은 자브흐*)

다브흐Dhabh는 사람들이 그 고기를 먹을 수 있게 하기 위해 명확히 정해놓은 도축 방법을 말한다. 아랍어에서 다브흐는 순수를 뜻하거나 또는 어떤 것을 좋게 정화하는 것을 의미한다. 다브흐 방식은 아랍어로 다카트Dhakaat라고도 불리는데, 이는 순수 혹은 어떤 것을 완전화시키는 것을 의미한다.

샤리아(법제) 요건에 부합하는 다브흐를 실시할 때 다음과 같은 요건이 충족되어야 한다.

❶ **도축하는 사람**　다브흐를 실시하는 사람은 정상적인 정신 상태의 성인 무슬림이어야 한다. 남성이든 여성이든 가능하다. 만약 무엇인가에 취해 있거나 혹은 정신력이 결여되어 행위능력이 부족하거나 없는 사람은 할랄 도축을 실시해서는 안 된다. 우상숭배자, 믿음이 없는 자, 혹은 이슬람 배교자가 도축한 동물의 고기는 허용되지 않는다.

• 다브흐와 자브흐(Zabh)는 동일한 의미로서 소리만 다르다. 이는 도축 수단과 조건을 의미한다 〔이들 단어는 달리 '다비하(Dhabiha)' 혹은 '자비하(Zabiha)'라고도 불림 — 옮긴이〕.

❷ 도구　다브흐를 실시할 때 사용되는 칼은 피부를 신속히 절개하고 피가 즉시 흘러나올 수 있도록, 즉 다량의 방혈이 즉시 될 수 있도록 하기 위해 극도로 예리해야 한다. 무함마드가 말하기를, "하나님은 실로 모든 것에서 능숙한 정도를 설명해놓았다. 그렇기 때문에 만약 너희가 죽이려면, 잘 죽이도록 하라. 또한 만약 너희가 다브흐를 행하려면, 잘 행하도록 하라. 너희 각자가 칼날을 예리하게 하고, 죽게 되는 동물이 받는 고통을 줄이도록 하라"(Khan, 1991). 무함마드는 피하층까지만 절개하고 경정맥은 절단하지 않는 방식으로 동물을 죽이는 도구는 사용하지 못하도록 했다고 전해진다. 또한 도축될 동물의 앞에서 칼을 갈지 않는 것 역시 전통이다.

❸ 절단　절단은 목의 하단부 중에서 성대 바로 아랫부분의 적절한 지점에서 행해져야 한다. 전통적으로 낙타는 목의 어떤 부분이든 상관없이 절단해서 도축했다. 이 과정을 나흐르Nahr라고 부르는데, 이는 목 내부의 빈 공간을 찌르는 것을 의미한다. 하지만 현대의 규제화된 방식과 기절 과정을 감안한다면 이는 더 이상 적절하지 않게 되었다. 경정맥과 경동맥을 절단하는 것에 추가해 기도와 식도 역시 절단되어야 한다. 척수는 절단되어서는 안 되며, 따라서 머리가 완전히 절단되는 것은 아니다. 각 동물마다 개별적으로 도축 기도가 행해지지 않는 것을 제외하고는, 코셔에서의 도축 방식이 위에 설명한 전통적인 다브흐 방식과 아주 유사하다는 사실은 매우 흥미롭다.

❹ 도축 기도　타스미야Tasmiyah 혹은 도축 기도는 목을 절단하기 전에 '비스밀라BISMILLAH'(알라의 이름으로) 혹은 '비스밀라 알라후 아크바르BISMILLAH ALLAHU AKBAR'(하나님의 이름으로, 하나님은 위대하다)라고 소리 내어 하나님의 이름을 부르는 것을 의미한다. 도축 기도에 대해서는 초기 3대 율법학자 간에 이견이 존재한다. 이맘 말리크Imam Malik에 따르면, 도축 시점에 대상 동물에 대고 하나님의 이름을 부르지 않는다면 그 고기는 하람이 되어 식용이 금지되고, 이때 '비스밀라'를 고의로 생략했는지 혹은 실수로 누락했는지 여부는 상관하

지 않는다. 율법학자 아부 하니파Abu Hanifah에 따르면, '비스밀라'를 고의로 안 했을 때에만 그 고기가 하람이 되며, 만약 실수로 누락했다면 할랄에 해당한다. 이맘 샤피이Imam Shaf'ii에 따르면, 도축을 행하는 사람이 다브흐를 실시할 자격이 있는 한, 도축 전에 '비스밀라' 소리를 내지 않은 것이 고의든 고의가 아니든 상관없이 그 고기는 할랄이다(Khan, 1991).

그렇다고 이러한 전통적 견해들을 근거로, 다브흐를 실시할 때 하나님의 이름을 부르는 행위를 생략해도 된다고 오해해서는 안 된다. 실제로, 전통적 견해는 하나님의 이름을 부르는 것이 광범위하게 인지된 사실이며 또한 다브흐의 필수 요건으로 인정되었음을 강조하고 있다(Khan, 1991).

▎동물을 도축할 때 지탄받는 행위

- 동물을 먼저 바닥에 눕혀 놓은 다음 칼을 가는 것은 지탄받을 일이다. 예언자 무함마드가 누군가의 옆을 지나가는데, 그는 염소를 바닥에 던져 자기 발로 염소 머리를 밟은 채 그 동물이 보는 앞에서 칼을 갈고 있었다고 전해진다. 예언자는 말하기를, "이 염소는 도축되기도 전에 이미 죽임을 당하고 있지 않은가? 당신은 왜 두 번 죽이려고 하는가? 다른 동물이 보는 앞에서 동물을 죽이거나 또는 그 앞에서 칼을 갈아서는 안 된다"고 했다(Khan, 1991).

- 칼이 척수에 닿을 정도로 깊게 절단하거나 또는 동물의 머리를 완전히 절단하는 것은 지탄받을 일이다. 남아시아의 경우, 머리를 자른다는 의미로 사용되는 용어가 자트카Jhatka인데, 이는 보통 동물을 목 뒤에서 내려치거나 혹은 일격을 강타해 죽이는 방법을 일컫는다. 일반적으로 무슬림 사회에서는 이런 방식으로 죽이는 것을 혐오한다.

- 동물의 목을 부러뜨리거나, 또는 경련을 일으키고 있거나 아직 숨이 완전히 끊어지기 전에 가죽을 벗기거나 해체를 시작하는 것은 지탄받을 일

이다. 무함마드는 말하기를, "동물의 숨이 끊어지기 전에 (그 동물의) 영혼을 경솔하게 취급해서는 안 된다"고 했다(Khan, 1991). 간혹 속도를 앞세우는 상업적인 도축장에서는 동물이 아직 살아 있는 것으로 보이는 도중에 이미 뿔, 귀, 앞다리에 대한 제거를 시작하는 경우가 있다. 이는 다브흐 원칙과 요건에 반하는 것이며 지양되어야 한다.

- 날이 둔한 도구로 다브흐를 실시하는 것은 지탄받을 일이다. 무함마드는, 칼날이 예리해야 하며 도축되는 동물이 보지 못하도록 하라고 명했다.
- 다른 동물이 보는 앞에서 동물을 도축하는 것은 지탄받을 일이다. 이는 도축 방식에서의 인도주의에 반한다.

지금까지 살펴본 바와 같이, 다브흐가 유효하기 위해서는 행위자의 의도와 정교한 절차가 반드시 충족되어야 할 조건임을 알 수 있다. 동물을 죽이기 전에 하나님의 이름을 부르도록 강조하는 것은 생명의 고귀함과 함께 모든 생명이 하나님에게 소속되어 있음을 강조하기 위한 것이다. 타스미야를 소리 내게 하는 것은 조심성과 연민을 일으키어 불필요하게 잔인해지는 것을 방지하는 역할을 한다. 또한 하나님의 이름으로 도축되는 동물이 유흥의 목적이 아닌 식량으로서 도축된다는 관념을 강화시키기도 한다. 이슬람에서는 살생을 통한 쾌감을 얻기 위해 동물을 죽이는 것은 허용되지 않는다.

┃ 할랄 도축의 이점

실질적인 다브흐 방식을 통하면 많은 이점이 있다. 첫째, 예리한 칼을 사용함으로써 전체 도축 시간을 단축시키고 기절 방식보다 적은 고통을 야기하는 것으로 보인다. 현대식 도축장에서는 도축 전에 동물을 기절시키는데, 어떤 동물들은 한 번의 충격으로는 의식을 잃지 않아서 몇 번의 충격을 가하기도 한다.

다브흐 방식은 신속하고 효과적인 방혈을 가져온다. 혈관을 절단함으로써 폐쇄된 혈관 속에 들어 있던 피가 좀 더 빨리 방출될 수 있음은 명백하다. 심장 박동은 혈관으로 피를 보내준다. 따라서 심장 박동이 셀수록 방출되는 피의 양은 더욱 많아진다. 기절한 동물의 방혈이 느린 것에 비해, 다브흐 방식으로 도축된 경우에는 더욱 효과적으로 피가 분출되는 것으로 보인다. 다브흐 동물의 몸은 기절한 동물보다 더욱 반사적으로 몸부림치게 된다. 이러한 경련은 근육 내 혈관을 쥐어짜게 되는데, 이를 통해 근육 조직에 있는 피가 혈관을 통해 최대한 방출되는 데 도움을 준다(Khan, 1991).

앞에 설명한 생리학적 조건은 동물의 몸에서 피를 제거하는 것과 관계가 있는데, 이는 어떤 식으로든 동물의 뇌를 기절시키지 않은 채 척수는 유지하고 목만 절단함으로써 살아 있는 동안 방혈이 이루어져 최대의 효과를 가져온다(Khan, 1991). 북미 지역에서 사용하는 타격 혹은 충격을 통한 기절 방식의 경우, 동물들은 기절한 후에도 통상 몇 분간은 살아 있다. 일반적으로 기절 후 2분 내에 목을 절단하게 된다. 이러한 이유 때문에 일부 다브흐 도축장에서는 실무상 가축총(소 등을 도축할 때 동물을 기절시키기 위해 사용하는 일종의 물리적 타격기로서 압력을 이용해 강한 충격을 주는 기구 – 옮긴이)을 이용한 가축 도축이나 전기를 이용한 가금류 도계가 실시되고 있다. 일부 다른 국가의 경우, 기절을 위해 가하는 타격이 해당 동물을 죽일 정도로 강한 경우도 있다. 호주의 경우, 인증 기관들 중 일부는 기절로 인해 동물이 죽게 된다는 주장을 하고 있으며 이 때문에 해당 인증 기관들은 할랄 도축에서 기절을 허용하지 않는다(AFIC, 2003).

생선 및 수산물

생선 및 수산물의 수용 여부를 결정하기 위해서는 서로 다른 지역에서 살고 있는 무슬림들의 문화적 관습은 물론 상이한 이슬람 율법학파의 규칙들을 이해해야 한다. 비늘 있는 생선은 모든 교파와 무슬림 집단에게 허용된다. 일부 집단은 비늘이 없는 생선(예를 들면 메기)은 먹지 않는다. 수산물에 대해서는 이 외에도 무슬림 간에 차이가 있는데 특히 연체동물(예를 들면 조개, 굴, 오징어)과 갑각류(예를 들면 새우, 바닷가재, 게)가 그렇다. 이러한 제한 요소나 요건은 단지 해당 생선과 수산물에만 적용되는 것이 아니라 그것들로부터 파생된 원재료나 플레이버에도 마찬가지로 적용된다.

유제품 및 난제품

할랄 동물의 젖과 알 역시 할랄이다. 대부분 서양에서의 동물 젖은 우유이며, 알은 달걀이다. 그 외의 다른 동물을 출처로 하는 경우 그에 해당되는 라벨이 부착되어야 한다. 우유와 달걀로는 수많은 제품이 만들어진다. 우유는 치즈, 버터, 크림을 만들 때 사용된다. 치즈 생산에는 다양한 효소가 사용된다. 치즈를 만들 때 사용되는 효소의 종류는 매우 중요하다. 효소는 최초 원료에 따라 할랄일 수도 혹은 하람일 수도 있다. 미생물 원료나 할랄 도축 동물에서 유래된 효소는 할랄이다. 하지만 돼지 관련 원료로부터 얻은 효소는 하람이다. 치즈나 기타 유제품 생산에 사용된 효소에 따라 해당 제품은 할랄, 하람 혹은 불분명한 것으로 분류된다. 같은 맥락에서 해당 유제품이나 난제품을 확실히 하기 위해서는 유화제나 항곰팡이제 같은 기타 기능성 보조제 역시 검토되어야 한다(Riaz, 2000).

식물 및 채소류

카므르Khamr(취하게 하는 것)를 제외하고 식물성 식품은 할랄이다. 하지만 현대식 가공 플랜트의 경우, 동물성 제품과 식물성 제품이 동일한 플랜트의 동일한 설비에서 가공될 수 있으며 이로 인해 오염 가능성이 높아진다. 예를 들어, 일부 공장에서는 콩이나 옥수수가 돼지고기와 동일한 설비를 거쳐 캔 제품으로 제조되고 있다. 적절한 세척 절차가 실시되고 또한 할랄 생산이 비할랄 생산으로부터 분리되는 경우, 이러한 오염이 방지될 수 있다. 소포제 같이 동물로부터 유래된 기능성 원재료 역시 채소류 가공에는 배제되어야 한다. 채소나 식물성 제품에 하람 원재료가 의도적으로 혼입된다면 해당 제품은 하람으로 취급될 것이다. 식물성 제품의 할랄 적격을 유지하기 위해서는 가공 보조제와 생산 방법이 주의 깊게 감시되어야 한다.

식품 원재료

식품 원재료는 주된 관심 사안 중 하나에 해당한다. 하람 원재료로 오염되었거나 혹은 취하게 하는 물질이 함유되어 있지 않는 한, 앞에서 언급된 식물성 제품은 할랄이다. 우리는 이미 동물 도축과 식용이 허락되는 수산물 종류에 대해 알아보았다. 이 단락에서는 젤라틴gelatin, 글리세린glycerin, 유화제, 효소, 알코올, 동물성 지방과 단백질, 그리고 플레이버나 착향료와 같이 공통적으로 사용되는 몇몇 원재료에 대해 논하고자 한다. 이러한 대부분의 제품은 불분명하거나 혹은 의심스러운 부류에 속하기 때문에 대다수의 제조사는 자사 플랜트에 대한 심사를 거쳐 해당 제품을 할랄로 인증받을 것이 요구된다.

▎젤라틴

아주 많은 식품에서 젤라틴의 사용을 흔하게 볼 수 있다. 만약 다브흐 방식으로 도축된 동물에서 나온 젤라틴이라면 할랄이지만, 할랄 방식으로 도축되지 않은 동물로부터 나왔다면 불분명한 것이 되고, 만약 금지된 동물로부터 나왔다면 하람이 된다. 미국 식품의약국FDA(이하 FDA)에 따르면 제품 라벨상에 젤라틴의 원료를 표기할 의무는 없다. 다만, 그 원료가 명시되지 않는다면 이는 할랄이나 하람 어느 쪽으로부터든 나왔을 수 있고, 따라서 불분명한 것이 된다. 무슬림은 할랄로 인증된 것이 아니면 젤라틴을 함유한 제품을 피하게 된다. 통상적인 젤라틴 원료는 돼지가죽, 소 내피, 소뼈, 그리고 이례적인 경우로 생선 껍질 등이다. 제조 공정상 할랄 제품은 이슬람 방식으로 도축된 소 혹은 생선으로부터 얻은 젤라틴을 사용한다.

▎글리세린

글리세린은 식품업계에서 광범위하게 사용되는 또 하나의 원재료이다. 글리세린을 함유한 제품은 동물성 원료로부터 유래되었을 수 있기 때문에 무슬림이 기피하게 된다. 현재는 팜오일Palm Oil과 기타 식물성 오일에서 얻은 글리세린이 할랄 제품에 사용될 수 있다.

▎유화제

모노글리세리드Monoglyceride, 디글리세리드Diglyceride, 폴리소르베이트Polysorbate, DATEMDiacetyl Tartaric Esters of Mono and Diglyceride 같은 유화제와 기타 유사 화학물질 역시 할랄이나 하람 원료로부터 나올 수 있는 것으로서, 흔하게 사용되는 원재료 중 하나에 속한다. 일부 회사들은 라벨에 그 원료를 명시하기 시작했으며 특히 식물성인 경우에 더욱 그렇다. 만약 식물성 원료에서 얻은 유화제가 사용된다면 라벨에 그 사실을 표기하는 것이 유리하다. 식물성 원천과 할랄 도축 동물로부터 얻은 유화제는 할랄이다.

▮ 효소

효소는 식품 가공에 다양하게 사용되고 있다. 가장 흔한 경우가 바로 치즈 및 전분업계에서 사용되는 효소들이다. 수년 전까지만 해도 식품업계에서 사용되는 대부분의 효소가 동물로부터 유래했으나 현재는 미생물 대체재가 등장했다.

다른 모든 할랄 요건이 충족된다면 미생물 효소를 사용해 만들어진 치즈, 유청분말, 유당, 농축유청단백질, 분리유청단백질 같은 제품들은 할랄에 해당한다. 혼합 효소를 사용했거나 혹은 동물 유래 효소를 사용해 만들어진 제품의 경우, 만약 돼지 관련 효소가 사용되었다면 하람이 되며, 그 외의 경우에는 의심스러운 부류에 해당한다. 일부 국가의 경우, 소에서 추출한 레닛rennet, 혹은 비할랄 도축 동물로부터 얻은 효소가 허용되기도 했다. 미생물 효소를 더욱 쉽게 활용할 수 있게 된다면 그와 같은 경우는 줄어들 것이다. 유청과 유청 파생물은 저렴한 단백질 원료에 해당하기 때문에 이러한 유제품 원재료는 모든 형태의 식품 제조에 흔하게 사용된다. 할랄 인증을 받기 위한 제품의 경우, 다른 원재료와 마찬가지로 유제품 원재료도 반드시 할랄이어야 한다.

▮ 알코올

무슬림은 아주 적은 양이라 하더라도 알코올성 음료를 마시는 것이 금지된다. 플레이버로든 요리 과정에서든 와인이나 맥주 같은 알코올성 음료가 할랄 제품에 첨가되어서는 안 된다. 할랄 제품에 첨가된 알코올성 음료는 아주 소량만으로도 해당 제품을 하람으로 만든다(Riaz, 1997). 중국은 물론 서양에서도 와인, 맥주 혹은 기타 알코올성 음료를 사용한 요리는 매우 흔하다. 중국 요리의 경우, 많은 조리법에서 청주가 흔하게 사용된다. 할랄 제품을 준비하는 제품 공정 설계사와 조리사는 알코올 사용을 피해야 한다.

심지어 신선 과일에도 소량의 알코올이 함유되어 있듯이 알코올은 모든 생물 조직의 다양한 부분에 존재한다. 과일로부터 진액을 추출하는 과정에서 알코올이 진액에 농축되었을 수 있다. 이런 종류의 알코올은 자연적으로 존재하는 불가피한 경우이므로, 그 진액이 들어간 제품이 해당 알코올로 인해 할랄 부적격이 되지는 않는다. 나아가, 순수한 형태의 알코올은 식품업계에서 추출, 용해, 침전 기능을 위해 사용되고 있다. 특정 공정을 수행하기 위한 많은 방법에서 알코올이 최적의 용제나 화학물질에 해당되므로, 종교학자들은 산업적인 측면에서의 알코올 사용의 중요성에 대해 충분히 인식하고 있다. 알코올로 만들어졌거나 혹은 알코올을 사용해 추출된 원재료 가운데 최종 결과물에서 알코올이 증발된 경우에는 어느 정도 받아들여지기 시작했다. 잔류 농도 0.5%의 식품 원재료나 기능성 알코올은 일반적으로 수용되고 있다. 하지만 소비자용 제품의 알코올 허용 수치는 국가나 집단에 따라 다양하다. IFANCA는 1 : 1000 알코올 희석에 해당하는 0.1% 수준까지는 허용하며, 그 수치를 넘으면 불순한 것으로 간주한다. 일반적인 할랄 식품 율법에서는 미각, 후각 혹은 시각을 통해 알코올이 함유되었음을 인지할 수 없는 경우에는 해당 식품의 할랄 적격을 무효화하지는 않는다.

상태의 변화에 대해 기술한 자료 — 이스티할라Istihala(Al-Quaderi, 2001) — 는 다음과 같은 설명을 통해 이러한 입장을 지지한다. 와인은 하람이다. 하지만 그 와인이 식초로 변했다면 할랄이 된다. 따라서 와인이 더 이상 남아 있지 않는 한, 와인에서 얻은 식초를 사용하는 것은 할랄이다. 이 사례에서 볼 수 있듯이 만약 율법에 부합하지 않았던 식품의 상태가 어느 순간 변화한다면, 그것에 적용되었던 지침 역시 그에 맞게 변경되어야 한다는 것은 분명하다.

┃ 동물성 지방 및 단백질

육류·가금류 제품은 단지 주식으로만 소비되는 것은 아니며 수많은 비非육류 식품의 가공용 원재료로 전환되기도 한다. 다른 산업화된 국가들과 마찬가지로 미국의 식품업계에서는 동물의 각 부분이 다양한 방법으로 활용되고 있다. 도체 부위 중 비선호 부위와 부산물은 분말·파생 식품 원재료로 전환되며 수프, 스낵 등의 향미 보조제로 사용된다. 동물성 지방은 불순물을 제거한 뒤 기능성 식품 원재료나 동물성 쇼트닝Shortening 혹은 유화제 등으로 전환된다. 깃털과 모피는 아미노산으로 전환될 수 있다. 이러한 원재료들은, 해당 동물이 할랄에 해당하고 교차 오염을 배제하기 위한 모든 예방 조치가 취해졌을 경우에만 할랄로 인정될 수 있다.

┃ 플레이버 및 착향료

플레이버 및 착향료에는 후추 같은 단일 양념 형태로 단순한 것도 있고, 많은 원재료를 포함하고 있는 콜라 플레이버나 파스트라미pastrami(페퍼로니와 마찬가지로 향신료를 사용해 고기를 양념하여 처리한 식품이며 피자나 샌드위치에 곁들임 － 옮긴이) 플레이버처럼 복잡한 것도 있다. 일부 복잡한 착향료는 수많은 원료로부터 얻은 100개 이상의 원재료를 함유하는 경우도 있다. 또한, 새로운 플레이버를 만들기 위해 수천 가지의 원재료가 사용될 수도 있다. 이들 원재료는 합성 물질은 물론 미생물, 식물, 광물, 석유 혹은 동물로부터 유래될 수 있다. 할랄 식품의 공정 설계를 하는 경우, 제조사는 모든 플레이버, 독점 혼합물 혹은 비밀 배합 방법 등이 할랄에 해당되도록 하고 의심스러운 물질과 연관되지 않도록 해야 한다.

위생

할랄 제품을 제조하는 동안 발생할 수 있는 모든 오염원은 반드시 제거되어야 한다. 이는 생산라인과 장비에 대한 전반적인 세척·세정, 그리고 제품 생산 일정의 적절한 조정을 통해 달성될 수 있다. 비육류 제품의 경우라면, 장비를 세척한 후 육안 관찰을 통해 청결도를 판단하는 것으로도 충분하다. 제조사는 하람 원재료를 알레르기 유발 성분과 유사하게 취급함으로써, 이를 알레르기 유발 성분 통제 프로그램의 일부로 포함시킬 수도 있다. 동물성 지방으로 만들어진 세척용 화학물질(특히 비누와 폼foam)은 사전조사를 통해 미리 배제해야 한다.

구체적인 할랄 가이드라인

일반적인 할랄 가이드라인은 국가마다 상이하다. 부록에 포함되어 있는 다음 네 개의 자료는 특정 시장을 겨냥하는 식품 제조사에 유용할 것이다.

- 국제 식품 규격Codex Alimentarius 할랄 용어 사용 가이드라인(부록 1).
- 할랄 산업 생산 표준(부록 2).
- 말레이시아 할랄 식품의 생산, 전처리preparation, 취급, 보관에 관한 일반 지침(부록 3).
- 싱가포르 할랄 규정과 수입 요건(부록 4).

미국 할랄 법률

미국 뉴저지 주는 2000년에 할랄 식품 보호법을 통과시켰다. 미네소타 주와 일리노이 주는 2001년 할랄 식품 산업을 규율하는 자체 법률을 제정함으로써 그 뒤를 이었다. 이들 법률에서는 비할랄 제품을 생산하거나 출시하면서 할랄이나 유사 용어를 부당하게 사용하는 문제를 다루었다. 그러한 예로, 니머M. Nimer는 일부 소매업자들이 무슬림 소비자를 유혹하기 위해 육류 제품에 부당하게 할랄 식품 라벨을 부착했음을 지적했다(Nimer, 2002). 가장 이해하기 쉽게 설명된 일리노이 주 법률은 할랄 식품이라는 용어를 다음과 같이 구체적으로 정의하고 있다.

신뢰할 만한 이슬람 단체 및 학자들이 명시한 바에 기초해 '자비하'(적합한 이슬람 규칙에 따른 도축)에 대한 율법과 관습 등을 포함한 이슬람 종교의 율법과 관습에 따라 제조되었고 또한 이를 지속적으로 엄격하게 준수하는 것〔최근의 제2연방 순회 항소법원이 미국 연방대법원의 검토를 받지 않았다고 판시함에 따라, 이는 위헌소지가 있음〕.

이 법에 의거해, 상식적인 일반 개인이 비할랄 음식이나 식품을 할랄이라고 믿도록 직간접적으로 기만하는 구두 혹은 서면 의사 표시를 한 자는 누구든 경범죄에 해당한다.

2002년 캘리포니아 주와 미시간 주 역시 자체적인 할랄 식품 법률을 제정했다. 미국 각 주의 법률은 부록 5(뉴저지), 부록 6(일리노이)으로 수록되어 있다.

다수의 무슬림 인구로 인해 민족별 유권자의 반응에 민감한 다른 주 역시 유사한 법안을 발의할 것으로 예상된다. 2003년 초반, 텍사스 상원과 하원에서도 유사한 법안이 발의되었다. 다만, 해당 법률을 실행하기 위한 후속 규칙

그림 3.1 미국 농무부, 식품안전심사국, 할랄 제품 라벨 표시에 관한 지침

UNITED STATES DEPARTMENT OF AGRICULTURE
FOOD SAFETY AND INSPECTION SERVICE
INSPECTION OPERATIONS
NORTHEASTERN REGION

FSIS NOTICE	KE-95-028	04/28/95

Halal Labeling Requirements

The Food Labeling Division, Regulatory Programs, recently approved a Standards and Labeling Policy Book addition involving the use of "Halal" on labels of meat and poultry products. The change allows the use of "Halal," "Halal Style," "Halal Style," or "Halal Brand" on meat and poultry products, provided that they are prepared under Islamic authority.

Products identified with the term "Halal" must not contain pork or pork derivatives. The Federal meat and poultry inspection does not certify the Halal preparation of products, but rather accepts "Halal" and similar statements if the products are prepared under the supervision of an authorized Islamic organization. When "Halal" and similar statements are used, plant management is responsible for making the identity of the Islamic organization available to inspection personnel.

Until the policy book is revised, inspection personnel should use the above criteria, so that the use of "Halal" is properly monitored.

R. C. Callstrom
Regional Director

DISTRIBUTION:	NOTICE EXPIRES:	OPI:
M10, M11, M12, M03 M94, M95, M50	Until Cancelled	Processing

자료: U. S. Department of Agriculture, Washington, D.C.

이 실행되지 않는 한 이러한 법안의 통과는 단지 선언적 보호 조항만 나열하게 될 뿐 정작 무슬림 소비자에게는 거의 실익이 없게 된다.

미국 연방 차원의 포괄적인 할랄 법률은 없지만 미국 농무부 산하 식품안전심사국FSIS은 할랄 제품 라벨 표시에 관한 지침(그림 3.1)을 공표한 바 있다. 식품안전심사국 지침에 따르면, 최근 식품 라벨국의 규제 관련 프로그램은 이슬람 기관이 실무 지침을 작성할 것을 조건부로 하여 육류·가금류 제품상의 '할랄', '할랄 스타일' 혹은 '할랄 브랜드' 사용에 대한 표준 및 라벨 표시 정책집을 승인했다.

할랄이라는 용어가 사용된 제품에는 돼지고기나 그 파생물이 포함되어서는 안 된다. 연방 육류·가금류 심사국이 제품의 할랄 여부를 직접 인증해주지는 않지만 만약 해당 제품이 공식 이슬람 기관의 감독하에 제조된 것이라면 '할랄' 및 유사 표현의 사용을 허락하고 있다. '할랄' 및 유사 표현이 사용된 경우, 플랜트 경영진은 이슬람 기관 관계자가 플랜트를 심사할 수 있도록 해야 한다.

참고 자료

Al-Quaderi, J. 2001. "Change of state - Istihala." *The Halal Consum.,* No.2, 7.

Australian Federation of Islamic Council(AFIC). 2003. www.afic.com.au. AFIC, Waterloo, D.C., NSW, Australia.

Chaudry, M. M. 1997. "Islamic foods move slowly into marketplace(press article)." *Meat Process.,* 36(2), 34-38.

Food Safety and Inspection Service, United States Department of Agriculture. 1995. Inspection Operations, Northeastern Region, Halal Labeling Requirements, NE-95-06.

Khan, G. M. 1991. *Al-Dhabh: Slaying Animals for Food the Islamic Way.* Jeddah, Saudi Arabia: Abdul-Qasim Bookstore.

Nimer, M. 2002. *The North American Muslim Resource Guide, Routledge.* New York. pp.123~124.

Riaz, M. N. 1997. "Alcohol: the myths and realities." in Z. Uddin(ed.). *Handbook of Halal and Haram Products.* Richmond Hill, NY: Publishing Center of American Muslim Research & Information, pp.16~30.

_____. 2000. "How cheese manufacturers can benefit from producing cheese for halal market." *Cheese Mark. News,* 20(18), 4, 12.

할랄 제품의 미국 국내 및 국제 교역

International and domestic trade in halal products

할랄 시장과 인구통계

2002년 추정 무슬림 인구는 12억 명에서 15억 명이다. 보수적인 추정치에 따르더라도, 전 세계 인구의 약 6분의 1에서 7분의 1 정도가 무슬림이다 (Waslien, 1992). 뉴욕에 있는 미국 무슬림 연구정보센터에 따르면 전 세계 4분의 1에서 5분의 1이 무슬림이다. 챠드리 박사가 인용한 13억 명이라는 수치 (2002)가 가장 근접한 추정치로 여겨진다. 1976년, 인구의 과반수가 무슬림인 나라는 57개국으로 보고되었으며 1980년 무슬림 인구가 약 8억 명이었던 것이 (Noss, 1980) 2002년에는 10억 명을 상회할 정도로 증가되었다.

글로벌 시장이 확장됨으로써, 선도적 식품기업들은 시장에서의 경쟁력 확보를 위해 새로운 틈새시장으로 진입하며 경쟁 대열을 이끌게 되었다. 국내시장 마케터의 화두는 "현재 시장에서의 점유율을 어떻게 더욱 높일까?"인 반면, 글로벌 마케터의 화두는 "무슬림 국가의 수입 요건을 어떻게 충족시킬 수 있을까?"였다. 세계 시장에서 할랄 식품 시장의 잠재력은 무슬림 국가로만 한정되자 않는다. 싱가포르, 호주, 뉴질랜드, 남아프리카공화국 등의 국가(극소수의 무슬림 인구 구성)는 전 세계 할랄 교역에 중요한 기여를 하고 있다.

발달된 교통·통신수단으로 인해 지금 세계는 상호 접근이 더욱 용이하다. 문자 그대로 글로벌 슈퍼마켓이 된 셈이다. 교육을 바탕으로 무슬림 소비자의 할랄 식품·제품에 대한 수요가 창출됨으로써 이러한 제품에 대한 전 세계 국가들의 수요는 증가 추세에 있다. 과거의 경우, 많은 무슬림 국가는 식품 요구량의 대부분을 자국 내에서 충당하거나 다른 무슬림 국가에서 수입했다. 하지만 인구 증가는 식량 공급을 추월했으며, 현재 무슬림 국가들은 농업기술이 발달한 다른 국가로부터 식품을 수입하고 있다. 아울러 서구 스타일의 프랜차이즈 음식이 인기를 얻으면서, 소비자들의 식습관 변화를 가져왔고 이는 필연적으로 해외 마케팅의 전략 변화를 이끄는 또 다른 요소가 되고 있다.

미국 할랄 시장

북미 무슬림 인구는 제1차 세계대전 이후 증가했으며 제2차 세계대전 이후에는 더욱 가속되었다. 1992년에는 무슬림이 600만 명 내지 800만 명으로 추정되었으며, 전체 북미 대륙의 크고 작은 모든 도시로 확산되었다(Sakr, 1993). 대부분의 무슬림은 이민자와 그들의 후손이다. 이슬람으로 개종한 미국인과 캐나다인은 현재 무슬림 인구의 약 25%에서 30%에 달한다(Sakr, 1993).

미국의 10대 할랄 식품 시장은 ① 뉴욕시, 뉴저지와 롱아일랜드 권역, ② 로스앤젤레스, ③ 시카고, ④ 디트로이트, ⑤ 휴스턴, ⑥ 댈러스 / 포트워스, ⑦ 사우스 플로리다, ⑧ 샌프란시스코, ⑨ 애틀랜타, ⑩ 워싱턴 D.C.이다.

한 추청치에 따르면, 1999년 북미 무슬림 소비자의 식품 구매력은 120억 달러였다(Riaz, 1999). 출생과 최근의 이민을 통한 무슬림 인구의 증가를 고려한다면, 2003년에는 무슬림이 식품에 소비하는 금액이 150억 달러를 초과했을 것이다. 식료품 매장과 식당에서의 할랄 식품 판매는 유행처럼 증가하고 있다. 할랄 제품 판매는 미국 무슬림 인구 성장에 맞추어 계속 증가할 것으로 추정된다. 할랄 육류의 경우, 지난 5년 동안 매출이 70%나 상승했다(*The Wall Street Journal*, 1998). 캔자스의 한 회사는 냉동 할랄 피자 제품군을 출시했으며, 온타리오의 한 회사는 냉동 할랄 육류, 가금류, 기타 제품 등 폭넓은 제품군을 공급하고 있다. 과거 대부분의 육가공 회사들은 단지 수출을 위해서만 할랄 제품을 생산했지만, 현재는 중소 규모 회사들이 미국·캐나다 내수 시장에 공급하기 위해 할랄 제품을 생산한다. 미군 역사상 최초로, 무슬림 군인들에게 할랄 인증된 식사가 제공되고 있다.

미국의 몇몇 부문에서는 할랄 제품 공급사가 점점 활성화되고 있다. 이러한 예로는, 공립·사립학교, 교도소, 자동판매기, 그리고 냉동식품, 기내식과 같은 간편식 분야를 들 수 있다. 공립학교의 무슬림 학생 수는 매년 증가하고 있는데, 이 학생들은 보통 스스로 점심을 싸오거나 아예 점심을 거른다. 할랄 급식 공급 계약이 체결되는 경우, 학교 할랄 급식이 가능한 업체는 일반 업체보다 경쟁 우위를 누릴 것이다.

다른 사람들과 마찬가지로 무슬림도 아주 바쁜 일상을 보낸다. 가면 갈수록 직장과 가정에서의 바쁜 일과로 인해 집에서 식사를 준비하는 것이 어려워지고 있다. 다른 인구 구성원과 마찬가지로 무슬림도 각자의 직업이나 기타 대외 활동을 영위하고 있으며 자기만의 시간에 대한 필요가 늘고 있다. 이에 따라 즉석 간편식의 필요성이 더욱 대두되었으며 결과적으로 할랄 즉석 식품은 매우 유용하게 활용될 것이다.

자동판매기는 할랄 식품 부문에 엄청난 기회를 가져올 또 하나의 영역이다. 다수의 무슬림이 모여 있어 비할랄 식품을 용인하지 않을 만한 장소에서는 샌드위치, 뜨거운 식사(비프스튜Beef Stew, 수프 등), 쿠키, 케이크, 아이스크림, 사탕 같은 품목이 자동판매기를 통해 할랄 식품으로 제공되는 것이 아주 현실적인 방안이 될 것이다. 수많은 무슬림 의사가 활동하고 무슬림 방문자가 친구를 위문하는 종합병원 같은 곳에서는 이러한 서비스가 아주 요긴할 것이다. 할랄 식품 자동판매기는 중·고등학교, 대학, 혹은 무슬림이 희박한 지역에 있는 구내식당에도 고려될 만하다.

북미와 유럽의 전형적인 슈퍼마켓 진열대에는 8500개 품목 이상의 식료품이 있으며 매일 추가되고 있다. 하지만 이들 식료품점의 극히 일부 식품에만 할랄 마크가 부착되어 있다. 따라서 무슬림 구매자는 해당 식품이 무슬림에게 허용되는지 여부를 라벨상의 원재료 정보에 기초해 결정한다. 라벨에 할랄 마크를 표시한다면 무슬림 소비자에게는 직접적인 도움이 될 것이다.

글로벌 할랄 시장

전 세계에는 약 13억 명의 무슬림과 15억 명의 할랄 소비자가 있는데, 이는 다시 말하면 전체 인구 네 명 중 한 명이 할랄 제품을 소비한다는 의미이다. 할랄 소비자와 무슬림 인구 사이의 수치 차이인 2억 명은 인도네시아와 방글라데시처럼 대부분의 식품이 할랄에 해당하는 무슬림 국가에 거주하는 비무슬림으로 인한 것으로 보인다.

오늘날 동남아시아와 중동은 할랄 제품의 양대 산맥에 해당한다(Riaz, 1998). 미국의 경우, 주요 가금류 가공 회사들이 이 지역으로 가금류 고기를 수출하는 반면, 소고기 공급에서는 2위 자리에 머물러 있다. 이들 지역을 상대로 한 최대 소고기 수출국은 호주와 뉴질랜드인데, 두 정부는 할랄 프로그램에 매우 협조적이다(Chaudry, 1997). 이와 같이 전 세계를 대상으로 할랄 인증 제품을 공급하려는 마케팅 전략은 점점 탄력을 얻고 있다.

동남아시아는 2억 5000만 명이 넘는 할랄 소비자의 안방이다. 인도네시아, 말레이시아, 싱가포르는 이미 수년 전부터 할랄 인증 제품의 수입을 다루는 규정을 제정한 바 있다. 최근에는 태국, 필리핀 등의 기타 국가들도 할랄 인증 제품의 가치를 인식하게 되었으며, 그 외 각국 정부 역시 할랄 인증 제품의 수출입을 증진하기 위한 규정을 제정하고 있다. 동남아시아 국가연합ASEAN(이하 아세안) 소속 대부분의 국가로 수출하기 위해서는 단순한 식물성 제품조차도 인증이 필요하다. 이 지역의 경우 비무슬림 소비자 역시 할랄 마크를 좋은 품질의 우수 제품 심벌symbol로 인식한다.

중동 국가들은 외식업과 소비 시장 모두에서 가공식품의 순수 수입국에 해당한다. 사우디아라비아, 아랍에미리트연합, 그 외 중동 국가들은 수십 년 동안 식품을 수입해오고 있다. 또한 북아프리카와 기타 아프리카 국가의 경제·정치 여건이 점차 향상됨에 따라, 이들 국가를 대상으로 한 가공식품 수출기회가 점차 증가하고 있다.

인도, 파키스탄, 방글라데시, 스리랑카를 포함하는 남아시아 지역은 거의 13억 명의 인구가 거주하며, 그중 4억 명 이상이 무슬림이다. 이 지역은 농업 국가에 해당하지만 일부 가공식품 특히 외식업 관련 제품이 다량 수입되고 있다.

1980년대 후반과 1990년대 초반, 동남아시아와 중동의 할랄 식품 시장 잠재력이 부각되기 시작했으며, 이는 할랄 식품의 생산과 할랄 인증의 증가로 이어지고 있다. 이러한 기조는 남아시아, 지중해, 유럽, 중앙아시아로 확장되었다. 무슬림 국가들과의 교역을 통해 서구 회사들은 분명한 실리를 얻었다. 싱가포르, 남아프리카공화국 같은 비무슬림 국가들도 할랄 식품 사업이 유망한 사업임을 보여주었다. 싱가포르의 380만 인구 중 무슬림은 단 16%에 불과하지만 할랄 식품 산업은 이 거대도시의 중요 사업에 해당한다. 맥도날드, A&W, KFC, 타코벨은 싱가포르에서 100% 할랄로 운영되는 글로벌 브랜드의 사례이다.

할랄 제품 공급이 가능한 기업에는 점점 더 많은 기회가 주어진다. 무슬림

표 4.1 각 국가들의 할랄 관련 활동

국가	인구(100만)	무슬림(%)	무슬림 수(100만)	비고
아프가니스탄*	26.88	99	26.61	1, 6
알바니아*	3.49	70	2.44	1, 6
알제리*	31.20	99	30.88	2
아르헨티나	37.48	2	0.75	2, 4
호주	19.36	1	0.19	4, 5
아제르바이잔*	8.10	93	7.53	1
바레인*	0.70	100	0.70	3, 7
방글라데시*	131.27	88	115.52	7
베냉*	6.59	20	1.32	1
보스니아	2.00	60	1.20	1, 6
브라질	172.12	0.10	0.17	2, 4
브루나이다루살람*	0.34	64	0.22	3, 7
부르키나파소	12.27	50	6.13	1
카메룬*	15.80	21	3.32	1
캐나다	31.08	1	0.31	2, 4
차드*	8.42	50	4.21	1
중화인민공화국	1,274.91	2	25.50	2, 4
코모로*	0.56	98	0.55	1
코트디부아르*	16.39	60	9.83	1
지부티*	0.46	97	0.45	1
이집트*	68.36	90	61.52	3, 7
피지	0.80	20	0.16	3, 7
프랑스	59.09	7	4.14	2, 4
가봉*	1.21	3	0.04	1
감비아*	1.41	95	1.34	1
기니*	7.61	85	6.47	1
기니비사우*	1.32	45	0.59	1
가이아나*	0.77	12	0.09	1
인도	1,029.99	15	154.50	2, 4
인도네시아*	224.78	87	195.56	2, 3, 5, 7
이란*	65.62	99	64.96	1, 2, 3

국가	인구(100만)	무슬림(%)	무슬림 수(100만)	비고
이라크*	23.33	97	22.63	1
요르단*	5.13	96	4.92	1
카자흐스탄*	16.73	47	7.86	1
쿠웨이트*	2.27	85	1.93	2, 3, 5, 7
키르기스스탄*	4.93	75	3.70	1
레바논*	3.63	55	2.00	1
리비아*	5.24	97	5.08	1
말레이시아*	22.60	52	11.75	2, 3, 5
몰디브*	0.30	100	0.30	1
말리*	11.00	90	9.90	1
모리타니*	2.67	100	2.67	1
모로코*	30.12	98	29.52	2, 3
모잠비크*	19.37	20	3.87	1
뉴질랜드	3.86	2	0.08	2, 4
니제르*	10.35	90	9.32	1
나이지리아*	126.64	50	63.32	1
오만*	2.53	90	2.28	1, 7
파키스탄*	144.61	97	140.27	2
필리핀	72.00	5	3.60	2, 4
카타르*	0.74	95	0.70	3, 7
러시아	144.42	10	14.44	1
사우디아라비아*	22.76	97	22.08	2, 3, 5, 7
세네갈*	10.29	92	9.47	1
시에라리온*	5.23	60	3.14	1
싱가포르	3.32	15	0.49	2, 3, 5, 7
소말리아*	7.49	100	7.49	1
남아프리카공화국	43.58	2	1.05	2, 4, 5
수단*	36.08	70	25.26	1
수리남*	0.44	20	0.09	1
시리아*	16.73	90	15.06	1
타지키스탄*	6.44	80	5.15	1
토코*	5.15	15	0.77	1

국가	인구(100만)	무슬림(%)	무슬림 수(100만)	비고
튀니지*	9.83	99	9.72	1
터키*	66.23	99	65.57	1
투르크메니스탄*	5.46	89	4.86	1
우간다*	23.98	16	3.84	1
영국	59.95	2	1.20	2, 4
U.A.E.	3.11	96	2.99	3, 5, 7
미국	286.07	2	5.72	2, 4
우즈베키스탄*	25.15	88	22.13	1
예멘*	18.08	100	18.06	1

주: 비고란에 기재된 각각의 숫자는 다음을 의미함.
1: 수출입을 통한 식품 부문 국제무역 주요국에 해당하지 않는 국가
2: 식품 가공 혹은 수출입 부문에서 활발한 할랄 사업을 하고 있는 국가
3: 육류 제품만 대상으로 하든, 또는 육류, 식품 및 동종 제품을 대상으로 하든, 자국으로의 수입을 위해서는 할랄 인증
   서를 요구하는 국가
4: 무슬림 국가로 직접 식품을 수출하는 주요 국가
5: 공동체의 지원을 받든, 또는 자국 정부의 지원을 받든, 우수하게 조직화된 할랄 인증 제도를 보유한 국가
6: 유니세프 프로그램에 따라 인도적 식량배급 혹은 영양 보조제 지원을 받는 국가
7: 가공식품 수입이 가공식품 수출을 초과하는 국가
*표기는 이슬람협력기구(OIC) 회원국

자료: *Encyclopedia Britannica Almanac 2003* (Chicago, IL: Encylopedia Britannica Staff).

은 서구 문화의 장점과 자신들의 보편적인 동양 문화를 융합하기 시작했다. 여기에 더해, 이슬람 신앙을 믿는 서구인의 비약적 증가는 무슬림 사회의 행태를 일부 변화시키는 결과를 가져왔다. 과거에는 할랄 식이 기준에 부합하지 않는 식품을 단순히 기피했던 반면, 오늘날의 무슬림은 사회적·정치적으로 자신들의 존재 가치를 부각시키고 있다. 이제 무슬림은 자신들의 식이 요건에 부합하는 식품을 적극적으로 요구한다. 그들은 무슬림 소비자를 감안한 서비스를 요구하고 관련 정보와 지혜를 활용해 생산자와 협력한다.

표 4.1은 각국의 전체 인구와 무슬림 인구를 보여준다. 표 4.1에 게재된 비고는 몇몇 국가의 할랄 생산·소비와 관련된 주석이다. 이 표에는 무슬림 인구 비율은 낮아도 할랄 식품의 생산자나 수출업자로서 중요한 역할을 하는 국가도

포함되었는데, 여기에는 미국, 캐나다, 아르헨티나, 브라질, 호주, 뉴질랜드, 프랑스가 속한다.

브리태니커 백과사전에 따르면 베냉, 카메룬, 가봉, 기니비사우, 가이아나, 카자흐스탄, 모잠비크, 토고, 우간다처럼 무슬림 인구 비율이 50% 미만인 경우 무슬림 국가로 간주되지 않지만, 다음과 같은 이유 때문에 표 4.1에 삽입되었다.

- 이들 국가는 이슬람협력기구OIC 회원국임.
- 다른 자료에 의하면, 이들 국가 중 일부는 브리태니커 백과사전에 기록된 것보다 무슬림 인구 비율이 높음(The Islamic Foundation, 1994).

두 주요 국가인 인도와 중국은 상대적으로 적은 비율의 무슬림이 거주하지만 거주 무슬림 총인구가 각각 2위와 12위에 올랐기 때문에 이 표에 포함되었다(Encyclopedia Britannica Almanac, 2003). 중국 국내 자료에 따르면 중국의 무슬림 인구는 8000만 명에 달하며, 이는 무슬림 인구로 제5위에 해당한다(Sadek, 2003). 브리태니커 백과사전은 대부분의 경우, 이슬람 자료 전문 웹사이트인 www.islamicpopulation.com에서 발표된 것보다 낮은 무슬림 인구를 기재하고 있다.

시장 활동에 대한 이러한 논의는 다소 주관적일 수 있으므로 여러 국가를 상대로 사업을 영위하는 개인이나 회사는 자기가 거래하고자 하는 국가의 무역부, 보건부, 종교부 등에 직접 확인하는 것이 권장된다. 또한 Chapter 5에서 언급된 각 국가의 수입 요건을 참조할 필요가 있다.

표 4.2에는 관련되는 추가 정보를 담았는데 총수입, 총수출 그리고 수출 대비 수입 식품의 비율이 수록되어 있다. 식품 제조 데이터는 해당국 현지 통화로 표시되어 있다(Encyclopedia Britannica Almanac, 2003).

표 4.2 2000년 기준 특정 국가들의 식품 수입·수출

국가	수입		수출		식품 제조	
	총액a(100만)	식품(%)	총액a(100만)	식품(%)	총액	단위
아프가니스탄	$525	18.8	$149	15.6 (건조식품과 견과류)		
알바니아	$1,070	19.8	$256	6.6	74,000	톤
알제리	$9,102	27.5	$13,586	0.5(대추야자)	622	100만 $
아르헨티나	$25,508	4.4	$23,333	35.1		
호주	$A110,083	3.6	$A97,255	17.3	12,239	100만 US$
아제르바이잔	$1,077	16.4	$606,151	7.7	1,972,000	100만 AM
바레인	BD1341	12.8	BD1,230			
방글라데시	TK341,850		TK203,970	7.3(생선과 새우)		
베냉	CFAF300,800		CFAF231,100		70,000(육류)	톤
보스니아	$2,629		$968			
브라질	$60,793		$51,120	20.3	18,117	100만 R$
브루나이	B$3,154	11.1	B$3,973			
부르키나파소	CFAF368,700	12.3	CFAF156,600			
카메룬	CFAF881,500	11.3	CFA993,900	15.0	49,314(음료)	100만 CFAF
캐나다	Can$363,281	5.4	Can$422,559	7.1	52,353	100만 Can$
챠드	CFAF175,000		CFAF145,300			
중국	$140,166	2.7	$183,757	5.8		
코모로	CF24,929	6.1	CF4,248			
코트디부아르	CFAF1,602,000	19.4	CFAF2,379,000			
지부티	$239	53.2	$59			
이집트	$15,165	21.2	$5,327			
피지	F$1,393	14.8	F$715	5.3(생선)	84	100만 US$
프랑스	F1,687,500	7.9	F1,773,200	12.0		
가봉	CFAF578,100	23.1	CFAF1,776,300			
감비아	D2,187	32.9	D81		629	100만 D
기니	$572	17.1	$709	8.7(생선과 커피)		
기니비사우	CFAF51,800	35.1	CFAF28,300	94.4(캐슈너트)	10,500	100만 CFAF
가이아나	$55		$525	38(설탕과 쌀)		
인도	Rs2,006,570		Rs1,607,430		139,000	100만 Rs
인도네시아	$27,337	9.6	$48,848		9,028,000	100만 Rp

국가	수입		수출		식품 제조	
	총액a(100만)	식품(%)	총액a(100만)	식품(%)	총액	단위
이란	$14,286		$13,118		1,170	100만 $
이라크	$2,500	42.7	$419			
요르단	JD2,720	19.6	JD1,276			
카자흐스탄	$6,575	3.7	$5,774		107,397	Teng
쿠웨이트	KD2,318	14.9	KD3,696			
키르기스스탄	$709	11.7	$604	13.2	729	100만 som
레바논	LP6,228	8.8	LP714	15.1		
리비아	$5,593	20.0	$9,029			
말레이시아	RM228,309	4.6	RM286,756			
몰디브	Rf3,551	21.4	Rf699	59.0		
말리	CFAF490,600	13.9	CFAF348,600			
모리타니	$403		$405			
모로코	DH95,577	17.1	DH72,283	31.6		
모잠비크	$783	18.3	$226	66.0	696,611	100만 Mt
뉴질랜드	$NZ24,248		$NZ22,600			
니제르	CFAF196,700	74.0	CFAF175,600			
나이지리아	N111,728	8.4	N220,409		25,415	N
오만	RO1,938	12.2	RO4,352	1.9	72,930	100만 RO
파키스탄	$10,361	8.9 (식물성 오일과 지방)	$8,569			
필리핀	$30,723		$35,037		246,300	100만 P
카타르	QAR9,098	13.2	QAR26,258			
러시아	$40,200		$75,100			
사우디아라비아	SR104,980	7.3 (채소)	SR190,100			
세네갈	CFAF1,155,300	22.5	CFAF339,250			
시에라리온	Le153,856	51.6	Le11,347			
싱가포르	S$232,175		S$237,826			
소말리아	$327		$187	51.4	795	100만 SoSh
남아프리카공화국	R98,614		R101,397		3,028	100만 $
수단	$1,412	19.5	$780			
수리남	Sf258,917	9.7	Sf211,021		992	100만 Sf
시리아	LS43,010	13.8	LS38,880	1.3		

국가	수입 총액a(100만)	수입 식품(%)	수출 총액a(100만)	수출 식품(%)	식품 제조 총액	식품 제조 단위
카자키스탄	$731		$586			
토고	CFAF263,400		CFAF244,800		41,400	CFAF
트리니다드	TTD$18,887	7.3	TT$14,221			
튀니지	D11,728		D8,005			
터키	$53,983		$27,324		3,944	100만 $
투르크메니스탄	$1,137	8.0	$614			
우간다	$1,411		$458			
영국	£194,434	4.7	£165,667		19,337	100만 P
U.A.E.	Dh109,100	9.7	Dh139,500		2,122	100만 Dh
미국	$1,025,032	3.4	$695,009	5.3	102,103 (육제품만)	100만 $
우즈베키스탄	$2,717	20.9	$2,888			
예멘	$1,536	36.2	$2,436			

주:
$ = U.S.달러(1.00)
$A = 호주 달러(1.51 U.S.)
AM = 아제르바이잔 마나트 4,857.00 U.S.)
BD = 바레인 디나르(0.37 U.S.)
TK = 방글라데시 타카(61.00 U.S.)
£ = 영국 파운드(0.62 U.S.)
R$ = 브라질 레알(3.07 U.S.)
B$ = 브루나이 달러(1.76 U.S.)
Can$ = 캐나다 달러(1.38 U.S.)
CFAF = CFA 프랑(664.20 U.S.)
CF = 코모로 프랑(432.00 U.S.)
F$ = 피지 달러(1.88 U.S.)
F = 프랑스 프랑(0.88 U.S.)

D = 감비아 달라시(28.00 U.S.)
Rs = 인도 루피(45.95 U.S.)
Rp = 인도네시아 루피아(8,547.00 U.S.)
JD = 요르단 디나르(0.71 U.S.)
Teng = 카자흐스탄 텡게(145.80 U.S.)
KD = 쿠웨이트 디나르(0.30 U.S.)
LP = 레바논 파운드(1,549.00 U.S.)
RM = 말레이시아 링깃(3.79 U.S.)
Rf = 몰디브 루피(12.69 U.S.)
DH = 모로코 디르함(9.79 U.S.)
Mt = 모잠비크 메티칼(23,505.00 U.S.)
$NZ = 뉴질랜드 달러(1.69 U.S.)
N = 나이지리아 나이라(131.00 U.S.)

RO = 오만 리얄(0.38 U.S.)
P = 필리핀 페소(55.15 U.S.)
QAR = 카타르 리얄(3.64 U.S.)
SR = 사우디아라비아 리얄(3.75 U.S.)
Le = 시에라리온 리온(1,930.00 U.S.)
S$ = 싱가로르 달러(1.75 U.S.)
SoSh = 소말리아 실링(2,620.00 U.S.)
R = 남아프리카공화국 랜드(7.36 U.S.)
Sf = 수리남 길더(2,502.00 U.S.)
LS = 시리아 파운드(47.71 U.S.)
TTD = 트리니다드토바고 달러(6.11 U.S.)
Dh = UAE 디르함(3.67 U.S.)

자료: *Encyclopedia Britannica Almanac 2003* (Chicago, IL: Encylopedia Britannica Staff).

수입이나 수출 중에서 식품 부문이 차지하는 비율이 국가별로 얼마나 다양한지 살펴보는 것은 매우 흥미롭다. 예를 들어, 아프리카 기니비사우 수출의 94.4%는 식품으로 알려져 있으며 주요 제품은 캐슈너트cashew nut 이다. 몰디브 수출액의 59%는 식품이며, 주로 생선이다. 식품 수출보다 수입이 최소 50% 많은 국가로는 아프가니스탄, 알바니아, 아제르바이잔, 방글라데시, 보스니아, 부르키나파소, 코모로, 지부티, 이집트, 피지, 감비아, 이라크, 요르단, 레바논,

표 4.3 무슬림 인구 상위 국가들

국가	인구(100만)	무슬림(%)	무슬림 수(100만)
인도네시아	224.78	87	195.56
인도	1,029.99	15	154.50
파키스탄	144.61	97	140.27
방글라데시	131.27	88	115.52
터키	66.23	99	65.57
이란	65.62	99	64.96
나이지리아	126.64	50	63.32
이집트	68.36	90	61.52
알제리	31.20	99	30.88
모로코	30.12	98	29.52
아프가니스탄	26.88	99	26.61
중국	1,274.91	2	25.50
수단	36.08	70	25.26
이라크	23.33	97	22.63
우즈베키스탄	25.15	88	22.13
예멘	18.08	100	18.06
시리아	16.73	90	15.06
말레이시아	22.60	52	11.75
말리	11.00	90	9.90
코트디부아르	16.39	60	9.83

몰디브, 모잠비크, 세네갈, 시에라리온, 소말리아, 터키, 투르크메니스탄, 우간다, 미국을 들 수 있다.

이들 자료가 아주 확실하거나 완전히 정확한 수치는 아닐 수 있지만 해당 국가들의 수입·수출, 식품 제조에 대한 성향을 가늠할 단초를 제공하는 것은 분명하다. 표 4.3은 무슬림 인구가 많은 상위 20개국을 나열한 것인데 전체 무슬림 인구의 90%에 해당한다. 이들 국가와 교역하는 업체는 무슬림 소비자에게 적합한 식품을 공급할 수 있도록 할랄 가이드라인을 충족시킬 방안을 고려해야 한다. 상위 4개국 중, 인도네시아는 의심할 여지 없이 식품 수입량과 할 랄 요건의 엄격성에서 선두이다. 말레이시아는 1980년대 초반, 할랄 관련 법 제정 시 선구자 역할을 했으며, 글로벌 할랄 인증과 관련해 영향력을 행사하고 있다. 한편, 많은 국가는 통상적인 식품 수요량의 대부분을 충당하거나 추가 가공을 위해 벌크 농산물을 수입하고 있다.

지난 20여 년 동안, 동남아시아와 중동 국가들은 외식 산업의 서구화를 직 접 목격했다. 맥도날드, KFC 같은 글로벌 거대 외식업체들은 이제 일상적인 거리 풍경이 되었다. 서구 식품 회사 역시 시장에서의 경쟁을 통해 성공하려면 현지 할랄 규정을 준수해야 한다.

표 4.4는 미국이 중동과 북아프리카로 수출한 농수산물을 보여주는데 2000 년부터 2002년까지의 벌크 농산물, 중간 가공 농산물, 소비자 지향 식품, 수산 해양 제품 등 상품 형태별로 세분화했다. 주요 식품 거래군 중, 밀과 쌀 수입은 감소한 반면 잡곡과 대두 수입은 증가했다. 업계에 따르면 이 3년 동안 대두 거래는 50% 이상 증가했다.

중간 가공 농산물 중에서는 밀가루와 대두박大豆粕의 수입이 감소한 반면 식 물성 오일, 대두유, 육류, 설탕의 수입이 두드러지게 증가했다. 이들 상품군의 총금액은 8억 3200만 달러에서 10억 7000만 달러로 증가했다.

소비 제품 중 중동으로 수출된 주요 식품군은 견과류, 가공 과일, 채소, 유제 품, 스낵류, 가금류, 적색 육류(소고기, 양고기 — 옮긴이), 신선 과일, 아침 식사 용 시리얼이다. 가공육 제품은 비록 소량 품목에 해당하긴 하지만 2년 동안 400%가 증가했다. 아침 식사용 시리얼을 제외하고 그 외 모든 상품은 약 10% 의 순수 수입액 증가를 기록했다. 중동 지역에서 수출된 생선류를 제외하면 전 체 농산물 거래액은 2000년 37억 달러를 뛰어넘어 2002년 40억 달러에 이르 렀다.

표 4.5에서 알 수 있듯이, 아세안 국가를 상대로 한 미국 농산물 수출에서도

표 4.4 2000~2002* 회계연도 중동 및 북아프리카로의 미국 농산물 수출액(단위: 1000달러)

제품	2000년	2001년	2002년
벌크 농산물			
합계	2,555,088	2,217,676	2,397,848
밀	929,828	702,847	655,692
잡곡	963,978	904,402	1,031,567
쌀	141,946	119,566	70,993
대두	198,714	204,611	309,466
면	184,842	185,732	275,959
담배	105,780	60,908	20,049
콩류	12,487	19,249	13,357
땅콩	1,376	844	790
기타 벌크 상품	16,138	19,518	19,976
중간 농산물			
합계	831,862	876,316	1,075,440
밀가루	20,240	7,772	13,130
대두분	263,554	259,344	221,282
대두유	19,219	31,088	78,860
식물성 오일(대두유 제외)	174,520	151,495	228,594
사료(애완동물용 제외)	49,877	63,811	54,979
살아 있는 동물	50,535	91,453	132,408
가죽 및 내피	10,491	12,780	22,641
동물성 지방	54,592	33,444	47,176
경작용 종자	52,003	42,646	50,371
설탕, 감미료 및 음료 베이스	74,189	105,983	111,175
기타 중간 제품	62,641	76,498	114,825
소비자용 농산물			
합계	479,541	539,171	523,157
스낵식품(너트류 제외)	44,472	58,822	60,006
아침 식사용 시리얼 및 팬케이크 믹스	17,000	20,455	11,783
신선/냉장/냉동 적색 육류	40,973	42,209	50,756
가공/저장 적색 육류	1,921	6,686	8,309

제품	2000년	2001년	2002년
가금류	40,298	45,986	46,209
유제품	53,993	59,889	33,234
달걀 및 난제품	2,164	3,847	3,407
신선 과일	29,554	31,048	25,825
신선채소	4,444	5,323	6,914
가공 과일 및 채소	59,951	55,330	59,967
과일 및 채소 주스	12,533	9,787	14,464
너트류	67,710	87,299	93,982
와인 및 맥주	6,311	6,460	6,470
원예 상품	1,410	505	1,124
애완동물용 사료(개 및 고양이)	6,536	10,982	10,407
기타 소비자용 농산물	90,172	94,544	94,302
식용 수산물 제품			
합계	12,309	12,364	13,715
통 연어 또는 내장 제거 연어	318	878	671
통조림 연어	1,735	2,277	831
게 및 게살	298	173	461
생선 연육	52	7	74
생선알 및 성게	1,209	1,318	1,928
기타 식용 수산물	8,698	7,710	9,750
농산물 제품 총계(생선 제외)	3,866,491	3,633,163	3,996,446

* 회계연도는 10월부터 9월까지. 예컨대, 2000 회계연도는 1999년 10월부터 2000년 9월까지.
자료: Data compiled from U.S. Department of Commerce, Foreign Trade Statistics(USDA 2003). Analysis by Commodity & Marketing Programs, Foreign Agricultural Service, USDA.

이와 유사한 경향이 관찰되었는데, 생선류를 제외한 농산물 교역 총액은 2000년 25억 8000만 달러에서 2002년 28억 8000만 달러로 상승했다. 모든 상품류 중 개별 품목군을 살펴보면, 쌀이 7160만 달러에서 1770만 달러로 감소하고 대두가 4억 1130만 달러에서 4억 6730만 달러로 증가한 것을 제외하고는 그 변화는 다소 미미하다. 가공육 수입은 720만 달러에서 420만 달러로 실질적으

표 4.5 2000~2002* 회계연도 아세안 국가로의 미국 농산물 수출액(단위: 1000달러)

제품	2000년	2001년	2002년
벌크 농산물			
합계	1,293,005	1,368,165	1,415,017
밀	348,671	398,976	357,518
잡곡	72,802	62,641	30,038
쌀	71,606	44,694	17,669
대두	411,275	412,498	467,317
면	269,566	313,759	403,818
담배	107,867	118,086	118,641
콩류	4,802	5,888	7,301
땅콩	126	79	142
기타 벌크 상품	6,291	11,543	12,573
중간 농산물			
합계	670,847	830,406	807,877
밀가루	4,945	1,003	483
대두분	277,520	367,681	290,394
대두유	551	365	4,692
식물성 오일(대두유 제외)	18,309	20,983	23,050
사료(애완동물용 제외)	108,988	109,178	124,242
살아 있는 동물	11,125	14,230	14,811
가죽 및 내피	29,864	58,414	70,447
동물성 지방	438	595	548
경작용 종자	8,898	4,831	4,348
설탕, 감미료 및 음료 베이스	52,122	56,104	74,178
기타 중간 제품	158,088	197,022	200,683
소비자용 농산물			
합계	616,561	708,872	656,768
스낵식품(너트류 제외)	80,238	82,313	76,891
아침 식사용 시리얼 및 팬케이크 믹스	5,624	6,384	4,875
신선/냉장/냉동 적색 육류	25,691	25,436	25,357
가공/저장 적색 육류	7,242	5,418	4,203

제품	2000년	2001년	2002년
가금류	52,678	38,277	38,333
유제품	83,857	127,432	84,757
달걀 및 난제품	2,123	2,132	2,266
신선 과일	103,822	160,743	156,473
신선채소	12,171	12,222	8,604
가공 과일 및 채소	104,806	108,300	105,398
과일 및 채소 주스	11,089	13,539	18,648
너트류	12,497	15,440	15,179
와인 및 맥주	10,051	9,560	9,759
원예 상품	674	137	167
애완동물용 사료(개 및 고양이)	16,531	19,868	18,818
기타 소비자용 농산물	87,466	81,671	87,041
식용 수산물 제품			
합계	40,014	57,967	58,189
통 연어 또는 내장 제거 연어	7,343	14,175	16,010
통조림 연어	1,289	556	475
게 및 게살	1,179	1,257	2,044
생선 연육	683	618	977
생선알 및 성게	675	1,689	7,997
기타 식용 수산물	28,845	39,672	30,686
농산물 제품 총계(생선 제외)	2,580,413	2,907,443	2,879,663

* 회계연도는 10월부터 9월까지. 예컨대, 2000 회계연도는 1999년 10월부터 2000년 9월까지.

자료: Data compiled from U.S. Department of Commerce, Foreign Trade Statistics(USDA 2003). Analysis by Commodity & Marketing Programs, Foreign Agricultural Service, USDA.

로 감소했는데 이는 현지 생산으로 대체된 것으로 보인다. 또한 동일 기간에 미국으로부터 수입된 가금류 수량도 감소했다.

표 4.6처럼 파키스탄, 인도, 방글라데시, 스리랑카, 기타 소규모 국가들을 포함한 남아시아 지역으로의 수출에서도 유사한 결과를 보인다. 이들 지역은 전체 무슬림 인구는 훨씬 많지만 중동과 동남아시아에 비하면 상품 수입액은 더

표 4.6 2000~2002* 회계연도 남아시아 지역으로의 미국 농산물 수출액(단위: 1000달러)

제품	2000년	2001년	2002년
벌크 농산물			
합계	226,072	355,780	450,890
밀	118,021	79,712	95,297
잡곡	1,818	33	94
쌀	911	558	1,218
대두	0	7,945	24,457
면	93,747	249,669	309,595
담배	5,221	10,227	5,139
콩류	6,033	7,212	12,852
땅콩	0	4	0
기타 벌크 상품	320	370	2,238
중간 농산물			
합계	113,185	131,513	207,010
밀가루	10,390	6,142	7,095
대두분	0	0	0
대두유	16,876	42,596	94,621
식물성 오일(대두유 제외)	9,211	2,827	20,775
사료(애완동물용 제외)	1,270	3,415	3,118
살아 있는 동물	1,633	1,558	1,124
가죽 및 내피	1,106	3,438	2,057
동물성 지방	6,209	26	4,112
경작용 종자	8,996	10,786	8,007
설탕, 감미료 및 음료 베이스	1,819	2,996	902
기타 중간 제품	55,677	57,729	65,199
소비자용 농산물			
합계	75,718	82,821	92,551
스낵식품(너트류 제외)	2,002	1,768	1,585
아침 식사용 시리얼 및 팬 케이크 믹스	114	534	411
신선/냉장/냉동 적색 육류	109	131	173
가공/저장 적색 육류	3	26	37

제품	2000년	2001년	2002년
가금류	819	581	681
유제품	2,169	1,050	2,515
달걀 및 난제품	569	308	328
신선 과일	1,896	6,373	10,784
신선채소	257	34	87
가공 과일 및 채소	2,825	2,792	1,955
과일 및 채소 주스	874	895	618
너트류	58,536	62,045	67,006
와인 및 맥주	330	237	252
원예 상품	222	161	77
애완동물용 사료 (개 및 고양이)	105	141	355
기타 소비자용 농산물	4,888	5,746	5,685
식용 수산물 제품			
합계	949	105	626
통 연어 또는 내장 제거 연어	0	0	99
생선알 및 성게	0	0	0
기타 식용 수산물	949	105	527
농산물 제품 총계 (생선 제외)	414,975	570,115	750,451

* 회계연도는 10월부터 9월까지. 예컨대, 2000 회계연도는 1999년 10월부터 2000년 9월까지.

자료: Data compiled from U.S. Department of Commerce, Foreign Trade Statistics(USDA 2003). Analysis by Commodity & Marketing Programs, Foreign Agricultural Service, USDA.

적다. 수치상으로는 2000년부터 2002년까지 80%가 증가했지만 이러한 증가의 대부분은 비식품 부문이며, 특히 면제품이 차지한다. 이 지역으로는 밀, 오일, 견과류가 대량으로 수입된다. 밀 수입은 2000년 1억 1800만 달러에서 2002년 9500만 달러로 실질적으로 감소한 반면, 식물성 오일과 대두유 수출은 동일 기간에 총 2600만 달러에서 1억 500만 달러로 증가했다.

표 4.4, 표 4.5, 표 4.6을 비교해보면, 중동의 농산물 수입은 아세안 국가들보다

많은 금액이며 남아시아 지역은 한참 뒤에 머물러 있다. 하지만 아세안 지역으로의 생선류·수산물 수입은 중동의 1300만 달러와 남아시아의 100만 달러 미만에 비해 훨씬 많은 5800만 달러를 보인다. 중동은 수출 선도 국가인 브라질, 프랑스 등의 많은 서구 국가로부터 가금류 제품을 수입하는 주요 수입국이 되어왔다.

수출 자료를 보면 남아시아 지역은 아직 깨어나지 않은 것으로 보인다. 사람들의 입맛이 현지 음식에서 햄버거, 프라이드치킨 및 프렌치프라이 French fry 같은 세계적 메뉴로 바뀌면 이 지역의 글로벌 외식 체인점 개설과 그에 따른 수입의 증가가 폭발적일 것으로 보인다. 아울러 가공식품 수입이 증가될 것으로 예상되는 또 다른 주요 지역은 중국과 중앙아시아 국가들이다.

참고 자료

Anon. 1998.3.5. "A special background report on trends in industry and finance." *The Wall Street Journal,* Sec. A, p.1.

Chaudry, M. M. 1997. Islamic foods move slowly into marketplace(press article), *Meat Proc.,* 36(2), 34-38.

_____. 2002. "Halal certification process." presented at *Market Outlook: 2002 Conference, Toward Efficient Egyptian Processed Food Export Industry in a Global Environment.* Cairo, Egypt.

Encyclopedia Britannica Almanac 2003. Chicago, IL: Encylopedia Britannica Staff.

Noss, J. B. 1980. *Man's Religion,* 6th ed., New York: Macmillan, p.15.

Riaz, M. N. 1998. "Halal food: an insight into a growing food industry segment." *Food Market Technol.,* 12(6), 6-9.

Riaz, M. N. 1999. "Examining the halal market." *Prep. Foods,* 168(10), 81-85.

Sadek, M. 2003. Personal communication.

Sakr, A. H. 1993. "Current issues of halal foods in North America." *Light,* May/June, 3(3), 22-24.

The Islamic Foundation. 1994. *The Muslim World Map.* Leicester, U.K.

USDA. 2003. "U.S. Exports of Agricultural Products." www.fas.USDA.gov/ustrade/USTExBICO. asp?QI=.

Waslien, C. I. 1992. "Muslim dietary laws, nutrition, and food processing." in Hui, Y. H.(ed.). in *Encyclopedia of Food Science and Technology,* Vol.2, New York: John Wiley & Sons, pp.1848~1850.

chapter 5

각국의 수입 요건

Import requirements for different countries

소개

대략 1500억 달러 규모의(Egan, 2002) 국제 할랄 식품 교역은 다수의 국가를 대상으로 한다. 몇몇 무슬림 국가는 주로 북미, 유럽, 호주, 뉴질랜드에서 가공 식품을 수입하는 순수 수입국들이다. 특히 식품 생산, 브랜드 고유화, 프랜차이징franchising, 운송에서의 기술 발달로 인해, 과거 어느 때보다 더욱 많은 가공식품이 국제 교역의 대상이 되었다. 중소 규모 회사는 물론 글로벌 거대 식품기업도 무슬림 국가뿐만 아니라 기타 지역까지 포함한 전 세계 무슬림 소비자를 상대로 자신들의 제품을 생산하고 마케팅 하는 데 가담하고 있다. 하지만 대부분의 국가들은 무슬림 국가의 할랄 요건과 수입 규정에 대한 명확한 이해가 결여되어 있다. 통상 이들은 필수적인 요건만 충족시키기 위해 안간힘을 쓴다.

따라서 식품업계는 무슬림 시장을 위한 제품 생산 요건을 이해할 필요가 있다. 이와 함께 무슬림 인구가 많은 국가들의 수입 요건도 이해할 필요가 있는

데 이러한 수입 요건들은 수입 식품의 안전 측면뿐 아니라 종교적인 부분도 다룬다. 이 장에서는 식품을 수입하는, 특히 미국으로부터 육류를 수입하는 다양한 국가들의 수입 요건을 설명한다.

다수의 국가들은 단지 수입 제품뿐만 아니라 자국 내에서 제조·판매되는 식품에 대해서도 관련 법률을 제정하고 할랄 가이드라인을 수립했다. 수입 제품과 내수 제품의 준수 요건은 본질적으로 동일하지만 그 실시 방법은 다양하다. 다음에서는 주요 이슬람 국가·지역의 할랄 현황을 제시하고자 한다.

말레이시아

말레이시아의 무슬림 소비자들은 글로벌 외식업체들이 현지에 매장을 열기 시작한 1970년대부터 수입 식품에 노출되기 시작했다. 소비자들은 매장과 레스토랑에서 제공되는 음식이 실제로 할랄인지 확인받기를 원했다. 이는 말레이시아 정부가 내수 및 수입 할랄 식품과 관련된 절차와 가이드라인을 고안하고 관련 법률을 제정하도록 자극했다. 1975년 교역 표시령('할랄' 표현의 사용)의 통과는 식품의 허위 할랄 라벨 표시를 위법화했으며, 1975년 교역 표시법(할랄 마크 표시)은 간판과 기타 마크에서의 허위 할랄 식품 표시 행위를 위법화했다. 이들 두 법령은 한편으로는 소규모 개인 사업자를 대상으로 하고 또 다른 한편으로는 법인을 대상으로 함으로써, 이원화된 처벌 조항이 시행되었다. 소규모 사업자의 경우, 이들 법령 위반에 대해서는 최초 위반에 대해 10만 링깃(2만 6000달러) 미만의 벌금이나 3년 이하의 징역, 그리고 2차 위반 시 20만 링깃(5만 2000달러) 미만의 벌금이나 6년 이하의 징역에 처하도록 했다. 법인의 경우, 최초 위반에 대해서는 25만 링깃(6만 5000달러) 미만의 벌금에 처하고, 이후 각 추가 위반에 대해서는 50만 링깃(13만 달러)의 벌금을 부과하도록 했다.

이후 몇 년에 걸쳐 준수 규약과 할랄 인증 체계가 모양을 갖추기 시작했다. 말레이시아는 1982년 수상부의 이슬람 종교국 산하에 '무슬림 소비식품음료상품 평가위원회'를 개설했다. 이 위원회는 식품 생산자·배급사·수입사의 할랄 인식 수준을 확인 및 독려하는 책임을 맡아왔다. 또한 1982년 말레이시아 정부는 말레이시아로 수입되는 모든 육류(소고기, 양고기, 송아지 고기, 가금류)에 대해 할랄 인증을 받을 것과 말레이시아 수상부 이슬람 종교국 및 수의검역부가 승인한 육가공 플랜트에서만 해당 육류가 수출될 수 있도록 의무화하는 규정을 제정했다. 이슬람 종교국은 이후 수상부로부터 독립해 '이슬람 개발부'라 불리는 부급으로 격상되었다. 할랄 사안을 관장하는 책임을 맡은 이 새로운 조직이 바로 말레이시아 이슬람 개발부Jabatan Kemajuan Islam Malaysia: JAKIM(이하 JAKIM)이다.

말레이시아 규정에 따르면, 육류·가금류에 대한 모든 할랄 인증은 반드시 JAKIM이 할랄 인증을 할 수 있도록 공인한 이슬람 기관에 의해 발급·서명되어야 한다. 나아가 이러한 육류·가금류 제품을 생산하는 도축장과 도계장 역시 반드시 말레이시아의 두 정부기관(JAKIM과 수의검역부)으로부터 승인을 받아야 한다. 말레이시아 할랄 식품의 생산, 전처리, 취급, 보관에 관한 일반 지침은 부록 3에 수록되어 있다.

가공식품의 경우, 수출 국가에 있는 관인 이슬람 기관에서 발급된 할랄 인증서로 충분하다. 하지만 해외 제조사가 공식적으로 말레이시아 할랄 로고를 사용하고자 한다면 JAKIM이 파견한 두 명의 감사관을 통해 생산지 국가의 가공 시설에 대한 심사·평가를 받아야 한다.

싱가포르

싱가포르 이슬람 종교 협의회Majlis Ugama Islam Singapura: MUIS(이하 MUIS)는 1972년 할랄 서비스를 제공하기 위해 시작되었으며 최초의 할랄 인증서는 1978년 발급되었다. 싱가포르의 경우, 모든 수입 육류(가금류 포함) 및 육가공품은 MUIS가 승인한 수출 국가의 이슬람 기관에 의해 할랄 인증되어야 한다.

MUIS는 싱가포르 정부의 허가하에 할랄에 관한 규제 기능을 책임지고 수행하는 유일한 기관이다. 이 기관은 다음과 같은 활동을 통해 할랄 식품 교역을 촉진하고 있다.

- 글로벌 할랄 시장으로 제품을 수출하고자 하는 자국 수출업체에 대한 인증
- 자국 현지 법인에 대한 인증
- 할랄 인증 표준화에 관한 포럼 참가

싱가포르 의회는 1999년에 무슬림 행정법AMLA 개정안을 통과시켰다. 이 개정안은 MUIS가 할랄 사업을 규율·촉진·향상시키도록 허용함으로써 더욱 많은 권한을 부여했다.

싱가포르의 경우, 다음과 같은 세 개의 정부기구가 할랄 발전을 위해 MUIS와 함께 일한다. 환경부 산하 식품통제국Food Control Department: FCD, 국가개발부 산하 농·수의검역국, 내무부 산하 경제범죄국.

또한 싱가포르는 '아세안 실무 워킹 그룹', 할랄 식품 가이드라인 위원회의 회원국이다. 싱가포르의 할랄 규정은 부록 4에 수록되어 있다.

인도네시아

인도네시아의 할랄 검증 프로그램은 현지에서 인도네시아 신학자 협의회 Majelis Ulama Indonesia: MUI (이하 MUI)라고 알려진 인도네시아 종교 협의회의 지원하에 시작되었으며, 할랄 활동을 조율할 책임은 식품의약화장품평가원 Assessment Institute for Foods, Drugs and Cosmetics: AIFDC 이라 불리는 기관에 할당되었다. 이 기관은 현지어로는 'Lembaga Pengkajian Pangan, Obatobatan dan Kosmetika: LP-POM'(이하 LP-POM)이라 불린다.

인도네시아 내에서의 할랄 인증은 여러 단계에 걸쳐 진행된다. 제조사나 수입사의 신청으로 심사·평가 과정이 개시된다. LP-POM, 보건부, 종교부에서 나온 감사관으로 구성된 팀은 가공 공정과 원재료를 평가하기 위해 제조 시설에 방문해 심사한다. 이러한 방문 결과는 감사관 위원회를 거쳐 MUI의 파트와 FATWA 위원회(이슬람 율법 심의기구로서 권위 있는 율법학자로 구성된 회의체 — 옮긴이)에 보고서가 제출되며, 최종적으로 MUI 파트와 위원회는 해당 제품에 대한 할랄 수여 여부를 결정한다. 보건부 역시 해당 라벨의 승인에 대한 책임을 진다.

수입 식품의 경우, 생산국에 있는 생산 시설과 그곳에서 생산된 제품을 평가하기 위해 세 명의 LP-POM 감사관 팀이 방문한다. 해당 식품이 할랄 요건에 부합하면 관련 보고서가 제출되고 이후 할랄 인증서가 발급된다. 인도네시아는 해외 소재 인증 기관 중 자국이 승인한 할랄 인증 기관을 별도의 목록으로 관리하고 있다. 이와 같이 승인된 인증 기관 중 미국 소재 기관 목록은 Chapter 19에 기술되어 있다(인도네시아는 MUI와 LP-POM의 계속되는 할랄 인증 관련 잡음으로 인해, 2014년 관련 법을 개정해 향후 5년 이내에 정부 주도로 할랄 인증 체계를 개편하도록 함. 이에 따라 종교적 해석은 기존의 MUI, 할랄 인증의 접수·분석·발급은 신설 정부기관인 BPJPH, 그리고 현장 감사는 신설되는 정부기관 LPH가 각각 담당 — 옮긴이).

중동 국가

▎걸프 표준

사우디아라비아의 주도하에 있는 중동의 걸프 국가들은 회원국이 사용할 수 있도록 육류와 가공식품에 대한 정교한 표준을 제정한 바 있다. 이 표준은 걸프 표준 및 사우디아라비아 표준으로 알려져 있다. 여기에는 다양한 종류의 식품 및 식가공품 그리고 육류 및 육가공품의 수입에 대한 가이드라인과 요건이 포함되어 있다.

중동, 걸프, 기타 지역의 이슬람 국가들은 수출국의 관인 이슬람 기관이 발급한 할랄 인증서를 첨부할 것을 요한다. 또한 수출이 개시되기 전에 국립 미-아랍 상업회의소 혹은 수입국의 영사가 발급한 보증서를 제시할 것이 요구된다.

남아시아

인도, 파키스탄, 방글라데시, 스리랑카 같은 남아시아 국가들 역시 소비자용 할랄 제품을 수입하고 있는데 특히 외식업을 위한 것들이 주를 이룬다. 이들 국가의 할랄 프로그램은 용어 정의가 명확하지 않다. 파키스탄의 일부 외식업체들은 말레이시아 가이드라인과 유사한 지침하에 운영되며, 육류뿐 아니라 자발적으로 가공식품 품목에 대해서까지 공급업자에게 할랄 인증서를 요구하고 있다.

기타 국가

다른 많은 국가 역시 공식 프로그램에 의하거나 또는 비공식적으로 수입 식품에 대한 할랄 인증서 첨부를 요구할 수 있다. 이러한 국가로는 이집트, 이란, 터키, 태국, 필리핀, 남아프리카공화국, 호주가 있다.

할랄 식품 산업에 대한 리뷰

이상에서 살펴본 바와 같이 몇몇 정부와 비정부기관NGO이 할랄 평가, 할랄 모니터링 서비스, 할랄 실시, 정보 유포, 할랄 인증서 발급 그리고 수입 식품이나 자국 생산 식품에 대한 할랄 로고와 마크의 사용 허가에 관여하고 있음을 알 수 있다.

많은 국가는 제품 수입과 관련된 자국 요건을 공개하며 이러한 요건들은 수출국에서도 접근이 가능하도록 되어 있다. 미국의 경우, 미농무부USDA에서 각국 수입 요건을 확인할 수 있다. 바레인, 이집트, 인도네시아, 이라크, 말레이시아, 오만, 파키스탄, 카타르, 사우디아라비아, 싱가포르, 터키, 아랍에미리트의 수입 요건은 부록 7에 수록되어 있다.

참고 자료

Egan, M. 2002.4.21~23. "An overview of halal from the Agri-Canada perspective." paper presented at the *4th International Halal Food Conference: Current and Future Issues in Halal*. Toronto, Canada.

chapter 6

육류와 가금류의 할랄 생산 요건

Halal production requirements for meat and poultry

하나님이 무슬림에게 내린 모든 식이 관련 제한 사항이나 금지 중 대부분은 동물세계에 해당하는데, 특히 육상동물이 그렇다(Chapter 2 참조). 무함마드는 여기에 추가해 동물을 다루는 일정한 요건을 강조했다. 그는 다음과 같이 말했다.

하나님은 실로 모든 것에 있어서의 능숙한 정도를 설명해놓았다. 그렇기 때문에 만약 너희가 죽이려면, 잘 죽이도록 하라. 또한 만약 너희가 다브흐를 행하려면, 잘 행하도록 하라. 너희 각자가 칼날을 예리하게 하고, 죽게 되는 동물이 받는 고통을 줄이도록 하라(Khan, 1991).

할랄 생산 요건에 대해 기술한 이 장에서는 식이 관련 허용과 금지를 분명히 파악할 수 있도록 해당 가이드라인과 절차가 기술되어 있다.

가공 판매용 가금류는 판매 목적으로 닭을 사육하는 전문 양계장으로부터 얻거나, 또는 달걀 생산량이 일정 수준 이하로 감소될 경우 산란용으로 기르던

암탉과 수탉이 식용으로 활용될 수도 있다. 최종 사용 용도에 따라 닭의 크기, 월령, 성별에 상관없이 할랄 생산에 사용될 수 있다. 중량이 많이 나가는 암탉과 수탉은 통조림 제조, 레토르트retort 식품 제조 혹은 수프와 기타 건조 혼합에 첨가하는 탈수 가공 등을 위한 초고온超高溫 조리용으로 사용된다. 중동에서는 구이용으로 쓰이기 때문에 이보다 작고 어린 닭(약 1.4킬로그램)이 선호된다. 할랄 가금류에 바람직한 사료에는 어떠한 동물성 부산물이나 기타 찌꺼기 재료도 사용되면 안 되는데, 이는 통상적인 서구의 실무 기준과 부합한다. 일부 할랄 도계장은 자체 시설에서 깨끗한 사료만 사용해 사육하는 등 좀 더 통합화된 관리를 하고 있지만 대부분의 할랄 가공 시설은 사료에 대해서는 그다지 많은 신경을 쓰지 않는다. 무슬림 소매업자들은, 아미시Amish 마을(기독교 분파로서 자연과 더불어 공동체 생활을 선호함 ─ 옮긴이)에서 길러진 닭처럼 동물성 부산물을 사료로 쓰지 않고 방사한 닭을 선호한다. 하지만 이런 닭은 매우 크기 때문에 조각 치킨으로 쓰이거나 또는 부분육으로 사용하는 것이 좋다. 달걀이나 육질 관리를 위해 닭에 호르몬을 사용하는 것은 바람직하지 않으며 일부 학자들은 이것을 하람이라고 하지만 다른 이들은 이를 무시한다.

육류 및 가금류의 도축·도계 방법

이슬람의 전통적인 도축 방법은 머리를 분리 절단하지 않은 채 경동맥, 경정맥, 기도, 식도를 절단함으로써 목을 자르는 것이다. 이러한 절차는 각각의 동물이나 가금류에게 하나님의 이름을 소리 내면서 정상적인 정신 상태의 건강한 무슬림에 의해 실시되어야 한다. 도축 과정을 수작업으로 적절하게 수행하기 위해서는 각 라인에 무슬림 도축사 팀이 배치되어야 한다. 도축사 인원 수는 라인의 속도, 동물의 크기, 그리고 작업 실시 시간에 좌우된다. 여전히 모든 무슬림은 수작업에 의한 도축을 선호하며, 이러한 수작업 도축 방식은 무슬림 국가의 도축장과 타 국가의 무슬림 운영 도축장에서 매우 광범위하게 준수된다.

한편, 서구에서 시작된 기계식 도계는 무슬림 사이에서 점차 수용되고 있다. 닭을 수입하는 대부분의 국가들은 기계식 도계를 수용한다. 말레이시아 정부가 승인한 기계식 도계 방법은 다음과 같은 측면에서 서구 업계의 통상적인 실무와는 상이하다.

- 무슬림이 하나님의 이름을 부르면서 기계장치 전원을 켠다.
- 기계가 가금류를 누락하거나 또는 적절한 방혈을 가능하게 하는 절단이 이루어지지 않았을 경우 수작업으로 가금류 목을 절단할 수 있도록 하기 위해 기계 뒤쪽에 무슬림 도계사 한 명이 위치한다. 상업용 가금류 처리 설비의 경우, 일반적으로 기계식 장치는 5~10%의 가금류를 제대로 절단하지 못한다. 이런 경우에 대기하던 무슬림이 해당 가금류를 처리한다. 또한 도계가 진행되는 동안 예비 무슬림 도계사가 가금류에게 하나님의 이름을 계속 부르며 기계장치의 작동 상태를 감독한다. 칼날의 높이는 머리 바로 아랫부분의 목을 절단하도록 조절되며, 머리를 완전히 자르지는 않도록 한다. 회전식 칼은 최소한 세 번 목을 지나가며 절단할 수 있어야 한다. 적절하게 절단되지 않은 모든 가금류는 무슬림 도계사·심사관에 의해 구분되고 비할랄 상품으로 처리된다. 라인 속도와 운영 효율에 따라 이러한 작업을 담당할 두 명의 도계사가 필요할 수도 있다.
- 쉬는 시간에는 기계도 정지되어야 하며 이후 앞에 설명한 절차에 따라 재가동되어야 한다.

수작업 도계든 기계 도계든, 가금류가 탈모 공정에 들어가기 전에 완전히 죽은 상태이어야 한다. 물 온도와 염소 농도 같은 탈모 공정 조건은 할랄 처리 과정과 통상적인 가금류 처리 과정이 동일하다. 하지만 할랄 가금류와 비할랄 가금류를 모두 취급하는 플랜트의 경우 할랄 가금류의 탈모, 냉각, 내장 제거, 가공, 보관 과정이 완전히 독립되어야 한다. 냉수를 사용해 도체를 냉각시키는 것이 일반적인데, 이 경우 다양한 비율로 냉각수가 사용될 수 있다. 일부 회사는 수조 냉각 대신 공기 냉각을 사용하는데 이는 수조 냉각보다 선호된다. 할랄 상품이 담긴 용기는 허가된 할랄 심사관에 의해 적절한 코드와 마크를 사용해 할랄 스탬프가 날인되어야 한다. 할랄 가공된 품목이 후속 가공을 위해 다른 시설로 운반되는 경우, 이러한 할랄 상품에는 해당 시설을 담당하는 할랄 심사관이 발급한 할랄 인증서가 첨부되어야 한다. 마리네이드marinade 작업, 튀김가루 작업 및 배터batter 묻히기 같은 후속 가공 역시 전 과정에 걸쳐 청결한 장비를 사용해야 하며 또한 자격 있는 할랄 심사관의 감독하에 실시되어야 한다. 스파이스spice, 시즈닝seasoning, 튀김가루 같은 비육류성 원재료 역시 할랄 승인되어야 한다(Regenstein and Chaudry, 2001).

도축장에서의 할랄 통제 포인트

할랄 통제 포인트HCP는 동물 사육에서 시작해 최종 판매용 포장 제품에 이르기까지 각 공정에 대해 정해질 수 있다. 그림 6.1은 육류·가금류 가공 처리에서의 할랄 통제 포인트를 보여준다.

| HCP1

대상 동물은 양, 새끼 양, 염소, 암소, 황소, 거세소, 어린 암소, 육계, 암탉, 수탉, 오리, 칠면조, 메추리 혹은 비둘기처럼 식용이 허용되는 할랄 종이어야

그림 6.1 **육류·가금류 가공 처리에서의 할랄 통제 포인트**

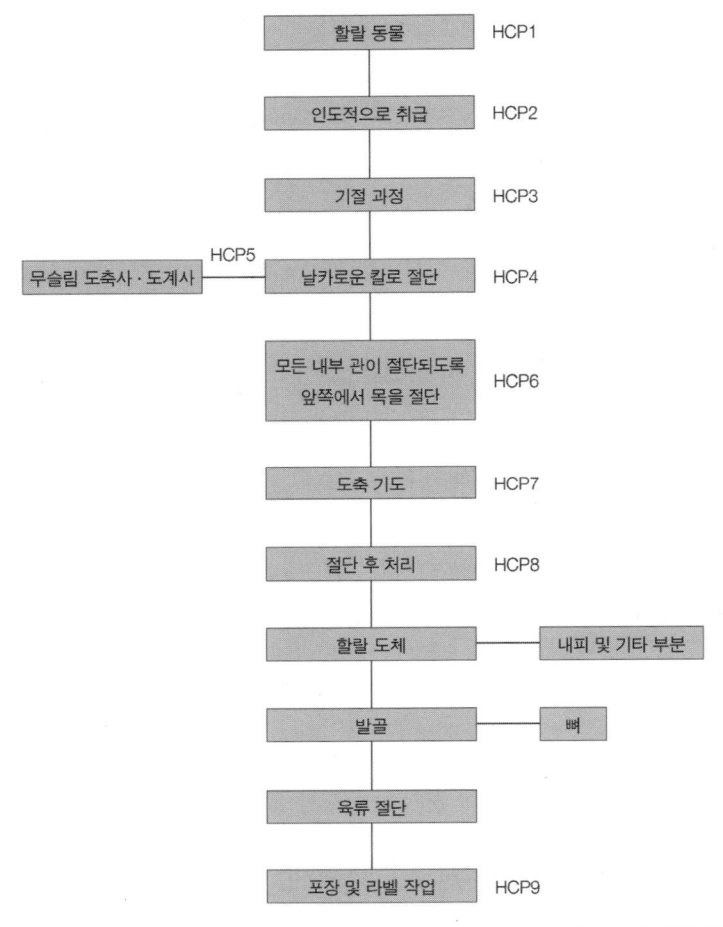

한다. 돼지, 멧돼지, 개, 고양이, 사자, 치타, 곰, 매, 독수리, 수리 조류 그리고 이와 유사한 동물은, 비록 할랄 방식으로 도축된다 하더라도 할랄로 간주되지 않는다.

| HCP2

이슬람은 동물을 자비롭게 대할 것을 주창한다. 따라서 동물들은 도축되기 전에 스트레스를 받거나 흥분되지 않도록 다루어져야 한다. 가축을 가두는 공간에서는 마실 물이 제공되어야 한다. 만약 대상 동물이 전기침이나 전기봉 같은 도구에 과도하게 흥분되어 있다면 이러한 도구의 지나친 사용을 자제해야 한다. 동물은 좋은 영양 상태를 유지하고 충분히 휴식해야 한다. 살생을 자제하도록 함과 동시에 도축 전 동물을 적절히 취급하게 하기 위해 종교적 도축 가이드라인의 활용이 권장된다(Regenstein and Grandin, 2002). 세부적인 종교적 도축 가이드라인은 부록 8에 수록되어 있다.

| HCP3: 기절 방식

동물을 기절시키지 않고 적절한 인도적 제재 시스템을 통해 도축하는 것이 바람직하다. 하지만 비치명적 기절 방식은 인도적 도축 규정 요건을 충족하므로 사용될 수 있다. 대상 동물은 도축 시점까지는 반드시 살아 있어야 하며, 또한 물리적 타격이나 전기 충격으로 인해 사망하는 것이 아니라 출혈로 인해 사망해야 한다.

❶ **가축총 기절 방식**　　볼트bolt가 머리를 강타해 동물을 움츠러들게 하고 이로써 대상 동물이 의식을 잃게 만드는 기계식 기절 도구는 허용된다. 동물이 의식을 잃은 동안 다리 하나를 걸어 올린 후, 동물의 크기에 따라 1~3분 내에 도축한다. 동물이 도축되기 전에 죽지 않도록 머리 타격과 도축 시점이 조정되어야 한다.

❷ **전기 기절 방식**　　단시간의 저전압 기절 방식은 동물에게 치명적이지 않다. 전기 기절 방식이 동물에게 고통을 주는지 여부는 충분히 연구되지 않았으며, 이 장에서는 따로 논하지 않기로 한다.

세계 각 지역에서는 상이한 조건의 전기 기절 방식이 사용된다. 미국의 경우 도계에 앞서 기절시키도록 법으로 요구하는 것은 아니지만 인도적 이유, 작업 효율 그리고 품질 향상을 위해 거의 모든 판매용 가금류를 기절시킨다. 구이용 가금류는 개체당 10~20mA, 칠면조는 20~40mA의 전기를 10~12초 동안 통하게 한다. 이러한 조건은 다시 의식을 되찾기 전에 목을 절단하고 이어 충분한 방혈을 위해 적절한 시간 동안 의식을 잃도록 알맞게 산출된 수치이다. 대부분의 유럽 국가의 경우, 더욱 높은 전류를 사용해 가금류를 기절시키도록 법으로 강제한다(구이용의 경우 90+ mA, 칠면조의 경우 100+ mA를 4~6초 동안). 높은 전류를 규정한 이러한 법규는 대상 가금류가 다시 깨어나 감각이 살아나는 일이 없도록 확실히 기절시키려는 인도적 배려이다. 하지만 이러한 유럽식 전기 기절 조건은 뇌로 전달되는 피를 멈추게 하여 필연적으로 전기쇼크와 심장마비가 발생해 가금류를 죽게 한다. 저전압 방식과 고전압 방식을 비교해볼 때 가금류의 사망은 두 경우 모두, 뇌로 유입되는 혈액 공급이 정지됨으로써 발생한다. 다만 전자는 저전압 방식의 기절 이후 행해진 절단으로 인한 방혈을 통해 이루어지는 반면 후자는 직접적인 전기 기절로 인해 뇌로 가는 혈액 흐름이 차단되어 이루어진다. 또한 유럽식의 가혹한 전기 기절 조건은 더 많은 과다 출혈과 골절 발생을 야기하기도 한다(Sams, 2001).

저전압 기절 방식은 가금류를 죽이지 않기 때문에 할랄 도계에서는 저전압의 사용이 권장된다. 칠면조에게 40mA 이상, 구이용 가금류에 20mA 이상의 높은 전압은 피해야 한다. 각 도계장은 가금류의 크기나 월령을 고려해 자체적인 작업 절차를 구축해야 하며 이를 통해 가금류가 전기쇼크로 죽는 것을 방지할 수 있다. 이와 마찬가지로 작거나 큰 가축의 경우에도 심장발작이나 사망에 이르지 않고 대상 가축을 마비시킬 수 있도록 적절한 전압이 설정되어야 한다.

❸ 버섯 모양 햄머식 기절 방식   이 방식은 소규모 도축장에서 큰 가축을 처리할 때 사용되며, 약한 타격을 통해 단시간에 기절시킬 수 있다. 일부 국가

에서는 이를 허용할 뿐만 아니라 오히려 가축총 방식보다 선호되기도 한다.

❹ 탄산가스 기절 방식 혹은 가스 사용　　가스 사용은 화학적 질식과 동등하게 취급된다. 질식에 의한 도축은 금지되며, 따라서 이러한 방식은 권장되지 않는다.

┃HCP4

할랄 도축의 요건 중 하나는, 동물이 절단 고통을 느끼지 못하도록 하기 위해 칼날이 예리해야 한다는 것이다. 기절시키지 않은 채 동물을 도축하는 경우에는 칼날을 예리하게 하는 것이 더욱 중요하다. 예리한 칼, 단 한 번의 **빠른** 칼 놀림, 그리고 세찬 방혈은 동물의 감각상실 반응을 촉진한다. 칼의 크기는 여러 번 왕복할 필요가 없도록 목의 크기에 맞춰 적당해야 한다. 또한 동물이 보는 앞에서는 칼을 갈지 않아야 한다.

┃HCP5

도축하는 사람은 도축 과정에 익숙한 정상적인 정신 상태의 남성 혹은 여성 어른이어야 한다. 또한 마음이 약한 사람이어서는 안 된다. 숙련된 도축사가 더 효율적으로 진행할 수 있으며, 가죽과 도체 손상도 최소화할 수 있다.

┃HCP6: 도살 혹은 방혈

도축하는 사람은 하나님의 이름을 부르면서 **빠른** 칼 놀림으로 경추에는 닿지 않도록 하여 경동맥, 경정맥, 기도, 식도를 끊어 목의 앞부분을 절단해야 한다.

┃HCP7: 도축 기도

목을 절단하면서 하나님의 이름을 부르는 것은 의무 사항이다. '비스밀라'라고 한 번 말하는 것으로 충분하다.

▌HCP8: 후속 처치

동물이 완전히 죽기 전에 귀, 뿔, 다리 같은 도체일부를 해체하는 것은 지탄받을 만하다. 보통 출혈이 멈추고 심장이 정지해 동물이 완전히 죽은 이후, 도체를 가공하는 후속 처리를 시작하는 것이 좋다. 그런 다음, 가죽과 내장을 제거하고 이후 살코기가 손상되지 않는 방식으로 발골發骨 작업을 실시한다.

▌HCP9: 포장 및 라벨 표시

마지막으로 깨끗한 포장재와 박스를 사용해 포장하고 제품을 표시하기 위해 할랄 마크가 들어간 적절한 라벨을 부착한다.

발골 작업실 할랄 요건

할랄과 비할랄의 구분, 세척, 인증, 포장 그리고 할랄 스탬프 날인에 있어 도축장과 발골 시설 모두 동일한 요건이 적용된다. 다른 시설에서 발골 작업장으로 반입되는 모든 할랄 제품에는 반드시 할랄 운송 증명서가 첨부되어야 하며, 무슬림 심사관에 의해 인수되어야 한다(Ayan, 2001).

냉장창고 할랄 요건

- 충분히 밀봉되어 있거나 또는 벌크 컨테이너로 운송되지 않는 한, 입고되는 모든 할랄 상품은 무슬림 심사관이 인수해야 한다.

- 급속냉동 과정 동안 할랄 제품은 별도로 보관되어야 한다.
- 적절히 포장·밀봉되어 있지 않는 한 냉동고 안에서 냉동 할랄 제품과 비할랄 제품은 서로 이격시켜야 한다.
- 할랄 제품은 무슬림 심사관의 감독하에 비할랄 제품과 별도로 적재되어야 한다. 할랄과 비할랄 제품이 혼재된 컨테이너의 경우, 혹시 있을 수 있는 교차 오염을 방지하기 위해 할랄 제품은 비할랄 제품보다 위에 놓여야 한다.
- 냉장창고에서 출고되는 모든 할랄 제품은 벌크-포장 컨테이너용 운송 증명서가 첨부되어야 한다.
- 수출용으로 적재되는 모든 할랄 제품에는 할랄 인증서가 첨부되어야 한다.

2차 가공 육제품

육류·가금류 제품은 냉장이나 냉동 육류로 출시될 수 있으며 비엔나소시지, 핫도그 혹은 치킨 너겟nuggets과 같은 육가공품으로 2차 가공될 수도 있다. 그림 6.2는 2차 가공에서의 할랄 통제 포인트를 나타내는 단순화한 흐름도를 수록했다.

| HCP1: 원료육

할랄 심사관과 품질 담당 직원은 도축장에서 인수한 육류가 할랄로 인정될 수 있는지 할랄 인증 기관에 확인해야 한다. 만약 수작업 도계를 거친 가금류만 사용하도록 지정되어 있다면 기계식 도계 가금류는 사용하지 않아야 한다. 가공을 진행하기 전에 할랄 기관에 관련 사항을 확인하는 것이 바람직하다.

그림 6.2 **2차 가공 육제품**

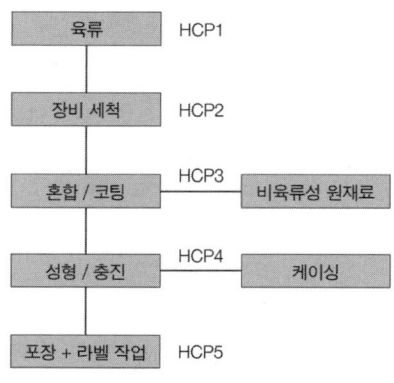

HCP2: 장비

할랄용으로 사용되는 장비는 품질관리 부서, 농무부, 그리고 할랄 심사관에 의해 그 청결도가 검사되어야 한다. 비할랄 육류·가금류에 사용했던 장비라도 철저히 세척한 후에는 사용될 수 있지만 돼지 가공에 사용되었던 장비는 사용할 수 없다. 통상적인 작업 조건하에서는 육가공 장비를 완전히 세척하는 것이 거의 불가능하며, 이것이 바로 돼지고기 관련 장비와 분리해야 하는 이유이다. 만약 돼지고기에 사용되었던 장비를 할랄 제품 생산용 장비로 전환하고자 한다면, 해당 장비는 종교적 절차에 따라 세척되어야 한다. 이러한 세척에는 다음과 같은 절차가 포함된다. ① 눈에 보이는 비할랄 육류 찌꺼기를 제거하기 위해 온수와 세제를 사용해 장비를 철저히 세척할 것, ② 무슬림 검사관이 할랄 생산용으로 인정할 수 있도록 깨끗한 물로 장비를 철저히 헹굴 것. 이와 같은 절차는 보통 종교적 세척이라 불린다.

HCP3: 비육류 원재료

육가공품에 사용할 수 있도록 승인된 원재료는 수천 가지에 달하므로 금지된 물질이 할랄 제품으로 유입되지 않도록 하는 것이 중요하다. 피해야 할 원재료에는 젤라틴, 돼지비계, 돼지 추출물, 천연 베이컨 플레이버, 기타 동물 유래 원재료 그리고 0.5% 초과 알코올이 함유된 원재료 등이 포함된다.

부록 11에는 할랄, 하람, 그리고 의심스러운 원재료 목록을 수록했다. 정육업자는 보통 비육류 원재료를 스파이스 회사를 통해 납품받거나 혹은 직접 원재료 제조사로부터 공급받는다. 시즈닝과 스파이스 믹스, 배터와 튀김가루, 그리고 훈제, 기타 착향료와 같이 혼합 제품이나 복합 제품에 대해서는 공급사에 할랄 인증서를 요구하는 것이 바람직하다.

HCP4: 케이싱

케이싱casings은 식용 혹은 비非식용으로 나뉜다. 일부 육가공품은 케이싱을 사용해 가공되지만 또 일부는 그렇지 않다. 케이싱에는 다음과 같은 세 가지 종류가 있으며 제품의 형태에 따라 선택된다.

- **천연 케이싱** 동물의 소화기관으로 만들어진다. 보통 새끼 양, 양, 염소, 소 혹은 돼지로부터 얻는다. 할랄 제품에는 돼지 케이싱은 사용되어서는 안 된다. 그 외 동물의 경우 통상 무슬림 국가에서는 할랄 도축 동물이 사용되고, 서구에서는 비할랄 도축 동물이 사용된다. 할랄 도축 동물에서 얻은 케이싱을 사용하는 것이 바람직하다.
- **콜라겐 케이싱** 잘게 간 우피牛皮로 만들거나 또는 이론적으로는 돈피豚皮로 만들 수 있다. 이것들 역시 식용 케이싱이므로 할랄 도축 동물에서 얻어야 한다.
- **셀룰로오스 케이싱** 이러한 케이싱은 식용이 아니다. 제품이 성형·조리

그림 6.3 **육가공품의 할랄 라벨: 자이로스 콘스 제품 라벨**

GYROS CONES
MADE WITH ZABIHA HALAL MEAT

INGREDIENTS: BEEF, WATER, BREAD CRUMBS (FLOUR, WATER, SALT & YEAST. ALSO IT MAY CONTAIN PURE VEGETABLE SHORTENING, (SOYBEAN AND/OR COTTONSEED OIL), AMMONIUM CHLORIDE, CALCIUM PROPIONATE), SOY PROTEIN CONCENTRATE, SALT, MONOSODIUM GLUTAMATE, NATURAL SPICES, ONION, GARLIC.

OLYMPIA FOOD INDUSTRIES INC.
5757 WEST 59TH STREET
CHICAGO, ILLINOIS 60638

NET WT. 40 LBS

KEEP FROZEN
For Institutional
Use Only

자료: Olympia Food Industries, Inc.(Chicago, IL).

그림 6.4 **육가공품의 할랄 라벨: 비프스튜 제품 라벨**

자료: JRM Food Products Company(Deerfield, IL).

된 이후에는 제거된다. 셀룰로오스cellulose 케이싱은 셀룰로오스(식물성 원료)와 기타 글리세린 같은 원재료로 만들어진다. 할랄 인증 케이싱은 주요 제조사로부터 공급받을 수 있다.

I HCP5: 포장과 라벨 표시

가공육 제조의 마지막 단계는 적절한 용기에 제품을 포장한 후 할랄 마크가 붙은 라벨을 부착해 정확히 제품을 표시하는 것이다. 그림 6.3과 그림 6.4는 제품 라벨상의 할랄 마크를 보여준다.

육류·가금류 가공은 몇 개의 회사에 걸쳐 이루어지거나 또는 여러 종류의 동물이 관여되는 등 매우 다양한 행태를 보이기 때문에, 제조업체는 제반 사안을 명확히 하기 위해 관련 할랄 인증 기관과 협의하는 것이 바람직하다.

기업형 할랄 도축(다브흐) 절차

이슬람 율법(샤리아)에 의거한 전형적인 할랄 도축 절차는 다음과 같다. 필수 요건은 반드시 충족되어야 하며, 부차적 요건은 의무는 아니지만 가급적 권장되는 요건이다.

I 필수 요건
- 대상 동물이나 가금류는 할랄에 속해야 하며 도축 시점에 살아 있어야 한다.
- 도축될 동물의 형태나 크기를 고려한 도축 방법을 교육받은 자로서 정상적인 정신 상태의 성인 무슬림에 의해 도축 행위가 이루어져야 한다.
- 도축을 실시하는 무슬림은 동물을 죽이는 동안 알라의 이름(비스밀라 알

라후 아크바르)을 소리 내어 불러야 한다.

- 도축 행위는 목 근육 뒷부분의 척수를 자르지 않도록 주의해야 하며 식도, 호흡기(기도), 경정맥, 경동맥이 끊기도록 목의 앞부분을 절단해야 한다.
- 동물이 죽는 고통을 느끼지 못하도록 하기 위해 예리한 칼로 신속히 절단하는 방식으로 도축이 실시되어야 한다.
- 피는 완전히 방출되어야 하며, 해당 동물은 다른 부상이나 손상, 우발적인 이유로 인해 사망하는 것이 아니라 출혈 과다를 통해 사망에 이르러야 한다.

부차적 요건
- 도축될 동물이나 가금류는 질병이나 결함 없이 건강해야 한다.
- 대상 동물이나 가금류가 스트레스를 받거나 흥분되지 않고 평온할 수 있도록 하기 위해 도축 전에 물을 제공하고, 인도적으로 취급해야 한다.
- 도축하는 사람은 도축이 진행되는 동안 메카 방향으로 얼굴을 향해야 한다.
- 다브흐 기준에 따른 실질적인 방혈이 되기 전까지는 대상 동물이 죽지 않는 것을 조건부로, 동물을 통제하기 위한 적절한 행동 둔화 조치나 구속 방식이 사용될 수 있다. 행동 둔화 조치의 결과로 동물이 사망한다면 해당 도체는 무슬림 소비에 부적합한 금지된 것(하람)이 된다.
- 실제 도축 실시 전이든 그 후든 상관없이, 대상 동물이 완전히 죽기 전에는 도체의 일부를 해체해서는 안 된다.

지탄받는 행위
다음과 같은 행위는 권장되지 않는다.

- 사료와 물을 주지 않고 동물을 굶기는 것

- 동물을 쓰러뜨린 후 칼을 가는 것

- 동물이 보는 앞에서 칼을 갈아 동물을 두렵게 만드는 것

- 머리를 잘라내거나 또는 척수까지 칼이 닿도록 하는 것

- 방혈이 되는 동안 동물의 목을 부러뜨리는 것

- 아직 살아 있는 채로 가죽을 벗기는 것

- 날이 둔한 칼을 사용해 다브흐를 실시하거나, 또는 알맞지 않은 크기의 칼을 사용하는 것

기계식 도계에서의 기업형 할랄 절차

- 대상 가금류는 할랄에 속해야 한다. 닭, 오리 혹은 칠면조

- 도계사는 비스밀라 알라후 아크바르를 소리 내면서 기계를 시동해야 한다.

- 가금류는 레일을 따라 움직이는 컨베이어에 걸어 출렁이지 않게 이동시킨다.

- 가금류를 기절시키기 위해 전기가 흐르는 물 위를 부리 쪽이 닿을 수 있도록 통과시킨다.

- 무슬림 도계사가 기계 뒤쪽에 위치하고, 기계가 빠뜨린 가금류를 골라 하나님의 이름을 소리 내면서 수작업 도계를 실시한다(라인 속도에 따라 두 명의 무슬림 작업자가 필요할 수도 있다).

- 전 공정에 걸쳐 할랄 가금류가 완전히 분리되어야 한다.

- 냉장 가금류 보관 용기에는 할랄 라벨이 부착되어야 한다.

- 완전히 청결한 장비를 사용해 가금류를 절단·발골·가공해야 한다.

- 마리네이드 작업, 튀김가루 작업, 포장 작업과 같은 후속 공정은 심사관의 감독하에 실시되어야 한다. 비육류 원재료는 어떠한 비할랄 원재료도 포함해서는 안 된다.
- 제품에는 적절하게 할랄 마크가 표시되어야 한다.

▎ 할랄 생산에서의 기업적 관점

잭슨M. Jackson 에 따르면 당시까지 많은 무슬림은 코서 도축 방식이 할랄 도축 요건과 유사하며, 대상 동물들이 최소한 도축 시점에 하나님의 축복을 받았다고 생각하기 때문에 코서 육류를 수용했었다(Jackson, 2000). 하지만 이러한 것들이 사실이 아니란 것을 알게 되었고 이제 코서 육류를 할랄 대체물로 받아들이는 것은 줄어들고 있다. 최근까지도 수입품과 현지 도축장 직매장을 제외하고는 미국 슈퍼마켓에서 판매용으로 할랄 도축된 육류 제품은 실제로 드물었다. 국제적으로는, 적합한 할랄 인증만 유효하게 인정되고 있으며 할랄 요건을 강화하기 위해 모니터링 기관이 설립되고 있다. 이러한 국제적 기조는 미국 시장으로 옮겨오고 있다(Jackson, 2000).

일부 육류 생산업체는 할랄 인증을 받기 위해 단지 절차 매뉴얼만 준수하면 되는 것으로 이해하는데, 이러한 방식으로 접근한 회사들은 추후 마케팅 문제를 직면하게 될 것이다. 다음에 나열한 것들은 할랄 육류로 취급되기 위해 고려되어야 할 사항 중 몇 가지 정정되어야 할 관념이다(Jackson, 2000).

- 도축장에서 다른 곳으로 이동하는 트럭이 무슬림 심사관 앞을 지나갈 때마다 트럭에 실린 육류가 할랄로 인정받도록 하기 위해 트럭을 향해 도축 기도를 하는 것은 인정되지 않는다.
- 도축 작업을 시작할 때만 심사관이 도축 기도를 하는 것은 인정되지 않는다. 각각의 동물이 도축되는 해당 시점에 도축 기도가 행해져야 한다.

- 그날 도축된 모든 동물을 한꺼번에 처리하기 위해 모든 도축 작업이 종료된 후에 무슬림이 한꺼번에 도축 기도를 하는 것은 인정되지 않는다.
- 심사관이 무슬림 입회를 대체하기 위해 녹음된 도축 기도를 사용하는 것은 인정되지 않는다.
- 육류 생산업자는 인도적인 방식이 사용되었다는 이유만으로 해당 육류가 할랄로 간주된다는 도축장의 말을 받아들여서는 안 된다.
- 생산업자는 제품에 할랄 라벨이 부착되었다는 이유만으로 실제 할랄 생산된 것으로 받아들여서는 안 된다. 반드시 할랄로 인증되거나 또는 인증 기관에 의해 승인되어야 한다.
- 현장에 무슬림이 입회하지 않은 경우, 생산업자는 해당 육류 제품에 할랄 라벨을 부착해서는 안 된다. 이러한 행위 때문에 비이슬람 국가 제품이 해외 시장에서 경쟁력을 잃게 된 것이다.
- 생산업자는 할랄 라벨이 붙은 육류를 가공하는 동안에는 어떠한 돼지나 돼지 관련 제품도 동시에 가공해서는 안 된다.
- 생산업자는 전반적이며, 완전하고 또한 세밀한 세척 작업이 전제되지 않는 한 할랄 라벨이 붙은 육류 제품 가공 직전에는 어떠한 돼지나 돼지 관련 제품도 가공해서는 안 된다.

참고 자료

Ayan, A. H. 2001. "Halal food with specific reference to Australian export." *Food Aust.,* 53(11), 498-500.

Jackson, M. 2000. Getting religion — for your products, that is, *Food Technol.,* 54(7), 60-66.

Khan, G. M. 1991. *Al-Dhaba: Slaying Animals for Food the Islamic Way.* Jeddah, Saudi Arabia: Abdul-Qasim Bookstore.

Regenstein, J. M. and M. Chaudry. 2001. "A brief introduction to some of the practical aspects of kosher and halal laws for the poultry industry." in Sams, A. R.(ed.). in *Poultry Meat Processing.* Boca Raton, FL.: CRC Press.

Regenstein, J. M. and T. Grandin. 2002. "Animal welfare: kosher and halal." *IFT Relig. Ethn. Foods Div. Newsl.,* 5(1), 2.

Sams, A. R. 2001. *Poultry Meat Processing.* Boca Raton, FL.: CRC Press.

chapter 7

유제품의 할랄 생산 요건

Halal production requirements for dairy products

유제품 산업은 신선 우유부터 아이스크림, 냉동 디저트에 이르기까지 수많은 제품으로 구성되어 있다. 유제품은 아주 오래된 식품 산업 중 하나인데, 약 5000년 전부터 만들어왔던 치즈는 전통적인 합성 가공식품의 하나이다(Fox et al., 2000). 오늘날에는 우유 및 유제품 공정의 모든 부분에 대한 풍부한 정보가 가용하지만, 아직도 할랄이라는 개념은 가공업자의 일상적인 고려 사항이 되지 못하고 있다. 이와 관련해 언급하고자 하는 것은, 비록 할랄 요건이 상대적으로 조금 더 단순하긴 하지만, 할랄 제품의 생산은 본질적으로 코셔 제품의 생산과 유사하다는 것이다. 육류 제품의 경우 코셔 혹은 할랄 중 어느 하나만 가능할 뿐 동시에 둘 다 만족시킬 수는 없었던 것과 달리(Riaz, 2000a), 유제품은 동시에 코셔 및 할랄이 될 수 있다. 코셔와 할랄에 대한 비교 분석에 대해서는 Chapter 18을 참고하기 바란다.

전 세계적으로 유제품에 사용되는 가축은 두 가지이다. 남아시아와 아프리카 일부에서 사용되는 물소buffalo, 그리고 나머지 지역에서의 소가 그것이다. 그 외에 염소, 양, 말, 낙타 같은 다른 동물의 젖이 사용되기도 한다. 비록 다른 동물의 젖을 가공하는 것도 우유와 유사하긴 하지만, 이 장에서 우유라는 용어는 문자 그대로 소의 젖을 의미하는 것으로 한다.

코란에서의 우유

우유는 무슬림에게 권장되는 음식 중 하나이다. 우유는 마시는 사람에게 신선하고 기분 좋게 여겨진다(Pickthall, 1994).

> 보라! 가축으로부터도 너희를 위한 교훈을 얻을 수 있다. 가축의 몸 속 침전물과 피 사이에는 마시는 사람을 기분 좋게 하는 신선한 우유가 있으니, 너희가 이를 마실 수 있도록 하였다.
>
> 제16장 66절
>
> 원문 And lo! In the cattle there is a lesson for you. We give you to drink of that which is in their bellies, from between the refuse and the blood, pure milk palatable to the drinkers.

우유는 거의 완전식품에 가깝다. 우유는 영양 성분, 미네랄, 비타민, 단백질을 공급한다. 유제품에는 신선 우유와 크림 같이 최소한의 가공을 한 제품부터 소스, 드레싱, 디저트 같이 복잡한 가공을 거친 제품까지 다양한 형태가 있다. 따라서 할랄 관련 사안 역시 단순한 것부터 복잡한 것까지 다양하다.

우유: 일반유, 저지방유, 탈지유, 가공유

미국의 경우, 우유에 일반적으로 비타민 A와 비타민 D가 강화된다. 이들 비타민을 우유에 용해시키기 위해, 폴리소르베이트 같은 유화제로 혼합하거나 규격화한다. 또한 우유의 안정성을 높이고 유통기한을 늘리기 위해 그 외 기능성 원재료가 추가되기도 한다. 폴리소르베이트는 식물성 오일이나 동물성 지방으로부터 얻을 수 있는 지방질 화학물질이다. 할랄 우유를 생산하기 위해서는 이들 유화제 및 기타 기능성 원재료들이 반드시 식물성 오일 같은 할랄 원료로부터 유래해야 한다. 초콜릿 맛 우유와 기타 가공유 같은 일부 유제품은 점증제粘增劑로 젤라틴을 사용하기도 한다. 무슬림 소비자에게 적합하도록 하려면 할랄 젤라틴이나 식물성 수지를 사용해야 한다.

크림, 하프 크림, 버터

액상으로부터 지방 성분이 분리되는 것을 방지하기 위해 이들 제품에 간혹 모노글리세리드와 디글리세리드가 추가된다. 모노글리세리드는 동물성과 식물성에서 추출될 수 있는데 할랄 목적상 식물성 원재료만 사용될 수 있다.

건조 분유와 무지방 건조 분유

이들 제품은 열처리와 탈수 공정을 거친 분유를 말한다. 보통은 다른 원재료가 첨가되지 않는다. 하지만 이를 제조하는 스프레이 드라이어 장비가 다른 하람 제품을 처리해서는 안 된다.

치즈

치즈에는 매우 다양한 종류가 있으며, 각기 다른 공법과 원재료를 사용해 가공된다. 예를 들어, 코티지cottage 치즈는 산으로 응고된 우유를 사용해 만들어지는데, 이는 할랄에 적합한 공정에 해당한다. 모짜렐라mozzarella, 체더 cheddar, 콜비colby 같은 다른 치즈들은 응유 효소 및 미생물 배양으로 만들어진다. 미생물이 배양되는 배지medium가 할랄에 해당하는 한 미생물 배양은 일반적으로 할랄로 인정되지만, 효소는 Chapter 12에서 설명하는 바와 같이 매우 다양한 원료로부터 얻어질 수 있다. 따라서 해당 효소가 할랄에 적합한지를 반드시 확인해야 한다. 일부 치즈는 미생물 배양균, 곰팡이 혹은 효소를 사용해 숙성되는데, 효소로 가공된 치즈는 좀 더 복잡하며 일부 문제가 될 만한 원재료가 함유되었을 수 있다. 유전자 이식공법 효소는 허용될 뿐만 아니라 오히려 할랄 식품의 생산에 선호된다. 예를 들어, 무슬림 요건에 부합하지 않는 방식으로 도축된 송아지로부터 얻은 소 레닛은 대부분의 무슬림이 할랄로 인정하지 않는다. 반면, 규격화 원재료와 배지에 하람 원재료가 포함되었거나 또는 할랄 승인된 세척 과정 없이 발효제와 하람 원재료가 함께 사용된 경우를 제외한다면, 소의 키모신(레닛에 들어 있는 주된 효소) 유전자로부터 전사轉寫되어 미생물 방식으로 생산된 키모신은 일반적으로 할랄로 인정한다(알림: 이들 제품의 대부분이 거의 코셔에 해당되기 때문에 코셔 제품은 통상적으로 이러한 요건을 충족한다. 하지만 코셔 인증이 없는 경우라면, 더욱 포괄적인 할랄 심사가 필요하다).

효소는 할랄 치즈 생산에 가장 중요한 관심 사안이다. 몇몇 효소는 돼지에서 얻어지며, 이는 하람이다. 또한 일부 효소는 소나 다른 허용된 동물로부터 얻어지지만, 만약 이 동물들이 할랄 방식으로 도축되지 않았다면 해당 효소는 할랄 치즈 생산에 사용되어서는 안 된다. 효소 제조사는 유전자 공학을 통해 리파아제lipase 같은 효소를 제조함으로써 할랄 시장을 장악할 기회를 포착할 수 있다.

▎고결 방지제

슈레드shred 치즈는 동물성 혹은 식물성 스테아르산염stearate과 같은 고결 방지제를 함유하고 있을 수 있다. 이들 원재료는 할랄 원료에서 획득되어야 한다.

▎보존제

모든 보존제와 항곰팡이제는 할랄 원료로부터 얻어야 한다. 보존제는 나타마이신natamycin, 벤조산나트륨sodium benzoate, 프로피온산 칼슘calcium propionate, 기타의 특허 혼합물일 수 있으며, 이는 동물성 원료에서 얻은 유화제를 함유했을 수 있으므로 무슬림 소비자는 이를 유의해야 한다.

위에 열거한 원재료 중 특히 효소는 치즈의 상태는 물론 유청 같은 치즈 부산물에도 중대한 영향을 끼친다. 유청은 상당한 양의 효소를 함유하기 때문에 무슬림 소비자는 유청을 포함하고 있는 식품을 유의해야 한다(Riaz, 2000b).

유청, 농축유청단백질, 분리유청단백질, 유당

이들은 빵에서 냉동 디저트에 이르기까지 수만 가지 식품에 사용되는 것으로 치즈 제조 공정에서 나오는 부산물이다. 이 원재료들은 액상 유청에서 분말 형태로 재차 가공된다. 통상적으로, 치즈를 제조하는 과정에서 유청이 만들어진 이후에는 더 이상 첨가되는 것은 없으며, 따라서 제조된 치즈가 할랄이라면 그 건조 장비가 할랄에 해당하는 한, 액상 유청 자체와 그로부터 나오는 유청 분말, 농축유청단백질, 분리유청단백질, 유당 같은 원재료 역시 할랄이다.

발효유, 사워크림, 요거트

이들은 우유를 혼합, 발효 및 추가 가공한 제품이다. 이들 제품에는 다양한 기능을 추가하기 위해 젤라틴, 유화제, 착향료, 안정제, 색소 같은 원재료가 추가될 수 있다. 젤라틴은 요거트에 가장 광범위하게 사용되는 원재료 중 하나이

그림 7.1 **할랄 냉동과일 바 라벨: 후르트풀 브랜드 제품 라벨**

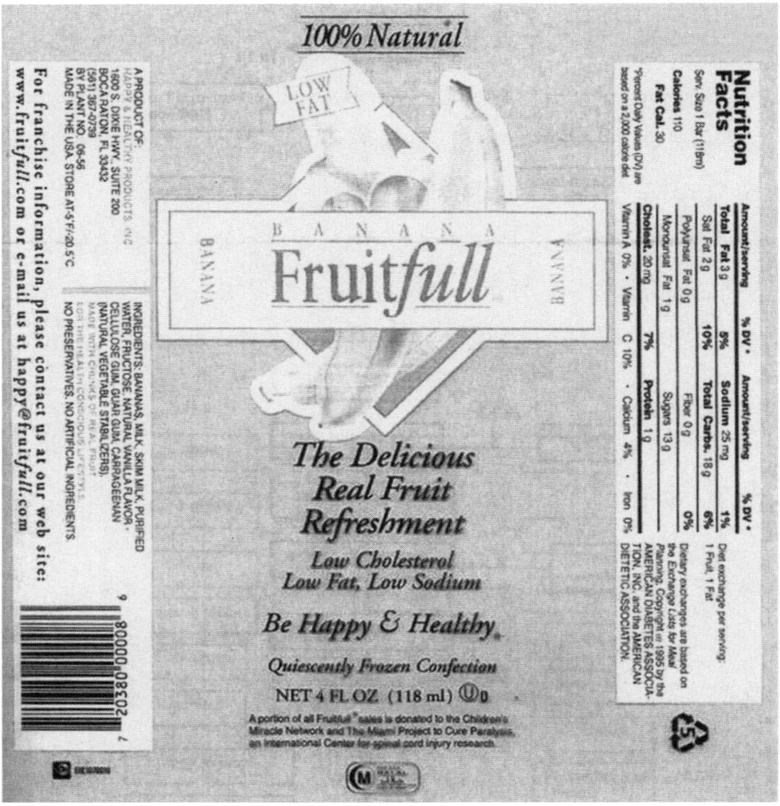

자료: Happy and Healthy Products, Inc.(Boca Raton, FL).

다. 현재는 펙틴pectin, 카라기난carrageenan 및 변성 전분 등의 할랄화 원재료가 젤라틴 대체재로 적합하게 되었으므로 이제 할랄 젤라틴이 사용될 수 있다. 그림 7.1은 할랄 요거트 라벨의 예이다.

아이스크림과 냉동 디저트

아이스크림과 냉동 디저트는 수십 가지 다양한 원재료를 사용해 만들어지는 복잡한 식품에 해당한다. 아이스크림과 냉동 디저트에 의심스러운 원재료가 유입될 수 있는 가능성에는 몇 가지가 있지만, 그중 현재 가장 큰 문제가 될 만한 것으로는 젤라틴, 플레이버, 유화제 등의 세 가지 원재료를 들 수 있다. 천연 바닐라 아이스크림을 제조하기 위해서는 반드시 천연 바닐라 플레이버를 사용해야 하는데 여기에는 "동일성 규격"으로 인해 최소한 35% 알코올이 함유된다. 이러한 알코올이 통상적인 수준으로 희석된다 하더라도 아이스크림 완제품은 0.2% 내지 0.5%의 알코올을 함유할 수 있다. 럼rum처럼 액상으로 혼입되는 기타 플레이버들은 더 높은 비율의 알코올을 함유할 수 있다. 이러한 제품의 경우, 해당 특정 원재료로부터 기대되는 기술적 효능을 잃지 않는 선에서 이들 제품의 알코올 양을 최저 수준으로 감소시켜야 한다. 완제품상의 최종 알코올 함량은 0.1% 미만으로 내려가야 한다. 이러한 원재료로 아이스크림 제품 제조 공정을 구성하고자 하는 회사는, 이제 할랄 젤라틴과 할랄 마시멜로를 사용할 수 있다. 알코올성 음료와 연관된 플레이버의 경우, 비알코올성 천연 플레이버 추출물을 활용하거나 또는 럼 플레이버 같은 합성 원재료를 사용해 공정을 구성할 수 있다.

플레이버와 효소-변형 제품

요즈음에는 버터 플레이버 같은 많은 플레이버들이 유제품 원재료로부터 추출되는데, 플레이버 혼합물을 농축한 후 효소 반응을 통한 변형을 거쳐 플레이버를 강화하는 방식으로 처리된다. 제조사는 이러한 플레이버에 사용되는 효소가 할랄에 적합한지 확인해야 한다. 최근에는 치즈 속에 동물의 고기 성분이 혼입된 형태의 치즈가 출시되고 있다. 이 경우, 그러한 동물성 원재료는 반드시 할랄 원료로부터 얻어야 한다.

치즈 제조의 할랄 통제 포인트

치즈 제조는 일반적으로 각각의 치즈 형태에 따라 독자적인 공정을 거치게 되며, 따라서 교차 오염의 가능성이 매우 적다. 또한 이 공정은 1년의 기간이라 해도 단지 몇 번의 변경만 가해지는 지극히 고정적인 공정에 해당한다. 그림 7.2와 그림 7.3은 유제품 가공기술의 할랄 통제 포인트HCP를 나타낸다.

┃ HCP1: 원유
미국의 경우, 예컨대 양이나 염소젖으로 만든 치즈라고 별도로 언급되지 않는 한 모든 우유는 소에서 얻은 것이다. 다른 동물로부터 얻은 젖의 경우, 그것이 할랄에 속하는 한 사용될 수 있다.

┃ HCP2: 효소, 배양균 및 색소의 첨가
사용되는 효소가 미생물뿐 아니라 하람이나 할랄 동물로부터도 얻을 수 있기 때문에 치즈 제조에서 이 부분이 매우 중요한 포인트이다. 가장 보편적으로

그림 7.2 **샐러드드레싱의 할랄 통제 포인트**

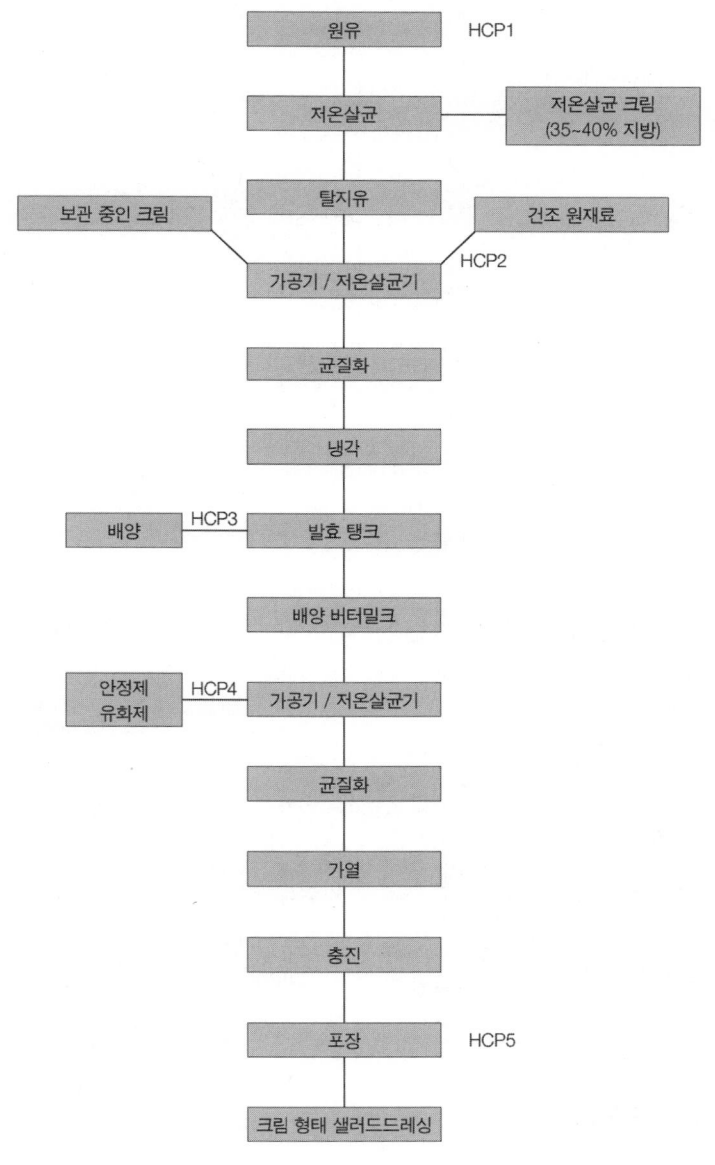

그림 7.3 **치즈·유청 공정의 할랄 통제 포인트**

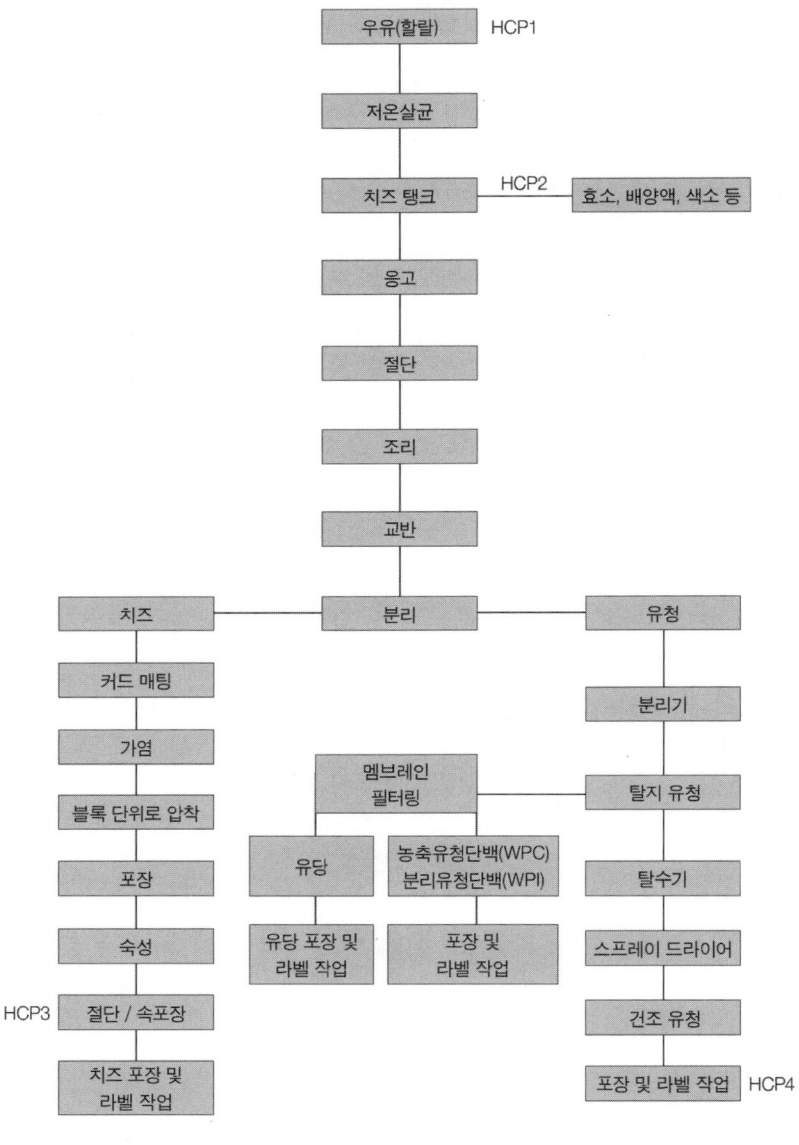

인정받기 위해서는, 해당 효소가 미생물에서 기원해야 하며 그 외 원재료들은 의심스러운 원재료가 아니어야 한다. 다른 원재료를 사용하는 경우, 적절한 문서를 통해 이를 소명해야 한다.

　제조사는 원재료 자체뿐만 아니라 제품을 규격화하거나 안정화하기 위해 주요 원재료에 첨가되는 기타 재료들 역시 함께 고려해야 한다.

▎HCP3

　치즈가 가공된 후 숙성을 위한 보관에 들어갈 준비가 되면, 치즈 내부로 혼입될 수 있도록 치즈 표면에 곰팡이와 배양균이 첨가될 수 있다. 이러한 배양균 없이 치즈가 숙성되는 경우에는 곰팡이가 자라는 것을 억제하기 위해 소르베이트, 프로피온산염 혹은 나타마이신 같은 보존제도 함께 첨가될 수 있다. 이러한 모든 특정 화학물질은 할랄 가이드라인에 부합해야 한다.

▎HCP4

　최종적으로 완제품은 할랄에 적합한 청결한 봉투, 랩wrap 혹은 박스에 포장해야 한다. 만약 습기 방지나 보존을 위해 왁스로 덮는 경우, 이 역시 할랄에 해당되는 청결한 품질이어야 한다. 라벨에는 할랄 마크가 명확하게 들어가야 하며 미생물 효소가 사용되었다면 해당 미생물 효소에 대한 설명을 추가하는 것이 바람직하다.

참고 자료

Fox, P. F., Guinee et al. 2000. *Fundamentals of Cheese Making.* Gaithersburg, MD: Aspen
    Publishers, p.ix.

Pickthall, M.M. 1994. *Arabic text and English rendering of The Glorious Quran.* Chicago, IL:
    Library of Islam, Kazi Publications.

Riaz, M. N. 2000a. "What is halal(press article)." *Dairy Foods,* 101(4), 36.

_____. 2000b. "How cheese manufacturers can·benefit from producing cheese for halal
    market." *Cheese Mark. News,* 20(18), 4, 12.

chapter 8

생선과 수산물의 할랄 생산 요건
Halal production requirements for fish and seafood

이 장에서의 생선과 수산물은 식물을 제외하고 물에서 살아가는 모든 생물을 칭하며, 여기에는 인공 양어장은 물론 강, 호수, 연못, 바다, 대양이 포함된다. 생선 및 수산물의 할랄 혹은 하람 여부에 대해서는 다양한 이견이 존재한다(Pickthall, 1994).

> 바다의 생선을 낚아 먹는 것은 너희에게 허락되는 것이며, 이는 너희와 항해자를 위해 하사된 것이다. 하지만 순례 중일 때에는 너희가 육지에서 사냥하는 것이 금지된다. 하나님에 대한 의무를 명심하며, 너희는 그분에게로 모일 것이다.
>
> 제5장 96절
>
> 원문 To hunt and to eat the fish of the sea is made lawful for you, a provision for you and for seafarers; but to hunt on land is forbidden you so long as ye are on the pilgrimage. Be mindful of your duty to Allah, unto Whom ye will be gathered.

또한 그분은 너희가 그것으로부터 신선한 생선을 먹을 수 있게 하고 너희가 걸칠 장식품을 얻을 수 있도록 바다를 제압한 분이다. 또한 배가 물살을 가르는 것을 너희(인간들)가 봄으로써, 하나님의 은총을 구하고 그분께 감사드리게 될 것이다.

제16장 14절

원문   And He it is Who hath constrained the sea to be of service that ye eat fresh meat from thence, and bring forth from thence ornaments which ye wear. And thou seest the ships ploughing it that ye(mankind) may seek of His bounty, and that haply ye may give thanks.

두 가지 물 흐름이 같지는 않다. 하나는 신선하고 달콤해 마시기에 좋으며, (다른) 하나는 쓰고 짜다. 너희는 그 양쪽으로부터 신선한 생선을 먹을 수 있고 너희가 몸에 걸치는 장식품을 얻을 수 있다. 또한 배가 물살을 가르는 것을 봄으로써, 하나님의 은총을 구하고 그분께 감사드리게 될 것이다.

제35장 12절

원문   And two seas are not alike; this, fresh, sweet, good to drink, this(other) bitter, salt. And from them both ye eat fresh meat and derive the ornament that ye wear. And thou seest the ship cleaving them with its prow that ye may seek of His bounty, and that haply ye may give thanks.

이러한 구절에서 알 수 있듯이, 생선은 식용으로 적합하다. 실제로, 하나님은 바다를 인간에게 종속시킴으로써 인간이 자기에게 주어진 것을 통해 그 은총과 이익을 향유할 수 있게 했다. 나아가, 다수의 하디스 역시 바다의 종속에 대해 언급하고 있다(Al-Quaderi, 2002).

무함마드 언행록에는, 한 무리의 동료들이 여행길에서 식량이 바닥났을 때 해안가에 지쳐 쓰러져 있던 아주 커다란 바다 생물을 만났다고 되어 있는데, 종종 이는 커다란 생선이나 고래였을 것으로 여겨진다. 그것은 이미 죽은 상태였기 때문에 이것을 먹는 것이 허용되는지 여부에 대해 논쟁이 있었지만, 그들에게는 식량이 필요한 상태였으므로 이러한 죄는 면제될 것이라고 판단했다. 나중에 마을로 돌아와 무함마드에게 이를 고하자, 그것은 하나님이 그들에게 선사한 축복이었다는 말을 듣게 된다. 이 사례로부터 세 가지 율법이 정해졌다.

- 고래는 포유류에 해당하기 때문에 진짜 어류로는 여겨지지 않지만 이를 식용하는 것은 허용된다. 마찬가지로, 오직 물속에서만 사는(물과 육지에서 함께 사는 것이 아닌) 동물은 식용으로 허용된다.
- 비록 포유류에 속한다 하더라도 수산물의 경우에는 육지 동물에 적용되었던 도축 요건이 필요 없다. 수산물은 일반적으로 자연스럽게 죽도록 물 밖으로 건져 내놓음으로써, 인도적으로 죽게 해야 한다.
- 육지 동물과는 달리, 죽어 있는 수산물도 식용으로 허용된다. 하지만 상하거나 훼손된 징후가 보여서는 안 된다.

이슬람 학자들은 무슬림이 수산물을 먹는 것이 허용되는지 혹은 금지되는지에 대한 문제를 오랜 동안 연구해왔다. 일부 학자들은 오직 산 채로 잡은 것만 할랄이라고 믿으며, 만약 어떤 대상이 죽은 상태로 발견되었다면, 이는 죽어 있는 육지 동물의 식용을 금지한 제한조건에 해당된다고 믿는다. 하지만 다수의 학자들은 수산물의 경우에는 이러한 제한조건의 예외라는 견해를 갖고 있으며, 이를 정당화하기 위해 죽은 고래에 관한 일화를 제시한다.

허용되는 수산물의 종류와 관련해, 비늘 있는 생선이 할랄에 해당한다는 점에는 모든 학자가 동의했다. 하지만 일부 학자는 오직 비늘 있는 생선만 할랄이며 그 외는 할랄이 아니라고 믿고 있다. 이러한 견해의 학자들은 바닷가재, 새우, 문어, 장어 등은 허용되지 않는다고 믿는다. 또 다른 학자는 오직 물속에서만 살 수 있는 수산물은 전부 할랄이지만, 물 밖과 물속에서 모두 살 수 있는 동물은 하람이라는 견해를 가진다. 이러한 예로는 거북이, 개구리, 악어를 들 수 있다.

이러한 논의를 바탕으로 생선 및 수산물은 다음과 같이 네 개의 부류로 구분되며 그중 일부 부류는 보편적으로 할랄로 인정되는 반면, 나머지는 일부로부터는 인정되지만 다른 일부로부터는 인정되지 못한다.

- **제1 부류** 대구, 도다리, 넙치, 청어, 고등어, 농어, 연어, 민어, 잉어, 송어, 참치, 오렌지 러피orange roughy, 돔과 같이 비늘과 지느러미가 있는 생선을 말한다. 이 부류는 모든 무슬림 소비자가 할랄로 인정한다.

- **제2 부류** 지느러미는 있지만 제거 가능한 비늘은 없는 생선이나 유사 동물을 말한다. 이것들 중 일부는 물이 아닌 공기로부터 산소를 조달할 수 있지만, 항상 물에서 산다. 이러한 예로는 메기, 상어, 황새치, 장어, 아귀, 커스크cusk, 복어가 있다. 이 부류는 대부분의 무슬림 소비자에게 인정받지만 모든 교파가 이를 할랄로 인정하는 것은 아니다. 해당 교파는 이를 마크루흐(혐오하거나 기피 대상)로 간주한다.

- **제3 부류** 물속이 아니면 살 수 없는 것들이지만 움직일 수 있는 것과 그렇지 않은 것, 다양한 형태와 크기 등 서로 관련 없는 몇몇 종으로 구성되어 있다. 조개, 홍합, 바닷가재, 새우, 굴, 문어, 가리비, 오징어 등과 같이 일반적으로 연체동물이나 갑각류가 이 부류에 속한다. 또한 여기에는 고래나 돌고래처럼 항상 바다에만 사는 해양 포유류도 포함된다. 대부분

의 무슬림 소비자는 이것들을 먹지만, 무슬림 일부는 이를 하람이나 마크루흐로 여긴다. 그중 새우는 특별한 종류로 볼 수 있는데, 일부 무슬림은 여기에 언급된 부류 중 새우만 먹고 다른 것들은 먹지 않는다.

■ **제4 부류** 일반적으로 수산물 범주에 포함되는 많은 동물이 여기에 해당된다. 이것들은 대부분의 일생을 물속이나 수변에서 보내지만, 공기 호흡을 할 수 있기 때문에 물 밖에서도 생존이 가능하다. 일부 이슬람 학자들은 물속이나 수변에서 살기 때문에 수산물에 해당한다는 견해를 갖고 있지만, 일반적으로 이것들은 할랄로 간주되지 않는다. 여기에는 게, 달팽이, 거북이, 악어, 개구리가 포함된다.

생선과 수산물의 도축 요건

생선이나 기타 수중에서 얻은 동물은 육지 동물에 적용했던 것처럼 종교적으로 특정된 방식으로 도축할 필요는 없다. 하지만 생선과 수산물은 과도하게 고통받지 않는 방법으로 처리되어야 한다. 예를 들어, 일부 극동 국가에서 행해지듯이 살아 있는 채로 껍질이나 비늘을 제거해서는 안 된다.

생선과 수산물 가공 일반 가이드라인

생선과 수산물 가공에 대한 일반 가이드라인은, 제품의 동질성을 유지할 것과 또한 가공하는 동안 금지된 원재료를 사용하지 않는 것을 들 수 있다. 또한 이러한 가이드라인에는, 하람 제품에 사용했던 도구를 사용하지 않는 것도 포함된다.

2차 가공 제품

생선 살, 생선 스틱, 생선 패티patty 등의 제품, 그리고 배터 믹스, 빵가루 작업을 한 제품들은 부록 11에 수록된 바와 같이 하람이나 의심스러운 원재료를 함유하고 있지 않아야 한다.

식품 원재료와 플레이버

비수산물 제품에 사용하기 위해 생선 및 수산물에서 플레이버를 추출하고 원재료를 제조하는 것은 흔한 사례이다. 다양한 국가의 상이한 무슬림 소비자들 간에는 생선과 수산물에 대한 허용 정도에 큰 차이가 존재하므로, 수산물 제품이나 플레이버를 선적하기 전에 특정 국가의 시장 요건을 숙지하는 것이 바람직하다.

모조 수산물 제품

일부 사람들은 종교적 금지 혹은 개인적 금기를 이유로 바닷가재 꼬리 및 게 다리 같은 진짜 수산물은 먹지 않지만, 모조 제품은 먹는다. 모조 수산물 제품은 일반적으로 생선 연육(수리미 Surimi)을 사용해 제조된다. 생선 연육은 대구처럼 무난한 생선 종류로 만든다. 모조 수산물 제품은 천연 및 인공 플레이버로 맛과 향이 가미되고 또한 다양한 안정 보조제를 사용해 모양을 낸다. 모조 수산물 제품 제조에 사용되는 원재료들은 일반적인 할랄 제품 가이드라인에 부합해야 한다. 즉, 하람 동물 유래 원재료, 알코올 혹은 의심스러운 재료를

그림 8.1 **대구를 이용한 생선 연육 제조 공정**

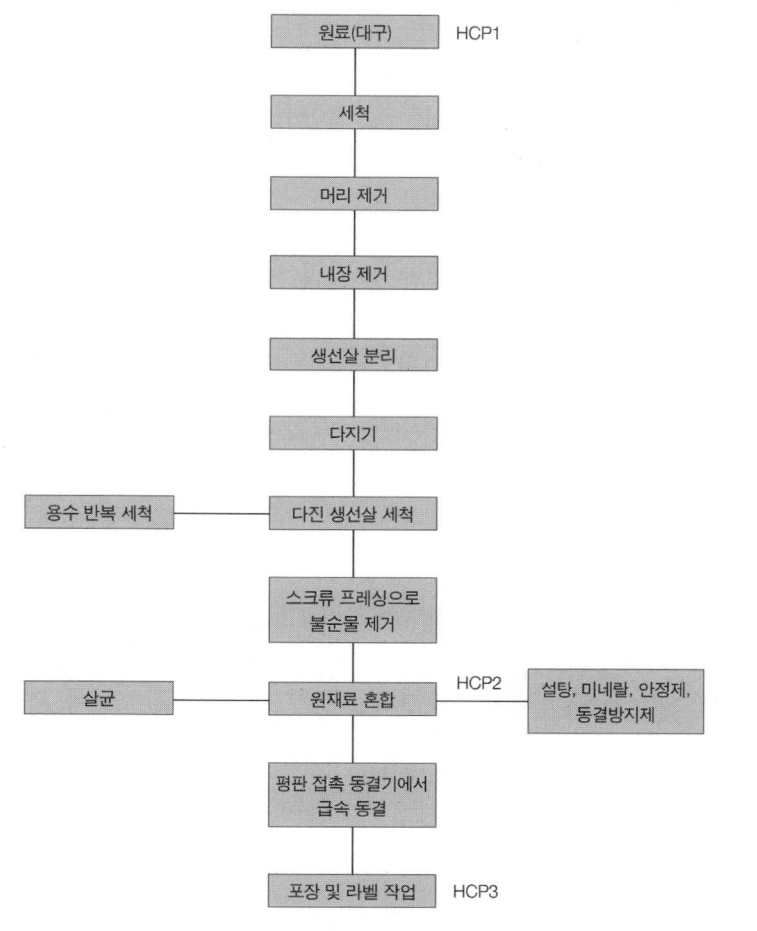

함유하지 않아야 한다. 모조 수산물 제품 제조를 위한 생선 연육 공정은 독특한 과정을 거친다(그림 8.1 참조).

생선 연육 생산의 할랄 통제 포인트

생선 연육 공정은 매우 단순하다. 작업 대상 생선과 함께 잡힌 다른 생선을 골라낸 후, 남은 생선들은 세척, 머리 제거, 내장 제거, 필요 시 생선 살 분리, 다지기, 다진 생선살 세척, 재세척, 잔류 수분과 수용성 단백질 압착 제거, 안정제와 동해 방지제 혼합, 박스 포장, 2차 가공을 위한 냉동화를 거쳐 가공된다. 여기에는 단 세 가지 할랄 통제 포인트HCP만 있다.

HCP1

작업 대상 이외 생선의 제거 단계로, 생선 연육은 게, 갑각류 혹은 거북이를 사용해 제조되어서는 안 되므로 이것들은 해당 공정에서 제거되어야 한다.

HCP2

안정제와 동해 방지제 첨가 단계이다. 설탕, 솔비톨sorbitol, 칼슘 제품, 인산염, 달걀흰자, 혈장 단백질, 트랜스글루타미나제transglutaminase 같은 몇 개의 원재료, 또는 기타 접합제, 검gum류가 사용된다. 만약 생선 연육 생산에 젤라틴이 사용된다면 할랄 소 젤라틴 혹은 피시 젤라틴이어야 한다. 마찬가지로 생선 연육 생산에 사용되는 모든 특이 원재료 역시 할랄 요건에 부합해야 한다.

HCP3

마지막으로, 생선 연육은 청결하고 적합한 할랄 포장 재료에 포장되고 적절하게 라벨이 부착되어야 하며, 또한 할랄 마크를 사용해 이를 표시해야 한다.

참고 자료

Al-Quaderi, S. J. 2002. "Seafood: what's halal, what's not." *Halal Diges,* September. www.ifanca.org.

Pickthall, M. M. 1994. *Arabic text and English rendering of The Glorious Quran.* Chicago, IL: Library of Islam, Kazi Publications.

chapter 9

곡물과 제과류의 할랄 생산 요건

Halal production requirements for cereal and confectionary

곡물-베이스 제품에는 빵, 아침 식사용 시리얼, 케이크, 사탕, 도넛, 쿠키, 페이스트리pastry 같은 수많은 주식主食 제품 및 껌이 포함된다. 이들 제품의 공정과 배합은 매우 다양하다. 이러한 부류의 제품에 사용되는 주된 원재료는 밀가루, 설탕, 쇼트닝이다. 곡물 제품에 사용되는 그 외 원재료들은 각 제품의 성격에 따라 수백 가지에 달할 수도 있다(Riaz, 1996).

곡물·과자류 업계에서 흔히 사용되는 원재료 중 다음과 같은 소재의 할랄 여부는 문제의 소지가 있을 수 있다.

- **젤라틴** 일부 케이크나 페이스트리는 물론 도넛과 슈트루델strudel에 광택 성분으로 사용될 수 있다. Chapter 11에서 살펴보는 바와 같이, 다음과 같은 두 가지 형태의 젤라틴이 할랄로 적합하다. ① 할랄 도축된 동물에서 얻은 소 젤라틴, ② 피시 젤라틴.
- **모노글리세리드 · 디글리세리드** 제빵·제과업계에서는 유화제가 대단히 폭넓게 사용되고 있으며, 그보다는 적지만 사탕 제품도 마찬가지다. 모노

글리세리드와 디글리세리드는 다양한 종류의 지방과 오일로부터 제조될 수 있는데, 할랄 식품에 사용할 수 있는 유일한 원료는 식물성 모노글리세리드와 식물성 디글리세리드이다(Riaz, 1998).

■ 기타 유화제　트윈 80tween 80, 트윈 60tween 60, 트윈 40tween 40(미국 유니케마Uniqema 회사에서 만드는 대표적인 유화제 제품명 — 옮긴이)처럼 다양한 분자크기를 가진 폴리소르베이트, 소디움 스테아릴 락틸레이트Sodium Stearyl Lactylate와 기타 특정 용도 유화제 역시 이를 구성하는 원료로 인해 문제가 될 수 있다. 동물 원료로부터 얻은 유화제는 피하는 게 좋다.

■ 크림 리큐어cream liquor　일반적으로 다양한 함량의 알코올을 함유하고 있으며, 할랄 생산에서는 반드시 배제해야 한다(Riaz, 1997).

■ 팬 그리스pan grease 및 이형제　이러한 소재들은 와인, 우지牛脂, 비계, 젤라틴, 설탕, 제인zein 단백질 또는 식품 코팅막 형성을 위한 기타 원재료를 함유하고 있을 수 있다. 코팅 공정 설계사는 해당 용도로 사용되는 식물성·광물성 원재료는 할랄에 해당하므로 사용해도 되지만, 비계 같은 하람 원재료나 우지, 젤라틴 같은 의심스러운 원재료는 피해야 한다(Riaz, 1999). 식품 코팅용으로 사용할 수 있는 할랄 적합 원재료로는 설탕, 제인, 녹말, 밀랍, 석유 유분溜分, 식물성 오일을 들 수 있다.

■ L-시스테인cysteine　도넛, 피자 크러스트, 타코 쉘taco shell, 토틸라tortilla에 사용될 수 있는 아미노산이다. L-시스테인은 배터 및 튀김가루 작업의 질감을 변형하기 위해 사용될 수 있다. 할랄 L-시스테인은 화학합성을 통해 만들어진 식물성 성분이거나 또는 할랄 요건에 맞게 도계된 가금류의 깃털로부터 얻은 것이어야 한다. 사람의 머리카락으로도 L-시스테인을 만드는 게 가능하지만, 이는 상식적인 관념에 반한다고 여겨지기 때문에 일반적으로 할랄로 인정되지 않으며, 따라서 마크루흐에 해당한다.

제품 형태

다음으로는 아침 식사용 시리얼, 빵, 쿠키, 페이스트리, 도넛, 기타 유탕 처리 상품, 껌 그리고 마시멜로처럼 다양한 제품 형태별 할랄 핵심 사안에 대해 설명하고자 한다.

▎아침 식사용 시리얼

대부분의 아침 식사용 시리얼은 설탕, 소금 그리고 색소와 플레이버 등 약간의 보조 원재료와 순수 곡물-베이스 원재료의 혼합으로 구성된 매우 단순한 제조법에 해당된다. 가장 광범위하게 사용되는 보조 원재료 중 문제가 될 수 있는 것은 모노글리세리드와 디글리세리드 및 플레이버이다. 이들 구성 요소에 동물성 원재료가 포함되지 않았다면, 모든 시리얼은 할랄에 해당할 것이다. 하지만 일부 아침 식사용 시리얼에는 할랄이라 할 수 없는 젤라틴-베이스 마시멜로가 첨가되어 있으므로 각별히 주의해야 한다(Sakr, 1999).

▎빵

빵에는 이스트yeast를 사용하지 않고 평평하게 펴서 만든 피타 브레드pita bread부터 이스트를 사용해 효모 발효시킨 프렌치·이탈리안 스타일 롤에 이르기까지 수없이 다양한 빵들이 있지만, 보통 평소에 먹는 식빵처럼 대부분의 빵은 이스트를 사용해 충분히 발효시켜 부풀린다. 전자의 경우 상대적으로 간단한 제조법이 사용되며, 흰 빵 같은 후자의 경우에는 다양한 원재료가 사용되었을 수 있다. 또한, 모든 빵은 주재료로 밀가루와 물을 사용하게 되는데 여기에 몇 가지 보조 원재료가 추가되었을 수 있다. 제빵에 문제가 될 만한 원재료로는 모노글리세리드와 디글리세리드, 소디움 스테아릴 락틸레이트, 그리고 착향료가 있다. 제빵에서 또 다른 주요 관심사는 도구에 사용되는 팬 그리스 및 이형제이다.

한편 대부분의 빵은 이스트를 사용해 만들어지는데 이스트는 이산화탄소를 생성하는 것뿐만 아니라 알코올도 만들어낸다. 비록 알코올이 하람 원재료 중 하나이긴 하지만 빵을 만드는 목적은 알코올성 음료를 양조하는 것과는 유사하지 않다. 따라서 빵 속의 잔류 알코올 존재에 대해서는 상관하지 않는다.

▎케이크, 쿠키, 페이스트리

이들 식품의 주요 구성 성분은 밀가루, 설탕, 오일이다. 하지만 각 제품의 특징을 살리기 위해 다양한 보조 원재료가 사용될 수 있는데, 이를 통해 다른 제품과의 형태상 차별화가 가능해진다. 이들 제품에서 피해야 할 보조 원재료는 모노글리세리드와 디글리세리드, 젤라틴, 폴리소르베이트, 소디움 스테아릴 락틸레이트, L-시스테인, 알코올 함유 플레이버, 그리고 기타 비할랄 원재료들이다.

▎도넛, 기타 유탕처리 상품

가장 우선적으로 요구되는 조건은 제품을 튀기는 오일이 식물성 오일이거나 또는 할랄 원료로부터 얻어졌어야 한다는 사실이다. 도넛에서 피해야 할 보조 원재료는 케이크와 쿠키에서 언급되었던 것과 아주 유사하다. 글레이즈glaze 도넛에는 젤라틴이 사용될 수 있는데, 이것은 적절한 식물성 수지로 쉽게 대체할 수 있다.

▎껌

껌 베이스와 껌은 미국 식품의약국FDA에 의해 일반적으로 안전한 원재료로 인정된 원재료Generally Recognized As Safe: GRAS로(이하 GRAS) 구성된다. 흔히 사용되는 원재료 중 할랄과 관련해 의심스러운 두 가지는 스테아르산염과 젤라틴이다(Uddin, 1994). 할랄 껌을 생산하기 위해서는 껌 베이스의 여러 가지 의심스러운 원재료들이 적절하게 분석되어야 할 것이다. 젤라틴과 스테아르산염의 경우, 오직 할랄에 해당하는 원료만 사용될 수 있다.

▮ 마시멜로

마시멜로marshmallow는 주로 설탕, 젤라틴, 플레이버로 구성된다. 가장 부드럽고 달라붙지 않는 마시멜로를 만들기 위해서는 특별한 종류의 젤라틴이 필요한데 보통은 돼지로 만든다. 할랄 인증된 소 혹은 피시 젤라틴을 사용하면 할랄 마시멜로를 제조할 수 있다. 마시멜로에 사용되는 플레이버 역시 할랄에 적합해야 한다. 생산과정에서 대부분의 플랜트는 서로 달라붙지 않게 하기 위해 옥수수 녹말을 사용해 롤 가공을 한다. 할랄 마시멜로를 생산하기 전에 해당 장비를 완전히 세척하고 또한 기존에 사용했던 녹말을 새로운 녹말로 교체하는 것이 대단히 중요하다. 재가동 시, 기존의 생산 배치에 남아 있던 마시멜로를 제거하기 위해 생산 장비에 대한 물리적인 검사가 실시되어야 한다.

▮ 제빵의 할랄 통제 포인트

비록 제빵 공정이 대단히 단순하긴 하지만(그림 9.1) 빵 생산에서 다음과 같이 고려되어야 할 몇 가지 포인트가 있다.

- HCP1 빵 제조에 사용되는 원재료. 모든 주요 원재료와 보조 원재료는 할랄에 적합해야 한다.
- HCP2 이형제 및 팬 그리스가 사용되는 경우, 이들 역시 할랄에 적합해야 한다.
- HCP3 할랄 빵 제품을 포장하는 데 사용되는 포장 재질은 동물성 스테아르산염과 같은 동물성 원재료를 함유하고 있지 않아야 한다.

그림 9.1 할랄 통제 포인트가 기재된 제빵 흐름도

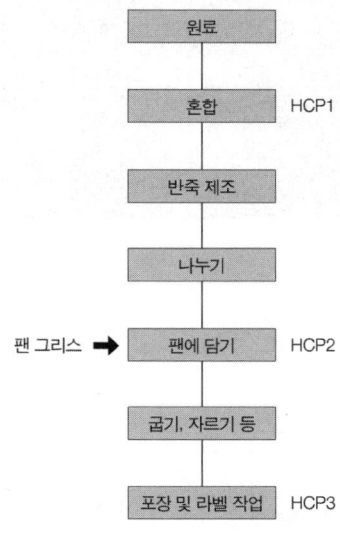

참 고 자 료

Riaz, M. N. 1996. "Hailing halal." *Prep. Foods,* 165(12), 53-54.

_____. 1997. "Alcohol: the myths and realties." in Uddin, Z. (ed.). *A Handbook of Halaal and Haraam Products,* Vol.2. Rich-mond Hill, NY.: Publication Center for American Muslim Research and Information.

_____. 1998. "Halal food: an insight into a growing food industry segment." *Food Market. Technol.,* 12(6), 6-9.

_____. 1999. "Examining the halal market." *Prep. Foods*, 168(10), 81-85.

Sakr, A. H. 1999. *Gelatin.* Foundation for Islamic Knowledge(Lombard, IL) and Islamic Food and Nutrition Council of America(Chicago, IL). pp.13~28.

Uddin, Z. 1994. *A Handbook of Halaal and Haraam Products.* Richmond Hill, NY.: Publication Center for American Muslim Research and Information.

chapter 10

영양 보조 식품의 할랄 생산 요건

Halal production requirements for nutritional food supplements

이 장에서는 건강과 원기를 증진·유지시키거나 또는 질병을 예방하기 위해 사용되는 의약식품nutraceutical, 비타민, 미네랄을 함유한 식이·영양 보조제, 그리고 기타 영양 제품을 다룬다. 지난 수십 년 동안 전문 매장이나 슈퍼마켓을 통하거나, 특히 다단계 마케팅을 통해 소비자에게 팔리는 보조 식품은 전 세계적으로 엄청난 성장을 계속해왔다. 최근, 질병을 치료하는 의약품과 웰빙well-being 유지를 돕는 제품인 약효 식품 간의 구별은 모호해졌다. FDA는 건강 관련 클레임과 연관된 몇몇 식이 제품을 면밀히 주시하고 있다. 이 장에서의 고찰 목적은 이들 제품의 효능을 확인하려는 것이 아니며, 그것들의 구성 성분을 고려해 어떤 특정 성분이 무슬림 소비자에게 문제를 야기할지 여부를 알아보기 위한 것이다.

전통적인 무슬림 관습에 의하면 비록 하람 제품이라 하더라도 불가피한 상황에서는 치료약으로 먹을 수 있긴 하지만, 일반적으로 무슬림 소비자는 하람에 해당하거나 혹은 의심스럽다는 것을 알게 되면 이를 꺼리게 된다. 예컨대, 젤라틴 캡슐로 만들어진 처방 약품은 치료를 위해 복용할 수도 있겠지만, 젤라틴으로 만든 멀티비타민 캡슐은 먹지 않을 것이다. 할랄 인증되었거나 또는 소를 재료로 사용했다는 라벨이 없는 한, 일반적인 젤라틴 캡슐은 돼지 젤라틴으로 제조된다. 돼지 젤라틴은 무슬림 소비자에게 하람으로 간주된다. 다만, 병을 치료하고 질환을 낫게 하기 위해 사용되는 의약품은 할랄 식품 규정의 예외로 간주된다. 통상적으로 처방약은 그 약효를 대체할 만한 다른 제품이 존재하지 않으며, 따라서 어떤 처방약이 오직 캡슐 형태로만 가능하다면, 무슬림이라 하더라도 그것을 의무적으로 복용해야 할 것이다. 이에 반해, 멀티비타민은 심각한 질병을 치료하기 위해 먹는 것이 아니라 건강을 증진하기 위해 먹는 것이다. 나아가, 멀티비타민에는 정제, 액상, 식물성 캡슐 같이 수많은 대체 제형이 있기 때문에 무슬림이 굳이 젤라틴 캡슐에 들어 있는 비타민을 먹을 필요는 없는 것이다. 많은 무슬림 소비자들은 기침약 시럽을 살 때 알코올이 들어 있지 않은 제품을 사려고 노력한다. 또한 약사에게 젤라틴 캡슐보다는 정제 형태로 된 약을 요청할 수도 있다. 말레이시아는 가장 왕성한 영양 보조제 시장 중 하나이며 이러한 제품의 할랄 버전을 요구하는 곳이기도 하다.

하지만 말레이시아 보건부는 영양 보조제가 보건 치료 제품에 해당한다고 보았으며 일반 식품과 동일한 부류로 취급될 수 없다고 결정했다. 따라서 해당 제품에 할랄 마크를 부착하는 것은 현지 규정에 반하는 것이다. 다만 무슬림 소비자가 이러한 규정에 매우 비판적이기 때문에 말레이시아 정부는 소비자의 바람대로 양보하고 해당 규정을 폐지해야 할지도 모른다(현재 말레이시아 정부는 영양 보조제와 처방약에 대해 별도의 할랄 규정을 제정해 할랄 제품의 출시를 허용하고 있음 - 옮긴이). 반면 인도네시아 정부는 자국의 할랄 프로그램에 식품뿐 아니라 의약품과 화장품도 포함시켰으며, MUI라고 불리는 인도네시아 신학자 협의회의 지침하에 식품의약화장품평가원AIFDC, LP-POM을 설립했다. LP-POM은 식품, 의약품, 화장품, 개인용품, 기타 소비 제품과 관련된 시설 및 제품을 산정, 평가, 인증, 모니터링하는 책임을 진다. LP-POM은 인증된 할랄 제품이나 원재료의 라벨에 적절한 할랄 마크나 로고를 사용하도록 하고 있다. 따라서 어떤 국가나 지역에 제품을 출시하기 전에 그 지역 시장의 수용 여부를 먼저 확인하는 것이 무엇보다도 중요하다.

영양 보조제 생산의 일반 가이드라인은 다른 식품의 생산과 유사하다. 대부분의 경우 영양 보조 식품은 식물성 추출물로 구성된다. 영양 보조제의 공정 설계에서 피해야 하는 것은 동물 유래 원재료다. 중국 문화권의 인삼(Li and Wang, 1998), 이슬람 전통에서의 블랙시드(Al-Akili, 1994), 그리고 인도의 아위 asafetida, 阿魏(Raghavan Uhl, 2000)처럼, 수 세기 동안 다양한 문화권 및 전통에서 다양한 식물성 원재료들이 사용되어왔다.

유의해야 할 원재료

원재료 데이터베이스에는 종종 수천 가지가 등재될 수도 있다. 회사들은 특정 기간 동안 수천 가지 다양한 원재료를 사용할 수도 있다. 업계에서 사용되는 모든 원재료의 할랄 여부를 기술하는 것은 이 책의 범위 밖이다. 여기에서는 할랄과 관련해 관심이 갈 만한 일부 원재료와 그것들이 사용될 만한 제품의 형태에 대해서만 살펴보기로 한다.

- 플레이버와 착색제 사향 오일 같이, 공정상 알코올이 숨어 있거나 또는 하람 동물로부터 유래된 원재료가 함유되었을 수 있다.
- β-카로틴 소량 생산의 경우 종종 젤라틴을 사용해 제조된다. 젤라틴은 캡슐화 작업을 위해 사용되며, 제품의 색상과 기타 특성을 보호한다. 일부 회사는 캡슐화 작업에 피시 젤라틴을 사용하는데 이런 경우, 해당 제품은 코셔는 물론 할랄에도 해당한다. 또한 β-카로틴을 캡슐화하기 위해

소 젤라틴이나 식물성 수지를 사용할 수 있다.

- **젤라틴** 연질 캡슐과 투피스two-piece 경질 캡슐 등의 캡슐 제조에 매우 흔하게 사용되는 성분이다. 돼지 젤라틴을 대신해 할랄 젤라틴이나 셀룰로오스 혹은 녹말이 사용될 수 있다.
- **동물성 원료로부터 얻은 스테아르산염** 분말 제품에서의 유도제Free Flow Agent, 流渡劑 또는 정제 제품에서의 성형 보조제로 사용될 수 있다. 할랄 제품의 경우, 식물성 원료에서 얻은 스테아르산염을 사용할 수 있다.
- **트윈**(미국 유니케마 회사에서 만드는 대표적인 유화제 제품명 — 옮긴이) 간혹 정제의 코팅·광택을 위해 사용된다. 할랄 제품에는 동물성 제품이 아닌 식물성 제품이 사용되어야 한다.
- **글리세린** 주로 캡슐 제조에 사용되며 기타 다른 제품에도 사용될 수 있다. 그러한 용도에서 식물성 글리세린은 할랄로 적합하다.

제품의 형태

영양 보조 식품은 분말, 액상, 정제, 일체형 캡슐(연질)과 투피스 캡슐(경질) 같이 다양한 제형으로 출시된다. 또한 약효 식품 원재료는 주스, 스낵 바 혹은 에너지 드링크 등의 식품류에 함유되어 출시될 수도 있다.

- **정제** 젤라틴으로 코팅되거나 또는 폴리소르베이트 같은 특수 지질lipid, 脂質로 코팅될 수 있다. 할랄 정제에는 할랄 젤라틴이나 식물성 지질이 사용되어야 한다. 할랄 생산의 경우에는, 제인 같은 식물성 단백질 및 설탕도 정제용 코팅제로 사용될 수 있다.
- **액상 보조제와 음료** 다수의 액상 공정은 에틸알코올을 보존제나 용제로

사용해 규격화된다. 이 경우, 프로필렌 글리콜propylene glycol과 물을 혼합해 만든 대체재 등이 사용될 수 있다. Chapter 13에서 살펴보는 바와 같이, 최종 완제품의 알코올 함량은 0.1%를 초과해서는 안 된다.

- **연질 캡슐** 과거 일체형 캡슐은 오직 젤라틴을 사용해 만들어졌다. 지금은 변성 전분, 셀룰로오스 수지와 기타 식물성 수지 같은 식물성 원재료로도 만들 수 있게 되었다. 할랄 인증된 소 젤라틴 및 피시 젤라틴 역시 이러한 용도로 사용될 수 있다. 연질 캡슐은 주요 원재료 이외에도 글리세린이나 지방 관련 화학물질을 함유할 수 있는데, 할랄 생산을 위해서는 이러한 성분 역시 식물에서 얻어야 한다.

- **경질 캡슐** 과거에는 연질 캡슐과 마찬가지로 투피스 경질 캡슐도 오직 젤라틴을 사용해서 만들어졌다. 요즘은 특히 영양 보조제용으로 식물성 캡슐이 출현했다. 식물성 캡슐은 변형 셀룰로오스, 변성 전분 혹은 기타 식물성 재료를 사용해 제조될 수 있으며 글리세린과 기타 원재료들이 가공 보조제로 사용될 수 있다. 이러한 모든 원재료는 식물 혹은 석유 원료에서 얻어져야 한다. 투피스 젤라틴 캡슐이 사용된 경우, 그 캡슐은 할랄 인증된 소 젤라틴이어야 하며, 또한 기타 부수적인 원재료 역시 할랄에 적합해야 한다.

의약품과 영양 보조 식품이 범용으로 받아들여지도록 하기 위해서는 이들 제품의 생산에 어떠한 미량의 동물성 재료도 사용하지 않고 제조할 것을 권장하며, 이러한 제품은 할랄, 코셔, 채식주의자 모두로부터 환영받을 것이다.

참고 자료

Al-Akili, M. 1994. "Black seed." *Natural Healing with the Medicine of the Prophet,* Philadelphia, PA: Pearl Publishing House, pp.229~232(translated and emended by Muhammad Al-Akili from *Book of the Provisions of the Hereafter* by Imam Ibn Qayyim Al-Jawziyya).

Li, T. S. C. and L. C. H. Wang. 1998. "Physiological components and health effect of ginseng, echinacea, and sea buckthron." i*Functional Foods: Biochemical and Processing Aspects.* in Mazza, G.(ed.). Lancaster, PA: Technomic Publishing, p.329.

Raghavan Uhl, S. 2000. "A to Z spices." *Handbook of Spices, Seasoning, and Flavorings.* Lancaster, PA: Technomic Publishing, p.65.

chapter 11

할랄 식품 생산에서의 젤라틴

Gelatin in halal food production

젤라틴은 젤리, 아이스크림, 과자, 쿠키, 케이크 등을 포함해 다양한 식품 생산에 사용된다. 또한 의료용품 등 비식품 부문에도 사용될 뿐 아니라 수의과 용품에도 사용된다. 젤라틴은 할랄 원료나 하람 원료로부터 얻을 수 있는데, 흔한 젤라틴 원료로는 돼지가죽, 소 내피, 소뼈, 그리고 드물게는 생선 껍질과 가금류 껍질이 사용된다. 일반적인 제품 라벨에서는 젤라틴 원료가 표시되지 않으므로(Chaudry, 1994), 통상적으로 할랄 소비자는 할랄 인증이 확인되지 않은 젤라틴 함유 제품을 기피하게 된다. 무슬림 국가의 식품 수입이 증가하고 있어 젤라틴에 대한 무슬림 소비자들의 문제의식이 점차 높아졌다. 이제 말레이시아, 인도네시아, 그 외 몇몇 무슬림 국가들은 젤라틴을 함유한 수입 제품 역시 내수용과 마찬가지로 할랄 젤라틴을 사용할 것을 요구하고 있다. 유럽, 인도, 파키스탄의 몇몇 젤라틴 제조사들은 할랄 젤라틴을 생산한다.

이슬람에서의 젤라틴 적격

젤라틴은 동물성 부산물로, 다양한 동물 부위를 부분적으로 가수분해한 콜라겐 조직이다. 이것의 할랄 여부는 그 제조에 사용된 원료의 성격에 따라 좌우된다. 대부분의 젤라틴은 다음 둘 중 하나에 해당된다. ① A타입 젤라틴으로, 전적으로 돼지가죽으로 제조되며, 따라서 무슬림이 사용할 수 없는 하람에 해당한다. ② B타입 젤라틴으로, 소와 송아지 내피 혹은 탈염 과정을 거친 소뼈로 제조된다. 젤라틴 제조에 사용된 소와 송아지 내피는 통상적으로 비무슬림이 도축한 동물에서 얻는다. 이러한 형태의 젤라틴이 무슬림에게 허용되는지 혹은 금지되는지에 대해서는 논란이 있다. 하지만 정식으로 할랄 도축된 소뼈로 제조된 젤라틴은 이견 없이 무슬림이 사용할 수 있다. 한편 생선 껍질 젤라틴은, 다른 원료로 인한 오염으로부터 안전하고 또한 그 제품을 사용할 무슬림이 수용하는 생선을 사용해 제조된 것이라면 할랄에 해당한다. 식품 가공업자는 미확인 젤라틴의 경우 그 원료가 대단히 의심스럽고 다분히 돼지 젤라틴을 함유했을 가능성이 높으며, 따라서 무슬림이 사용하기에는 대단히 부정적이라는 점을 인식해야 한다(Sakr, 1999).

젤라틴 원료

소 내피, 소뼈, 가금류 껍질 혹은 기타 허용 동물에서 얻은 젤라틴이 할랄로 인정받기 위해서는 Chapter 3에서 설명한 대로 해당 동물이 이슬람 의식에 따라 도축되었어야 한다.

현대식 도축장의 경우, 뼈는 가축 부산물 처리 공장으로 판매되는데 그곳에서 젤라틴으로 사용되기 위해 건조 뼛조각으로 가공된다. 하지만 아시아와 아프리카의 많은 국가에서는 뼈가 폐기물로 취급 처리되며 따라서 자연적인 탈지 과정을 거친다. 식품용 혹은 제약용 할랄 젤라틴을 제조하기 위해서는, 실질적인 탈지 공정에 들어가기 전 단계인 뼈 수매·선별 시점에 대상 뼈를 반드시 검사해야 한다. 이러한 동물의 뼈는 사용할 수 있는 할랄 동물 뼈와 사용 불가인 비할랄 동물 뼈로 구분되어야 한다. 적절한 도축 과정 없이 죽었거나 또는 다른 종교행사에 사용된 동물에서 얻은 뼈 역시 금지된다.

할랄 젤라틴 생산

젤라틴은 콜라겐에서 유래하는데, 이는 척추동물에서 볼 수 있는 불용성 섬유 단백질로 동물의 결합조직과 뼈의 주된 성분이다. 젤라틴은 콜라겐의 가수분해를 통해 회수된다. 젤라틴에는 몇 가지 종류가 있는데 콜라겐 원천과 사용된 가수분해 방법에 따라 그 배합이 좌우된다. 전형적인 젤라틴 생산 공정은 그림 11.1에서 보는 바와 같다.

▌원천 물질 전처리
현재 할랄 젤라틴 생산에 사용되는 주된 원료는 소뼈와 소 내피이다. 미네랄(뼈를 사용하는 경우) 및 지방과 단백질(내피를 사용하는 경우) 같은 비콜라겐 물질들은 다양한 콜라겐 추출 처리 방법을 통해 제거된다.

- 뼈 할랄 도축된 소에서 나온 상태 좋은 뼈를 세척·탈지·건조·선별한 후 약 1센티미터 내지 2센티미터 크기로 분쇄한다. 이후 뼛조각은 무기염無機鹽을 제거하기 위해 묽은 염산으로 처리한다. 그 결과로 얻은 스펀지 형태의 물질을 골질骨質이라고 부른다.

그림 11.1 **젤라틴 생산 공정**

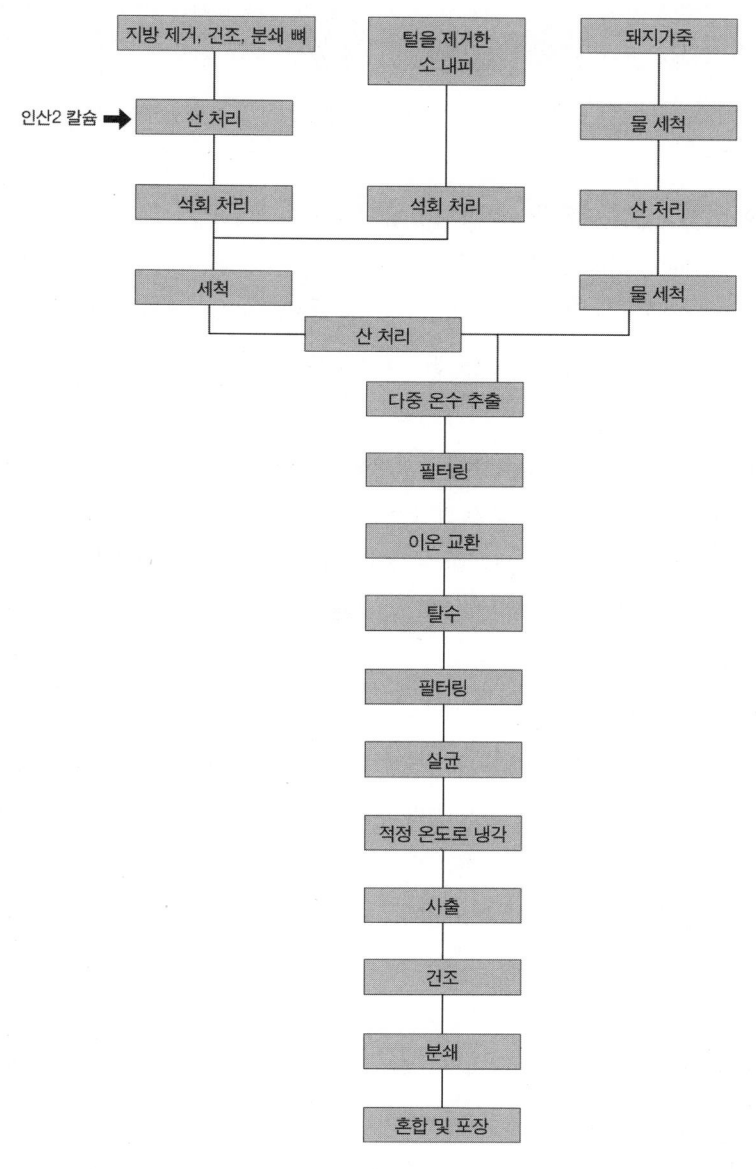

- 내피 할랄 도축된 동물에서 나온 가축 내피는 피혁 제조 공정 중 가죽 정리 작업을 통해 획득할 수 있다. 내피 조각들은 보통 황화석회 용액을 사용해 화학적으로 털을 제거하고, 이후 기계를 이용한 유연화 단계를 거친다.

할랄 젤라틴을 생산하기 위해서는 통상적으로 골질과 소 내피 조각 모두 실온에서 석회수 같은 알칼리로 장시간 처리해야 한다. 전처리preparation, 재료의 성질, 조각 크기, 추출 온도에 따라, 석회수 처리는 통상 8주에서 12주가 걸린다. 이러한 공정은 적정 산도를 맞추기 위해 설정한 석회 용액의 알칼리 농도에 의해 조절되거나, 또는 시험 추출을 실시함으로써 통제된다. 통상적으로 골질은 소 내피보다 장시간의 석회수 처리를 요한다. 석회는 충분히 유지되도록 추가 투입되며, 공정 중 소모된 양만큼 보충된다. 이후 남아 있는 석회를 제거하기 위해 냉수로 재료를 완전히 세척하고, pH 수치를 조정하며, 최종적으로 뜨거운 물을 사용해 수용성 젤라틴을 회수해 추출한다.

┃ 할랄 젤라틴 추출

전형적인 추출 횟수는 3회 내지 6회 사이에서 다양하다. 최초 추출은 일반적으로 섭씨 50~60도에서 실시되며, 후속 추출은 계속해서 5~10도씩 올리면서 행해진다. 마지막 추출은 끓는점 근처에서 이루어진다. 이러한 각각의 추출은 개별적으로 실시·분석되며, 이후 고객의 다양한 사양에 맞추기 위해 서로 혼합된다.

최초 추출은 후속 추출과 비교해 통상적으로 양질의 제품을 얻을 수 있다. 앞선 추출일수록 더 높은 분자량, 높은 점도, 높은 점성과 옅은 색상을 띤다. 나중의 추출은 점점 더 높은 온도에서 이루어지므로, 그 결과로 얻은 제품은 더 낮은 분자량, 낮은 점성과 짙은 색상을 띤다.

다양한 온도의 온수 추출로 얻은 희석 할랄 젤라틴 용액은 필터를 거치고 이온을 제거하고, 또한 크로스 플로우 멤브레인cross-flow membrane 필터를 거치거나 진공 증착을 거치거나 또는 그 둘을 모두 거치는 방식으로 농축한다. 할랄 젤라틴 용액을 냉각한 후에는 리본 형태로 자르거나 또는 국수 모양으로 성형한 후, 스테인리스 스틸로 만들어진 무한궤도 벨트 위에 올려놓는다. 이후 벨트는 건조실을 통과하는데, 이러한 건조실은 건조공기의 온도와 습도를 정교하게 제어하는 각각의 구역으로 나뉘어 있다. 전형적으로 최초 구역은 섭씨 약 30도 정도에서 시작해 최종 구역은 섭씨 약 70도까지 유지된다. 건조 과정에 지속적인 온도 상승을 수반하며, 습기를 흡수한 공기가 배출되고 건조한 공조기 공기가 다시 보충된다. 건조 시간은 재료의 품질과 농축도, 그리고 적용된 조건에 따라 1시간에서 5시간이 소요된다. 녹거나 딱딱해지는 것을 방지하기 위해 건조율이 세심하게 통제된다. 내용물 습도가 약 10%에 이르면 할랄 젤라틴의 건조 공정은 끝이 난다. 이후 건조된 베드bed는 요구된 크기에 맞게 다양한 조각으로 잘게 부서진다.

할랄 젤라틴을 사용할 수 없는 경우, 식품 제조사는 식물성 대체재를 사용할 수 있다. 이들 식물성 대체재는 젤라틴과 동일한 기능을 가진다. 하지만 체온보다 낮은 온도에서 녹았다가 다시 굳는, 다시 말해 한 번 이상 녹았다가 겔 상태로 돌아올 수 있는 물질은 현재까지 오직 젤라틴이 유일하다.

식물성 젤라틴 대체재

- 한천 다른 말로는 아가-아가Agar-agar, 겔로스Gelose, 중국 부레풀Isinglass, 일본 부레풀, 벵골 부레풀, 혹은 실론 부레풀이라고 부른다.
- 카라기난 홍조류 식물에서 추출한 다당류.

- 펙틴　모든 식물의 세포벽에 존재하는 다당류 물질.
- 잔탄검　박테리아에 의해 생산되는 다당류 수지. 할랄 생산에 적합하기 위해서는 해당 박테리아의 배지가 할랄이어야 한다.
- 변성 옥수수 전분
- 셀룰로오스 검

할랄 젤라틴의 사용

젤라틴은 식품업계, 약품 조제, 기타 산업용 제품에 광범위하게 사용되는 다목적 원재료이다.

식품에서의 젤라틴

할랄 젤라틴은 ① 젤라틴 디저트, ② 요거트, 사워크림sour cream, 코티지 치즈 같은 유제품, 그리고 ③ 기타 유제품과 이미테이션 유제품에 사용될 수 있다. 또한 아이스크림, 크림 파이, 치즈 케이크 같은 냉동 디저트에도 광범위하게 사용될 수 있다. 젤라틴은 마시멜로의 주성분으로, 말랑말랑한 형태를 유지시켜주며 과자에도 사용되어왔다. 육가공 부문의 경우, 젤라틴은 런천 미트luncheon meat, 젤리 비프jelly beef 및 콘비프 로프corn beef loaf에 사용된다. 또한 젤라틴은 식품 산업에서 사과 주스와 과일 주스의 청징淸澄, clarification을 위한 가공 보조제로도 사용된다.

의약품과 화장품의 할랄 젤라틴

제약 산업에서 할랄 젤라틴의 주된 용도는 캡슐 제조이다. 장용腸溶 캡슐은 물론이고 연질 캡슐과 투피스 경질 캡슐 모두 젤라틴을 주성분으로 함유한다.

그림 11.2와 그림 11.3은 각각 할랄
젤라틴으로 제조된 캡슐과 할랄 젤
라틴 디저트를 보여준다.

또한 할랄 젤라틴은 알약 제조
를 위한 결합, 보습, 코팅 보조제로
도 사용된다. 젤라틴은 윤활 작용
과 무자극성으로 인해 약용 사탕
lozenges과 기침감기용 드롭스drops
제조에도 종종 선호되는 재료이다.
젤라틴은 제약용 유제 부문에서 최
고의 안정제 및 유화제로 인식되어
왔다. 젤라틴은 다양한 피부 이상

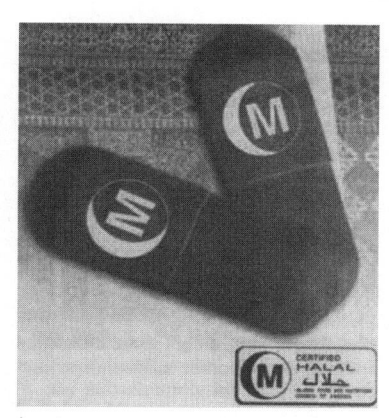

그림 11.2 **할랄 젤라틴 캡슐**

자료: *Halal Consumer magazine*, issue 5(2003) 광고.

증상을 치료하기 위한 외용약으로, 또한 상처 치료 밴드와 소독제를 결합하는
재료로 사용되었다. 그 외에도 젤라틴은 제약 산업에서 다양한 용도로 쓰이는
데 좌약에서 글리세린 처리 기제基劑로, 일부 식이 보조 식품의 운반체로 사용
되어왔다. 젤라틴은 여러 가지 종류의 화장품 제조에도 흔히 유화제나 매끄럽
게 만드는 보조제로 사용된다. 크림과 보습 로션에 자주 사용되며 '프로틴'이
라고 표기된 샴푸와 헤어 컨디셔너에 사용되는 프로틴이 바로 젤라틴이다. 이
들 제품에 할랄 젤라틴을 사용한다면 무슬림 국가에서 관련 시장이 확대될 것
이다.

▎의료 · 식이 · 치료 용도

전문 의료분야에서도 지혈 스펀지, 수술 장갑의 살포제 용도 등 다양한 형
태의 젤라틴이 정식으로 사용된다. 젤라틴은 인간의 신체 기능과 어느 정도 호
환성이 있기 때문에 외상 환자에게 특별한 부작용이 없다. 또한, 젤라틴은 비

그림 11.3 할랄 젤라틴 디저트 제품 라벨(앞면 및 뒷면)

Nutrition Facts
Serv. Size 1/4 of Package (21g of mix)
Servings Per Container 4

Amount per serving	
Calories 80	Calories from Fat 0

	% Daily Value*
Total Fat 0g	0%
Sodium 80mg	3%
Total Carbohydrate 19g	6%
Sugars 19g	
Protein 1g	0%

Not a significant source of Saturated Fat, Cholesterol, Dietary Fiber, Vitamin A, Vitamin C, Calcium, and Iron.

*Percent Daily Values are based on a 2,000 calorie diet.

INGREDIENTS: Sugar, Halal Gelatin, Adipic Acid (for tartness), Contains less than 2% of Sodium Citrate (controls acidity), Fumaric Acid (for tartness), Salt, Artificial Flavor, Red #40, Dimethylpolysiloxane (prevents foam).

Distributed by:
USIF, Inc.
P.O. Box 18374
Chicago, IL 60618

DIRECTIONS: Add 1 cup (8 oz.) boiling water to the contents of this package. Stir until completely dissolved. Add 1 cup cold water. Chill until set.
TO ADD FRUITS OR VEGETABLES: Chill until slightly thickened, then add 1 to 2 cups cooked or raw fruits or vegetables. (Do not use fresh or frozen pineapple, kiwi, gingerroot, papaya, figs, or guava; gelatin will not set.) For molds reduce water to 3/4 cup.
SPEED SET: (Soft-set and ready to eat in 30 minutes.) Add 1 cup boiling water to contents of this package. Stir to dissolve completely. Add 1/2 tray (6 to 8) ice cubes, stir until slightly thick, remove unmelted ice.

자료: USIF, Inc.(Chicago, IL).

만 방지를 위한 훌륭한 식이 및 치료 보조제이다. 저당低糖, Low Sugar 젤라틴 디저트의 경우, 이를 소화시키기 위해서는 제품에 함유된 것보다 더 높은 칼로리가 소모된다. 젤라틴은 영양불량 및 유아식의 단백질 식품으로 사용되어왔다 (적절하게 보완된 경우). 그 외 치료 용도로는 소화불량, 소화성 궤양, 근육 이상 증상, 손톱 부실의 치료를 들 수 있다. 젤라틴은 쇼크 치료를 위한 혈장 확장제로도 자주 사용된다. 제약·의약품업계가 무슬림 시장에 진출하기 위해서는 일반 젤라틴이 아닌 할랄 젤라틴 사용을 시작해야 한다. 일반 젤라틴과 동일한 기능을 하면서도 단지 가격만 조금 더 높은 할랄 젤라틴을 사용한다면 수많은 새로운 시장을 개척할 수 있을 것이다.

할랄 젤라틴 생산의 통제 포인트

할랄 젤라틴 생산에서 가장 중요한 사안은 적절한 원료를 획득하는 것이다. 돼지가죽은 할랄 젤라틴 생산에 사용할 수 없기 때문에 돼지가죽 젤라틴을 제조하는 플랜트는 할랄 생산으로 간주될 수 없다. 뼈와 내피 등의 할랄 원료는 제한적이므로 젤라틴 제조사는 전적으로 할랄 도축장으로부터 소가죽 처리업소와 뼈 가공업소를 거쳐 해당 원료를 공급받을 수 있도록 협력을 유지해야 한다.

HCP1: 원료
모든 원료, 내피, 뼛조각은 사전 승인을 받아야 하며, 이후 지속적으로 모니터링이 되어야 한다. 통상적으로 젤라틴 공장은 내피 조각과 뼛조각 형태로 공급받는다. 젤라틴 제조사는 원료 공급사가 원료를 적절하게 분리·처리하도록 통제해야 한다.

▎HCP2: 뼈 탈지 작업

이 단계는 일반적으로 가축 부산물 처리 공장에서 실시되는데 할랄 뼈의 지방을 제거하는 동안 비할랄 원료와의 교차 오염을 최소화할 수 있도록 원료 공급사가 적절한 통제를 실시하도록 해야 하며, 이에 대한 관리·감독은 할랄 젤라틴 제조사의 책임이다.

▎HCP3: 산 처리

이 단계는 탱크나 구덩이에서 실시된다. 최선의 방법은 할랄 뼈 전용 탱크를 사용하는 것이다.

▎HCP4: 석회 처리

석회 처리에도 앞에서와 유사한 설비가 사용될 수 있다. 역시, 전용 설비를 사용하는 것이 바람직하다.

▎HCP5: 추출, 증발, 사출, 건조

일반적으로 이들 공정은 순차적으로 연결되어 실시된다. 시스템과 장비는 완전히 세척되어야 하며 할랄 작업을 개시하기 전에 해당 세척 작업의 내용이 문서로 기록되어야 한다.

▎HCP6: 분쇄 및 혼합

젤라틴을 과립 형태로 만들기 위해서는 대부분의 경우에 분쇄 과정을 거치며, 또한 원하는 점성을 얻기 위해 다양한 점도의 젤라틴을 혼합하게 된다. 모든 적재·하역·이송 장치는 물론 분쇄기와 혼합기는 직전에 처리되었던 비할랄 물질이 철저히 제거될 수 있도록 적절하게 세척되어야 한다.

그림 11.4 **젤라틴 생산의 할랄 통제 포인트**

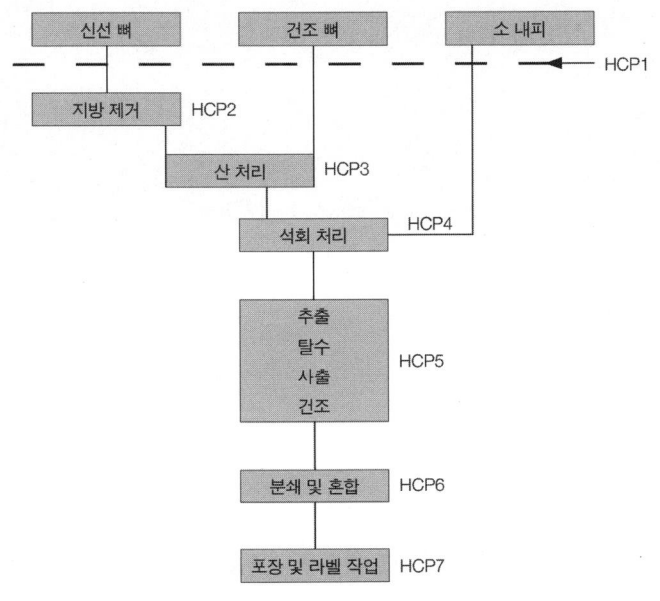

▌HCP7

최종적으로, 할랄 젤라틴은 깨끗한 용기에 포장되고, 비할랄 젤라틴과 혼동되지 않도록 할랄 마크를 사용해 적절하게 라벨을 부착해야 한다. 그림 11.4는 모든 할랄 통제 포인트를 나타낸다.

참 고 자 료

Chaudry, M. M. 1994. "Is kosher gelatin really halal?" *Islam. Perspect.* XI(1), 6.

Sakr, A. H. 1999. *Gelatin.* Lombard, IL: Foundation for Islamic Knowledge and Chicago, IL: Islamic Food and Nutrition Council of America, pp. 13~28.

chapter 12

할랄 식품 생산에서의 효소
Enzymes in halal food production

효소는 살아 있는 세포의 조절과 활동에 필수적인 기능을 담당한다. 효소는 약간의 부산물을 생산하는 대신에 반응을 가속화하고 특정 반응을 촉진한다. 식품 산업은 제품 생산비용, 제조 시간, 불량 발생을 줄이고 또한 맛, 색상, 질감을 향상시키는 효소를 생산함으로써, 효소의 특성으로 인한 이익을 향유해 왔다. 생명공학의 출현과 더불어, 효소업계는 그 모양과 기능이 동물이나 식물의 효소와 유사한 미생물 효소를 생산할 수 있게 되었다. 생명공학적 효소는 생산비가 적게 들고 순도 조절이 용이하다. 미생물 효소는 동물 유래 효소의 사용을 배제하게 되므로, 할랄 식품 생산과 미생물 효소 사용은 더욱 잘 조화될 수 있다. 하지만 식품업계, 특히 유제품업계에서는 아직도 동물 유래 효소가 사용되고 있다.

식품에서 효소의 활용

효소는 수 세기에 걸쳐 사용되어왔다. 기원전 800년으로 거슬러 올라 그리스 서사시에 언급된 바에 따르면, 그때부터 이미 치즈 제조에 효소를 이용했다는 기록이 있다(Ashie, 2003). 오늘날 효소는 수많은 산업에서 다양한 목적으로 사용된다. 식품 산업에서 주된 용도는 치즈 제조, 제빵, 과일·채소 가공, 그리고 식품 원재료 생산이다. 효소는 설탕 생산, 전분 가공, 단백질 가수분해, 그리고 오일과 지방의 변형에 사용된다. 그 외 식품 관련 용도에는 양조와 와인 제조 등이 포함된다.

주요 식품 산업에서 최초의 효소 사용은 1960년대로 보는데, 그 시기에 전분을 글루코오스glucose로 분해하는 글루코아밀라아제glucoamylase 효소가 개발되었다(Olsen, 2000a). 그때까지의 글루코오스 생산에는 전분을 산酸 가수분해하는 방식이 사용되었다. 산 가수분해 공법으로도 고객이 원하는 제품을 생산할 수 있었지만, 이후 효소화 공정의 활용을 통해 생산비·폐기물·부산물을 감소시킬 수 있었다. 오늘날 거의 모든 글루코오스는 효소를 사용해 생산되며, 대부분의 음료수에 들어 있는 액상 과당 역시 효소를 사용해 생산된다.

제빵업계의 경우, 효소는 빵과 제과 제품의 품질, 신선도, 유통기한을 향상시키는 데 도움을 준다. 효소는 당분을 알코올과 이산화탄소로 전환시켜 도우Dough가 부풀게 하고, 글루텐 조직을 강화하고 그 결과 최고의 유연성과 기계화 작업이 가능하도록 하며, 또한 트리글리세리드를 변형시켜 결과적으로 더 큰 용량의 덩어리로 만들어준다.

치즈 제조에서 효소는 치즈 만들기의 첫 번째 단계에 해당하는 우유의 응고 과정을 도와준다. 유제품업계에서는 미생물 효소와 동물 효소가 모두 사용된다. 효소는 또한 치즈의 숙성을 가속하고 유제품의 알레르기 유발 요소를 감소시키기 위해 사용되기도 한다. 키모신은 응고를 위해 사용되는 효소이며, 리파아제는 숙성을 위해 사용되고 또한 락타아제lactase는 소화력을 향상시키기 위해 사용된다. 효소 중, 동물성 효소의 원료는 할랄 소비자에게 주의할 대상이 된다. 만약 사용된 동물 효소의 원천이 하람 동물이라면, 그러한 동물 효소가 사용되어 생산된 치즈와 유청은 당연히 하람이 된다. 할랄 동물이긴 하지만 이슬람 요건에 따라 도축되지 않은 동물에서 얻은 동물성 효소를 사용해 생산된 치즈와 유청의 경우, 일부 무슬림 소비자만 해당 제품을 수용하기 때문에 할랄 관점에서는 의심스러운 것이 된다. 아울러 수많은 비非유제품에서도 유청이 발견되기 때문에 동물 유래 효소를 사용해 생산된 유청은 할랄 소비자에게 문제를 야기하게 된다(Chaudry, 2002).

단백질 가수분해는 효소의 또 다른 적용 사례이다. 동물성·식물성 단백질은 그 기능성과 영양 가치를 증가시키기 위해 효소를 사용해 가수분해 된다. 단백질은 다양한 용도로 식품에 사용되는데 유화제로 사용되거나, 수화水和, hydration 보조제로, 점도 조절을 위해, 겔화gelling 보조제로, 또한 점착력, 질감과 용해성을 증진하기 위해 사용된다. 화학적 반응을 통해 이러한 단백질을 생산하기 위해서는 엄격한 생산 조건을 준수해야 하며 또한 나중에 제거가 어렵고 비용도 많이 드는 다량의 부산물을 생산하므로 좀처럼 선호되지 않는다. 이에 비해 효소는 상대적으로 용이한 조건에서 훨씬 더 빠르게 단백질을 생산할 수 있으며, 더 적은 부산물을 유발한다. 효소를 사용하면 극히 적은 부산물을 수반하면서도 원하는 특정 반응을 촉진할 수 있도록 맞춤 적용이 가능하다. 효소는 뼛조각 잔류물을 사용해 육류 추출물을 생산하는 데도 사용될 수 있으며, 이러한 제품은 수프, 소스, 국물 및 기타 요리에 사용된다.

주스업계의 경우, 효소는 수율收率을 증가시키고 색상과 향기를 향상시킨다. 또한, 주스를 청징하고 시트러스citrus 껍질에서 에센스 오일을 추출하는 데도 효소가 사용된다. 아울러 효소는 과일 맛 요거트처럼 식품에 사용된 과일 조각의 질감을 개선할 수도 있다.

효소는 식물성 오일의 추출에 사용될 수 있다. 전통적으로 유채, 야자, 해바라기 씨, 팜 커널palm kernel, 올리브 같이 오일이 많은 재료에서 오일을 추출하기 위해서는 제일 먼저 압착 과정을 거친다. 이후 남아 있는 오일은 유기물 용제를 사용해 추출된다. 이러한 두 번째 단계에서, 유기물 용제의 사용을 배제하고 더욱 친환경적인 방식으로 오일을 추출할 수 있는데, 바로 효소를 사용해 오일을 물에 용해시켜 추출하는 방식이다. 하지만 이 방식은 아직까지 널리 사용되지는 않고 있다. 그 외에도, 효소는 영양 가치를 증대시키거나 또는 윤활유와 화장품 원재료를 생산하기 위해 오일을 변형하는 데 사용된다.

효소의 분류

국제 생화학자 연합International Union of Biochemist은 효소를 분류하기 위한 식별 시스템을 개발한 바 있다. 효소에 숫자로 된 분류번호, 긴 정식 명칭, 그리고 짧고 쓰기 편한 약식 명칭으로 이름을 부여한 것이다. 예를 들면, 락토오스lactose(유당)를 갈락토오스galactose와 글루코오스로 전환하는 반응을 촉진하는 효소는 EC 3.2.1.23으로 분류되며, 정식 명칭은 β-D-갈락토시드 갈락토하이드롤라아제β-D-galactoside galactohydrolase, 통상 명칭은 락타아제lactase이다.

효소는 다음과 같은 여섯 개의 부류로 분류된다(Olsen, 2000b).

- **산화환원 효소**oxidoreductase 알코올 전환에서처럼 산화 반응을 촉진하는 효소.
- **전이 효소**transferase 아미노기의 전이에서처럼 하나의 분자에서 다른 분자로 기基라고 불리는 원자 집단의 전이를 촉진하는 효소.
- **가수분해 효소**hydrolase 물과의 화학반응을 촉진하는 효소. 단백질 가수

분해에서처럼, 이 효소는 통상적으로 큰 분자를 작은 분자로 쪼개는 역할을 한다.

- 리아제lyase 설탕의 전환에서처럼, 이중결합을 야기하는 반응을 촉진하는 효소.

- 이성질화 효소Isomerase 동일한 분자 내에서 새로운 분자 구조를 가져오게 하는 변환을 촉진하는 효소.

- 리가아제ligase 분자를 연결해 더 큰 분자를 형성하도록 촉진하는 효소.

생명공학적 효소

DNA에 대한 규명과 이해는 유전자 결합과 생명공학적 효소의 발전을 가져왔다. 이제 효소의 배양과 생산을 위해 선정된 다양한 방법을 통해 수많은 효소가 생명공학에 의해 생산된다. 이러한 생산의 한 방법이 심부 발효법sub-merged fermentation이다. 이 과정에서 선별된 미생물(박테리아와 진균)은 액상 영양분과 산소가 공급된 밀폐 용기에서 배양된다. 미생물이 영양분을 분해하는 과정에서 미생물은 용제에 효소를 배출하게 된다. 통상적으로 사용되는 영양분은 옥수수 전분, 설탕, 대두분 같은 살균된 식품 성분이다. 이러한 공정은 지속적으로, 혹은 배치 단위로 진행될 수 있는데 효소 생산을 최적화하기 위해서는 용기의 온도, 산소 소모량, pH가 주의 깊게 통제되어야 한다.

'수확'이라고도 불리는 효소 회수 작업은 몇 단계를 거쳐서 이루어진다. 우선, 여과나 원심 분리를 통해 바이오매스biomass라 불리는 고체 부분이 제거된다. 효소는 용제에 계속 남아 있는데, 이를 브로스broth라고 부른다. 이후 효소를 농축하기 위해 브로스의 수분을 증발시킨다. 분말, 액체 혹은 과립으로 만드는 후속 공정에 들어가기 전에, 이온 교환을 통해 효소를 추가로 정제한다.

표 12.1 **주요 효소의 원천과 활용도**

원천	형태	기능	용도
박테리아	바실리우스 bacillus	프로테아제 protease (단백질 분해)	육류, 음료
	스트렙토미세스 streptomyces	이소메라제 isomerase (이성화)	음료, 전분
균	아스페르길루스 aspergillus	프로테아제(단백질 분해)	치즈
	털곰팡이 mucor	리파아제(지방 분해)	치즈, 지방
효모	사카로미세스 saccharomyces	인버타제 invertase (전화)	코코아
	클루이베로마이시스 kluyveromyces	키모신 / 레닌	치즈
식물	보리 / 맥아	아밀라아제 amylase (전분 가수분해)	제빵, 설탕
	파파야	파파인 papain / 프로테아제(단백질 분해)	제빵, 음료
동물	소간*	카탈라아제 catalase (과산화수소 분해)	음료, 유제품
	반추동물*	레닌 / 프로테아제(단백질 분해)	치즈
	돼지 / 소 위*	펩신 pepsin / 프로테아제(단백질 분해)	치즈, 시리얼

* 할랄 식품 생산에 특히 관련된 효소들.
자료: Mathewson, P. R., "Major biological sources of enzymes(Appendix C)," *Enzymes* (St. Paul, MN: Eagan Press, 1998), pp.93~95, 게재 허용.

잔류 바이오 매스는 석회처리를 통해 안정화된 후 비료로 사용된다. 표 12.1은 주요 효소 원료에 대한 자료를 담고 있다.

효소 생산의 할랄 통제 포인트

효소는 동물 조직, 식물성 물질 혹은 미생물 같은 생물학적 천연 원료에서 수확하거나 추출할 수 있다. 또한 효소는 발효 공정을 통해서도 생산될 수 있다. 이들 공정의 요건은 매우 상이하며 각 제품마다 고유하다. 따라서 할랄 통제 포인트는 그림 12.1 및 그림 12.2에서 보는 바와 같이, 각 공정의 고유성을 감안해 결정되었다.

동물 조직에서 효소를 추출하는 전통적 공정의 할랄 통제 포인트

여기에는 다음과 같은 다섯 개의 할랄 통제 포인트가 있다. 할랄 장기의 사용, 청결한 장비, 허용된 용출 보조제, 승인된 규격화 작업용 원재료 그리고 적절한 포장과 라벨 표시.

| HCP1: 동물 장기

상업적 실무에서는 돼지, 소 혹은 양 같은 다양한 종의 동물 장기에서 효소가 추출된다. 돼지 장기로부터 추출된 효소는 어떠한 할랄 소비자나 무슬림 단체에 의해서도 허용되지 않으므로, 이러한 효소는 독자적으로든 또는 다른 동물 장기와 조합해서든 절대 사용되어서는 안 된다. 따라서 무슬림에게 보편적으로 수용되기 위해서는 할랄 도축된 동물로부터 나온 장기이어야 한다. 이러한 장기는 무슬림이 도축을 실시하는 지역에서 획득해야 할 것이다. 다만, 일부 무슬림 국가는 무슬림에 의해 도축되지 않은 할랄 동물에서 얻은 효소를 허용할 수도 있다.

| HCP2: 추출을 위한 조직 전처리

대부분의 동물 장기 효소를 비할랄 원료로부터 얻기 때문에 통상적으로 사용하던 장비를 그대로 사용하는 것은 위험을 내포한다. 할랄 효소의 추출을 위해 장비를 사용하기 전에, 기존 가동으로 인한 교차 오염을 방지하기 위해 철저한 세척이 선행되어야 한다.

| HCP3

효소는 용해 가능한 형태로 장기 조직에 존재하는 것이 아니므로 수율을 높이기 위해서는 이를 분리하거나 혹은 용해되도록 만들어야 한다. 이러한 목적

그림 12.1 동물 장기에서 효소를 추출하는 전통적 공정

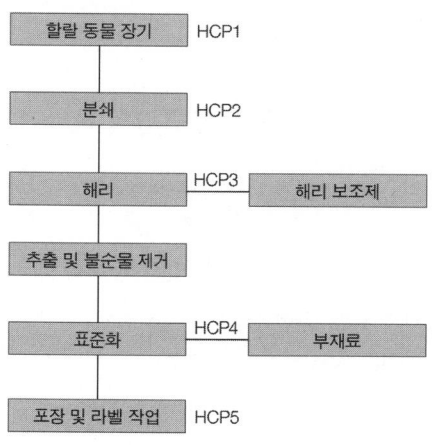

으로 사용되는 화학물질은 할랄 생산에 적합한 것이어야 한다.

❙ HCP4: 규격화 작업용 원재료

효소의 강도를 조절하기 위해 소금과 물 이외에도 몇 가지 다른 원재료가 사용될 수 있다. 유통기간을 개선하거나 늘리기 위해 보존제와 유화제 역시 사용될 수 있다. 사용되는 모든 규격화 작업용 원재료들은 할랄 생산에 적합한 것이어야 한다.

❙ HCP5

마지막으로, 해당 제품을 올바르게 표시할 수 있도록 할랄 마크를 포함한 적절한 라벨이 부착되어야 한다. 만약 해당 효소가 무슬림이 도축한 동물에서 얻은 것이라면(다브흐 절차), 단순히 소를 원료로 했다는 라벨 표시보다는 할랄 효소라고 표시하는 것이 바람직하다. 포장 재료와 라벨은 Chapter 15에서 논

의하는 가이드라인에 부합해야 한다.

전통적 발효 공정을 이용한 효소 생산의 할랄 통제 포인트

여기에는 다음과 같은 여섯 개의 주요 통제 포인트가 있다. 원료, 배양균 출처, 허용되는 가공 보조제, 증식 배지, 승인된 규격화 작업용 원재료, 그리고 포장과 라벨 표시. 대부분의 공정 단계는 그림 12.1에서 보는 바와 유사하지만, 크게 다른 두 가지는 배양균 출처와 증식 배지이다.

| HCP1: 증식 배지의 원료

할랄 식품 제조에 관한 인도네시아 국내법을 위반한 혐의로 아지노모토 주식회사의 직원 일곱 명이 인도네시아에서 체포된 사건을 계기로 증식 배지의 중요성이 대두되었다. 체포된 이들은 돼지 유래 효소로 제조된 소이 펩톤soy peptone 을 증식 배지로 사용했다(Roderick, 2001).

발효를 통한 효소 생산에서 첫 번째 통제 포인트는 허용되는 배지의 사용이다. 식물성 원료를 포함한 어떠한 원료도 돼지 유래 혹은 기타 비할랄 효소나 물질을 사용해 변형되거나 가공되어서는 안 된다.

| HCP2: 배양균 출처

미생물 배양균, 이스트, 조류藻類 혹은 박테리아는 재래형일수도 있고 혹은 유전자가 변형되었을 수도 있다. 상업적 실무에서는 모든 재래형 배양균 원료가 허용된다. 하지만 박테리아나 기타 미생물이 생명공학을 통해 변형되었다면 해당 유전 물질의 출처가 중요한 문제가 된다.

할랄에 해당하는 종의 동물 및 모든 식물 원료로부터 얻은 유전 물질은 일

그림 12.2 **전통적 발효 공정의 효소 생산**

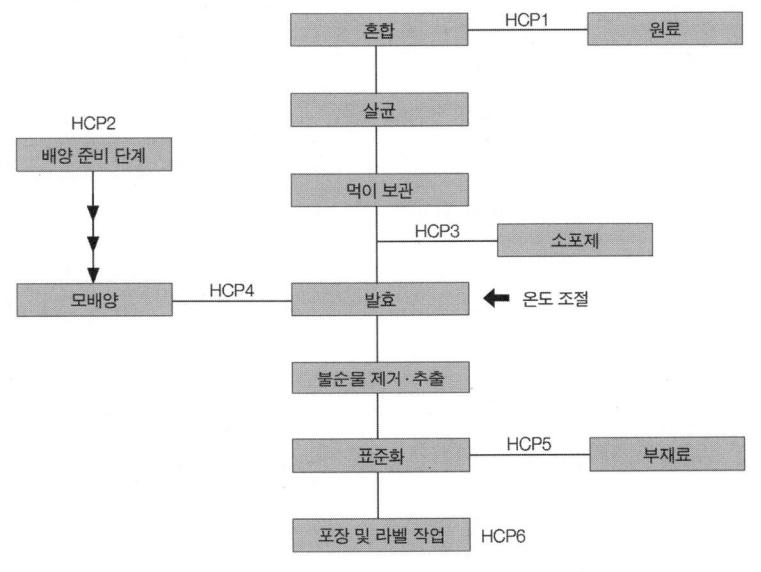

반적으로 허용된다. 식품 안전은 중요한 관심사이기는 하지만 통상적으로 이는 미국의 경우 FDA, 농무부USDA, 환경보호국EPA 같은 정부 차원 식품 규제 기관의 책임에 속하며, 종교 관련 기관의 사안이 아니다. 보편적인 규칙으로, 하람 동물에서 얻은 모든 유전 물질은 배제되어야 한다.

| HCP3

거품 억제제 같은 가공 보조제는 금지 물질에 해당되지 않아야 하며, 특히 돼지 지방에서 유래된 것은 안 된다.

| HCP4

증식 배지로 사용되었거나 배양균 모체의 전처리에 사용된 모든 재료는 할

랄이어야 한다.

| HCP5: 규격화 작업용 원재료

보존제, 유화제, 기타 규격화 작업용 재료는 허용되는 원료에서 얻은 것이어야 한다. 간혹 효소의 활동을 보호하기 위한 보존제로 알코올이 사용될 수도 있다. 최종 효소 처리에서 체적 기준 농도 0.5% 미만에 해당하는 경우에는, 일반적으로 알코올 사용이 허용된다.

| HCP6

효소는 허용되는 용기에 포장하고 할랄 마크를 사용해 적절하게 라벨을 부착해야 한다. 적합한 포장 재료에 대해서는 Chapter 15를 참조하기 바란다.

라벨에 효소를 기재할지 여부

효소는 보통 가공 보조제와 기능성 촉매로 사용된다. 통상적으로 이것들은 최종 제품에 투입되지만 라벨에 기재되지는 않는다. 예를 들어, 과일 주스 공정에서 효소는 저온살균을 거치는 동안 비활성화되어 완제품에서는 검출되지 않게 되며, 따라서 라벨에 기재되지 않는다. 하지만 치즈와 빵 제품은 완제품에도 효소가 활성으로 남아 있을 수 있으며, 따라서 완제품 라벨에 기재되어 있다(Mannie, 2000).

많은 국가의 할랄 당국 및 무슬림 소비자들은 효소의 존재와 원료에 대해 관심이 있다. 해당 제품에 할랄 마크가 있는 경우라 하더라도 효소 이름만 기재하는 것보다는 그 원료까지 기재하는 것이 더 좋을 것이다.

참고 자료

Ashie, I. N. A. 2003. "Bioprocess engineering of enzymes." *Food Technol.,* 57(1), 44-51.

Chaudry, M. M. 2002. "Enzymes catalysts for life." *Halal Consum.,* No.4, 5-7.

Mannie, E. 2000. "Active enzymes." *Prep. Foods,* 169(10), 63-66, 68.

Mathewson, P. R. 1998. "Major biological sources of enzymes(Appendix C)." *Enzymes.* St. Paul, MN: Eagan Press, pp.93~95.

Olsen, H. S. 2000a. "The nature of enzymes." *Enzymes at Work.* Denmark: Novozymes A/S Bagsvaerd, p.9.

_____. 2000b. "Enzyme applications in the food industry." *Enzymes at Work.* Denmark: Novozymes A/S Bagsvaerd, p.25.

Roderick, D. 2001.1.22. "Hold the pork, please." *Time,* 157(3).

chapter 13

할랄 식품 생산에서의 알코올

Alcohol in halal food production

여기에서 사용하는 알코올이라는 용어는 에탄올 혹은 에틸알코올을 지칭하는 것으로, 코란에서 카므르Khamr(아랍어 원어의 첫소리는 탁한 '하' 소리와 유사하여 한국어의 '하'와 '카' 중간 발음에 해당하지만, 통상적인 용례에 따라 '카므르'로 표기 – 옮긴이), 즉 술이라고 칭하는 물질의 주된 구성 원재료이다. 알코올은 자연 상태에서도 매우 흔한 물질이며 다양한 용도로 사용되는데, 고대에는 주로 술로 소비되었다. 알코올은 포도나 대추야자 같은 과일을 발효해 만드는데 오늘날에는 호밀, 밀, 보리, 옥수수 등의 곡물로도 만든다. 고구마와 유청 역시 알코올을 만드는 데 사용된다.

오늘날 주된 알코올 용도 중 하나는 알코올성 음료를 만드는 것이며, 다른 하나는 식품, 화장품, 제약 산업에서 용제로 사용하는 것이다. 알코올성 음료는 법적으로 체적 기준 농도 0.5 ~ 80%의 에틸알코올을 함유할 수 있다. 순수한 산업용 알코올의 농도는 95%에 달할 수 있다.

알코올성 음료의 분류

알코올성 음료에는 다음과 같은 세 가지 부류가 있다.

- **발효 음료** 곡물과 과일을 포함한 농산물로 만들어지며 3~16%의 알코올을 함유한다.
- **증류 혹은 주정 음료** 발효 음료를 증류해 만든다. 이들 제품에 들어 있는 알코올 함량은 증류를 통해 최대 80%까지 올라간다.
- **혼합 음료 혹은 강화 음료** 발효 음료나 주정 음료에 착향료를 가미해 만든다. 이들 제품의 알코올 함량 역시 최대 80%에 달할 수 있다.

알코올성 음료는 직접 마실 수도 있지만 제조 공정이나 조리 과정을 통해 식품에 원재료로 첨가될 수도 있다. 알코올이 첨가 원재료에 해당하는 경우, 제품 라벨에는 첨가된 특정 알코올성 음료 명칭이 표기되어야 하며, 또한 최종 알코올 농도가 0.5%를 초과할 경우에는 그 알코올 농도도 표기해야 한다. 이러한 예로, 위스키-첨가 초콜릿, 케이크, 그리고 '와인 소스를 곁들인 비프 스트로가노프beef stroganov'처럼 와인을 넣은 요리를 들 수 있다.

미국의 경우, 만약 어떤 식품의 체적 기준 알코올 함량이 7%를 초과한다면, 해당 식품은 미국 알코올 담배 총기국Bureau of Alcohol, Tobacco, and Firearms: BATF 의 규제 대상이 된다. 7% 미만의 알코올을 함유한 식품은 FDA의 감독을 받는다. FDA에 따르면, 알코올이 식품 배합이나 공정에 하나의 원재료로 포함되는 경우, 라벨상에 해당 알코올이 원재료로 표기되어야 한다. 하지만 알코올이 플레이버처럼 어떤 원재료의 일부만을 구성한다면, 라벨에 별도로 표기할 필요는 없다(Riaz, 1997).

풍미를 강화하거나 또는 차별화된 맛을 내기 위해 알코올로 식품을 조리하는 경우도 많다. 요리에 사용되는 가장 흔한 형태의 알코올이 바로 와인이다. 첨가된 모든 알코올이 조리 과정에서 증발하거나 제거될 것처럼 보이지만, 사실은 그렇지 않다. 농무부USDA의 레나 컬트루펠리Rena Cultrufelli는 알코올로 조리된 식품의 잔류 알코올 수치를 나타내는 표를 작성한 바 있다. 잔류되는 알코올 함량은 조리 방법에 따라 좌우된다. 아래 자료는 다양한 조리 방법으로 처리한 식품에 잔류되는 알코올 수치를 보여준다(Larsen, 1995).

- 끓는 액체에 투입한 후 불을 끈 경우: 85%
- 불을 붙여 조리한 경우: 75%
- 불 없이 알코올을 투입한 후 하룻밤을 놓아둔 경우: 70%
- 휘젓지 않고 25분간 구운 경우: 45%
- 휘저어서 혼합한 후, 15분간 굽거나 서서히 끓인 경우: 40%
- 휘저어서 혼합한 후, 30분간 굽거나 서서히 끓인 경우: 35%
- 휘저어서 혼합한 후, 1시간 동안 굽거나 서서히 끓인 경우: 25%
- 휘저어서 혼합한 후, 2시간 동안 굽거나 서서히 끓인 경우: 10%
- 휘저어서 혼합한 후, 2시간 반 동안 굽거나 서서히 끓인 경우: 5%

순수 알코올의 두 가지 주된 용도는 용제로 사용하거나 혹은 원료로 사용하는 것이다. 용제의 경우, 바닐라콩 같은 식물성 재료에서 착향 물질을 추출할 때 사용된다. 바닐라콩 추출에는 거의 예외 없이 에틸알코올 희석법이 사용된다. 천연 바닐라 착향료라 불리는 바닐라 플레이버는 추출된 이후 알코올을 사용해 규격화된다. FDA의 동일성 규격에 의하면, 천연 바닐라 착향료는 반드시 체적 기준 최소 35%의 알코올을 함유해야 하며, 만약 그렇지 않으면 천연 바닐라 착향료로 불릴 수 없다(FDA, 2000).

원료로 사용되는 경우, 알코올 용도 중 하나는 식초를 만들기 위해 아세트산acetic acid으로 전환시키는 것이다. 이후 식초는 샐러드드레싱, 마요네즈, 기타 용도에 사용된다. 술에 들어 있는 알코올의 사용은 하람인데 반해, 아세트산(식초)으로 전환되면 이는 할랄에 해당한다. 화학적 변성 혹은 '이스티할라'라고 불리는 이러한 변환 개념은 Chapter 16에서 다룬다.

알코올의 중요한 기능 중 하나는, 지용성 원재료를 수용성 원재료에 혼합하거나 또는 그 반대로 수용성 원재료를 지용성 원재료에 혼합하는 것을 촉진하는 성질이다. 이러한 기능은 플레이버 생산에 매우 중요한 용도이다. 대부분의 플레이버는 오일에 속한다. 예를 들어, 오렌지 플레이버는 오렌지 껍질에서 추출된 오일이다. 오렌지 플레이버는 물에는 용해되지 않지만 알코올에는 용해된다. 이후 알코올과 오렌지 플레이버 혼합물은 다시 물에 용해된다. 따라서 오렌지 맛 탄산음료를 생산하려면, 오렌지 플레이버가 탄산음료에 완전히 혼합·용해되고 또한 해당 제품의 예상 유통기간 동안 용해된 상태로 유지되도록 하기 위해 알코올이 사용된다(Othman and Riaz, 2000).

알코올은 또한 제약, 화장품, 국소용 외용 제품에도 사용된다. 요즈음에는 일부 무알코올 제품을 찾을 수 있으나, 대부분의 기침 시럽과 구강 청정제에는 알코올이 들어 있다. 향수의 경우, SD 알코올 사용이 일반적이다. SD 알코올이란 성질을 변화시킨 에탄올이다. 변성 알코올을 제조하는 경우에는 이를 음용할 수 없도록 특정한 물질이 첨가된다. 혼합물로부터 이러한 변성 물질을 제거하는 것이 매우 어려우므로 변성 알코올은 일반적으로 식품이나 음료에 사용되어서는 안 되지만, 어쨌든 무슬림에게 알코올이 함유된 식품이나 음료는 당연히 금지 항목에 해당한다.

무슬림에게 알코올이 금지된 이유

코란이 계시되기 시작할 즈음에는 술을 마시는 것이 흔한 일이었다. 코란에서 음주가 금지되기 전에는 예언자의 많은 동료들 역시 술을 마셨다. 음주 금지는 3단계로 이루어졌다. 첫 번째 계시는 코란(Pickthall, 1994) — 아랍어 원문 및 영어 해설판 — 에 다음과 같이 언급되어 있다.

> 그들이 독한 술과 도박에 대해 물었다. 이에 말하기를, 그 두 가지에는 큰 죄악과 약간의 효용이 있으나 그 효용보다 죄악이 훨씬 크다. 또한 그들이 어떤 것을 베풀어야 하는지를 물었다. 이에 말하기를, 여분으로 남는 것들이 그것이니라. 실로 하나님은 너희에게 내린 (자신의) 계시를 명백히 하여, 너희가 이를 숙고하도록 하였다.
>
> 제2장 219절
>
> 원문   They question thee about strong drink and games of chance. Say: In both is great sin, and some utility for men; but the sin of them is greater than their usefulness. And they ask thee what they ought to spend. Say: That which is superfluous. Thus Allah maketh plain to you (His) revelations, that haply ye may reflect.

이 구절에서, 무슬림은 카므르(술)를 마시는 것이 대단히 큰 죄악임을 인지하게 되었다. 코란에서는 알코올이 약간의 이익을 가져올 수는 있지만, 그러한 이익보다 훨씬 큰 죄악을 내포하고 있음을 말한다. 알코올에 관한 추가적인 계시는 다음과 같다.

> 믿는 자들이여! 술에 취했을 때는, 너희가 무엇을 말하고 있는지 알 수 있게 될 때까지는 기도하지 말라. 또한 여행 중인 경우를 제외하고 너희가 더러워졌을 때는 몸을 깨끗이 할 때까지는 기도하지 말라. 너희가 아프거나,

여행 중이거나, 너희 중 누군가가 화장실을 다녀왔거나, 또는 여인을 접촉했지만 물을 찾을 수 없는 경우에는, 제일 깨끗한 흙으로 너희 얼굴과 손을 (그것으로) 문질러 닦아라. 실로 하나님은 너그럽고 관대한 분이시라.

제4장 43절

원문 Oh ye who believe! Draw not near unto prayer when ye are drunken, till ye know that which ye utter, nor when ye are polluted save when journeying upon the road, till ye have bathed. And if ye be ill, or on a journey, or one of you cometh from the closet, or ye have touched women, and ye find not water, then go to high clean soil and rub your faces and your hands (therewith). Lo! Allah is Benign, Forgiving.

이 구절에서, 무슬림은 술에 취한 상태로 기도해서는 안 된다고 지시되는데, 술은 기도하는 사람이 스스로 암송하거나 들은 내용을 제대로 이해할 수 없게 만든다. 기도는 하루에 다섯 번 특정 시간에 해야 하기 때문에 무슬림이 정해진 시간에 맑은 정신으로 기도를 하기 위해서는 술을 마시는 것이 거의 불가능하다는 결론을 얻게 된다. 하지만 이 구절은 여전히 알코올이 금지되는 것이라고 명확하게 언급하지 않았으며, 따라서 일부 동료들은 계속해서 술을 마셨다. 이에 결국, 취하게 하는 것들과 몇몇 그 외 행동을 금지하는 내용으로 다음과 같은 명확한 지시가 내려진다.

믿는 자들이여! 독한 술과 도박, 그리고 우상숭배와 점괘를 건 화살은 사탄이 만든 술수의 다른 이름일 뿐이니라. 너희가 번성하기 위해서는 그것들을 피하라.

제5장 90절

원문 O ye who believe! Strong drink and games of chance and idols

and divining arrows are only an infamy of Satan's handiwork. Leave it
aside in order that ye may succeed.

사탄은 독한 술과 도박을 이용해 너희에게 원한과 증오를 뿌리고 또한 하
나님과 (그에 대한) 경배로부터 너희를 돌아서게 하는 데만 몰두한다. 그
런데도 너희는 이를 하겠는가?

제5장 91절

원문 Satan seeketh only to cast among you enmity and hatred by
means of strong drink and games of chance, and to turn you from
remembrance of Allah and from (His) worship. Will ye then have
done?

하나님에게 복종하고 선지자에게 복종하며 또한 항상 경계하라! 하지만
만약 너희가 배반한다면, 우리 선지자의 임무는 오직 (그 말씀을) 분명히
전달하는 것이니라.

제5장 92절

원문 Obey Allah and obey the messenger, and beware! But if ye
turn away, then know that the duty of Our messenger is only plain
conveyance (of the message).

이 구절은 알코올을 카므르로 간주하여 반드시 피하도록 한 최종적인 구문
이다. 따라서 더 이상의 모호함은 없으며, 어떠한 형태로든 술을 마시는 것은
전적으로 금지된다.

명시적으로는 술을 마시는 것이 금지되었지만 그 외에도 포도, 대추야자,
건포도에서 유래된 알코올 역시 나지스Najis(하람을 구성하는 핵심 물질로, 아랍어
로 '더러운 것'을 뜻하며 돼지, 개, 죽은 동물, 피, 그 부산물 등이 여기에 속함 — 옮긴

이), 혹은 불결한 것으로 간주된다. 이러한 원료로부터 얻은 알코올은 화장품, 향수, 개인위생 용품 등의 비非식용 용도로도 허용되지 않는다. 따라서 알코올은 식품 중 대표적인 하람에 해당하며, 만약 포도와 대추야자 같은 전통적인 원료로 만들어진 알코올이라면 기타 용도로 사용하는 것조차도 불결한 것으로 이해된다. 이와 별개로, 할랄 원료로 만든 알코올이라면 제한적인 경우에 한해 할랄 제품으로 전환될 수는 있다. 하지만 그 반대로, 돼지고기는 하람 원료에 해당하며, 따라서 돼지고기에서 유래된 모든 제품과 원재료는 여전히 하람으로 취급된다.

어떠한 형태의 알코올성 음료든 무슬림에게는 금지된다. 알코올성 음료를 사용해 식품이나 음료를 조리 혹은 생산하는 것 역시 금지된다. 그러므로 술을 혼합한 펀치punch 음료나 브랜디를 함유한 케이크처럼, 알코올성 음료로 만들어진 제품을 먹거나 마시는 것은 허용되지 않는다. 식품 원재료로는 0.5%, 소비자용 제품으로는 0.1%를 초과하는 알코올 성분은 마지막 단계 이전에 모두 증발되는 것을 전제 조건으로, 곡물 알코올이나 합성 알코올의 경우 식품 원재료 제조에 사용될 수 있을 것이다(잔류 알코올 허용치에 대한 기준은 각 인증 기관마다 다르며, 여기에서 수치는 저자가 소속된 IFANCA의 기준임 ― 옮긴이). 이러한 가이드라인은 몇몇 할랄 인증 기관에서 활용되고 있으나, 일부 인증 기관은 이보다 더욱 엄격한 기준을 요구하기도 한다.

다음은 할랄 식품 생산에서의 알코올 사용에 대한 가이드라인 역할을 한다.

- 소량의 내재적 알코올을 함유한 천연 제품은 할랄 문제를 야기하지 않는다.
- 천연 제품에 함유되어 있는 알코올은 진액으로 농축될 수 있으며, 이 과정에서 알코올 역시 농축된다. 대부분의 할랄 인증 기관은 그와 같은 고유 알코올은 소량 허용하며, 일반적으로는 0.1% 이하로 하되 간혹 최대

0.5%까지 허용된다.

- 다른 가용한 대체 수단이 없는 경우, 산업적 공정에서 농축을 위한 알코올 사용은 기술적 이유로 허용된다. 이러한 공정이 적용된 제품의 최종 알코올 함량은 증발이나 아세트산 전환을 통해 최종 0.5% 미만으로 감소되어야 한다. 다시 말하면, 식품 생산에 사용될 플레이버는 0.5% 미만의 알코올을 함유해야 할랄로 인정될 수 있다는 의미이다. 하지만 일부 국가에서는 0.5%를 초과하는 알코올 함량도 허용되며, 또 일부는 그 이하의 기준치를 적용하기도 한다.

- 식품이나 음료에 맥주, 와인 혹은 기타 주류 같은 발효주를 조금이라도 첨가하면, 해당 제품은 하람이 된다. 하지만 이들 제품으로부터 진액이 추출되고 또한 무시할 만한 수준으로 알코올이 감소된다면, 대부분의 할랄 인증 기관과 수입 국가에서는 식품 생산에 해당 진액의 사용을 허용한다. 현업에서는 관할 기관이나 최종 소비자를 통한 확인을 통해, 이러한 사안을 명확히 확인할 필요가 있다.

- 알코올을 함유하는 첨가물이 들어간 소비자용 제품은, 첨가되었든 자연 발생 알코올이든 상관없이 최종 알코올 함량 0.1% 미만이 되어야 할랄로 인정될 수 있다. 이 정도 함량일 경우, 알코올을 맛으로 느끼거나 냄새를 맡거나 혹은 볼 수 없으며, 일반적으로 적용되는 불순물 기준에 부합한다. 이러한 수치는 IFANCA를 기준으로 한 것이다. 다른 인증 기관들은 이보다 더 관대하거나 혹은 엄격한 가이드라인을 적용한다. 식품업계는 해당되는 고객사 혹은 할랄 인증 기관을 통해 정확한 기준을 확인해야 할 것이다.

참고 자료

FDA. 2000. 21 CFR 169.3(c).

Larsen, J. 1995. "Ask the dietitian." Hopkins, MN: Hopkins Technology, LLC. http://www.dietitian.com/alcohol.html.

Othman, R. and M. N. Riaz. 2000. "Alcohol: a drink/a chemical." *Halal Consum.,* Fall Issue, 1, 17-21.

Pickthall, M. M. 1994. *Arabic text and English rendering of The Glorious Quran.* Chicago, IL: Library of Islam, Kazi Publications.

Riaz, M. N. 1997. "Alcohol: the myths and realties." in Uddin, Z.(ed.). *A Handbook of Halaal and Haraam Products,* Vol.2. Richmond Hill, NY.: Publication Center for American Muslim Research and Information.

chapter 14

할랄 식품 생산에서의 식품 원재료
Food ingredients in halal food production

이 장에서는 염지 보조제, 코팅제, 착향료는 물론이고 스파이스, 시즈닝, 조미료, 소스, 드레싱, 배터, 튀김가루 등을 포함한 다양한 형태의 단일·복합 원재료에 대해 살펴보고자 한다. 식품 관련 산업에서는 수천 가지 원재료가 사용된다. 그것들 대부분은 '통상적으로 안전하다고 인식되는 물질Generally Recognized As Safe: GRAS'에 속한다. 하지만 그중 일부는 현재의 법률이 시행되기 전인 1958년까지 사용되었던 '사전 인가' 화학물질처럼 다른 법규의 적용을 받고 있다. 이제부터 할랄이라는 관점에서 유의해야 할 몇몇 중요 원재료와 공정에 대해 설명하기로 한다.

베이컨 조각

천연 베이컨 조각은 돼지고기로 만든 실제 베이컨으로 제조된다. 모조 베이컨 조각은 식물성 단백질, 특히 콩 단백으로 만든 뒤 다른 원재료로 색상과 맛

168 할랄 식품 생산론

을 낸다. 천연 베이컨 조각은 할랄 생산에서 수용될 수 없지만 모조 베이컨 조각은 만약 생산 설비는 물론 색상과 맛, 기타 원재료가 할랄 승인된 것이라면 허용된다고 볼 수 있다.

아미노산

다양한 기능성으로 인해 수많은 아미노산이 사용되고 있다. 여기에는 합성(식물성 원료에서 나온 시초 물질로 제조)된 것과 천연 단백질에서 추출된 것이 있다. 가장 흔하며 또한 문제가 될 수 있는 아미노산은 L-시스테인인데, 이것은 피자 크러스트, 도넛, 배터에 사용된다. 천연 시스테인은 인체 모발, 동물 털, 오리 깃털, 그리고 이와 유사한 기타 원료에서 파생된다. 요즈음에는 설탕을 베이스로 사용해 제조하기도 한다. 인체나 동물 털에서 얻은 L-시스테인은 할랄로 허용될 수 없다. 하지만 오리 깃털로 제조된 L-시스테인은 그 오리가 이슬람 방식으로 도계되었다면 할랄로 사용될 수 있다. 합성 L-시스테인은 식물성 재료라고도 불리는데, 모든 생산 요건이 적절하게 준수되었다면 할랄로 허용될 수 있다.

사향 오일

사향 오일은 사향 고양이라고 불리는 고양이과 동물의 분비선에서 추출된 오일이다. 사향 오일은 할랄로 받아들여질 수 없다.

리큐르

리큐르liquor는 술을 즐기는 사람들에게 맛이나 감각적으로 어필하기 위한 플레이버로 흔히 사용되는 알코올성 액체를 말한다. 리큐르나 술을 사용해 착향료나 배터를 제조하는 것은 허용되지 않는다. 프라이fry 제품이나 프라이 배터 제품의 플레이버로 사용될 수 있는 것 중 하나는 맥주 배터이다. 배터-코팅 프라이, 어니언 링 혹은 기타 프라이 애피타이저의 생산에는 실제 맥주가 사용된다. 비록 튀기는 과정에서 알코올은 증발되지만 맥주 배터는 여전히 할랄로 받아들여지지 않는다. 이에 대한 개념은 Chapter 13에서 자세히 살펴본 바 있다.

리큐르 및 와인 추출물

이미 플레이버 업계는 향미 보조제로 사용하기 위해 다양한 형태의 와인과 리큐르 추출액을 선보인 바 있다. 그와 같은 추출물은, 추출물의 잔류 알코올 농도가 통상적으로 0.5% 미만에 해당할 정도로 매우 낮은 경우에 한해 할랄 제품의 공정 설계에 활용될 수 있을 것이다. 다만 해당 원료를 사용하는 데 문제가 있는지 여부는 해당 할랄 인증 기관과 최종 고객의 확인을 거쳐야 한다.

퓨젤유 파생물

아밀알코올이나 이소아밀알코올 같은 일부 원재료는 알코올 산업의 부산물로 제조된다. 특정 국가의 할랄 인증 기관들은 이러한 원재료의 사용을 허용하지 않으므로, 이를 사용하는 것은 문제의 소지가 있다.

캡슐화 재료

식품 완제품은 물론 식품 원재료를 캡슐 형태로 하기 위해서는 젤라틴, 셀룰로오스, 셸락shellac, 제인 같은 몇 가지 원재료들이 사용된다. 셸락, 셀룰로오스, 제인은 할랄 생산에서 일반적으로 허용된다. 젤라틴은 할랄 도축된 동물이나 생선으로 제조된 경우에만 허용될 수 있다.

알코올을 이용한 식초 생산

식초는 90% 이상이 수분이다. 따라서 회사들은, 예컨대 샐러드드레싱을 제조하는 제조 플랜트로 식초를 운송해오기보다는 현장에서 알코올을 사용해 식초를 제조하려는 경향을 보인다. 이러한 목적으로 사용되는 알코올은 통상 곡물 알코올인데 간혹 합성 알코올로도 불린다. 이는 실무에서 일반적으로 허용되지만, 잔류 알코올 농도가 통상적으로 0.5%를 초과하지 않는 최소 수준으로 유지되도록 철저히 모니터링이 되어야 한다.

부수적 원재료

몇몇 GRAS 원재료들은 이 장에서 언급된 다양한 제품의 제조에 사용될 수 있다. 이들은 운반체, 용제, 고결 방지제, 분진 방지제 혹은 기타 기능성으로 사용될 수 있다. 일반적으로 이들 성분은 완제품에서는 어떠한 기능도 하지 않는다. 이러한 모든 부수적 원재료 역시 할랄 인증 기관이 정의하고 허용한 할랄 재료에서 유래된 것이어야 한다.

식품 제조업

식품 제조업은 매우 특화된 영역이 되었다. 일부 회사들은 순수한 식품용 화학물질과 첨가제 생산으로 전문화했으며, 또 일부는 식물성·동물성 식품 원재료를 생산하는 쪽으로 전문화했다. 또 다른 일부는 여전히 착향료 같이 독점 혼합법이나 기밀 공정이라 불리는 고유의 복합 원재료 혼합물을 개발하고 있다. 이에 따라 소비자가 구매한 최종 완제품은 수십 가지의 다양한 원재료들을 함유할 수 있다. 일반적으로 제품 제조사는 이들 원재료를 일일이 따로 구매해 사용하지는 않는다. 제조사는 완제품을 생산하기 위해 몇 개의 혼합 재료나 일정한 포장 단위로 구매한다. 예를 들어, 프라이드 피시를 생산하는 경우, 제조사는 한 공급사로부터 생선을, 다른 공급사로부터는 오일을, 그리고 또 다른 공급사로부터는 배터와 튀김가루를 구매하게 된다. 배터와 튀김가루는 더욱 다양한 기능을 맞추기 위해 여러 가지 상이한 원재료로 구성되며, 이러한 제품은 각 제조사별로 맞춤 개발되어 공급될 수 있을 것이다.

스파이스 및 시즈닝 블렌드

식품 산업은 고도로 전문화되었으며, 식품 가공업자는 품질관리와 함께 편의성, 경제성, 통일성을 위해 모든 부수적 원재료를 포함하고 있는 일정한 포장 형태로 된 혼합 재료를 사용한다. 스파이스와 시즈닝은 단일 식물성 원재료거나, 또는 매우 다양한 원재료들의 분말 혼합물일 수 있다. 시즈닝 제조사는 식물성 원료든 동물성 원료든 상관없이 사용할 수 있는 모든 종류의 식품 원재료들을 사용한다.

할랄 시즈닝 블렌드 제조에는 두 가지 고려 사항이 있다. 첫째는 블렌드의 구성이다. 모든 구성 성분은 할랄에 적합해야 한다. 할랄 블렌드에는 비인가 동물성 원재료가 사용되어서는 안 된다. 두 번째 고려 사항은 장비로부터의 교차 오염이다. 할랄 블렌드는 완전히 세척된 장비 혹은 전용 믹서에서 제조되어야 한다. 캡슐화 보조제, 분진 방지제·유도제 같은 부수적 원재료 역시 할랄에 적합해야 한다.

조미료, 드레싱, 소스

이것들은 일반적으로 부어서 사용하거나 스푼으로 떠 넣는 액체 형태의 제품이다. 단일 성분의 소금 제품을 제외하면 이들 대부분에는 오일, 소금, 설탕, 스파이스, 플레이버, 산미료acidulants, 酸味料, 보존제 같은 다수의 기타 원재료들이 들어 있을 수 있다. 그중 일부는 베이컨 조각, 젤라틴, 와인 혹은 복합 착향료를 포함했을 수 있다. 이러한 비할랄 원재료들은 할랄 생산을 위한 공정 설계에 포함되어서는 안 된다. 아울러 할랄 제품은 청결한 장비로 제조되어야 하는데, 회사의 편의를 위해 주말 동안 장비를 완전히 세척한 후 주초에 할랄 제품을 우선적으로 제조하는 것이 유용하다.

배터, 튀김가루, 빵가루

배터, 튀김가루, 빵가루의 생산 역시 전문화된 제조 공정으로 발전되었다. 대상 제품을 기름에 튀기는지, 팬으로 볶는지 혹은 굽는지에 따라 상이한 용도로 사용될 수 있도록 다양한 기능을 고려해 제조된다. 특화된 밀가루와 전분과는 별개로 특정한 기능을 위해 그 외 원재료들이 사용될 수 있다.

L-시스테인은 배터나 튀김가루 코팅의 질감을 변화시키기 위해 사용된다. L-시스테인은 합성 방식으로 제조된 식물성이거나, 또는 할랄 요건에 맞게 도계된 오리 깃털로 제조된 것이어야 한다. 배터, 튀김가루, 빵가루에 사용되는 그 외 부수적 원재료들은 할랄 적격 요건에 부합해야 한다. 비알코올성 추출물을 착향료로 사용하는 것은 일반적으로 허용되지만, 맥주나 기타 다른 알코올성 음료를 사용하는 것은 허용되지 않는다. 할랄 생산에 고려되어야 할 그 외 원재료로는 코팅제와 스프레이를 들 수 있는데, 이것들은 기구, 벨트, 장비에 제품이 달라붙지 않도록 하기 위해 사용된다.

착향료

플레이버와 착향료는 식품 산업에서 사용되는 가장 복잡한 원재료에 해당된다. 미국 규정에 따르면(FDA, 2002), 플레이버의 개별 구성 성분은 소비자에게 고지하지 않아도 무방하다. 플레이버의 구성 원료가 FDA 혹은 미국 향료협회 Flavor and Extract Manufacturers Association: FEMA 리스트에 해당되는 한, 플레이버 업체는 해당 정보를 노출하지 않아도 되는 예외로 인정된다(이러한 정보는 독점 정보로 간주). 플레이버는 소금처럼 단순한 것부터 추출물, 반응형 원재료처럼 복잡한 것에 이르기까지 다양한 원재료를 포함할 수 있다.

할랄 생산을 위한 공정 설계자가 특별히 유의해야 하는 원재료에는 다음과 같은 두 그룹이 있다.

① 사향 오일 같은 독특한 향미 보조제와 ② 알코올 유래 원재료. 일반적인 가이드라인으로서, 할랄 인증을 받지 않은 동물성 원재료는 착향료 개발 단계에서 피해야 한다.

플레이버를 추출하거나 혹은 액화시키기 위해 알코올을 사용하는 것은 허용될 수 있다. 하지만 최종 착향료 제품의 알코올 함량은 0.5% 미만으로 감소되어야 한다. 특정 국가나 소비자들은 자국으로 수입되는 제품에 대해 더욱 낮은 함량을 요구하거나 혹은 무알코올을 요구하기도 한다.

일부 국가는 퓨젤유fusel oil 파생물을 허용하지 않는다. 공정 설계자들이 특정 회사나 국가의 정확한 요건을 파악하기 위해서는 고객사 및 해당 인증 기관과 협력하는 것이 권장된다.

치즈 플레이버

유제품 원재료는 미생물 효소 혹은 할랄 인증 동물성 효소를 사용한 공정에서 유래해야 한다.

육류 플레이버

고기와 가금류 원재료는 할랄 요건에 따라 도계·도축된 동물로부터 얻어야 한다.

훈제 플레이버와 그릴 플레이버

할랄 관점에서 볼 때, 훈제·그릴 플레이버의 베이스로 동물성 오일이 사용되었는지 또는 동물 유래 유화제가 사용되었는지가 유의 사항이다.

착색제

색소는 고대부터 식품에 사용되어왔다(Francis, 1999). 역사적으로 색소는 식품을 돋보이게 하기 위한 목적뿐 아니라 결함을 감추기 위한 불순물로도 사용되어왔다. 색소는 미국 연방식품의약품화장품법FD&C 인증 색소처럼 합성물일 수 있는데, 이 경우 수용성은 염료라 부르고 지용성은 안료라 부른다. 또한 색소는 과일과 채소 추출물, 리보플라빈riboflavin, 옥수수, 옥수수 씨눈, 셀락, 문어 먹물, 오징어 먹물, 엽록소, 카로티노이드carotinoid, 캐러멜처럼 천연 혹은 동식물성일 수도 있다. 식품 산업에서는 이산화티탄titanium dioxide, 카본 블루carbon blue, 산화철, 실리콘 이산화물 같은 무생물 색소 역시 사용된다. 이들 색소 중 일부는 단일 제품 형태로 판매·사용되며, 그 외는 표준화된 원재료와 착색제의 혼합물 형태이다. 색소에는 젤라틴, 유화제 혹은 분진 방지제 등의 일부 원재료도 사용되는 것으로 알려져 있다. 공정 설계자는 할랄에 적합한 표준화된 원재료만을 사용해야 한다.

염지 보조제

염지 보조제는 소금, 아질산염nitrite, 그리고 아스코르빈산나트륨sodium ascorbate, 에리솔빈산나트륨sodium erythorbate, 시트릭산citric acid, 프로필렌 글리콜 같은 기타 몇몇 원재료의 특별한 혼합물이다. 염지 보조제 혹은 염지 혼합물은 소시지 제품의 제조에 사용된다. 이것들은 일반적으로 할랄에 적합하다. 하지만 이것들이 청결한 장비로 제조되는지, 또한 문제가 될 만한 다른 원재료가 관여되지 않는지 확인해야 한다.

코팅제

모든 동물성 원재료는 배제되어야 한다. 특히 무슬림 소비자를 화나게 하는 것은 신선 식품 코너에서 판매되는 과일과 채소의 코팅을 위해 하람 원재료가 사용되는 것이다. 1990년 영양 성분 라벨 표시 및 교육 법률은, 포장 납품업자가 그와 같은 코팅에 사용된 구성 성분의 원료를 규명하고 이를 외포장 박스에 표기하도록 한 구체적인 조항을 담고 있다. 법률에 의해, 슈퍼마켓과 기타 소매 판매자는 자기 매장의 어떤 과일과 채소가 그와 같은 코팅제로 처리되었는지를 잘 보이는 곳에 게시해야 한다. 이들 코팅제는 왁스, 우지, 석유 왁스, 젤라틴, 설탕, 제인 단백질 같은 원재료를 함유하거나, 또는 해당 식품을 보호하거나 좋게 보이도록 코팅하기 위한 기타 원재료들을 함유할 수 있다. 이러한 목적으로 사용된 식물성·광물성 원재료는 할랄에 해당하겠지만, 코팅 공정 설계자는 우지, 젤라틴 같은 의심스러운 원재료나 비계 같은 하람 원재료는 배제해야 한다. 설탕, 제인, 전분, 밀랍, 유분, 식물성 오일은 식품 코팅에 사용할 수 있는 할랄 적합 원재료에 속한다.

유제품 원재료

가열 처리를 통해 만들어진 분유 같은 원재료는 할랄 제조에 적합하다. 다만 사용된 효소가 불분명한 경우, 유청분말, 유당, 분리유청분말, 그리고 효소를 사용해 생산된 농축물 같은 원재료는 문제가 될 수 있다. 이들 원재료가 할랄이 되도록 하려면 제조사는 미생물 효소를 사용하거나 또는 할랄 도축된 동물에서 얻은 효소를 사용해야 한다. 대부분의 인증 기관은 할랄 인증된 효소로 제조된 유제품 원재료를 사용할 것을 요구한다.

여기에서 살펴본 내용은 원재료와 혼합물 중에서 선별된 일부에 그친다. 더욱 자세한 목록은 부록에 나열되어 있다. E-넘버의 사용은 유럽과 아시아 국가에서는 일반적이다. 부록 10은 E-넘버가 표기된 식품의 원재료 및 그것들의 할랄, 하람 혹은 의심스러운 여부를 수록하고 있으며, 부록 11은 원재료 및 그 할랄, 하람 혹은 의심스러운 여부를 수록하고 있다.

참고 자료

FDA. 2002. 21 CFR 101.22.

Francis, F .J. 1999. *Colorants*. St. Paul, MN: Eagle Press, p.1.

chapter 15

할랄 식품의 라벨 표시, 포장, 코팅

Labeling, packaging, and coatings for halal food

이 장은 다양한 방식으로 식품과 연관된 복수의 사안들을 다룬다. 상이한 이들 사안은 서로 관련성이 없어 보이고 또한 어울리지 않을 수도 있겠지만 어떤 식으로든 식품 및 무슬림 소비자의 사고 체계와 연관되어 있는 부수적 사안임에는 틀림없다. 이 장에서는 다음과 같은 주제를 간략히 다루고자 한다.

- 무슬림 시장을 겨냥한 제품 라벨 표시.
- 라벨과 인쇄에서의 할랄 사안.
- 할랄 환경에서의 식품 포장.
- 포장 재료와 용기.
- 왁스, 코팅제, 식용 필름.

무슬림 시장을 겨냥한 제품 라벨 표시

제품 라벨은 소비자의 편익을 위한 것으로, 내용물을 명확하게 설명해야 하며 또한 필요한 의미를 제대로 전달해야 한다. 통상적으로 원재료 라벨에는 각 원료의 원산지가 기재되지 않는다(미국의 경우에 한함 — 옮긴이). 다양한 재료에서 얻은 가공 보조제, 고결 방지제, 운반체, 부수적 원료처럼, 숨겨진 원재료들은 무슬림 소비자에게 또 다른 심각한 문제를 야기할 수 있다. 예를 들어, 마그네슘 및 칼슘 스테아르산염은 그 출처에 대한 언급 없이 사탕과 껌 제조에 사용되고 있다(Uddin, 1994). 일부 유럽 제조사들은 자사 초콜릿 제품에 최대 5%의 식물성·동물성 지방을 사용하고 있음에도, 해당 제품에 순수 초콜릿이라는 라벨을 부착할 수 있다. 대부분의 경우, 라벨에 주요 원재료와 부수적 원재료 모두를 기재하는 것은 불가능할 것이다. 제품에 대한 할랄 인증 획득, 적절한 할랄 마크와 로고의 부착은 소비자의 의심을 불식시킬 수 있을 것이다.

만약 알코올이 식품 구성 성분이나 공정의 일부에 해당한다면 라벨에 알코올이 원재료로 기재되어야 한다. 하지만 알코올이 단순히 어떤 원재료의 일부로 포함되어 있다면, 이 경우 알코올은 부수적 원재료로 취급되어야 한다. 일부 부수적 첨가제는 식품 속에 무시될 정도로 적게 들어 있으며 특정 기술적 혹은 기능적 역할을 하지 못함으로 인해 식품 라벨 표시 요건에서 제외되어 있다(Riaz, 1997). 라벨 표시에서 무슬림이 관심을 갖는 두 가지 사안인, 숨겨진 원재료 문제와 의심되는 원재료 문제는 할랄 인증 획득, 적절한 라벨 표시와 마크를 통해 명확하게 해소될 수 있다.

만약 인증받은 할랄 마크를 제품에 부착한다면 무슬림이 쇼핑할 때마다 매번 유럽에서 사용되는 E-넘버나 미국에서 쓰는 전문 기술 용어를 더 이상 외울 필요가 없을 것이다. 하지만 분명히 해야 할 것은, 제품에 할랄 마크를 표시하는 행위는 그 제품이 단순히 할랄 품목에 해당한다는 것을 표시하는 것이 아니라 각각의 제품들이 검사되고, 확인되고 또한 인증되었음을 표시한다는 것이다.

식품 라벨 표시 규정의 중요한 기능 중 하나는 소비자 스스로 올바른 선택을 할 수 있도록 해당 식품에 관한 적절한 정보를 제공하는 것이며, 그러한 선택 기준이 경제적 이유든 철학적 이유든 혹은 건강 관련 이유든 상관하지 않는다. 소비자는 적절한 라벨 표시를 통해 경쟁 제품과 비교할 수 있고 알레르기 유발 식품을 피할 수 있으며, 대부분의 경우 해당 원재료가 하람인지 할랄인지 혹은 의심스러운 것인지를 확인할 수 있다. 예를 들어 해당 제품이 돼지기름을 함유하고 있다고 라벨에 기재된 경우, 그것은 하람으로 판단될 것이다. 마찬가지로, 만약 어떤 제품에 젤라틴이 함유되어 있음이 라벨에 기재되었다면, 대부분의 경우에는 젤라틴 원료가 따로 명시되지 않기 때문에 해당 제품은 의심스러운 대상이 된다. 추후에 해당 제조사가 그 젤라틴 원료가 생선 혹은 소라고 밝히는 것과는 별개이다. 만약 젤라틴을 함유한 어떤 식품이 공신력 있는 기관으로부터 할랄로 인증된다면 무슬림 소비자는 망설임 없이 그 제품을 구매할 것이다.

미국에서 식품 포장 라벨 정보는 세 가지 부류로 구분된다. 첫째, 식품의약품화장품 법률Food, Drug, and Cosmetic Act, 공정 포장 및 라벨 표시 법률Fair Packaging and Labeling Act, 그리고 영양 성분 라벨 표시 및 교육 법률Nutrition Labeling and Education Act에 의해 요구되는 필수 정보이다(Potter and Hotchkiss, 1995). 둘째, 선택적 혹은 자발적 정보에 해당하지만 실제로 기재되는 경우에는 종종 규제의 대상이 된다. 셋째, 소비자가 제품을 사용하거나 이해하는 데 도움이 되도록 제조사가 임의로 제공하는 정보로서, 이러한 형태의 정보에는 종교적·철학적 인증과 함께 조리 지침, 추가 요리법 등의 정보가 포함된다.

라벨에 기재되는 정보는 다음과 같다.

- **식품 명칭** 모든 식품에는 통상 명칭이 들어간 라벨이 주요 표시 영역 Principle Display Panel: PDP에 부착되어야 한다.

- **내용물 순 중량** 포장이나 캔에 들어 있는 식품의 중량을 소비자에게 알리기 위한 정보이다.

- **원재료** 라벨 표시 법규에 따라, 모든 원재료를 중량이 무거운 순서대로 라벨에 기재할 것이 요구되지만 예외적으로 제품의 2% 미만에 해당하는 경우에는 순서에 상관없이 기재될 수 있다. 만약 라벨에 할랄 마크나 심벌symbol이 없다면, 일반적으로 할랄 소비자들은 원재료 정보를 찾아보게 된다. 하지만 이러한 접근법은 할랄 식품 선택 방식으로는 대단히 불확실하며, 더구나 제조 시설의 환경에 대해서는 전혀 확인되지 않는다. 앞에서 살펴본 바와 같이, 일부 부수적 원재료는 라벨에 기재되지 않을 수 있으며, 비할랄 제품이 제조되었던 생산라인에서 해당 제품이 생산되었다는 사실이 감춰질 수도 있다. 이러한 예로는 포크앤빈스pork and beans 통조림과 동일한 라인에서 옥수수 통조림이 제조되는 경우가 있다.

- **상호** 라벨에는 소비자 연락을 위한 상호와 주소가 기재되어야 한다. 제품에 할랄 마크가 없는 경우, 무슬림 소비자가 몇몇 의심되는 원재료에 대해 제조사에 문의할 때 이러한 정보가 아주 요긴하다. 상호와 주소는 최신 정보로 정확히 기재되어야 하며, 무슬림 소비자는 제품이나 원재료의 할랄 여부에 대한 정보를 받기 위해 회사에 연락할 수 있다.

- **유통기한** 만료 일자, 포장 일자 혹은 기타 코드로 기재될 수 있다.

- **영양 정보** 포장 라벨에 기재하도록 규정된 영양 관련 정보에는 영양 분석표, 영양 성분 정보표, 건강 정보표(영양 정보표에 해당 설명을 추가한 표)가 포함된다.

- **기타 정보** 식품 회사가 자발적으로 제공하는 정보로서, 예컨대 상표나 저작권 로고 그리고 해당 제품이 할랄·코셔 인증을 획득했음을 나타내는

그림 15.1 할랄 마크가 인쇄된 제품 라벨(앞면 및 뒷면)

자료: Happy and Healthy Products, Inc.(Boca Raton, FL).

종교적 로고가 있다. 그림 15.1은 할랄 마크가 담긴 라벨이며, 그림 15.2는 할랄·코셔 복합 인증을 보여준다.

- **특정 전문용어** 어떤 사실을 고지할 분명한 이유가 있는 경우 이를 명확히 하기 위해 특정한 용어가 사용되곤 한다. '레드 와인 비니거vinegar'는 서구 국가에서 흔하게 듣는 요리 용어에 해당한다. 하지만 비록 제품 속에 와인이나 상당한 양의 알코올이 남아 있지 않다 하더라도, 무슬림은 이런 제품을 선호하지 않는다. 어떤 사람들은 알코올과 와인에서 파생된 모든 제품을 하람으로 간주해 와인 비니거(레드 혹은 화이트)를 함유한

그림 15.2 할랄 및 코셔 인증 제품의 라벨

자료: My Own Meals, Inc.(Deerfield, IL).

제품은 구매하지 않으려 한다. 이러한 지역에서는 라벨에 조미 비니거 flavored vinegar라고 기재하는 것이 유리하다. 레시틴, 모노글리세리드와 디글리세리드, 그리고 글리세린은 동물이나 식물 원료에서 얻을 수 있다. 통상적으로, 그 출처는 라벨에 기재되지 않는다. 만약 이들 원재료가 순수하게 식물로부터 얻은 것이라면, 식물성 모노글리세리드와 식물성 디글리세리드, 대두 레시틴, 식물성 글리세린과 같이 명시함으로써 무슬림과 채식주의 소비자에게 더욱 어필할 수 있을 것이다. 하지만 회사 입장에서 최선의 선택은 역시 공신력 있는 기관으로부터 할랄·채식주의 제품 인증을 획득하는 것이다. 추가로, 판매 시장이 영어 사용 국가가 아니라면 가급적 두 개 혹은 다중 언어로 라벨을 제작해야 하며, 여기에는 할랄 인증 기관에서 받은 적절한 마크를 포함하도록 한다.

식품의 라벨과 인쇄

종이 라벨, 플라스틱 라벨, 감압식 라벨에 사용되는 접착제, 글루건용 접착제, 식품에 직접 사용되는 식용 염료, 식용 잉크 그리고 기타 유사한 사안들은 아주 사소한 것으로 보일 수 있다. 하지만 이들 재료에는 할랄 식품에 허용되지 않는 원재료가 포함되었을 수 있다. 만약 그것들이 아주 소량이라도 식품에 침투된다면 할랄 지침의 위반에 해당할까? 일부 할랄 인증 기관은 그와 같은 침투도 해당 식품의 할랄 적격을 해친다고 볼 수 있다. 특히 일부 수입 국가의 할랄 인증 기관은 그와 같은 교차 오염에 대해 우려한다.

할랄 환경에서의 식품 포장

북미의 경우, 통상적으로 비할랄 식품을 제조하는 시설에서 할랄 식품이 함께 생산된다. 생산 현장에서 일하는 대부분의 작업자는 비무슬림이며, 이들은 할랄에 익숙하지 않다. 제조사는 할랄 컨설팅 업체와의 협업을 통해 다음과 같은 할랄 생산 요건을 표준운영절차 Standard Operating Procedure: SOP 에 통합하는 것이 바람직하다.

- 별도의 공간에 할랄 제품을 보관할 것.
- 교차 오염을 방지할 수 있도록 생산 일정을 조정할 것.
- 비할랄 포장 구역의 작업자를 할랄 포장 구역의 작업자로 교체하지 말 것.
- 할랄 생산 구역임을 명시할 수 있도록 적절한 구역 표시를 할 것.
- 작업자가 생산 구역에 음식을 반입하지 않도록 하며, 작업장에 입실하기 전에 손을 세정하는 등의 조치를 취할 것.

포장 재료와 용기

할랄 적격과 관련해 일부 포장 재료들은 의심스럽다. 대부분의 경우, 비닐 백과 용기 제조에 동물성 혹은 식물성 스테아르산염이 사용될 수 있다. 플라스틱이나 종이 혹은 스티로폼으로 만들어진 컵과 접시의 경우, 동물성 지방에서 유래된 왁스 및 코팅제가 도포된 뒤에 초고온 강화 처리되는데, 이때 고온처리는 이전 단계에서 발견된 모든 동물성 재료를 더 이상 추적하기 어렵게 만들 수 있다. 금속 캔과 드럼drum은 동물성 지방으로 오염될 수 있다. 금속판을 사용해 용기를 만드는 성형, 롤링, 절단 가공에는 제작을 용이하게 하기 위해 오일 사용이 요구된다. 이러한 오일 역시 동물로부터 유래했을 수 있다(Cannon, 1990). 종종 재활용되는 철제 드럼은 돼지고기나 돼지 지방을 함유한 식품을 담기 위해 사용되었을 수 있으며, 이 경우 철저한 세척에도 불구하고 깨끗한 할랄 제품을 오염시킬 수 있는 소량의 잔류물이 여전히 남아 있을 수 있다.

식용 코팅제와 식용 필름

식용 필름을 식품에 사용하는 것이 근래의 일인 것처럼 보여도, 실제로 식품업계에서 사용되기 시작한 것은 이미 오래전이다. 16세기 영국에서는 식품의 수분 손실을 막기 위해 돼지비계 도포법Larding, 즉 돼지기름으로 식품을 코팅하는 방법이 사용되었다(Labuza and Contrereas-Medellin, 1981). 현재는 소시지 케이싱, 너트 및 과일류에 대한 초콜릿 코팅, 그리고 과일과 채소류에 대한 왁스 코팅의 경우처럼, 식용 필름 및 코팅제가 다양한 용도로 사용된다.

식품업계가 식용 필름과 식용 코팅제를 개발함에 따라 이러한 사용이 식품의 할랄 여부에 어떤 영향을 미치는가를 이해하는 것이 중요하다. 특히 과일과 채소처럼 전통적으로 원재료 라벨을 부착하지 않고 인증 또한 용이하지 않은 제품들의 경우 현실적으로 이슈가 될 것이다. 영양 성분의 라벨 표시 및 교육 법률은 포장 박스에 의무적으로 라벨을 부착할 것과 판매 시점의 표시사항을 포함해, 과일과 채소에 가해질 수 있는 코팅 처리를 다루는 일련의 규정을 담고 있다. 라벨상의 표현 문구는 식물성, 광물성, 석유 계열, 랙lac 수지(셸락) 혹은 동물성 원재료처럼, 소비자에게 유의미한 부류 정보를 제공할 수 있도록 고안되었다. 동물성 원재료를 제외한 다른 모든 부류의 재료는 코팅제로 사용될 수 있다. 추가로, 대부분의 소비자는 신선 혹은 냉동 과일 및 채소에 '동물성' 재료가 사용될 것이라고는 생각하지 않는다. 따라서 실질적으로 이들 제품에 적합한 재료를 찾아서 선정하는 것이 무엇보다 중요하다(Regenstein and Chaudry, 2002).

참고 자료

Cannon, C. 1990.8.17. "Islamic market spells opportunity for processor." *Nat. Provision.*

Labuza, T. and R. Contrereas-Medellin. 1981. "Prediction of moisture protection requirements for foods." *Cereal Food World,* 26, 335-343.

Potter, N. N. and J. H. Hotchkiss. 1995. "Governmental regulation of food and nutrition labeling." *Food Science*, 5th ed. New York: Chapman & Hall, pp.567~569.

Regenstein, J. M. and M. M. Chaudry. 2002. "Kosher and halal issues pertaining to edible films and coating." in Gennadios, A. (ed.). *Protein Based Film and Coating.* Boca Raton, FL.: CRC Press.

Riaz, M. N. 1997. "Alcohol: the myths and realties." in Uddin, Z. (ed.). *A Handbook of Halaal and Haraam Products,* Vol.2. Richmond Hill, NY.: Publication Center for American Muslim Research and Information.

Uddin, Z. 1994. *A Handbook of Halaal and Haraam Products.* CRichmond Hill, NY.: Publication Center for American Muslim Research and Information.

할랄 식품에서의 생명공학과 GMO 원재료

Biotechnology and GMO ingredients in halal food

이 책 전반에 걸쳐 할랄 관련 율법을 자세히 다루었다. 하나님은 우리가 할랄 식품을 먹도록 요구하고 있다(Pickthall, 1994).

> (이르기를): 하나님이 너희에게 베푼 것 중에서 좋은 것을 먹되, 내 노여움이 너희에게 미치지 않도록 그 정도를 넘지 말며, 또한 내 노여움을 받은 자는 누구든 실로 멸하리라.
>
> 제20장 81절
>
> 원문 (Saying): Eat of the good things wherewith We have provided you, and transgress not in respect thereof lest My wrath come upon you; and he on whom My wrath cometh, he is lost indeed.

구체적으로 금지된 것을 제외한 모든 것은 좋은 것으로 간주되며, 그렇게 금지된 것들조차도 아주 적은 수에 불과하다. 우리는 Chapter 2에서 논의했던 바와 같이 알-카라다위(Al-Qaradawi, 1984)가 제시한 몇몇 기본 원칙에 비추어, 유전자 변형 조직GMO과 생명공학에 대해 살펴보고자 한다.

구체적으로 금지되지 않는 한, 모든 것은 할랄이다. 유전자 대체, 변형, 재조합 식품과 같은 과학적 발명은 아주 최근이기 때문에 코란이나 무함마드 전래 기록에는 이에 대한 구체적인 언급이 없다. 하지만 금지된 동물을 유전적으로 변형하거나 재조합한 제품은 당연히 금지된다. 예를 들어, 돼지는 금지된 것이므로 돼지 유전자를 변형해 만든 모든 제품은 그 연장선에서 당연히 금지된다.

- 인간에게 율법을 내릴 권한을 가진 존재는 하나님이 유일하다.
- 과학자는 새로운 발명에 대해 설명할 수 있으며, 종교학자는 그 발명이 이슬람의 신조에 위배되는지 여부를 해석하려고 노력할 뿐이다. 하람에 해당하는 것을 허용하거나 또는 할랄에 해당하는 것을 금지하는 것은 우상숭배 죄악과 유사하며, 이는 스스로를 하나님과 동격으로 여기는 것을 의미한다. 만약 GMO가 명백하게 하람인데 무슬림 학자가 이를 할랄로 해석했다면 이는 가장 심각한 상황에 해당하며, 이는 분명히 잘못된 경우다.
- 하람은 통상적으로 유해하며 건강에 해로운 것과 관련이 있다.
- 만약 유전자 변형을 통해 개발된 식품이나 원재료가 현재의 의심을 넘어 인간에게 유해하며 건강에 좋지 않다는 것이 확실해진다면, 정부는 그것들을 승인하지 않을 것이고 그렇게 되면 이슬람 학자는 이를 즉시 하람으로 선언할 것이다.
- 하람에 해당하는 것에는 항상 더 좋은 대체물이 존재한다. 생명공학을 통해 하람 원재료보다 더 좋은 대체 물질을 갖게 되었다. 1980년대 중반까지, 일부 치즈 제조에는 돼지 펩신이 사용되었다. 유전자 변형 키모신의 도입 이후, 송아지 레닛의 대체물로서의 돼지 펩신 사용은 실무상 사라졌다. 이러한 사례는 할랄 식품 영역에서 생명공학의 큰 성과이다.

- 할랄이 아닌 것을 할랄이라고 공표하는 것 역시 하람이다. 다시 한 번 말하지만, 만약 유전자 변형 식품이 분명히 하람이라면 학자들은 이로 인해 엄청난 사태에 직면할 것이다. 할랄이 아닌 항목은 코란과 전래 기록에 명확하게 언급되어 있다.
- 의도가 선하다고 해서 하람이 할랄로 바뀌지는 않는다. 이는 돼지와 기타 하람 동물에 적용되는데, 만약 과학자들이 돼지를 더 깨끗하고 질병이 없도록 만들거나 또는 돼지 장기를 실험실에서 식품용으로 배양하더라도 이러한 것들은 여전히 하람에 해당한다.
- 의심스러운 것들은 피해야 한다. 이것이 아마 가장 중요한 지침이 될 것이다. 무슬림은 의심스러운 것을 피하도록 요구된다. 의심스러운 것을 피하는 것과 관련해서는 예언자의 분명한 일화가 있다. 만약 무슬림 소비자가 유전자 변형 식품을 의심스럽게 여긴다면 그것을 피해야 한다. 오늘날 의심스러운 GMO에 해당하는 것으로는 금지된 동물의 유전자를 사용해 원래의 유전자를 변형한 제품을 들 수 있다.

생명공학은 동식물의 사육과 유전학이 확장된 것으로 수십 년 혹은 어떤 경우에는 수백 년 동안 진행되어온 분야이다. 동물 사육의 사례는 유사 이전으로 거슬러 올라가는데, 노새를 만들기 위해 당나귀와 말을 이종교배한 것이 그것이다. 당나귀 고기는 할랄 식품으로 허용되지 않으며, 따라서 노새 고기 역시 할랄이 아니다. 통상적으로 식물은 그것과 유사한 식물과 결합해왔으며 동물 역시 밀접한 관계가 있는 동물과 교배해왔다. 다만 최근 들어, 다양한 유전자가 분석되었고 과학자들 역시 하나의 종에서 유전자를 채취해 다분히 거리가 있는 다른 종에 이식하는 방법을 학습했다. 현재, 생선이나 곤충 혹은 돼지에서 나온 유전자를 식물종에 이식하는 것이 가능하며, 이 경우 외관이나 맛에는 영향을 주지 않는 반면 기존의 생산품과 비교해 병충해에 더욱 강하거나 또는 영양적으로 더욱 우수한 식물을 만들 수 있게 되었다. 이와 같은 현대적 기술은 이슬람 초기에는 존재하지 않았었다. 무슬림 학자들은 오늘날 처한 몇몇 사안들에 대해 긍정적인 결론을 도출하고자 노력하고 있다. 거의 14세기 전인 이슬람 초기에는 정부의 식품 안전 규정이 존재하지 않았기 때문에 식품 안전 및 유익성에 관한 규정은 당시의 이슬람 식이 규정이 유일했다. 오늘날 식품 안전은 유엔 식량농업기구UN Food and Agriculture Organization 및 세계보건기구World Health Organization 같은 국제기구 및 정부기관의 책임이다. 유전자 변형 식품의 안전성에 관한 사안은 이들 기관에 맡기기로 하고, 이 책에서는 GMO의 종교적 측면만을 논의의 대상으로 한다. 할랄의 기본 원칙은 해당 식품이 할랄 및 따이브tayyb에 해당해야 한다는 것인데, 이는 허용되는 것임과 동시에 유익한 것, 즉 우수한 것이어야 함을 의미한다. 말레이시아의 두 정부기관인 말레이시아 이슬람 학술원Institut Kefahaman Islam Malaysia: IKIM과 말레이시아 이슬람 개발부 Jabatan Kemajuan Islam Malaysia: JAKIM는 할랄 생산방식을 사용하고 할랄 원료에서 얻은 것이라면, 그 유전자 변형 식품은 할랄에 해당한다는 것에 의견을 같이한다(Kurien, 2002).

이와 관련해, 변화라는 개념처럼 몇 개의 추가적인 논점이 대두될 수 있다. 금지된 동물로부터 획득하여, 허용된 동물에게 이식한 유전자에는 어떤 변화가 일어나는가? 동물이나 식물에 이식된 유전자가 해당 객체를 금지 대상으로 만들 정도로 성질을 변화시키는가? 만약 그렇지 않다면, 이스티할라(상태의 변화)가 발생한 것이다. 대부분의 유전자 변형 제품과 원재료는 이 범주에 속한다. 그렇다면 돼지 유전자도 허용될 수 있는가? 이 문제는 여전히 논란의 대상이다.

다음은 안전에 대한 측면이다. 비록 안전하다 하더라도 만약 돼지 유전자를 식물에 주입하는 것이 종교적 기준에 위배된다고 무슬림 소비자가 느낀다면, 해당 식품은 의심스러운 것으로 간주된다. 돼지를 기생충-청정 방식으로 사육

하여 안전하게 만들 수는 있겠지만 이는 여전히 하람에 해당한다. 식품 가공에 사용된 돼지 유래 원재료는 그 식품 역시 하람으로 만들거나 또는 최소한 많은 무슬림 소비자에게 의심스러운 것으로 취급된다. 소비자는 변화로 야기된 결과물을 수용하거나 혹은 배척할 수 있는 권리를 가진다. 하지만 업계, 정부기관, 학자들은 이런 내용을 소비자에게 교육할 책임이 있다.

다음으로 살펴보아야 할 사안은 종교적 금지 대 개인적 억제에 대한 것이다. 무엇인가를 금지하는 것은 전적으로 하나님의 권한에 속하기 때문에 사람들은 이러한 식품이 금지될 만한 근거를 찾지 못할 수도 있다. 그 대신, 사람들은 이러한 제품에 대해 확신이 없거나 또는 거북하게 느끼기 때문에 여전히 해당 식품의 섭취를 원하지 않을 수도 있다. 하지만 그렇다고 해서 유전자 변형 식품이 이로 인해 하람이 되지는 않을 것이다.

유전자 변형 식품의 경우, 불가피성 요건이 금지 규정보다 우위일까? 여전히 지구상에는 기아로 고통받는 사람들이 많다. 유전자 변형 식품은 분명히 실질적인 대안을 제시하고 있다. 국제식품정보협의회International Food Information Council가 실시한 조사에 따르면, 대부분의 미국인은 향후 5년 내에 생명공학이 기아로 인한 당사자나 그 가족에게 도움이 될 것이라고 믿는다. 소비자는 향상된 건강과 영양, 더 좋아진 품질과 맛, 식품의 다양화, 작물에 대한 화학비료와 살충제 사용의 감소, 식량 생산원가의 절감, 그리고 수확량 개선 등의 효용을 기대한다(Langen, 2002). 하지만 일부 유럽 국가들은 이러한 관점에 동의하지 않는다.

이슬람은 무슬림이 음식을 섭취할 때 주의와 절제를 가르친다. 유전자 변형 식품과 유전자 변형 원재료는 하람이 아닐 수도 있겠지만, 어쨌든 많은 무슬림은 그것을 섭취할 때 마음이 편하지 않기 때문에 이를 기피할 것이다. 무슬림이든 비무슬림이든 상관없이, 동물 유전자를 식물에 투입하는 것은 소비자가 주목할 만한 윤리적 문제와 곤란을 야기한다.

이론적으로, 유전자 공여 주체는 식물, 미생물, 곤충, 물고기 혹은 다른 동물처럼 어떠한 생물종도 가능하다. 결과물인 유전자 변형 제품의 수용 여부에 공여 유전자의 출처가 미치는 영향은 어떠한가?

- 시트릭산과 글루타민산나트륨sodium glutamate처럼 기존의 원재료를 제조하기 위해 식물-식물 간에 행하는 유전자 이식은 허용된다.
- 토마토, 옥수수, 쌀처럼 실제로 유전 물질이 소모되는 식물-식물 유전자 이식 역시 어떠한 논란도 야기하지 않는다. 이러한 사례로, 플레이버 세이버flavr savr 토마토의 경우 쉽게 무르지 않았고, 비티Bt 옥수수의 경우에는 병충해(조명나방)에 강했으며, 골든 라이스golden rice는 영양 가치가 강화되는 등 명백한 이점을 가져왔다(Nelson, 2001a, Nelson, 2001b; Nelson and Bullock, 2001).
- 해당 원재료의 안전성이 의심할 여지없이 확보되고 또한 생산 공정이 할랄에 해당하는 한, 효소와 기타 생리활성 원재료를 제조하기 위해 동물 유전자를 박테리아에 이식하는 것 역시 허용된다. 오늘날 생산되는 수많은 효소는 이러한 신기술을 사용한다.

복잡한 유전자 제품 부류에는 유전공학을 활용해 변형되어온 주식主食을 들 수 있는데, 이 경우에는 생물종의 경계를 넘어 유전자가 이식되거나 또는 동일 유기체 내에서 유전자가 재배열되었다. 만약 유전자 변형을 통해 제품의 플레이버, 색, 질감, 유통기한, 기질 등이 개선되지만 해당 제품이 인간의 몸에서 대사되는 방식에는 영향을 주지 않고 또한 이를 소비하는 데 안전상 문제가 없다면, 무슬림이 이를 수용하는 데 별 문제가 없을 것이다. 하지만 만약 해당 제품이 돼지처럼 금지된 동물에서 얻은 유전자를 함유한다면 쉽사리 수용되지 못할 것이다. 육우의 근육량 증가를 위해 돼지 성장호르몬을 사용하는 경우가 여기에 해당한다(Chaudry and Regenstein, 1994).

키모신이라 불리는 유전자 변형 레닛은 전통적인 레닛 원료의 지위를 이어받아 치즈 제조에 광범위하게 사용된다. 크리스천 한센Chr. Hansen, Inc.의 데이비드 베링턴David Berrington에 따르면, 현재 미국과 영국에서 생산되는 치즈의 약 80%, 전 세계 치즈의 약 40%가 유전자 공학으로 만들어진 키모신을 사용해 제조되고 있다(Avery, 2001). 그 생산 여건이 할랄에 해당하는 한, 이러한 공정도 할랄로 인정되어왔다.

하람 동물의 유전자를 식물이나 할랄 동물에 사용하는 것은 매우 곤란한 문제가 되고 있다. 무슬림 소비자에게 이들 GMO의 유용성을 납득시키기는 어려울 것이다. 업계에서 실무적으로 그러한 제품을 피하는 것이 더 바람직하다. 식량으로 활용하기 위해 동물을 복제하는 방안과 새로운 동물종을 고안하는 방안 등의 기타 생명공학 관련 사안 역시 논란이 되고 있다. 이러한 사안에 대해 무슬림이 어떤 의견을 낼지에 대해서는 아직 정보가 없다. 향후 종교학자들은 외부의 유전 물질을 이용한 유전자 변형 제품에 대한 검토·평가에 신중해야 할 것이다.

재조합 기술을 사용해 돼지 리파아제와 유사하게 만든 순수 합성 유전자의 경우, 실제로 해당 유전자에는 돼지 관련 물질이 없으므로 할랄 유전자 변형 제품을 생산하는 데 허용될 수 있을 것이다.

참고 자료

Al-Qaradawi, Y. 1984. *The Lawful and Prohibited in Islam.* Beirut, Lebanon: The Holy Quran Publishing House.

Avery, D. T. 2001. "Genetically modified organisms can help save the planet." *Genetically Modified Organisms in Agriculture.* London: Academic Press, p.211.

Chaudry, M. M. and J. M. Regenstein. 1994. "Implication of biotechnology and genetic engineering for kosher and halal foods." *Trends Food Sci. Technol.,* 5, 165-168.

Kurien, D. 2002.8.9. "Malaysia: studying GM foods' acceptability of Islam." Kuala Lumpur, Malaysia: Dow Jones Online News via News Edge Corporation.

Langen, S. 2002. "IFIC conduct consumer food biotech survey." *Food Technol.,* 56(1), 12.

Nelson, G. C. 2001a. "Introduction." *Genetically Modified Organisms in Agriculture.* London: Academic Press, p.3.

_____. 2001b. "Traits and techniques of GMOs." *Genetically Modified Organisms in Agriculture,* London: Academic Press, p.9.

Nelson, G. C. and D. Bullock. 2001. "The economics of technology adoption." *Genetically Modified Organisms in Agriculture.* London: Academic Press, p.17.

Pickthall, M. M. 1994. *Arabic text and English rendering of The Glorious Quran.* Chicago, IL: Library of Islam, Kazi Publications.

chapter 17

동물 사료와 할랄 식품
Animal feed and halal food

1990년대에 발생한 소 해면상뇌증Bovine Spongiform Encephalopathy: BSE이라고도 불리는 광우병 위기를 기점으로, 가축 사료에 동물성 부산물 및 추출물을 사용하는 것에 대해 최근까지 의견 대립이 이어져왔다. 동물성 원재료를 사용해 생산된 사료는 할랄의 관점에서 검토되어야 한다. 다시 말해, 문제 있는 사료를 먹고 자란 동물의 할랄 적격이 그 사료로 인해 무효가 되는지를 고민해야 한다는 의미다. 이 장에서는 이에 대한 이해를 명확히 하고 축산업계에 관련 정보를 제공하는 것을 목표로 한다.

사료 제조업체 조사에 관한 이하의 논의들은 오직 규정적 측면에서의 보완 사항에 대해서만 지적한다. 식품업계는 무슬림 소비자가 자신들 기준에 부합하는 청결하고 우수한 제품을 선호한다는 것을 주지해야 하며, 가축 사료 문제는 그러한 것 중 하나이다.

사료로 인한 미국 내 광우병의 발생과 확산을 방지하기 위해 FDA는 반추동물용 사료에 대부분의 포유류 단백질 사용을 금지하는 최종 규칙을 시행했다. 미국 연방 규정집Code of Federal Regulations 타이틀 21의 589.2000에 해당하는 이

표 17.1 **FDA 조사 요약**

구분	합계	보고 대상	불합격*	비고
부산물 처리업체	264	241	25	USDA 허가업체
사료 제조업체	1,240 추정	1,176	76	FDA 허가업체
사료 제조업체	6000~8000	4,783	421	무허가 업체
기타 업체	미확인	4,094	110	미확인

* 표기는 미준수.

규칙은 1997년 8월 4일부로 발효되었다. 이 규칙에서 "대부분의 포유류 단백질"이란 무엇을 의미하는가? 해당 규칙에서 언급된 '대부분'이라는 용어의 법률적 해석을 감안할 때, 일정 규모의 돼지 부산물 및 기타 포유류 부산물이 여전히 반추동물용 사료 제조에 사용되고 있는 것으로 보인다. 미국 농무부의 적극적인 모니터링 결과에서 미국 소의 광우병 사례가 발견되지는 않았다고 해도, 사료업계의 규정 준수 현황을 살펴보면 실무상 다소 문제가 있음을 알 수 있다. 1998년 모든 FDA 지청에는 실행 활동의 일환으로 첫 번째 조사지시가 내려졌는데, 모든 부산물 처리업체와 유명 사료 제조업체 100%를 대상으로 이러한 규칙이 잘 준수되는지를 조사하도록 했다. 이에 따라, 사료업계의 이들 두 부문은 광우병 규칙에 따른 조사·준수의 대상이 되었다. 이러한 부산물 처리업체와 사료 제조업체 이외에도 반추동물 사육업체, 농장 현지 배합업체, 단백질 혼합·유통업체 등 기타 사료 관련 업체 역시 FDA 조사 대상에 포함되었다. 이 조사 자료를 근거로 했을 때, 미국 내 모든 사료 관련 업체에 대한 개괄적인 조사 결과는 표 17.1에서 찾아볼 수 있다(FDA, 2003).

제일 먼저 부산물 처리업체는 부산물의 단백질을 처리하고 남은 것들을 사료 제조업체와 반추동물 사육업자에게 보낸다. 미국의 경우, 총 264개의 부산물 처리업체가 조사되었고 그중 241건의 결과가 확인되었다. 아울러 총 1240개의 FDA 인가 사료 제조업체가 조사되었으며, 그중 1176건에 대한 조사 결과가 보고되었다. 인가받지 않은 6000~8000개의 사료 제조업체 중 4783개가 조사 혹은 보고되었다. 그 외 반추동물용 사료를 취급하는 업체 중에서는, 4094개가 조사 혹은 보고되었다.

FDA에 따르면, 사료업계는 각 부문별로 사료 금지 규정에 대한 준수 정도에서 차이를 나타냈다. 2001년 6월 12일 당시, 조사 혹은 보고된 부산물 처리업체 중 76%(264개 중 183개)는 반추동물용 사료에 사용해서는 안 되는 금지 재료들을 취급하고 있었다(FDA, 2003). 하지만 그중에서 단지 25개(14%) 조사 대상만 문제가 있었는데, 당시 보고서에 따르면 원재료 각각에 라벨을 부착하지 않았거나 또는 금지 재료를 다른 재료와 혼합 적재함으로써 재료를 제대로 분리하지 않은 것으로 나타났다.

반추동물용 사료를 취급하는 모든 등급의 업체 중, 조사 혹은 보고된 업체의 27%(9867개 중 2653개)는 금지된 재료를 반추동물용 사료로 취급하고 있었다(FDA, 2003). 이처럼 금지 재료를 취급하는 업체 중 653개(25%)가 문제가 있었는데, 이들은 적절한 라벨을 부착하지 않았거나 또는 혼합 적재를 하는 등 부적절하게 재료를 보관한 것으로 나타났다.

FDA의 보고 자료를 토대로 한 다수의 관찰 기록과 결론에 의하면, 가축 사료에는 무슬림이 유의해야 할 재료가 여전히 포함되고 있을 것으로 보인다. 분명히 재차 강조하지만, 아직까지 반추동물에 대해서는 과도하게 문제 삼을 수준은 아니지만, 이런 경향이 다른 동물에도 그대로 해당되는 것은 아니며 특히 가금류의 경우는 더욱 주의를 요한다.

- 해당 규칙은 반추동물(소)만 적용 대상으로 하며, 가금류는 아니다.
- 해당 규칙은 모든 포유류 부산물이 아닌 대부분의 포유류 부산물을 금지한다(보고서는 부산물의 상세 내용을 언급하고 있지 않다).
- 3년 동안, 사료 취급자의 100%가 조사 혹은 보고된 것은 아니다.
- 사료 취급자의 과반수는 금지된 재료를 취급하고 있다.

일부 업체는 복수의 사유로 인해 심사에서 떨어졌다.

일부 소 사육 농가와 거의 대부분의 양계 농가는 여전히 돼지 같은 동물 부산물로 제조된 '단백질 영양제'를 사육동물에게 먹일 가능성이 큰 것으로 보인다. 부산물 사용 현황에 관한 정확한 자료는 확인되지 않지만, 반추동물에게 먹이는 부산물의 양은 FDA 금지로 인해 감소했을 것으로 추정된다. 따라서 소와 돼지에서 나온 도축장 부산물이 더욱 남아돌 것을 예상할 수 있으며, 그 경우 무슬림 인구 비율이 높은 국가 등으로 수출될 수도 있을 것이다. 결국 사료에 들어가는 부산물 문제는 단지 미국만의 문제가 아니라 전 세계적인 이슈인 셈이다.

현재 미국을 포함한 다른 국가의 할랄 표준은 이슬람 기준에 따라 가축을 도축할 것을 요구하지만 사육 조건을 통제하거나 강조하지는 않는다(Hussain, 2002). '불결한' 가축 사료가 무엇인지에 대해 이슬람 학자들이 적극적으로 의견을 제시하면, 비로소 비무슬림의 몰이해가 해소될 것이다. 일부 학자는 금지 동물 부산물이 들어간 사료를 할랄 동물에게 먹일 경우 그 할랄 동물은 불결한 것으로 되고 또한 다브흐 도축에도 적합하지 않다고 여기는 반면, 다른 이들은 어떤 가축을 불결한 것으로 여기려면 그 동물이 오물 속에서 살면서 평소에도 오물을 먹이로 해야 한다고 생각한다. 이런 개념을 일컫는 아랍어 단어가 잘랄라jalalah이다.

잘랄라는 오물 및 거름 더미와 더불어 살면서 일생의 대부분을 주로 오물 더미를 먹고 사는 동물의 상태를 일컫는다. 무함마드는 그런 동물의 고기와 젖을 먹는 것을 금지했다(Khan, 1991). 하지만 푸른 초원에 방목되어 자유롭게 목장을 돌아다니는 동물도 자연적으로 약간의 오물을 먹게 된다는 것을 주지해야 한다. 동물 부산물을 함유한 사료는 위에서 설명한 오물에는 해당되지 않는 것으로 생각된다. 미국과 다른 국가의 가축 사료에 잘랄라 규칙을 적용하는 것은 다분히 비약에 해당할 것이다.

그 사육 목적이 고기든, 젖이든 혹은 알이든 상관없이, 다수의 무슬림은 수
세기에 걸쳐 그래왔던 것처럼 할랄 가축의 사료는 주로 식물로부터 얻어야 한
다고 강하게 주장한다. 하지만 또 다른 무슬림 소비자들은 돼지 부산물에 대해
서만 반대하며, 기타 동물성 재료를 함유한 가공 사료에 대해서는 반대하지 않
는다. 2000년대 초반, 사우디아라비아는 금지된 동물성 성분이 함유된 사료를
먹였다는 것을 이유로 유럽산 제품을 금지한 바 있다(Al-Zobaidy, 2002).

반추동물의 사료에 대해서만 일부 포유류 부산물이 포함되는 것을 불법으
로 규정한 FDA 규칙은 반추동물과 가금류 사료 전반에 걸쳐 도축장 부산물이
배제되어야 한다는 무슬림 소비자의 의견을 충분히 반영하지 못한 것으로 보
인다. 정부와 업계는 이러한 사정을 감안해 기존에 마련된 지침을 전격적으로
시행하고 또한 현재의 지침보다 진일보한 지침을 추가로 제정하는 방안을 심
각히 고려해야 할 것이다.

참고 자료

Al-Zobaidy, O. 2002.7.27. "Imports of EU poultry, soft drinks banned." Arab News,
www.arab-news.com/print.asp?id=.

FDA. 2003. www.fda.gov/cvm. "Ruminant feed(BSE) enforcement activities." Center for
Veterinary Medicine. Rockville, MD: Office of Management and Communications.

Hussain, M. 2002. "Demand halal, consume halal." *HalalPak,* Summer Issue, 6-7.

Khan, G. M. 1991. *Al-Dhabh: Slaying Animals for Food the Islamic Way.* Jeddah, Saudi Arabia:
Abdul-Qasim Bookstore.

chapter 18

코셔, 할랄, 채식주의 비교
Comparison of kosher, halal, and vegetarian

할랄을 다룬 이 책에서 코셔와 채식주의를 살피는 이유는 무엇일까? 여기
에는 다음과 같은 두 가지 이유가 있다.

- 유대인에게 허용된 음식을 코셔라고 부른다. 많은 수의 무슬림과 비무슬
  림은 할랄이 코셔와 유사하다고 생각한다. 다음에서는 코셔와 할랄의 유
  사점과 차이점을 중점적으로 알아본다. 마찬가지로, 다수의 할랄 소비자
  는 채식주의 제품이 식물에서 왔으므로 그것이 할랄이라고 생각할 수도
  있다. 코셔와 할랄의 차이점뿐 아니라 할랄과 채식주의의 차이점에 대해
  서도 살펴보고자 한다.
- 미국 식품업계의 대다수는 코셔라는 용어와 코셔 제품의 제조 요건에 대
  해 익숙하다. 할랄과 코셔를 비교함으로써 식품업계 전문가들이 각각의
  개념을 제대로 이해하고 또한 할랄 요건을 더욱 잘 준수하는 데 도움이
  될 것이다.

비교에 들어가기에 앞서, 아흘룰 키탑(유대인 및 기독교인)이 도축한 동물의 고기가 무슬림에게 허용되는지부터 먼저 살펴보자.

아흘룰 키탑이 도축한 동물의 고기

유대인과 기독교인을 뜻하는 아흘룰 키탑People of the Book(성서를 따르는 자)이 도축한 동물의 고기를 무슬림이 먹을 수 있는가에 대해서는 이슬람 학자뿐만 아니라 무슬림 소비자들 사이에서도 많은 논의가 있어왔다. 일반적으로 이러한 논란의 대상은 아흘룰 키탑에 의해 도축되었지만 이슬람 지침에서 요구하는 대로 하나님의 이름이 불리는 가운데 이슬람식 도축이 행해지지 않은 경우이다.

코란(Pickthall, 1994) ─ 아랍어 원문 및 영어 해설판 ─ 에서 이 내용은 단 한 번 언급되는데, 다음과 같다.

> 오늘날 너희에게는 (모든) 좋은 것들이 율법으로 허락되었다. 성서를 받은 자들의 음식은 너희에게 율법으로 허락되며, 또한 너희의 음식은 그들에게 허락된다.
>
> 제5장 5절
>
> 원문 This day are (all) good things made lawful for you. The food of those who have received the Scripture is lawful for you, and your food is lawful for them.

이 구절은 무슬림에게 언급된 것이지만 이는 무슬림, 유대인, 기독교인이 상호 교류를 해야 하는 사회적 맥락을 고려해 제시된 것으로 보인다. 여기에서는 두 가지 측면을 지적하는데, 그 하나는 "성서를 따르는 자의 음식은 너희에게 허락된다"이며, 다른 하나는 "너희의 음식은 그들에게 허락된다"이다.

이 지침의 첫 번째 부분과 관련해, 구절의 도입부인 "오늘날 너희에게는 모든 좋고 유익한 것들이 율법으로 허락되었다"는 것에 반하지 않는 한, 무슬림은 유대인과 기독교인의 음식을 먹는 것이 허락된다.

이에 대해, 대다수의 이슬람 학자는 아흘룰 키탑의 음식이 할랄과 유익성을 모두 충족하는 음식이 되기 위해서는 적절한 동물 도축 절차를 포함한 일정한 기준을 반드시 충족해야 한다는 견해를 보인다. 그들은 다음과 같은 코란 구절을 통해 무슬림에게 엄격한 요건이 부여되었다고 믿는다.

> 하나님의 이름이 언급되지 않은 것은 먹지 말라! 그것은 혐오스러운 것이다…
>
> 제6장 121절
>
> 원문 And eat not of that whereupon Allah's name hath not been mentioned, for lo! It is abomination…

하지만 알-카라다위(Al-Qaradawi, 1984) 같은 일부 이슬람 학자들은 아흘룰 키탑의 음식에 대해서는 이 구절이 적용되지 않는다고 본다. 따라서 서구 국가에서 판매되는 고기 중 할랄 동물종에 해당하는 고기는 무슬림에게 허용된다고 본다. 이들은 도축 시점에 하나님의 이름을 부르지 않은 대신에 그 고기를 먹는 시점에 하나님의 이름을 부르면 된다고 주장한다. 할랄 식품 수입 국가의 규제 기관, 할랄 인증 기관 혹은 무슬림 소비자 각각은 이러한 견해를 참고해 해당 제품을 수용하거나 혹은 거부할 수 있다.

제6장 121절의 요건을 지키려는 무슬림의 경우, 아흘룰 키탑의 음식 중에서 알코올로 조리되지 않았고 또한 금지된 원재료로 오염되지 않은 식물성 품목과 생선은 허용되지만, 그 외 아흘룰 키탑의 음식은 이슬람 기준에 부합하지 않는 것으로 이해한다.

잭슨(Jackson, 2000)에 의하면, 대부분의 코셔 식품 제조업자는 코셔가 할랄 표준·요건에 부합하므로 무슬림이 이를 수용하는 것으로 알고 있다. 무슬림은 종교적인 관점에서 코셔 인증을 할랄 인증의 대체 수단으로 받아들이지 않는다. 비록 과거 일부 국가가 허용하긴 했었지만 이러한 경향은 최근에 급속히 변경되고 있다(Jackson, 2000).

코셔 율법

코셔 식이법은 코셔 율법을 준수하는 유대인 소비자의 섭취에 알맞거나 적합한 식품이 무엇인지를 결정한다. 이러한 율법은 성서를 원류로 하는데 주로 모세오경(토라Torah)으로부터 온 것이다. 그 당시 모세Moses는 시나이Sinai산에서 10계명을 받았는데, 유대교 전통은 그때 모세가 구두 율법도 받았으며 그것이 수년 후 『탈무드Talmud』라는 이름으로 기록되었다고 가르친다. 이러한 구두 율법 역시 성문 율법과 마찬가지로 성서 율법의 일부에 해당한다. 세월이 흘러도 유대인이 기본적인 율법을 위반하지 않도록 하고 또한 새로운 사안과 기술을 반영하기 위해, 랍비rabbi는 성서에 기반을 둔 코셔 율법의 의미를 지속적으로 해석하고 전파해왔다. 유대교의 율법 체계는 할라카Halacha라고 부른다(Regenstein and Chaudry, 2001).

할랄 율법

할랄 식이법은 어떤 음식이 무슬림에게 율법적으로 허용되는지를 결정한다. 이러한 율법은 코란과 하디스(언행록)에서 발견된다. 이슬람 율법은 샤리아Shariah라고 부르며 무슬림 학자들에 의해 오랫동안 해석되어왔다. 이슬람 율법의 기본 원칙은 변경 없이 명확하게 유지된다. 하지만 그에 대한 해석과 적용은 시간·장소·상황에 따라 바뀔 수 있다. 무슬림 학자들이 다루는 사안에는 생명공학, 신종 원재료 출처, 합성 물질 그리고 동물 도축 방식의 개선과 육가공 등이 포함된다.

비록 미국의 많은 무슬림이 코셔 식품을 구매하고 있긴 하지만 이후에 살펴보는 바와 같이, 이러한 식품이 항상 무슬림 소비자의 요건을 충족하는 것은 아니다. 무슬림 소비자가 코셔 제품을 구매할 때는 엄격하지 않은 코셔 제품에 사용되었을지도 모르는 젤라틴, 식품 조리용 알코올이나 플레이버 용제로 사용된 알코올을 특히 유의해야 한다.

코셔 식이법

코셔 식이법은 다음과 같은 세 가지 사안을 주로 다루는데 모두 동물세계에 관한 것들이다.

- 허용되는 동물.
- 피 금지.
- 젖과 고기의 혼합 금지.

추가로, 유월절逾越節, Passover(3월 말이나 4월) 주간의 특정 곡물(밀, 호밀, 귀리, 보리, 스펠트 밀)로 만든 발효 음식(하메츠chametz)의 금지, 그리고 이러한 금지에 대한 랍비 차원의 확대 해석은 아주 새로운 일련의 규제를 가져왔는데, 이러한 금지 규정은 식물세계에 관한 것이다. 아울러, 그 외의 각 율법은 포도 주스,

와인, 포도 제품에서 파생된 알코올, 유제품에 대한 유대교식 감독, 유대교식 조리, 치즈 제조와 제빵, 도구의 코셔 적합화, 비유대인으로부터의 장비 구매, 그리고 오래된 밀가루와 신선한 밀가루를 다루고 있다(Regenstein and Chaudry, 2001).

▌코셔에서 허용된 동물

되새김질을 하며 갈라진 발굽을 가진 반추동물, 전통적인 가금류, 그리고 지느러미와 제거 가능한 비늘이 있는 물고기는 일반적으로 허용된다. 돼지, 야생 조류, 상어, 곱상어, 메기, 아귀와 유사종은 금지되며, 모든 갑각류와 조개류도 마찬가지다. 거의 모든 곤충이 금지되며, 따라서 대부분의 랍비 감독관은 코셔 제품에 카민carmine과 코치닐cochineal(천연 적색 색소)을 사용하지 못하게 한다. 가금류의 경우, 닭, 칠면조, 비둘기, 오리, 거위처럼 전통적 가금류는 코셔에 해당한다. 성서에 타조가 구체적으로 언급되어 있으므로 주금류ratite, 走禽類에 속하는 조류(타조, 에뮤emu, 레아rhea)는 코셔가 아니다. 하지만 성서에 나온 그 동물이 오늘날 우리가 타조라고 알고 있는 동물과 같은 것인지는 분명하지 않다. 간혹 어떤 조류가 코셔인지 결정하기 위해서는 일련의 기준이 동원되곤 한다. 코셔 조류는 선위腺胃와는 별개로 분리될 수 있는 근위(모래주머니)를 갖고 있다. 여기서 맹금류는 코셔에서 제외된다. 이러한 전통적 개념과 관련해 제기되는 또 다른 사안으로서, 새롭게 발견되거나 형질 개선된 조류는 허용되지 못한다는 것이다. 일부 랍비는 야생 칠면조를 허용하지 않는 반면, 또 다른 일부는 깃털 없는 닭을 허용하지 않는다.

수산물 중 유일하게 허용되는 것은 지느러미와 비늘이 있는 물고기이다. 비늘이 있는 모든 물고기는 지느러미도 있으므로, 관심의 초점은 비늘이다. 여기에서 말하는 비늘은 육안으로 볼 수 있어야 하며 또한 생선 껍질을 벗기지 않은 채 비늘만 제거될 수 있어야 한다. 일부 물고기는 여전히 의견이 엇갈리는

데, 아마도 황새치가 이런 논란의 대상에 해당할 것이다(Regenstein and Regenstein, 2000).

대부분의 곤충은 코셔가 아니다. 그 예외로는 몇 종류의 여치Grasshopper가 포함되는데, 이러한 예외는 옛날부터 그것을 식용하던 관습이 남아 있는 일부 지역에서만 인정된다. 율법서(토라)에서 허용된 식용 가능 곤충은 모두 여치과에 속하는데, 이는 모두 독특한 운동 메커니즘을 갖고 있다. 다시 한 번 언급하는데, 오직 눈에 보이는 곤충이 금지의 대상이며 일생을 음식 속에서 보내는 벌레들은 그 대상이 아니다. 최근의 포장 샐러드용 채소를 처리하는 철저한 세척법의 향상 덕분에, 눈에 보이는 수많은 벌레를 제거함으로써 많은 채소 제품이 코셔가 되었다. 그 결과, 추가적인 특별 심사 절차 없이도 코셔 외식업체와 코셔 가정에서 이를 사용될 수 있게 되었다. 이처럼 관련 회사들이 벌레 없는 제품을 공급하기 위해 엄청난 노력을 기울이고 있지만 여전히 일부 코셔 감독 기관은 이러한 과정을 미심쩍게 여기며 더욱 엄격한 요건을 충족하는 제품(혹은 특정 로트lots)에 대해서만 코셔 인증을 한다(Regenstein and Regenstein, 1988). 곤충 및 벌레 금지는 각각의 해당 동물 한 마리 전체를 의미하는 개념이다. 만약 누군가가 식품 가공기로 원재료를 잘게 잘라서 식품을 제조하고자 한다면, 제조업자는 과일과 채소에 있을지도 모르는 벌레에 대해서는 정밀검사를 생략할 수 있으며 이런 경우 해당 식품에 벌레 일부가 존재한다고 해서 비非코셔가 되는 것은 아니라고 볼 수 있다. 특정 국가의 경우, 어떤 과일과 채소가 검사를 받아야 하는지, 그리고 권장되는 검사 방법이 무엇인지 설명한 가이드북이 있으므로 이를 참조할 수 있다. 코셔 소비자는 적절한 검사를 거친 포장 채소의 등장과 벌레 없는 제품을 가능하게 한 살충제 사용에 감사해 한다. 과일과 채소의 병충해 감염 기준 수위를 높인 최근의 통합병충해관리Integrated Pest Management: IPM 프로그램은 코셔 소비자에게 문제를 야기할 수 있다. 일반적으로는 생각하지 못했을 충해 관련 사례로는, 아스파라거스 줄기의 삼각 부분 아래쪽과 딸기의 녹색 잎 아래에서 발견되는 벌레, 그리고 양배추 잎의 총채벌레를 들 수 있다. 이러한 벌레들을 제대로 검사하는 것이 어렵기 때문에, 다수의 정통파 유대교 소비자는 미니 양배추(브뤼셀 스프라우트brussels sprouts)를 먹지 않는다(Regenstein and Regenstein, 1988).

| 피 금지

반추동물과 가금류는 특별히 훈련된 종교적 도축사(쇼케트 shochet)가 도축용으로 고안된 특별한 칼(칼레프chalef)을 사용해 유대교 율법에 따라 도축해야 한다. 칼은 도축 동물 목 지름의 최소 두 배에 해당하는 길이의 직선 형태 칼날로 매우 날카로워야 한다. 도축되기 전에 동물을 기절시켜서는 안 된다. 제대로 된 가축 취급 절차에 따라 유대교 율법에 의해 도축이 행해진다면 대상 동물은 스트레스를 받지 않은 채 죽게 될 것이다. 유대교의 식이 계율에 따르면, 도축 기도는 오직 도축 절차에서만 행해지는데 특히 도축이 시작되기 전에 이루어진다. 도축사는 생명을 빼앗는 것에 대해 용서를 구하는데, 각 동물마다 반복해서 소리를 내지는 않는다. 도축 규칙은 매우 엄격하며 쇼케트는 각 동물의 도축 전후에 칼레프를 점검한다. 만약 칼에 어떤 문제든 발생하면 그 동물은 트레이프treife (비非코셔)가 된다. 또한 쇼케트는 도축 이후에 동물의 목이 제대로 절단되었는지 확인하기 위해 절단부를 검사한다. 이후 도축된 동물은 랍비에게 훈련받은 검사원에 의해 어떤 하자가 있는지 검사된다. 만약 어떤 동물이든 하자가 발견된다면, 해당 동물은 허용되지 않는 것으로 간주되어 트레이프가 된다. 세간의 통속적인 도축 작업에서 허용되듯이 하자 부위만 제거하는 것은 인정되지 않는다. 통속적인 규칙은 그런 하자로 인해 해당 동물이 1년 이내에 죽게 되었을 것으로 추정되지 않으면 따로 문제 삼지 않는다. 미국의 경우에는, 좀 더 엄격한 코셔 육류 검사 요건을 주장하는 소비자로 인해 도축 동물의 폐 상태를 중심으로 더욱 엄격한 검사 요건을 정한 코셔 육류 표준이 개발되기에 이르렀다. 할라카 관련 하자의 주요 사안으로서, 도축 동물의 폐는 반드시 검사되어야 한다. 다른 장기 조직은 약식으로 검사되거나 또는 잠재된 문제가 관찰되었을 경우에만 조사된다. 이와 같이 좀 더 엄격한 표준을 충족하는 고기는 글라트glatt(순조로운) 코셔로 칭해지는데, 이는 도축 동물의 폐에 어떠한 점착물sirkas도 없다는 것을 의미한다. 보데크bodek(내부 장기 조직 검사원)는 폐가 분리되기 전후에 해당 동물의 폐 점착물을 검사하도록 훈련받는다. 폐를 조사하기 위해 보데크는 먼저 모든 점착물을 제거한 후 통상적인 사람의 호흡을 이용해 동물의 폐를 부풀린다. 이후 부풀린 폐를 물탱크에 담근 후 공기 방울을 관찰한다. 만약 폐가 여전히 부풀어 있으면 코셔로 인정된다. 미국의 경우, 글라트 코셔 동물의 폐는 일반적으로 두 개 이하의 점착물을 갖고 있으며, 이러한 숫자는 대형 플랜트에서 가용한 제한 시간 내에 관련 검사 절차를 면밀히 수행하기에 적당하기 때문이다(Regenstein and Chaudry, 2001; Regenstein and Regenstein, 1979, 1988).

육류와 가금류는 정맥, 동맥, 금지된 지방, 피, 좌골신경을 적절히 제거하는 후속 처리가 이루어져야 한다. 실무상으로 보면 미국과 대부분의 서구 국가에서는 코셔 적색 육류의 네 부분(도체의 다리가 각각 하나의 부분에 해당하도록 왼쪽 가슴 부분, 오른쪽 가슴 부분, 왼쪽 엉덩이 부분, 오른쪽 엉덩이 부분으로 나눈 것을 말하며 영어로는 quarter라 함 - 옮긴이) 중 앞쪽 부분(왼쪽 앞다리 위쪽의 목살과 갈빗살 및 오른쪽 앞다리 위쪽의 목살과 갈빗살을 의미하며 영어로는 front quarter라 함 - 옮긴이)만 사용한다는 것을 알 수 있다. 육류 네 부분 중 뒤쪽 부분(왼쪽 뒷다리 윗부분과 오른쪽 뒷다리 윗부분을 의미하며 영어로는 hind quarter라 함 - 옮긴이)을 코셔 식품용으로 사용하는 일부 해외 국가에서는 비록 동물의 좌골신경을 제거하는 것이 매우 어렵고 시간이 걸리기는 해도 이러한 제거 작업의 필요성이 제기되었다. 사슴과 같은 일부 동물은 전체의 네 부분 중 뒤쪽의 척수 제거가 상대적으로 용이하다. 하지만 이러한 공동체에서 전통적으로 동물의 뒤쪽 부위를 식용하는 관습이 없었다면, 일부 랍비는 해당 공동체에서 사슴 육류의 네 부분 중 뒤쪽 부분의 코서 적격성을 인정하지 않기도 했다. 금지된 피를 추가로 제거하기 위해 적색 육류·가금류는 도축 72시간 내에 물과 소금에 담가야 한다. 이후 소금에 담겼던 고기는 세 번 헹구어낸다(Regenstein and Chaudry, 2001; Regenstein and Regenstein, 1988). 동물 재료에서 파생되는 원재료나 물질은 코서 동물로부터 얻는 것이 매우 어렵기 때문에 그 사용이 일반적으로 금지된다. 여기에는 식품과 식이 보조 식품에서 사용될 수 있는 많은 것들이 포함되는데 유화제, 안정제, 계면활성제, 특히 지방에서 파생되는 물질을 들 수 있다. 이들 제품에 동물 유래 원재료가 포함되지 않았음을 확인하기 위해서는 랍비 차원의 엄격한 감독이 필요하다. 이러한 재료 중 거의 대부분은 식물성 오일에서 얻을 수 있으며 따라서 코서 형태로 활용될 수 있다(Regenstein and Chaudry, 2001).

┃ 젖과 고기의 혼합 금지

"어미의 젖으로 어린 새끼를 삶지 마라." 이 구절은 토라에 세 번 나오며, 따라서 매우 심각한 훈계로 간주된다. 육류에 대한 이러한 개념은 랍비를 통해 가금류까지 확장되었다. 여기에서 말하는 유제품에는 모든 우유 파생 제품이 포함된다.

코서 율법에 따라 고기와 젖을 분리하기 위해서는 가공과 취급에서 모든 재료와 제품을 다음과 같은 세 가지 부류 중 하나로 구분할 필요가 있다.

- 육류 제품.
- 유제품.
- 비육류성, 혹은 중립적 제품.

비육류성 제품에는 육류나 유제품으로 분류되지 않는 모든 제품이 포함된다. 알, 물고기, 꿀, 랙 수지(셸락), 그리고 모든 식물성 제품은 비육류성에 해당한다. 이들 비육류성 제품은 육류나 유제품과 함께 사용될 수 있다. 하지만 이것들이 육류나 유제품의 어느 하나와 섞인다면 함께 혼합된 제품의 성질을 띠게 된다. 예컨대, 치즈 수플레에 들어 있는 달걀은 유제품으로 본다.

젖과 고기를 완전히 분리하기 위해 모든 장비, 기구, 파이프, 스팀 등도 지정된 용도로만 적절히 사용되어야 한다. 만약 식물성 재료(예를 들어, 과일 주스)가 유제품 제조 플랜트를 통과한다면, 그것 역시 종교적으로는 유제품으로 간주된다. 일부 코셔 감독기관은 이런 제품을 유제품이 아닌 유제품 장비 사용 제품Dairy Equipment: DE(이하 DE)으로 등재하는 것을 허용한다. DE라는 표시는 제품에 어떠한 유제품 원재료도 의도적으로 첨가되지는 않았지만 유제품 제조 장비를 사용해 제조되었음을 소비자에게 고지하는 것이다(알레르기에 관한 설명 참조). 이와 유사하게, 육류 원재료가 들어가지 않은 제품이 육류 제조 플랜트에서 제조된다면(예를 들면, 채식주의자용 식물성 수프), 그 제품은 육류 장비 사용 제품Meat Equipment: ME(이하 ME)이라고 표시될 수 있다. 사용 전후에 반드시 그릇을 세척해야 하긴 하지만, DE 식품은 육류용 그릇에 먹을 수 있고 ME 식품은 유제품 그릇에 먹을 수 있다. 육류를 먹은 후 유제품 원재료가 들어간 제품을 먹기 위해서는 보통 일정한 대기 시간이 요구된다(즉, 남편 출생 지역의 관습(민하그Minhag)에 따라 3~6시간). DE로 표시된 제품의 경우, 소비자는 육류 식사 전후 언제든 즉시 먹을 수 있지만 육류 식사와 함께 먹는 것은 안 된다. 유제품을 먹은 후 육류를 먹기 위해 기다려야 하는 시간은 상대적으로 더 짧은데, 통상 물로 입을 헹군 후 1시간 정도이다. 하지만 일부 유제품은 3~6시간 동안의 완전한 대기 시간이 필요한데, 그러한 예로 하드 치즈(여러 이탈리아 치즈처럼, 6개월 이상 숙성했거나 또는 매우 건조하고 딱딱한 치즈로 정의)를 먹었을 때의 대기 시간은 육류를 먹은 후 유제품을 먹기 위한 대기 시간과 동일하다. 따라서 코셔용으로 치즈를 생산하는 대부분의 회사들은 통상 6개월 이내로 숙성 시키며, 이러한 내용이 종교적 요건은 아니지만 제품 포장에 적절한 표시를 한 다. 만약 진정한 비육류성 원재료나 제품을 제조하고자 한다면 해당 플랜트 장 비는 코셔 적합성 절차를 반드시 거쳐야 한다(Regenstein and Chaudry, 2001).

▎코셔: 특정 식품

포도 제품, 묵은 밀가루, 유대식 우유, 기타 특별한 식품을 규율하는 규칙에 대해서는 이 장에서 따로 논하지 않는다.

▎유월절 요건

유월절은 봄에 돌아오는데, 이때 유대인은 다섯 가지 금지된 곡식인 밀, 호 밀, 귀리, 보리, 스펠트 밀로 만들어진 평상시 제품(히브리어로, 하메츠chametz) 을 먹어서는 안 된다. 코셔 율법을 지키는 사람들은 유월절을 위해 밀을 사용 해 특별히 만든 빵인 무교병無酵餠(히브리어로, 마쪼matzos)만 먹을 수 있다(무교 병은 발효시키지 않은 빵 – 옮긴이). 여기에 추가해, 일부 시무라 마쪼schmura matzos는 밭에서부터 랍비의 검사를 받는 등 더욱 엄격한 기준에 따라 만들어 진다. 그 외 유월절 마쪼의 경우, 밀을 갈아 밀가루로 만들 때까지는 별도의 검 사가 행해지지 않는다. 현재는 알레르기가 있는 소비자를 위해 귀리와 스펠트 밀로 만들어진 마쪼도 구할 수 있다.

마쪼를 만들때는 부풀어 오를 틈을 주지 않기 위해 특별한 관리가 취해진 다. 어떤 경우, 마쪼를 만드는 전체 과정이 말 그대로 18분 안에 끝나는 것을 의미하기도 한다. 수제 시무라 마쪼schmura matzos가 이에 해당할 것이다. 대규 모 연속 작업의 경우, 도우dough가 부풀어 오를 여지를 아예 없애기 위해 제조 설비를 지속적으로 진동시킨다(Regenstein and Chaudry, 2001; Regenstein and Regenstein, 1988).

장비의 코셔 적격화

어떤 장비를 코셔에 적합하도록 하거나, 또는 유제품이나 육류 관련 장비를 비육류성 장비로 성질을 바꾸는 데에는 세 가지 방법이 있다(일반적으로 랍비들은 육류 장비를 유제품 장비로 바꾸거나 또는 그 반대로 하는 것을 탐탁지 않게 여긴다. 대부분의 성질 전환은 유제품 장비에서 비육류성 장비로 전환되거나, 또는 트레이프 장비에서 코셔 장비 중 하나로 전환되는 경우이다). 대상 장비의 기존 생산 이력에 따라 고려되어야 할 절차 범위는 가변적이다.

할랄 식이법

할랄 식이법은 다음과 같은 다섯 가지 사안에 중점을 두는데, 이 중 하나를 제외한 나머지는 전부 동물세계에 해당한다.

- 금지된 동물.
- 피 금지.
- 도축 및 기도 방법.
- 썩은 고기 금지.
- 취하게 하는 물질 금지.

이슬람 식이법은 계시록인 코란, 무함마드 언행록인 하디스, 그리고 코란과 하디스에서 무슬림 율법학자가 유추한 내용을 거쳐 파생되었다.

코란에는 다음과 같이 쓰여 있다.

> 너희에게 금지된 것(음식)은 부패한 고기, 피, 돼지고기, 하나님께 바처지

지 않은 동물, 목 졸려 죽은 것, 맞아서 죽은 것, 높은 곳에서 떨어져 죽은 것, 뿔에 (받혀서) 죽은 것, (치명타를 가해) 율법에 부합하도록 만든 경우를 제외하고 야수가 먹다 남은 것, 그리고 우상에게 제물로 바쳐진 것들이다. 또한 점괘를 건 화살로 인해 저주를 받은 것 (역시 금지된다). 이것들은 혐오스러운 것이다. 오늘날 믿지 않는 자들은 너희 종교에 대해 (이를 훼손하고) 체념에 이르니, 그들을 두려워하지 말고 나를 두려워할 것이라. 오늘날 너희를 위해 너희의 종교를 완벽하게 하였고, 너희에게 나의 은총이 완벽되게 하였고, 또한 너희의 종교로 이슬람을 선택하였다. 자기의 의도가 아니라 굶주림에 의해 죄악에 빠진 자: 보라! 하나님은 (그를 위해) 관용과 자비를 베푸신다.

제5장 3절

원문 Forbidden Unto you (for food) are carrion and blood and swine-flesh, and that which hath been dedicated unto any other than Allah, and the strangled, and the dead through beating, and the dead through falling from a height, and that which hath been killed by (the goring of) horns, and the devoured of wild beasts, saving that which ye make lawful (by the death-stroke), and that which hath been immolated unto idols. And (forbidden is it) that ye swear by the divining arrows. This is an abomination. This day are those who disbelieve in despair of (ever harming) your religion, so fear them not, fear Me! This day have I perfected your religion for you and completed my favor unto you, and have chosen for you as religion AL-ISLAM. Whoso is forced by hunger, not by will, to sin: (for him) Lo! Allah is Forgiving, Merciful.

코란에는 또한 다음과 같이 쓰여 있다.

믿는 자들이여! 너희에게 부여한 것들 중 좋은 음식을 골라 먹고, 또한 하나님께 감사하며 (실로) 그분만을 경배하라.

제2장 172절

원문　O ye who believe! Eat of the good things wherewith We have provided you, and render hanks to Allah, if it is(indeed) He whom you worship.

이슬람에서의 할랄(허용된) 및 하람(금지된)에 관해 보편적으로 인정된 다음과 같은 11가지 원칙은 무슬림 관습의 가이드라인을 구성한다.

- 몇 가지 예외적으로 금지된 것을 제외하고는 하나님이 창조한 모든 것은 허용된다는 것이 기본 원칙이다. 앞에서 언급한 예로는 돼지고기, 피, 적절한 도축 이외의 원인으로 죽은 동물의 고기, 하나님 이외의 누군가에게 바쳐졌거나 제물이 되었던 음식, 알코올, 그리고 취하게 하는 것이 포함된다.
- 허용하거나 금지하는 것은 오직 하나님의 권리이다. 독실하든 권력이 강하든 상관없이, 인간이 자기 스스로 순리를 바꾸려고 해서는 안 된다.
- 허용된 것을 금지하거나 금지된 것을 허용하는 것은, 인간을 하나님과 동격으로 여기는 것과 마찬가지다. 이는 이슬람 세계로부터 떨어져 나가게 만드는 가장 중대한 수준의 죄악이다.
- 특정 사물을 금지하는 기본적인 이유는 불결함과 유해성이다. 무슬림은 하나님이 금지해놓은 것에 대해, 그것이 왜 더럽거나 유해한지 혹은 정확히 얼마나 그런지에 대해 의문을 가져서는 안 된다. 분명하든 불분명하든 거기에는 이유가 있을 것이다. 과학적인 사고를 하는 사람에게는 다음과 같은 몇 가지 분명한 이유가 제시될 수 있다.
① 부패 과정은 인체에 유해한 화학물질을 초래하기 때문에 부패한 고기

와 죽은 동물은 인간이 섭취하기에 적합하지 않다(Awan, 1988).

② 동물에서 흘러나온 피에는 유해한 박테리아, 대사 물질, 독소가 포함되어 있다(Hussaini and Sakr, 1983).

③ 돼지고기는 인체에 침입하는 병원성 기생충의 매개체 역할을 한다. 선모충 및 돼지 촌충의 감염 사례는 드물지 않다(Awan, 1988).

④ 돼지비계의 지방산 구조는 인체 지방 및 인체 생화학 체계와 양립되기 어려운 것으로 알려져 있다(Sakr, 1991).

⑤ 취하게 하는 물질은 신경계에 유해한 것으로 간주되며, 감각과 판단에 영향을 주고 사회와 가정에 문제를 야기할 뿐 아니라 심한 경우 사망에 이르게 한다(Al-Qaradawi, 1984; Awan, 1988).

다만 비전문가에게는 이러한 근거와 기타 유사한 설명이 합리적으로 들릴지 모르겠지만 과학적으로 정밀하게 분석된다면 더욱 논란의 대상이 될 수 있다. 부패한 고기의 유해한 화학 성분 때문에 죽은 동물의 고기가 금지되었다면 마찬가지로 죽은 물고기도 금지되었을 것이다. 돼지고기가 선모충을 갖고 있다면 소고기에는 대장균이 있을 수 있다. 만약 돼지 지방이 나쁜 것이라면, 트랜스 지방산은 어떠한가? 결국, 금지를 규율하고 있는 근본 원칙은 과학적 사유가 아니라 "너희에게 금지된 것은……"이라는 신의 명령인 것이다.

- 허용된 것은 이미 충분히 많으며 금지된 것들은 굳이 없어도 되는 것들이다. 하나님은 더 좋은 대체물을 제공하고 있으며 오직 불필요하거나 없어도 되는 것들만 금지했다. 사람은 건강에 해로운 썩은 고기, 건강에 해로운 돼지고기, 건강에 해로운 피, 그리고 모든 악의 근원인 알코올을 소비하지 않아도 생존할 수 있으며 오히려 더 잘 살 수 있다.

- 금지되는 데 일조하는 모든 것들은 그 자체로서 금지에 해당된다. 만약 어떤 것이 금지된다면 그것을 이끈 모든 것들 역시 금지된다.

- 율법에 어긋난 것을 율법에 부합하는 것처럼 허위로 표시하는 것은 금지된다. 의학적인 근거를 이유 삼아 술을 마시는 것처럼, 금지된 무엇인가를 하기 위해 얕은 변명으로 적법화하는 것은 율법에 부합하지 않는다.

- 하나님은 의도가 좋다고 해도 율법에 어긋난 것이라면 이를 수용하지 않는다. 믿는 자에게 허용되는 행위라 해도 그것이 좋은 의도와 함께 할 때만 그 행위가 진정한 신앙 행위로 인정된다. 하람의 경우, 그 의도가 얼마나 좋든, 그 목적이 얼마나 숭고하든 상관없이 항상 하람으로 남는다. 이슬람은 칭찬받을 만한 목표를 달성하기 위한 경우라 하더라도 하람에 해당하는 수단을 동원하는 것은 배격한다. 실제로 이슬람에서는, 무슬림은 목표가 숭고해야 할뿐만 아니라 이를 달성하기 위해 선택한 수단 역시 율법에 맞고 적절할 것을 주장한다. 이슬람 율법에서는 어떤 권리든 오직 공정한 방법을 통해서만 얻도록 요구한다.

- 의심스러운 것은 피해야 한다. 명확하게 율법에 부합하는 것과 명확하게 율법에 어긋난 것 사이에는 회색 지대가 존재한다. 이 영역이 바로 '의심스러운 것'에 해당한다. 이슬람에서는 의심스러운 것을 피하고 또한 율법에 어긋나는 것들로부터 떨어져 있는 것이 무슬림의 독실한 행동으로 여겨진다. 예언자 무함마드는 다음과 같이 말했다. "할랄은 분명하며 또한 하람도 분명하다. 이들의 중간에는 대부분의 사람들이 할랄인지 혹은 하람인지 분간하지 못하는 의심스러운 것들이 존재한다. 자기의 종교와 명예를 지키기 위해 이것들을 멀리하는 자는 안전할 것이지만 누구든 그것에 관여하는 자는 결국 금지된 행위를 하는 것일 수 있느니라."

- 율법에 어긋난 것들은 모든 사람에게 공통적으로 금지된다. 이슬람 율법은 모든 인종, 종파, 성별에 상관없이 보편적으로 적용된다. 어떠한 특권계급도 우대하지 않는다. 실제로도 이슬람에서는 특권계급이 존재하지 않으며, 따라서 특권층 우대라는 문제는 발생하지 않는다. 이러한 원칙

은 무슬림 사이뿐 아니라 무슬림과 비무슬림 사이에도 적용된다.

■ 긴요성은 예외 판단에 영향을 가져올 수 있다. 이슬람에서 금지되는 범위는 매우 제한적이지만 이들 금지 규약의 준수는 매우 강하게 요구된다. 이와 동시에, 이슬람은 생명의 위급성, 사안의 중대성, 혹은 인간이 직면하는 나약함과 능력의 한계를 간과하지 않는다. 무슬림은 불가피한 상황에서 그 필요가 해소되고 이를 통해 생존을 유지할 수 있는 정도까지는 금지된 음식을 먹는 것이 허용된다(Regenstein and Chaudry, 2001, Riaz, 1999a; Chaudry, 1992).

금지된 동물과 허용된 동물

돼지, 야생돼지, 멧돼지 고기는 엄격하게 금지되며 또한 사자, 호랑이, 치타, 개, 고양이 같은 육식성 동물의 고기, 그리고 독수리, 매, 물수리, 솔개, 수리 같은 맹금류의 고기 역시 마찬가지로 금지된다.

소, 양, 염소처럼 발굽이 갈라진 반추동물로서 가축화된 동물의 고기는 식용으로 허용되며 낙타 고기와 물소 고기도 마찬가지다. 갈고리 모양의 발톱으로 먹이를 움켜잡는 조류를 제외한 다른 조류는 허용되는데 여기에는 닭, 칠면조, 오리, 거위, 비둘기, 꿩, 메추리, 참새, 에뮤 및 타조 등이 있다. 일부 동물이나 조류는 특정한 여건이나 조건하에서만 허용된다. 찌꺼기(바이오 고형물)나 죽은 동물의 단백질로 가공된 사료처럼 더럽거나 불결한 먹이를 먹은 동물은 반드시 격리시켜야 하며 3~40일 동안 깨끗한 사료를 먹여야 한다(Awan, 1992).

다양한 무슬림 교파 사이에서 가장 논란이 되는 부분은 생선 및 수산물 등 바다에서 얻어지는 식품들이다. 일부 그룹은 비늘이 있는 물고기만 할랄로 여기는 반면, 다른 그룹은 일생 혹은 대부분의 생애 동안 물에서 사는 모든 것들을 할랄로 간주한다. 그 결과, 대부분의 무슬림에게 새우, 바닷가재, 게, 조개류는 할랄이지만 일부 무슬림은 이를 혐오해(마크루흐) 먹지 않는 경우도 있다.

메뚜기가 구체적으로 할랄로 언급된 것을 제외하고는 이슬람에서 곤충에 대한 명확한 판단은 정립되지 않았다. 무함마드는 곤충 부산물 중에서 꿀 섭취를 매우 권장한 바 있다. 로열젤리, 밀랍, 셸락, 카민 같은 그 외 제품은 대부분의 무슬림에 의해 제한 없이 수용되고 있지만, 일부는 셸락과 카민을 마크루흐로 간주하거나 혹은 무슬림 사고 체계에 부합되지 않는다고 여긴다.

허용된 동물에서 얻은 젖과 알은 무슬림에게 허용된다. 소, 염소, 양, 낙타, 물소에서 얻은 젖은 할랄이다. 코셔와 달리, 고기와 젖을 섞는 것에는 아무런 제한이 없다(Regenstein and Chaudry, 2001; Chaudry, 1992).

| 피 금지

코란 구절에 따르면, 동물이 도축될 때 뿜어져 나오는 피를 먹는 것은 금지된다. 여기에는 허용된 동물의 피와 허용되지 않은 동물의 피가 모두 해당된다. 통상적으로 액체 상태의 피는 비무슬림조차도 팔거나 먹지 않지만 혈장 단백질처럼 피를 사용해 만든 제품은 있을 수 있다. 무슬림 학자들은 물고기를 포함한 어떤 동물이든 피를 사용해 만들어진 제품은 허용되지 않음에 보편적으로 동의한다. 블러드 소시지blood sausage 같은 제품과 혈액 알부민albumin 같은 원재료는 모두 하람이거나 최소한 의심스러운 것에 해당하며, 따라서 제품 공정 설계에서는 이것들을 피해야 한다(Riaz, 1996).

| 허용된 동물의 적절한 도축

동물 도축에는 다음과 같은 특별한 요건이 있다.

■ 할랄에 속하는 동물종이어야 한다.
■ 정상적인 정신 상태의 성인 무슬림에 의해 도축되어야 한다.
■ 도축하는 시점에 하나님의 이름이 불려야 한다.
■ 신속하고 완전한 방혈이 이루어져 속히 사망에 이르도록 하며, 이를 위

해 목을 절단하는 방식으로 도축이 이루어져야 한다. 일반적으로 수용되는 방식은, 목을 지나는 경정맥, 경동맥, 기도, 식도 등 네 개의 관 중 최소한 세 개를 절단하는 방식이다.

이와 같이 도축된 동물의 고기는 '자비하' 고기 혹은 '다비하' 고기라 부른다. 이슬람은 특히 도축 전, 그리고 진행 과정에서 동물에 대한 관대하고 인도적인 대우를 강조한다. 이러한 요건에는 대상 동물에게 적절한 휴식과 물을 제공하고 스트레스를 유발하는 여건을 피하며 동물 앞에서 칼 가는 것을 피하고, 또한 매우 날카로운 칼을 사용해 목을 절단하는 것이 포함된다. 도축된 동물에서 피가 전부 방출되고 동물이 완전히 숨을 거둔 이후에야, 뿔이나 귀 혹은 다리를 절단하는 등의 해체 작업을 시작할 수 있다. 코셔와는 달리, 할랄에서는 도축 후에 행해지는 종교적 검사, 척수 제거, 도체 염지 작업이 요구되지 않는다. 따라서 할랄 고기는 통상적으로 유통되는 고기와 차이 없이 취급된다. 유화제, 우지, 효소 등의 동물 유래 식품 원재료는 반드시 무슬림에 의해 할랄로 도축된 동물로 제조되어야 한다.

사슴과 엘크처럼 허용된 야생동물이나 비둘기, 꿩, 메추리 같은 조류를 식용 목적으로 사냥하는 것은 허용되지만, 단지 동물을 죽이는 것에서 쾌락을 얻고자 하는 경우는 그렇지 않다. 총, 화살, 창 혹은 덫 같은 도구를 사용해 사냥하는 것도 허용된다. 사냥 보조 동물이 사냥감을 먹지 않는다면 사냥감을 잡거나 회수하기 위해 훈련된 개나 맹금류를 활용하는 것도 허용된다. 하나님의 이름은 실제로 사냥감을 잡았을 때가 아니라 사냥 도구를 빼내는 시점에 불러도 된다. 사냥된 동물은 포획한 후 최대한 신속히 목을 절단해 피를 빼야 한다. 사냥꾼이 도착하기 전에 사냥된 동물이 죽게 되더라도 방아쇠를 당기거나 화살을 쏘는 시점에 도축 기도가 행해졌고, 정해진 도축 절차가 실시되고 피 일부가 방혈된다면 여전히 할랄에 해당한다. 인도적인 방식에 해당하는 한, 물고기와 수산물은 어떤 합리적 수단을 사용해서든 사냥하거나 포획할 수 있다.

적절한 도축과 방혈 요건은 육상동물과 조류에만 적용된다. 물고기와 기타 물에 사는 동물은 종교적으로 도축될 필요가 없다. 마찬가지로 메뚜기를 죽이는 특별한 방식이 있는 것은 아니다.

허용된 동물이지만 자연사 혹은 병사하거나, 다른 동물의 뿔로 받히거나, 질식하거나, 높은 곳에서 떨어지거나, 맞아 죽거나 또는 맹수에 의해 죽어가는 경우, 동물이 실제로 숨을 잃기 전에 할랄 도축 절차가 행해진 경우를 제외하고는 식용으로 사용하는 것이 허락되지 않는다. 스스로 죽어서 물 위로 떠오르거나 물 밖으로 밀려나온 물고기의 경우, 부패나 변질된 징후가 없는 한 여전히 할랄에 해당한다.

어떤 동물이든 하나님 이외의 존재에게 헌정되거나 하나님 이외의 누군가에게 바쳐진 후에 이를 도축해서는 안 된다. 이것은 중대한 죄악이다(Regenstein and Chaudry, 2001; Chaudry and Regenstein, 2000; Chaudry, 1992).

▌알코올과 취하게 하는 물질의 금지

술이나 기타 취하게 하는 물질을 섭취하는 것은 다음과 같은 코란 구절에 의해 금지된다.

> 믿는 자들이여! 독한 술과 도박, 그리고 우상숭배와 점괘를 건 화살은 사탄이 만든 술수의 다른 이름일 뿐이니라. 너희가 번성하기 위해서는 그것들을 피하라.
>
> 제5장 90절
>
> 원문 O ye who believe! Strong drink and games of chance and idols and divining arrows are only an infamy of Satan's handiwork. Leave it aside in order that ye may succeed.

> 사탄은 독한 술과 도박을 이용해 너희에게 원한과 증오를 뿌리고 또한 하나님과 (그에 대한) 경배로부터 너희를 돌아서게 하는 데만 몰두한다. 그런데도 너희는 이를 하겠는가?
>
> 제5장 91절
>
> 원문 Satan seeketh only to cast among you enmity and hatred by means of strong drink and games of chance, and to turn you from the remembrance of Allah and from (His) worship. Will ye then have done?

코란에서 알코올을 일컬을 때 사용하는 아랍어는 '카므르'로 이는 발효된 것을 의미하는데 단지 와인, 맥주, 위스키 혹은 브랜디 같은 알코올성 음료만 가리키는 것이 아니라 취하게 하거나 사람의 사고 체계에 영향을 주는 모든 것을 포함한다. 소프트드링크 같은 음료수에 알코올을 첨가하는 것은 허락되지 않지만 식품 원재료로 기능하는 소량의 알코올은 불순물로 간주될 수 있으며 따라서 무시된다. 최종 완제품에 잔류하는 알코올 함량이 매우 낮은 수준, 일반적으로 0.1% 미만에 해당한다면 식품 공정에서의 추출, 전처리, 용해 및 기타 용도로 합성 알코올이나 곡물 알코올을 사용할 수 있다. 하지만 수출업체는 각 수입 국가가 정한 각각의 가이드라인을 반드시 숙지하고 이를 엄격하게 준수해야 한다(Regenstein and Chaudry, 2001; Riaz, 1997; Chaudry, 1992).

할랄 조리, 식품 공정 및 위생

하람 식품과 원재료로 인해 주방이 오염되지 않는 한 이슬람에서 조리 방법에는 어떠한 제한도 없다. 코셔처럼 육류용과 유제품용으로 각기 두 세트의 도구를 마련할 필요도 없다.

식품 공장의 경우, 하람 재료는 할랄 재료와 분리 보관해야 한다. 비할랄 제품에 사용되었던 장비는 산酸, 베이스, 세제, 온수 등 적절한 기술로 철저히 세척해야 한다. 일반적으로 코셔 세정 절차는 할랄에도 역시 적합하다. 만약 어떤 장비가 과거 하람 제품용으로 사용되었다면 적절히 세척하기 위해 간혹 연마제가 사용되기도 하며, 이후 무슬림 검사관이 온수를 사용해 일곱 번 헹구어 내는 방식의 종교적 세정 절차를 거쳐야 한다(Regenstein and Chaudry, 2001).

코셔와 할랄

▎젤라틴

젤라틴은 많은 제품 가운데 매우 중요한 사안에 속하는데, 아마도 현대적인 코셔 및 할랄 원재료 중 가장 논란의 대상일 것이다. 젤라틴은 돼지가죽, 소뼈 혹은 소가죽으로부터 얻을 수 있다. 최근에는 생선 껍질로 만든 젤라틴도 시장에 일부 출시되었다. 식품 원재료의 관점에서 생선 젤라틴은 비슷한 수준의 팽창력과 점도를 갖는 등 많은 면에서 소와 돼지의 젤라틴과 유사하다. 하지만 껍질을 채취한 생선의 종류에 따라 생선 젤라틴의 용해점은 소 젤라틴이나 돼지 젤라틴의 용해점 범위를 넘어 다양할 수 있다. 이러한 성질은 식품업계, 특히 아이스크림, 요거트, 겔 타입 디저트, 제과 및 유사 마가린 업계에 특별한 기회가 될 수 있다. 생선 젤라틴은 적절한 감독하에 코셔와 할랄로 생산될 수 있으며 대부분의 주요 종교 기관에서 이를 허용한다.

현재 미국에서 사용할 수 있는 젤라틴의 대부분은 – 비록 코셔로 불리는 것들도 – 미국 주요 코셔 감독기관과 무슬림 공동체에서 수용되지 않고 있다. 실제로 대다수의 젤라틴은 돼지 관련 원료를 사용했을 수 있으므로 할랄 소비자는 이를 전혀 수용하지 않는다.

최근 코셔 방식으로 도축된 소 내피로 코셔 젤라틴을 제조하는 방법이 개발되었다. 이 방법은 고가의 비용이 들고 제한된 양의 공급만 가능한데 일부 엄격한 코셔 감독기관을 포함한 주요 감독기관은 해당 젤라틴을 코셔로 인정했다. 젤라틴 회사는 다양한 팽창력의 젤라틴을 다양한 크기의 소프트·하드 캡슐로 생산한다. 이는 의약식품과 의약품 시장의 관심을 불러일으키는 매우 중요한 신개발이다. 마찬가지로 최소 두 곳 이상의 주요 제조사가 무슬림이 도축한 동물의 소뼈로 할랄 인증 젤라틴을 생산하고 있다. 할랄 인증된 하드·소프트 젤라틴 캡슐은 경쟁력 있는 가격으로 구매가 가능하다. 다양한 식물성 재료로 만들어진 투피스 하드 캡슐과 원피스 소프트 캡슐 역시 가용하며 그것들 대부분은 할랄, 코셔, 채식주의자 인증을 획득했다.

관대한 성향의 코셔 감독기관의 경우, 폭넓게 젤라틴을 수용한다. 가장 개방된 입장에서는 뼈와 가죽으로 만든 젤라틴은 식품(살코기)으로 만들어진 것이 아니라는 견해를 보인다. 나아가, 그 제품을 제조하기 위해 사용된 공정은 사람이나 개가 먹을 수 없는 매우 부적합한 재료에 해당하는 단계를 거치게 되며, 따라서 새로운 존재가 된다고 본다. 이러한 견해를 가진 랍비는 돼지 젤라틴을 허용할 수 있다. 일반적으로 K 마크를 붙인 대부분의 액상 젤라틴 디저트는 이러한 가이드라인을 따른다.

다른 랍비들은 돼지가 아닌 소뼈와 소 내피로 제조된 젤라틴만 허용한다. 또 다른 랍비들은 여전히 소 젤라틴의 재료로 '인디언 건조 뼈'만을 허용한다. 나라 이름이 명칭에 들어갔지만 인도와는 상관없는 이러한 뼈는 시간이 흐르면서 지방이 여러 번 제거된 것으로, 랍비는 이를 '나무처럼 마른 상태'로 간주한다. 이러한 재료를 실제로 허용하는 코셔 종교법이 존재하긴 한다. 다시 한번 강조하는데, 주요 코셔 혹은 할랄 감독기관은 이들 제품의 어느 것도 허용하지 않으며, 따라서 코셔와 할랄 공동체의 핵심 파트는 이를 수용하지 않는다 (Regenstein and Chaudry, 2001; Riaz, 1999b).

생명공학

현재 랍비와 이슬람 학자들은 단순 유전공학에 의해 제조된 제품을 수용하고 있는데, 예를 들어, 키모신(레닌rennin)은 FDA가 이를 수용하기 반년 전에 이미 랍비에 의해 수용된 바 있다. 발효탱크에서의 생산 조건은 여전히 코셔 혹은 할랄이어야 한다. 즉, 원재료, 발효제, 그리고 모든 후속 공정은 코셔나 할랄에 해당하는 적절한 상태의 장비와 원재료를 사용해야 한다. 유제품 배지에서 생산된 제품은 유제품으로 간주되는데 우유에서 추출된 경우가 여기에 해당한다. 만약 다른 모든 조건이 코셔에 해당한다면, 주요 랍비들은 생명공학을 거쳐 제조된 돼지 리파아제를 승인할 수도 있다. 무슬림 공동체는 돼지 유전자가 사용된 제품에 대한 사례를 검토 중인데, 아직 최종 규칙은 정해지지 않았지만 수용하지 않는 방향으로 진행되는 듯하다. 더욱 복잡한 유전적 조작에 대해서는 양 진영의 종교 지도자들이 아직 결정하지 않은 상태이다 (Regenstein and Chaudry, 2001; Riaz, 1999a; Chaudry and Regenstein, 1994).

채식주의

채식주의에는 라이프 스타일, 철학, 종교에 따라 매우 다양한 종류가 있다. 선택 기준을 보면, 식물에 피해를 주지 않고 채집할 수 있는 것만 먹는 부류부터 육류(레드 미트red meat)만 아니면 무엇이든지 먹는 부류까지 다양하다. 관대한 부류에서부터 가장 엄격한 부류로 채식주의 형태를 분류하면 다음과 같다 (The Vegetarian Society, 2002).

- 페스코 베지테리언Pesco Vegetarians 생선, 달걀, 유제품은 먹지만 가금류와 육류는 먹지 않는다.

- 락토-오보 베지테리언Lacto-Ovo Vegetarian 모든 형태의 채식 제품, 달걀, 유제품을 먹지만 육류, 가금류, 생선을 포함한 어떠한 고기도 먹지 않는다. 유제품은 먹지만 달걀은 먹지 않는 사람은 락토 베지테리언Lacto Vegetarian 이라 하며, 반대로 달걀은 먹지만 유제품은 먹지 않는 사람은 오보 베지테리언Ovo Vegetarian 이라 한다.

- 비건Vegan 모든 동물성 식품을 먹지 않는다. 따라서 비건은 모든 육류, 가금류, 젤라틴, 달걀, 우유, 치즈, 요거트, 기타 유제품, 생선, 조개류, 갑각류 및 기타 수산물 제품 등 모든 동물성 제품과 그 부산물을 피한다. 또한 꿀, 로열젤리 그리고 코치닐, 기타 곤충 유래 제품을 피하려고 노력한다. 아울러, 비건은 드러나지 않은 동물성 원재료가 있다는 사실을 인지하게 되면 그 제품을 섭취하지 않는다(The Vegan Society, 2002).

푸르트테리언Fruitarian, 푸디스트Foodist 는 최소한으로 가공되거나 조리된 과일, 채소, 씨, 너트를 위주로 한 비건 형태의 식이법을 따른다. 푸르트테리언은 식물을 죽이지 않은 채 수확할 수 있는 채식 식품만 먹어야 한다고 믿는다(The Vegan Society, 2002).

채식주의가 특정 종교는 아니다. 무슬림, 유대인, 제7일 안식일 예수재림교 신자, 기독교인, 말일 성도 예수교(몰몬교) 신자, 힌두교도, 불교도, 자이나교도를 포함한 많은 종교의 분파 신자들이 일정한 수준의 채식주의를 실행하고 있다.

채식주의의 주류는 통상적으로 락토-오보로 정의되지만, 서구에서는 비건 방식이 점점 대중화되고 있다. 이 책에서는 여러 형태의 채식주의 중에서 비건과 락토-오보 채식주의자 위주로 비교하고자 한다.

▎채식주의자 식품 표준

❶ 동물성 제품   비건 및 락토-오보 채식주의자는 육류, 가금류, 수산물에서 유래된 식품 원재료를 포함해 모든 종류의 동물성 육류 제품을 피해야 한다. 비건의 경우, 우유와 달걀처럼 살아 있는 동물로부터 얻은 제품과 부산물, 그리고 꿀, 로열젤리처럼 곤충에서 얻은 제품 역시 피해야 한다. 달걀과 유제품을 먹는 락토-오보 채식주의자는 레닛과 같은 효소를 포함해 동물성 보조 원재료를 피한다. 하지만 최소한 미국에서 치즈 제조에 사용되는 효소의 대부분은 미생물 혹은 유전자 변형 재료에서 얻어지며, 따라서 미국 치즈는 이들 그룹에게 허용되는 것으로 판단된다.

채식주의자에게 허용되지 않는 원재료에는 양털에서 얻은 비타민 D, 주스 가공에 들어가는 젤라틴, 그리고 우스터 소스Worcestershire Sauce에 들어가는 엔초비anchovy 등이 포함된다(The Vegan Society, 2002).

❷ 주방 및 위생 표준   채식주의 제품을 조리하거나 제공하기 위한 용기와 도구는 비채식주의와 분리되거나 최소한 철저히 세척되어야 한다. 비채식주의 식품과의 교차 오염을 피해야 한다.

코셔, 할랄, 채식주의 비교

여기에서의 관점은 유대교 보수파나 개혁파가 아닌 정통파에 기반을 두고 있다. 표 18.1은 코셔, 할랄, 채식주의에 대한 전반적인 비교를 보여준다. 이를 보면 일정한 유사점과 다양한 차이점을 알 수 있는데, 특히 코셔와 할랄이 그렇다. 두 종교 모두 돼지고기와 돼지로부터 유래된 관련 제품들은 금지되며, 또한 육식성 동물과 맹금류 역시 허용되지 않는다. 동물성 제품이 채식주의 철학에 반하는 것은 당연하므로 이 비교와 관련해 별도로 채식주의를 언급할 필

표 18.1 **코셔, 할랄, 채식주의 가이드라인 요약 비교**

내용	코셔	할랄	채식주의
돼지, 돼지고기 및 육식동물	금지	금지	해당 없음
반추동물, 가금류	숙련된 유대인이 도축	무슬림 성인이 도축	해당 없음
도축 기도, 소리 내기	도축장에 들어가기 전에 기도, 각 동물마다 기도하지는 않음	도축하는 동안 각 동물마다 기도	해당 없음
수작업 도축	의무 사항	권장 사항	해당 없음
기계 도축	금지	가금류의 경우 감독하에 가능	해당 없음
도축 전 기절	간혹 허용	의식을 상실시키기 위해 허용	해당 없음
도축 후 기절	허용	허용 가능	해당 없음
육류에 대한 기타 제한	전체 중 네 부분의 앞쪽만 식용, 물과 소금에 담금	도체 전부를 식용, 염지 불필요	해당 없음
동물의 피	금지	금지	해당 없음
생선	비늘 있는 물고기만 허용	대부분은 모든 생선 허용, 일부는 비늘 있는 물고기만 허용	해당 없음
수산물	금지	허용 정도는 다양함	해당 없음
미생물 효소	허용	허용	허용
생명공학 유래 효소	허용	허용	허용
동물 효소	코셔 도축 효소만	간혹 허용	간혹 허용
돼지 효소	허용 가능	금지	간혹 허용
소 젤라틴	코셔 도축 동물만	할랄 도축 동물만	해당 없음
생선 젤라틴	코셔 생선만	모든 생선	해당 없음
돼지 젤라틴	개방적인 정통파 랍비만 허용	금지	해당 없음
유제품, 유청	코셔 효소로 제조	할랄 효소로 제조	해당 없음
치즈 배양 공정	반드시 유대인이 첨가	제한 없음	해당 없음
알코올	허용	금지	허용
육류와 유제품 혼합	금지	해당 없음	해당 없음
곤충과 부산물	여치 허용, 부산물 금지	메뚜기 및 부산물 허용	부산물 허용
식물성 물질	전부 허용	취하게 하는 알코올 금지	전부 허용
장비 소독	세척, 대기 시간 필요, 코셔·종교적 세정	철저한 세척, 대기 시간 불필요	철저한 세척
특별 기간	유월절 동안에는 추가 규정 적용	연중 동일한 규정	연중 동일한 규정

요는 없을 것이다.

허용된 동물의 경우, 반추동물과 가금류가 코셔에 해당하기 위해서는 유대인에 의해 도축되어야 하며, 할랄이 되기 위해서는 무슬림에 의해 도축되어야 한다. 코셔에서는 모든 동물이 기절하지 않은 채 사람에 의해 도축되어야 한다. 하지만 일부에서는 방혈을 원활히 하기 위해 목 절단 직후에 기절을 시키기도 하는데, 이 경우에는 글라트 코셔로 인정되지 않는다. 할랄의 경우, 목 절단 시점에 해당 동물이 살아 있기만 한다면, 가축총이나 전기를 사용해 기절시키는 것이 허용된다. 할랄의 경우 많은 국가는 무슬림이 대체 인원으로 입회한 상태에서 무슬림에 의해 감독된다면 기계식 도계를 허용하기도 한다(할랄 도계와 도축에서의 기절, 기계식 도계에 대해서는 여전히 찬반 의견이 대립되고 있으며, 이 부분은 원저자의 견해를 기준으로 한 것임 — 옮긴이).

코셔에서는 도축장에 입실해 도축을 실시하기 전에 도축 기도가 행해진다. 왜냐하면 주변 상황을 고려하지 않거나 또는 도축장처럼 불결한 장소에서 하나님의 이름을 부르는 것은 적절하지 않다고 여기기 때문이다. 하지만 할랄의 경우, 동물을 도축하는 시점에 매번 하나님의 이름을 소리 내야 한다. 한편, 반추동물은 오직 네 부분 중 앞쪽 부분만 코셔 육류로 사용되며 물에 담근 후 피를 제거하기 위해 1시간 동안 소금으로 덮어 놓아야 한다. 할랄의 경우, 동물의 모든 부위가 식용으로 허용된다. 할랄에서는 물에 담그거나 염지를 하도록 요구되지 않는다. 피와 피 부산물은 코셔와 할랄 모두에서 허용되지 않는다.

생선과 수산물의 경우, 코셔는 지느러미와 제거 가능한 비늘이 있는 물고기만 해당하지만 할랄은 모든 생선과 수산물을 대상으로 한다. 하지만 일부 무슬림 교파에서는 비늘이 없는 물고기나 혹은 비늘과 지느러미가 없는 물고기는 할랄로 인정하지 않는다.

미생물이나 생명공학GMO 재료로부터 파생된 효소는 코셔, 할랄, 채식주의에서 모두 허용된다. 코셔 방식으로 도축된 동물에서 추출된 효소는 코셔로 허용되며, 또한 할랄 방식으로 도축된 동물에서 추출된 효소는 할랄로 인정된다. 일부 개방적인 랍비는 비코셔 방식 도축 동물로부터 얻은 효소는 물론 돼지 유래 효소까지도 코셔로 인정한다. 비할랄 방식 도축 동물에서 얻은 효소 역시 일부 그룹과 국가에서 할랄로 인정되기도 하지만, 이는 일부에 그치고 있다. 일반적으로 무슬림은 돼지 유래 효소를 허용하지 않는다(Riaz, 1999a).

코셔 방식 도축 동물에서 얻은 젤라틴은 모든 정통파 랍비에 의해 코셔로 인정되며, 할랄 방식 도축 동물로부터 얻은 젤라틴은 할랄로 인정된다. 일부 국가의 경우, 일정한 요건에서는 통상적인 우피 젤라틴 역시 허용된다. 피시 젤라틴의 경우, 코셔에서는 생선 비늘로 만든 젤라틴만 허용되지만 할랄에서는 생선의 어느 부위로 만든 젤라틴이든 허용된다.

유제품 원재료와 치즈의 경우, 앞 장에서 효소에 대해 논의했던 부분을 참고하기 바란다. 추가로 코셔 치즈의 경우, 주요 코셔 인증에서는 우유에 배양액을 첨가하는 작업은 반드시 유대인이 해야 한다. 할랄의 경우에는 누가 우유에 배양액을 첨가하든 이에 대한 제한 사항이 없다.

알코올, 특히 술은 무슬림에게 허용되지 않지만 유대인은 알코올을 코셔로 간주하되 술 원료에 대해서는 일정한 제한 사항이 있다. 채식주의에서는 모든 알코올 제품이 인정된다. 코셔에서는 육류와 유제품을 함께 섭취할 수 없지만 할랄에서는 이러한 제한이 없다는 것 역시 주지해야 한다.

할랄 및 채식주의 제품 생산에 사용되는 장비의 경우, 철저히 세척되어야 하며 세척 이후 즉시 사용할 수 있다. 하지만 코셔의 경우에는 장비를 철저히 세척한 이후, 이 장의 앞에서 설명한 것처럼 일정 시간 동안 기다려야 할 수도 있다.

곤충 자체는 코셔(여치 제외), 할랄(메뚜기 제외) 혹은 채식주의에서 모두 허용되지 않는다. 카민이나 코치닐처럼 곤충 부산물은 대부분의 정통파 랍비는 코셔로 간주하지 않지만 일부 랍비는 이를 허용한다. 일부 곤충 부산물은 할랄로 간주된다.

모든 식물성 재료는 코셔 및 채식주의에 해당하지만 코셔의 경우, 이 장의 앞에서 설명한 바와 같이 병충해와 일부 알코올 제품에 관해서는 약간의 제한 사항이 존재한다. 할랄의 경우에는 상당한 양의 알코올이나 취하게 하는 성분을 함유하지 않는 한, 모든 식물성 재료는 할랄로 인정된다.

할랄 및 채식주의 식이 규칙은 연중 항상 적용되지만 코셔의 경우 유월절 기간에는 통상적인 코셔 규칙에 더해 추가 규칙이 적용될 수 있다.

참 고 자 료

Al-Qaradawi, Y. 1984. *The Lawful and Prohibited in Islam.* Beirut, Lebanon: The Holy Quran Publishing House.

Awan, J. A. 1988. "Islamic food laws: philosophy of the prohibition of unlawful foods." *Sci. Technol. Islam. World,* 6(3), 151.

_____. 1992. "Islamic Codex Alimentarius." *Sci. Technol. Islam. World,* 10(1), 7-18.

Chaudry, M. M. 1992. "Islamic food laws: philosophical basis and practical implications." *Food Technol.,* 46(10), 92-93, 104.

Chaudry, M. M. and J. M. Regenstein.1994. "Implications of biotechnology and genetic engineering for kosher and halal foods." *Trends Food Sci. Technol.* 5, 165-168.

_____. 2000. "Muslim dietary laws: food processing and marketing." *Encyclop. Food Sci.,* 1682-1684.

Hussaini, M. M. and A. H. Sakr. 1983. *Islamic Dietary Laws and Practices,* Bedford Park, IL.: Islamic Food and Nutrition Council of America.

Jackson, M. 2000. Getting religion — for your products, that is, *Food Technol.,* 54(7), 60-66.

Pickthall, M. M. 1994. *Arabic text and English rendering of The Glorious Quran.* Chicago, IL: Library of Islam, Kazi Publications.

Regenstein, J. M. and M. Chaudry. 2001. "A brief introduction to some of the practical aspects of kosher and halal laws for the poultry industry." in Sams, A. R.(ed.). in *Poultry Meat*

Processing. Boca Raton, FL.: CRC Press.

Regenstein, J. M. and C. E. Regenstein. 1979. "An introduction to the kosher(dietary) laws for food scientists and food processors." *Food Technol.,* 33(1), 89-99.

———. 1988. "The kosher dietary laws and their implementation in the food industry." *Food Technol.,* 42(6), 86, 88-94.

———. 2000. "Kosher foods and food processing." *Encyclop. Food Sci.,* 1449-1453.

Riaz, M. N. 1996. "Hailing halal." *Prep. Foods,* 165(12), 53-54.

———. 1997. "Alcohol: the myths and realties." in Uddin, Z.(ed.). *A Handbook of Halaal and Haraam Products,* Vol.2. Richmond Hill, NY.: Publication Center for American Muslim Research and Information.

———. 1999a. "Halal food processing and marketing." *10th World Congress of Food Science and Technology.* Book of Abstracts, Australian Institute of Food Science and Technology, Sydney, p.44.

———. 1999b. "Examining the halal market." *Prep. Foods*, 168(10), 81-85.

Sakr, A. H. 1991. *Pork: Possible Reasons for its Prohibition.* Lombard, IL.: Foundation for Islamic Knowledge.

The Vegan Society. 2002. "Donald Watson House." U.K. www.vegansociety.com/html/products//.

The Vegetarian Society. 2002. "Park Dale." U.K. www.vegsoc.org/info/defiitions.html.

chapter 19

할랄 인증 획득 방법
How to get halal certified

앞에서 언급한 바와 같이, 전 세계에는 약 13억 명(2016년 현재는 약 16억 내지 18억 명으로 집계됨 ─ 옮긴이)의 무슬림이 살고 있다(Chaudry, 2002). 동남아시아 지역에는 2억 5000만 명의 무슬림 할랄 소비자가 있다. 인도네시아, 말레이시아, 싱가포르 및 다수의 국가들은 할랄 인증 제품만 수입하도록 정책을 추진하고 있다. 최근에는 태국이나 필리핀 같은 동남아시아 지역의 다른 국가들도 할랄 제품의 수출입을 장려하는 규정을 도입했다. 이들 국가에서는 무슬림뿐만 아니라 비무슬림에게도 할랄 제품은 좋은 품질의 우수한 제품이라는 심벌로 간주된다. 말레이시아는 1980년대 초반 할랄·하람 법률이 통과되고 정부 고위급 할랄·하람 위원회가 설립되면서 할랄 프로그램이 개시되었다. 말레이시아 규정에 따라 육류 및 비육류성 식품은 공인된 할랄 기관에 의해 할랄 인증을 받아야 한다. 말레이시아 이슬람 개발부는 말레이시아로 수출하려는 각 국가의 육류·가금류 제품을 관할하는 외국 기관을 심사해 승인하고 있으며, 이와 관련해 다음과 같은 2종의 리스트를 작성해 공개했다. ① 승인된 이슬람 기관, ② 승인된 도계장 및 도축장.

할랄 인증 프로그램은 1990년대 초반 인도네시아에서 시작되었으며 이후 세계에서 가장 엄격한 인증 제도의 하나로 발전되었다. 이 프로그램은 LP-POM 혹은 식품의약화장품평가원으로 불리는 조직에 의해 실행된다. 이 기관은 일반적으로 인도네시아 신학자 협의회MUI의 관할하에 운영되며 다양한 정부 부처 및 기관으로부터 협력받고 있다. 말레이시아, 인도네시아, 싱가포르, 태국은 소매점과 외식업에 공급되는 제품에 적용되는 자체 할랄 로고를 고안했다. 이와 같은 제도는 타국에서 제조되는 제품에도 마찬가지로 적용되며, 어떤 특정 국가의 할랄 로고를 부착하고자 하는 회사는 해당 국가에 개별적으로 신청해야 한다. 하지만 공식적으로 인정된 다른 할랄 인증 기관의 인증서와 로고는 수용될 수 있다.

북미 지역의 무슬림 인구는 800만 명으로 이 가운데 미국은 700만 명이며 캐나다는 100만 명이다(Cornell University Survey, 2002). 따라서 무슬림의 할랄 식품 수요에 대응할 수 있는 회사에는 엄청난 경제적 기회가 될 것이다. 세계 각지의 할랄 개념은 다양한 무슬림 그룹 간에 상이하다. 중동에서 온 사람들은 주로 육류와 가금류에 대해 할랄을 따지는 반면, 남아시아와 동남아시아 지역의 사람들은 모든 식품 및 소비재가 할랄일 것을 주장한다. 후자에 속하는 그룹은 무슬림에 의해 도축된 육류·가금류를 '자비하'라고 부른다. 지난 30년 동안 수많은 할랄 슈퍼마켓, 에스닉 매장과 할랄 레스토랑이 폭발적으로 증가했으며, 특히 이러한 경향은 대도시권이 두드러진다. 이들 매장에서 할랄이나 '자비하' 할랄로 판매되는 주요 제품군은 수입산 에스닉 제품과 그 외 신선육과 냉장 계육이다. 과거 미국 대부분의 식품업계는 이러한 자국 구매층을 무시해 왔으며 오직 무슬림 국가로 수출하는 데만 노력을 기울여왔었다. 대부분의 무슬림 공동체에서는 지역 소매업자 밑에서 일하는 무슬림들이 독자적으로 도축을 해왔으며 그들에게 할랄 인증이라는 개념은 외국어나 다름없었다. 하지만 1990년대 후반, 일부 중소기업이 이러한 공백을 인식해 니치마켓niche market 선점의 필요성을 깨닫게 되었다. 소매 및 다단계 제품의 경우, 인증 기관 중 하나인 IFANCA로부터 인증받은 할랄 제품이 200개 미만이었던 것이 지난 5년 동안 1500개 이상으로 증가했다(Othman, 2003). 할랄 인증은 과거 수출용 제품에만 해당되었던 것이 이제는 내수용 제품에도 흔해졌다(Riaz, 2002).

할랄 인증서란?

할랄 인증서는 문서에 기재된 제품들이 해당 인증 기관의 이슬람 식이규칙에 부합한다는 것을 증명하기 위해 이슬람 기관이 발급한 문서이다.

할랄 인증서의 종류

- 업소 인증 등록서   이러한 형태의 인증서는 해당 플랜트, 생산 시설, 식품 업체, 도계장, 도축장 혹은 기타 식품 취급 업소가 할랄 식품을 생산, 배급 혹은 거래할 수 있도록 해당 업소에 대한 심사·승인이 이루어졌음을 의미한다. 따라서 이는 해당 시설에서 제조되거나 취급되는 모든 식품이 할랄로 인증되었음을 의미하는 것은 아니므로, 이러한 업소 인증 등록서를 할랄 제품 인증서로 사용해서는 안 된다.
- 특정 기간, 특정 제품에 대한 할랄 인증서   이러한 형태의 인증서는 기재된 제품이 해당 인증 기관의 할랄 가이드라인을 충족한다는 것을 의미한다. 이는 일정한 기간에 한하거나 또는 특정 배급사나 수입사에 공급되는 제품의 특정 수량에 대해서만 발급될 수도 있다. 만약 어떤 인증서가 특정 수량에 대한 것이라면, 이는 배치 단위 인증서 혹은 선적 단위 인증

서라고 불릴 수 있다. 각 배치 혹은 탁송화물 단위로 인증되어야 하는 육류·가금류 제품은 일반적으로 배치 단위 인증서를 발급받는다.

■ 연간 인증 할랄 준수 및 인증 수수료 납부를 통해 매년 심사 통과를 조건부로 하여 자동적으로 갱신될 수 있는 인증서이다.

인증서 유효기간

인증서의 유효기간은 대상 제품의 형태에 따라 다양하다.

■ 각 탁송화물에 대해 발급된 배치 단위 인증서는 해당 제품의 특정 배치나 로트가 시장에서 유통되는 동안을 대상으로 하며, 일반적으로 제품 유통기한 혹은 '사용 가능일'까지 유효하다.

■ 정해진 공정에 의거해 제조되는 인증 제품의 경우, 인증서의 기간은 1년, 2년 혹은 3년으로 발급될 수 있다. 그 제품에 정해진 생산 및 마케팅 요건을 충족하는 한, 해당 제품은 할랄 인증된 것으로 인정된다. 이 경우, 대상 플랜트의 할랄 적격을 확인하기 위해 종종 불시에 플랜트를 방문하는 제도가 시행된다.

할랄 인증서 발급 주체

어떤 무슬림 개인이든 이슬람 조직이나 기관 누구든 할랄 인증서를 발급할 수 있지만 그 인증서의 수용 여부는 해당 인증서를 통해 제품이나 용역을 제공받는 수입 국가나 무슬림 공동체에 의해 정해진다. 예를 들어, 말레이시아와

표 19.1 **인도네시아 MUI가 할랄 인증 기관으로 승인한 미국 소재 이슬람 기관**

기관	주소	전화, 팩스, 이메일
International Institute of Islamic Thought c/q Marjac Abbatoir	555 Grove St. Herndon, VA 22970	703-421-1133(전화)
Islamic Center of Omaha	P.O. Box 4093 3511 North 73rd St. Omaha, NE 68104	402-571-0720(전화)
Islamic Food and Nutrition Council of America(IFANCA)	5901 N. Cicero Ave. Suite 309 Chicago, IL 60646	773-283-3708(전화) 773-283-3973(팩스) mchaudry@ifanca.org
Islamic Food Authority, Inc.	913 S. Shumaker Dr. Salisbury, MD 21804	410-548-1728(전화) 410-548-2217(팩스)
Islamic Services of America	P.O. Box 521 Cedar Rapids, IA 52404	319-362-1480(전화) 319-366-4369(팩스)

주: 2016년 현재 인도네시아 MUI의 인정을 받은 미국 소재 이슬람 기관은 다음 여섯 개임. — 옮긴이.
　① Islamic Information Center of America(IICA), ② Islamic Services of America(ISA), ③ Halal Food Council US A(HFC USA), ④ Halal Transaction of Omaha, ⑤ The Islamic Food and Nutrition Council of America(IFANCA), ⑥ American Halal Foundation(AHF)
자료: Majelis Ulama Indonesia(2001).

인도네시아로 수출하는 제품의 할랄 인증서를 발급하기 위해서는 제조하는 지역의 할랄 인증 발급기관이 해당 국가의 승인 리스트에 등재되어 있어야 한다. 미국에는 40개 이상의 기관이 할랄 인증서를 발급하고 있지만 그중 인도네시아 신학자 협의회 MUI로부터는 다섯 개 기관만 승인을 받았으며(표 19.1), 말레이시아 이슬람 개발부 JAKIM으로부터는 16개 기관이 인정되었다(표19.2, 2016년 현재 미국 기관 중 인도네시아가 인정하는 기관은 6곳, 말레이시아가 인정하는 기관은 2곳임 — 옮긴이). 하지만 수년 동안 JAKIM으로부터 인정을 받은 인증 기관의 절반은 JAKIM 기준에 의거해 할랄 인증서를 발급하는 데 소극적이다.

　식품업계는 다양한 국가의 할랄 요건과 원칙을 이해하는 것뿐 아니라 자사에 가장 적합한 인증 기관이 어떤 것인지 파악할 필요도 있다. 이러한 인증 기관은 신청업체의 글로벌 수요에 부응하고 또한 수입국에서 인정받는 기관이어야 할 것이다.

표 19.2 **말레이시아가 할랄 인증 기관으로 인정한 미국 소재 이슬람 단체**

기관	주소	전화, 팩스, 이메일
Ames Islamic Community Center	1221 Michigan Ave. Ames, IA 50010	515-292-3683(전화)
Fox Valley Islamic Center	201 Kenny St. Green Bay, WI 54301	414-336-5515(전화)
Halal Council Southeast Asia	913 South Schumaker Dr. Salisbury, MD 21804	
Halal Transaction, Inc.	P.O. Box 4546 Omaha, NE 68104	
Institute of Halal Food Control	4354 South Drezel Chicago, IL 60646	312-924-0646(전화) 313-548-8841(팩스)
International Institute of Islamic Thought	555 Grove St. Herndon, VA 22070	703-471-1133(전화)
Islamic Association Center and Mosque	P.O. Box 521 Cedar Rapids, IA 52406	319-362-0480(전화)
Islamic Center of Omaha	P.O. Box 4093 3511 North 73rd St. Omaha, NE 68104	402-571-0720(전화)
Islamic Food Authority of America	14203 Ballinger Terrace Burtonsville, MD 20866	301-890-1321(전화) 301-434-1065(팩스)
Islamic Society of Greater Harrisburg	223 W. Jackson St. York, PA 17403	717-846-6838(전화)
Masjid Fresno, The Islamic Center of Central California	2111 East Show Ave. Fresno, CA 93710	209-222-6686(전화)
Northern Virginia Islamic Center	P.O. Box 4336 Falls Church, VA 22044	703-941-6558(전화)
Islamic Food and Nutrition Council of America(IFANCA)	5901 N. Cicero Ave. Suite 309 Chicago, IL 60646	773-283-3708(전화) 773-283-3973(팩스) mchaudry@ifanca.org

주: 2016년 현재 말레이시아 JAKIM의 인정을 받은 미국 소재 이슬람 단체는 다음 두 개임― 옮긴이.
   ① Islamic Food and Nutrition Council of America(IFANCA), ② Islamic Services of America(ISA)
자료: USDA(2003).

할랄 인증 기관을 승인하는 정식 프로그램을 갖춘 국가는 말레이시아와 인도네시아뿐이다. 사우디아라비아, 싱가포르, 쿠웨이트, 아랍에미리트(UAE), 이집트, 바레인 같은 다른 국가들은 특정 제품이나 목적에 대해서만 인증 기관을 승인하고 있다. 전 세계적으로 할랄 공인과 관련해 영향력이 큰 기관은 다음과 같다.

238 할랄 식품 생산론

- 말레이시아 이슬람 개발부 JAKIM
- 인도네시아 신학자 협의회 MUI
- 싱가포르 이슬람 종교 협의회 MUIS
- 사우디아라비아 무슬림 월드 리그 MWL

인증 가능 제품

인체 내복용으로 사용되든 혹은 외용제로 사용되든 상관없이 무슬림이 소비하는 모든 제품은 인증될 수 있다. 많은 국가에서 의료용 제품은 아직 할랄 인증을 요하지 않지만 지각 있는 소비자는 할랄 가이드라인에 부합하는 의약품을 찾고 있으며, 따라서 의약품에 대한 할랄 인증은 좋은 투자 대상이 될 수 있다.

할랄 인증 절차

할랄 인증 절차는 시장 수요에 부합하는 인증 기관을 선정하는 것에서 출발한다. 만약 특정 국가를 목표로 한다면 해당 국가에서 승인·인정하거나 혹은 수용 가능한 인증 기관을 활용하는 것이 좋다. 만약 대상 시장이 더 넓거나 혹은 전 세계인 경우, 국제적인 인증 기관이 더욱 유용할 것이다.

실무적인 절차는 구성 원재료와 제조 공정에 대한 구체적인 정보, 동일 시설에서 제조되는 다른 제품에 관한 정보, 생산 공정, 인증 대상 제품과 판매 예상 지역을 기재한 신청서를 작성하면서 시작된다. 대부분의 인증 기관들은 제출된 정보를 검토해 대상 시설에 대한 감사 일정을 수립한다. 이 시점에서 수

그림 19.1 할랄 인증 절차 흐름도

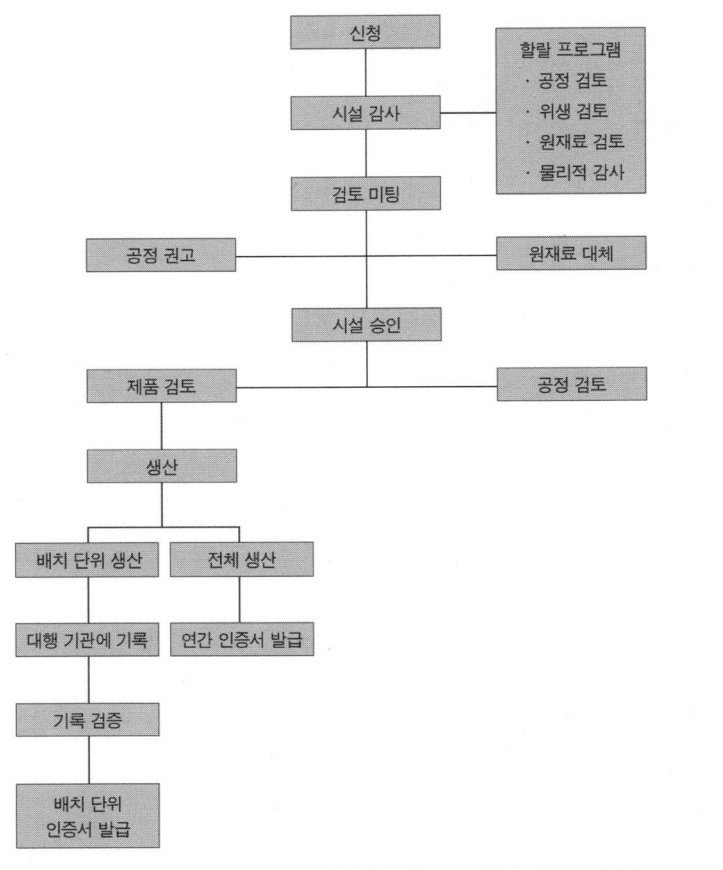

수료를 협의하고 또한 소요되는 비용을 명확하게 파악하는 것이 바람직하다.

원재료 정보에 대한 검토 혹은 시설 감사를 하는 동안 인증 기관은 가이드라인에 부합하지 않는 원재료를 다른 적합 원재료로 대체하도록 요구할 수 있다. 일반적으로 회사와 인증 기관은 다년 계약 형태로 관리·감독 계약을 체결한다. 이후 특정 선적 단위로, 또는 수개월에서 수년에 해당하는 일정한 기간에 대해 할랄 인증서가 발급될 수 있다. 전반적으로 식품에 대한 할랄 인증 절차는 그리 복잡하지 않으며 그림 19.1에서 설명하는 바와 같다.

할랄 인증 진행 단계

- 신청서류나 인터넷을 사용해 인증 기관에 신청서 작성·제출. 그림 19.2는 전형적인 신청 양식을 보여준다.

그림 19.2 **할랄 인증 신청서**

Company Name:_____

Address:_____

Tel. No.   Fax No.   Email Address   Website

Application Authorized By:_____
                          Signature   Date

Name and Title:_____

Product to be certified:_____

Type:_____

Geographic areas where product is/will be marketed. Please list all the countries.
USA____ Canada _____ Malaysia_____ Indonesia____Singapore____Saudi Arabia _____

UAE ___ Egypt _____ Pakistan _____ Others_____

Location of plant(s) where product is/will be manufactured: _____

Contact person at plant_____
                          Name   Title

Telephone Number   Fax Number   E-mail Address

LIST OF INGREDIENTS:
Please provide information about each ingredient, including specification sheets and suppliers.
Attach a separate sheet as needed.
_____
_____

Comments:_____
_____

- 인증 기관에 의한 내용 검토. 특히 제품 형태와 그 구성 성분을 중점으로 진행한다.
- 시설 심사 및 승인. 여기에는 생산 설비에 대한 검토, 원재료, 세척 절차, 위생 및 교차 오염에 대한 심사가 포함된다.
- 도축장 심사의 경우 가축 대기 장소, 기절 방법, 실질적인 절단 작업, 도축 전후 취급 및 기타가 포함된다.
- 소요 비용과 수수료 협의 및 계약 체결.
- 수수료와 경비 지급.
- 할랄 인증서 발급.

할랄 마크의 사용

일반적으로 어떤 제품이 할랄 인증을 받으면 제품 포장에 심벌을 인쇄하게 된다. 예를 들어, IFANCA는 초승달 모양과 M으로 구성된 심벌을 사용하는데,

그림 19.3 **할랄 심벌이 부착된 다이어트 제품**

그림 19.4 **각 국가 및 기관이 사용하고 있는 할랄 마크 및 로고**

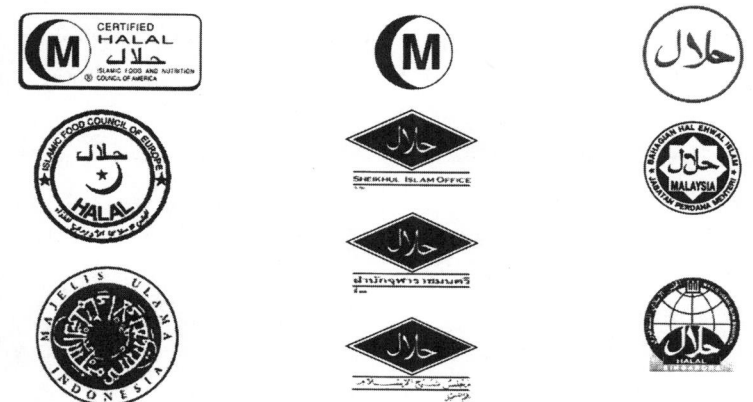

이는 '무슬림에게 유용'하다는 의미이다. 일부 회사는 동그라미 속에 아랍어로 할랄이라는 단어가 쓰여 있는 평이한 심벌을 사용하기도 하는데, 이런 제품의 경우에는 인증 기관의 보장이 있을 수도 있고 없을 수도 있다. 저명한 할랄 인증 기관의 인증을 획득해 해당 로고를 표시하면 무슬림 소비자는 이를 더욱 선호할 것이다. 그림 19.3은 할랄 심벌이 들어간 식품의 전형적인 사례를 보여준다. 그림 19.4는 다양한 국가와 기관들이 사용하는 여러 가지 할랄 마크와 로고이다.

참고 자료

Chaudry, M.M. 2002. Halal certifiation process, presented at *Market Outlook: 2002 Conference, Toward Efficient Egyptian Processed Food Export Industry in a Global Environment,* Cairo, Egypt.

Cornell University Survey. April 2002. Study on American Muslim, Survey sponsored by Bridges TV, Orchard Park, NY.

Othman, R.M. 2003. Personal communication, rothman@ifanca.org and www.ifanca.org.

Majelis Ulama Indonesia. 2001. List of Islamic organizations approved by AIFDC-ICU, Mayid Istiglal, Jakarta, Indonesia, p.1.

Riaz, M.N. 2002. Halal production standards and plant inspection requirements, paper presented at the *4th International Halal Food Conference on Current and Future Issues in Halal,* Toronto, Canada, April 21-23.

USDA. 2003. Export library. Eligible plants list. Malaysia, Islamic organizations recognized for issuance of halal certifiates. www.fsis.usda.gov/ofo/export/lmalaysia.htm.

부록

국제 식품 규격 •

/

Codex alimentarius

할랄 용어 사용에 관한 일반 지침

국제식품규격위원회는 율법에 부합하거나 부합하지 않는 동물에 대한 해석 및 도축 방식에서 복수의 이슬람 교파 간에 경미한 견해차가 있을 수 있음을 인정한다. 이러한 사안에 대해서는 수입국 관할 당국의 해석에 따르도록 한다. 다만 수입국이 특정 요건에 대한 정당한 이유를 제시하는 경우를 제외하고는, 원칙적으로 수입국은 수출국 종교 당국이 발급한 인증서를 인정해야 한다.

1. 적용 범위

1.1 이 지침은 식품 라벨 부착과 관련해 할랄 표지 사용에 요구되는 권고안을 담고 있다.

• 자료: http://www.fao.org/docrep/005/y2770e/y2770e08.htm

1.2 이 지침은 '포장 식품의 라벨 부착에 관한 일반 표준'에서 정의된 할랄이라는 용어 및 이와 동등한 용어의 사용에 적용되며 여기에는 상표, 브랜드 명칭 및 사업 명칭에서의 용어 사용도 포함된다.

1.3 이 지침은 '클레임에 관한 코덱스 일반 지침 초안'의 보완 지침이며 해당 초안에 담긴 어떠한 조항에도 우선하지 않는다.

2. 용어 정의

2.1 할랄 식품이란 이슬람 율법에 따라 허용된 식품을 의미하며, 다음과 같은 조건을 충족해야 한다.

2.1.1 이슬람 율법에 부합하지 않는다고 간주되는 어떠한 것도 함유하지 않을 것.

2.1.2 이슬람 율법에 부합하지 않는 물질과 연관된 장치나 설비를 사용해 전처리, 가공, 운송 혹은 보관되지 않았을 것.

2.1.3 위의 제2.1.1항 및 제2.1.2항에 위배되는 식품과 직접적으로 접촉되어 전처리, 가공, 운송 혹은 보관되지 않았을 것.

2.2 다만 제2.1항에도 불구하고,

2.2.1 비할랄 식품이 생산되는 동일 작업장 내에서도 할랄 식품과 비할랄 식품 간의 접촉을 방지하기 위해 필요한 조치가 취해질 것을 조건부로, 상이한 섹션이나 라인에서는 할랄 식품이 전처리, 가공 혹은 보관될 수 있다.•

2.2.2 이전에 비할랄 식품용으로 사용되었던 설비의 경우, 이슬람 요건에 따른 적절한 세척 절차의 실시를 조건으로 해당 설비를 사용해 할랄 식품을 전처리, 가공, 운송 혹은 보관할 수 있다.

3. 할랄 용어의 사용 기준

3.1 율법 적합 식품   할랄이라는 용어는 율법에 부합한다고 간주되는 식품에 사용될 수 있다. 이슬람 율법에 따르면, 모든 식품 재료는 율법에 부합한다고 보지만 다음과 같은 재료는 제외하며, 그것으로 제조한 해당 제품과 파생물 역시 율법에 부합하지 않는다고 간주한다.

3.1.1 동물성 식품.

 a. 돼지.

 b. 개, 뱀, 원숭이.

 c. 사자, 호랑이, 곰 및 기타 유사한 동물들처럼 갈고리 발톱과 송곳니를 가진 육식성 동물.

 d. 독수리, 수리 및 기타 유사한 조류처럼 갈고리 발톱을 가진 맹금 조류

 e. 쥐, 지네, 전갈 및 기타 유사한 해충.

 f. 이슬람에서 죽이는 것이 금지된 동물, 즉 개미, 벌 및 딱따구리 조류.

 g. 이, 파리, 구더기 및 기타 유사한 동물처럼 일반적으로 혐오스럽다고 간주되는 동물.

 h. 개구리, 악어 및 기타 유사한 동물처럼 땅과 물 모두에서 살 수 있는 동물.

 i. 노새 및 가축화된 당나귀.

 j. 독성이 있는 유해한 수생동물.

k. 이슬람 율법에 의거해 도축되지 않은 기타 동물.

l. 피.

3.1.2 식물성 식품 독성이 있거나 유해한 식물. 단, 가공을 거쳐 독성이나 유해 물질을 제거할 수 있는 경우는 예외로 한다.

3.1.3 음료

a. 알코올성 음료.

b. 취하게 하거나 유해한 모든 형태의 음료.

3.1.4 식품 첨가물 제3.1.1항, 제3.1.2항 및 제3.1.3항에 기재된 품목으로부터 파생된 모든 식품 첨가물.

3.2 도축 율법에 부합하는 모든 육상동물은 '신선육 위생 실무에 관한 코덱스 권고규격'에 기재된 규칙과 다음에 나열한 요건을 준수해 도축되어야 한다.

3.2.1 작업자는 정상적인 정신 상태이며 이슬람식 도축 절차에 대한 지식을 갖고 있는 무슬림이어야 한다.

3.2.2 도축될 동물은 이슬람 율법에 따라 허용된 동물이어야 한다.

3.2.3 도축될 동물은 도축 시점에 살아 있거나 또는 살아 있는 것으로 간주되어야 한다.

3.2.4 각 동물을 도축하기 직전에 '비스밀라(하나님의 이름으로)'라는 단어를 소리 내야 한다.

3.2.5 도축 도구는 날카로워야 하며, 도축 행위 도중 동물 위로 들어 올리지 말아야 한다.

3.2.6 도축 방식은 목 부위의 기도, 식도, 경동맥 및 경정맥을 절단해야 한다.

3.3 전처리, 가공, 포장, 운송, 보관 모든 식품은 제2.2항 및 제2.3항 그리고 '식품 위생에 관한 코덱스 일반 원칙' 및 그 외 관련 코덱스 표준을 준수해 전처리, 가공, 포장, 운송 및 보관되어야 한다.

4. 추가적인 라벨 부착 요건

4.1 어떤 식품이 할랄에 해당한다고 주장하려면 라벨상에 할랄 혹은 이와 동등한 용어가 기재되어야 한다.

4.2 '클레임에 관한 코덱스 일반 지침 초안'에 의거해, 할랄에 대한 주장은 유사 식품의 안전성에 관한 의혹을 제기하는 방식으로 사용되거나 또는 할랄 식품이 다른 식품에 비해 영양상 우수하거나 건강에 더 이롭다고 주장하는 방식이어서는 안 된다.

'할랄 용어 사용에 관한 일반 지침'은 1997년 제22차 세션에서 국제식품규격위원회에 의해 채택되었다. 이 지침은 FAO 및 WHO의 모든 회원국과 준회원국에 참고문헌으로 송부되었으며, 구체적으로 '지침'을 적용하기 위한 내용들은 각국 정부가 결정할 사안이다.

할랄 산업 생산 표준[•]

Halal industrial production standards

차례

[•] 자료: M. M. Chaudry et al., *Islamic Status for the Permissibility of Various Food Additives*, 3rd printing(Deerfield, IL: My Own Meals, Inc., September 1997). 게재 허용.

5. 생산 실무 및 표준.

6. 유대인이나 기독교인이 도축한 육류의 허용.

D. 생선 및 수산물.

1. 할랄로 허용되는 수산물종.

2. 도축 실무.

3. 감독관과 심사관에 대한 표준 및 요건.

E. 우유 및 치즈 등 유제품.

1. 요거트.

2. 치즈.

F. 과일 및 채소.

G. 빵, 빵가루 작업, 페이스트리 및 케이크.

H. 오일 및 지방.

I. 첨가제, 착색제, 보존제.

J. 알코올 및 알코올 부산물.

K. 조리식품: 복합 다중 원재료.

L. 포장 재료.

M. 공신력 있는 우량 감독기관에 대한 신뢰.

N. 생산자 가이드라인과 표준.

1. 인증 프로세스.

2. 플랜트 및 생산 공정에 대한 심사 및 승인.

3. 생산 준비.

4. 원재료의 할랄 적격을 입증하기 위해 요구되는 서류.

5. 원재료 및 포장 제품의 격리, 선적 및 보관.

6. 비할랄 제품용으로 돼지고기, 비계, 돼지고기 유래 원재료를 사용하는 플랜트에 대한 추가 요건.

7. 포장 공정에 요구되는 할랄 감독관 통제.

8. 라벨 부착 요건.

플랜트에서 행해지는 도축 기도를 담당할 무슬림을 고용하고, 알코올을 사용하지 않고, 무슬림 고객을 유인하기 위해 제품에 할랄 표시를 해오던 제조업자에게도 최근까지는 할랄이라는 용어가 그리 큰 비중을 차지하진 못했다. 일부 생산자는 '최소한의 요건에 부합'하기 위해 미리 녹음된 도축 기도 테이프를 사용할 정도로 관련 표준이 매우 느슨했다. 또 일부 생산자는 '규칙'이 무엇인지 알기 위해 '책을 읽거나' 또는 무슬림을 통해 배운 후, 자기 제품의 할랄 적격을 스스로 인증하기 위해 생산 표준을 직접 구축하기도 했었다.

당시까지는 할랄 인증 제도가 사실상 없었기 때문에 많은 무슬림이 비할랄 인증 제품에 의존해왔으며, 특히 육류가 더 심했다. 무슬림 공동체는 할랄의 진위를 감시할 수 있는 공식적인 기반 조직을 갖지 못했으며, 할랄 인증 제품 대부분은 해외 수출용이었다. 오늘날 복수의 무슬림 조직들은 미국 내 생산자가 적절한 할랄 실무를 준수하도록 감시한다. 정해진 무슬림 심사 표준을 준수하지 못한 미국 회사들은 미국 국내 및 해외 시장에서의 '블랙 리스트'에 기록될 수 있다.

다수의 무슬림 조직은 무슬림 소유 회사나 무슬림 운영 회사에 의해 할랄 제품이 생산되어야 한다는 규정으로 회귀했지만, 그 대부분은 단지 주州 차원에 그쳤으며 연방(미국 농무부) 차원의 심사를 받지는 못했다. 따라서 해당 제품은 다른 주에서는 판매될 수 없었다. 이로 인해 할랄 요건의 준수가 불가능하게 되어 교역상 제한이 발생되었다. 추가하자면 시장이 태동기였고 수요가 일시적이었으므로 숙련된 무슬림 도축사가 충분하지도 않았다.

마이 오운 밀스 인코포레이티드My Own Meals, Inc.와 제이앤엠 컴퍼니J&M Company는 할랄 생산에 매우 적극적이다. IFANCA는 다양한 제품에 대한 할랄 생산 및 감독 표준을 제정한다. 이와 함께 할랄 표준이 의미하는 것이 무엇이며 어떻게 이를 준수할 것인가를 생산자가 쉽게 이해할 수 있도록 하기 위해, 해당 시장의 발전에 따라 단계적으로 발간될 일련의 표준 매뉴얼의 첫 번째로서 이 자료를 출간하게 되었다. 이러한 최소 요건을 준수하지 못한 생산자는 미국 국내 및 해외 시장 모두에서 어려움을 직면하게 될 것이다. 인증 활동은 할랄 표준 준수를 위해 필요한 것을 생산자가 명확히 이해하도록 하기 위해 무슬림 조직이 고안한 할랄 기반제도의 첫 번째 부문에 해당한다.

이 매뉴얼은 IFANCA 할랄 표준 및 기타 요건을 생산자의 실무적인 관점에서 설명한다. 할랄 제품을 생산하기 위해 회사 자체가 무슬림에 의해 소유, 경영 혹은 운영될 필요는 없다. 하지만 할랄 표시가 부착될 모든 제품은 숙련되고 유능한 무슬림 생산 심사관의 엄격한 감독, 지원, 상담 및 참여하에 생산되어야 한다. 숙련된 무슬림 심사관을 발굴하고 정해진 요건을 준수하는 것은 회사의 책임이다. 할랄 인증을 위해 선정된 무슬림 감독기관의 공신력을 체크하는 것은 마케팅 담당자의 책임이다.

A. 개요: 할랄 감독의 목표 및 목적

할랄이라는 용어는 '적절하고 허용된 것'을 의미한다. 할랄 식품은 알라(하나님)에 의해 무슬림의 섭취가 허용된 것이다. 다비하 할랄이란 이슬람식 절차에 따라 무슬림에 의해 적절하게 도축된 육류·가금류를 일컫는다. 하람이라는 용어는 알라에 의해 무슬림의 섭취가 '금지' 혹은 '불허'된 것이다. 할랄 표준에 따라 처리되거나 가공되지 않은 식품은 섭취가 금지되며, 단적인 예로는 알코올이나 돼지고기를 들 수 있다.

생산자의 관점에서는 다음과 같은 사실을 분명히 주지해야 하는데, 원재료에 대해서만 허용 여부를 검토하는 것이 아니라, 해당 원재료의 공급사 역시 할랄로 승인되어야 한다. 왜냐하면 많은 원재료가 육류 기반 재료를 포함한 다양한 재료에서 얻어질 수 있기 때문이다. 공급사 네트워크를 구성하고 이를 검증하는 것은 시간이 걸리는 작업이기는 하지만, 한번 완료되면 추후 생산 및 계획 단계에서 획기적으로 시간을 절약할 수 있다. 시장의 발전을 고려할 때 특히 육류, 가금류 및 관련 원재료와 연관된 부문에서의 핵심 공급사에 대한 할랄 프로세스 구축은 장래를 대비해 필수적이고 바람직하다.

B. 할랄 감독 및 심사

공신력 있는 할랄 감독기관을 선정하고 적절하게 훈련된 현장 할랄 심사관 및 감독관을 물색하고 고용하는 일은 현재와 장래의 사업 운용에 매우 중요하다. 극히 소수의 감독기관만 해당 요건을 충족하고 있으며, 이 기관들을 또 하나의 잠재적 사업 파트너로 인식해야 한다. 감독기관의 공신력을 포함해, 그들과의 협력을 통해 소비자의 수용력을 높이고 이로써 회사 운영에 영향을 가져올 종합적 가치를 평가해야 한다.

과거 많은 회사는 생산 관련 무슬림을 고용해야 한다는 최소한의 요건을 충족시키기 위해 자체 생산 실무를 감독하고 인증하기 위해 지역 내 비숙련 개별 무슬림을 고용했었다. 신중하지 못한 이러한 실무 운영은 성공적인 제품 생산 및 소비자 수용력을 위협한다. 현지 이슬람 인증 기관과의 협업은 구체적인 생산 시스템에 대해 거꾸로 그들을 훈련시키는 효과를 가져오며, 이를 통해 더욱 우수한 감독기관으로 발전하는 효과가 있을 수 있다.

심사관과 감독관은 종교적인 지침뿐 아니라 생산 품질 및 관리, 제품 흐름 체계, 세척 및 생산 장비의 적절한 사용에 대해서도 훈련이 요구된다. 이러한 훈련에는 원재료와 예상 공급사에 대한 실무 지식도 포함된다. 비할랄 제품과 할랄 제품을 함께 다루는 생산 현장의 경우, 추가적인 관련 경험이 요구된다. 감독기관과 심사관 모두 적합한 세척 및 생산 통제 시스템(입고에서 시작해 보관과 생산을 거쳐 완제품 포장에 이르는 체계를 포함) 보장 절차를 적절히 구축하기 위한 관련 경험을 보유하고 있어야 한다.

B-1 심사관 및 감독관의 자격

심사관 및 감독관은 반드시 무슬림이어야 하며, 코란 및 순나(무함마드의 가르침)에 규정된 할랄 요건에 관한 헌신적 자세와 실무 지식을 활용해 자신의 신념을 적극적으로 실천하는 사람이어야 한다. 이들은 할랄 실무 규칙 및 요건에 따른 식품 처리 실무 지식에 대해 검증되어야 하는데, 그와 같은 실무 지식은 생산될 제품과 유사한 식품 생산 경험에서 얻어질 수 있다. 이러한 경력의 예로는 식당, 연회업체 주방, 미국 농무부 생산 시설, 기타 등등 다양하다. 통상적으로 감독관은 남성이다. 하지만 이러한 기능을 수행할 수 있도록 훈련받은 자격 있는 여성이라면 굳이 이러한 임무 수행에서 배제될 이유는 없다.

B-2 심사관 및 감독관의 훈련

심사관과 감독관은 아래와 같은 각 분야에서 적절한 훈련을 받아야 하며, 그 훈련 기록은 문서로 작성되어야 한다. 이러한 훈련은 다음 중 하나의 기관에서 받아야 한다. 해당 감독기관, 신뢰할 만한 외주 교육기관, 심사관 및 감독관이 기존에 근무했었던 타 감독기관 중에서 현재의 감독기관이 기존 훈련 과정을 인정하는 기관.

훈련을 통해 획득되어야 할 직능에는 다음과 같은 것들이 포함된다.

a. 코란 및 순나에 규정된 할랄 요건.

b. 감독 대상 제품에 대한 업무 지식.

c. 생산 시설 레이아웃, 관리 실무 및 정책.

d. 비할랄 제품(해당되는 경우) 및 할랄 제품에 대한 생산 공정, 그것들의 상이점

e. 기계 및 생산 수단과 표준(숙련된 감독관 아래서의 실습 훈련이 적절함).

f. 감독기관이 수용하는 라벨 형식, 디자인, 명시 문구 및 기타.

g. 설비에 대한 취급 및 포장 관련 사안.

h. 특정 제품 시장에 대한 산업 실무.

i. 문서, 공정 부문, 포장 등을 아우르는 전문성 및 유지 통제력.

j. 할랄로 생산된 품목에만 할랄 라벨이 부착되고, 승인된 납품업자와 원재료만 생산에 투입되었음을 확실히 하기 위한 생산 로그 및 기록의 유지.

B-3 감독기관의 요건

감독기관은 소속 심사관 및 감독관의 훈련과 업무 수행에 대해 전적인 책임을 지며, 심사관과 감독관이 적절하게 훈련되었는지, 할랄 요건에 대해 필요한 지식을 보유하고 있는지, 그리고 신뢰성, 전문성 및 역량이 입증되었는지 확인하기 위해 모든 테스트를 실시해야 한다. 감독기관은 생산자와의 협의를 통해 보험과 보수를 정해야 한다.

모든 감독기관은 자체 구성원이나 외부 자문협약을 통해 종교 담당부를 구성해야 한다. 관련 내용을 요청하는 생산자나 소비자 혹은 고객에게는 종교 담당부에 대한 세부 사항이 고지되어야 한다. 감독기관의 연혁과 함께, 종교 담당부는 감독기관의 신뢰도와 명성을 좌우하는 요소 중 하나이다. 또한 종교 담당부는 특히 도축 절차 및 원재료 승인과 관련해 해당 기관에 적합한 실무 규칙에 관한 정보를 제공하게 되며, 특히 도축 절차 및 원재료 승인에 관한 정보 제공이 중요하다. 감독기관은 다음과 같은 세부적인 기록을 유지해야 한다.

a. 문서화되고 승인된 생산 및 포장 표준, 절차 및 실무 규칙. 모든 설비에

서는 이와 같이 승인된 수단만 사용되어야 한다.

b. 심사관 및 감독관의 경력과 훈련.

c. 생산 설비에 사용되는 포장 재료 및 라벨.

d. 불시 심사 및 해당 방문에서의 확인 사항.

e. 적용된 실무 규칙 및 정책에 대한 위반 사례, 그리고 그 해결책

f. 기관의 명칭 및 상표의 사용에 대한 통제. 감독기관이 어떤 생산자나 그 제품의 전부 혹은 일부에 대해 더 이상 인증하지 않기로 결정한 경우, 감독기관은 감독기관의 명칭이나 상표를 제품에 사용할 수 있도록 해당 생산자에게 수여했던 권리를 반드시 철회해야 한다. 이후 감독기관은 주요 고객이나 소비자에게 해당 품목이 더 이상 자신들의 할랄 감독하에 있지 않음을 안내하기 위한 합리적인 조치를 취해야 한다. 식당이나 판매장처럼 최종 사용자가 일반 고객인 경우에는 관할 지역의 종교 지도자에게 해당 사실이 통지되도록 합리적인 조치를 취해야 한다.

C. 육류와 가금류 - 다비하 할랄

C-1 섭취가 허용되는 (할랄) 동물종

일반적으로 염소, 소, 양, 토끼, 물소, 사슴, 낙타, 기린은 섭취가 허용되는 동물이다. 허용된 조류에는 칠면조, 닭, 가금류, 거위, 오리가 포함된다.

흔한 육류 중 가장 널리 알려진 금지 대상은 돼지고기이다. 돼지고기와 모든 돼지고기 유래 원재료는 돼지로부터 얻는다. 돼지는 무슬림의 섭취에 적합하지 않은 것으로 간주되며, 따라서 하람이다. 또한 돼지를 사육하거나 또는 돼지고기나 돼지 부산물을 거래, 운송하거나 혹은 어떤 식으로든 그것들로부

터 이익을 취하는 것 역시 하람이다.

사자, 늑대, 개, 고양이, 호랑이, 하이에나, 여우, 자칼처럼 '발톱과 송곳니를 가진 육식성 동물'도 금지된다. 가축화된 당나귀 역시 금지된다. 수리류, 까마귀, 독수리, 매, 펠리컨 및 기타 썩은 고기를 먹는 동물을 포함해 '동물의 사체를 먹이로 하는' 조류도 금지된다. 추가로, 금지된 동물종의 젖과 알 역시 섭취가 금지된다.

어떤 경우든 아래에서 설명하는 대로 적절하게 도축되지 않은 동물은 섭취해서는 안 된다. 여기에는 질병, 다른 동물과의 싸움 혹은 인간의 잔악 행위로 인해 죽은 동물은 물론, 부적절하게 도축된 동물이 포함된다.

C-2 도축 실무 – 인도적·정신적 과정

대상 동물을 적절하게 대우하고 또한 인간의 생명 유지를 위한 해당 동물의 역할에 감사를 표할 것을 조건부로 하여, 해당 동물을 섭취하는 것은 허용된다. 이때 식용으로 도축될 피조물의 고통과 괴로움을 경감시키기 위한 조치가 취해져야 한다.

도축 시점에는 종교적으로 신실하고 숙련된 무슬림 도축사가 각 동물이나 가금류에 대고 타스미야 및 타크비르Takbir 도축 기도를 한다. 도축 이후에 도축 기도를 하거나, 단지 도축 과정 개시 시점에 도축 기도를 하거나, 전화기를 통해 하거나, 또는 사전에 녹음된 소리로 하는 것은 실무상 허용되지 않는다. 이와 같은 방법으로 생산된 모든 제품은 허용되지 않으며, 그러한 제품들을 할랄이라고 표시하는 것은 허위 라벨 부착에 해당될 수 있다. 도축 기도는 종교적으로 독실한 무슬림에 의해 직접 실시 및 감독되어야 한다.

C-3 심사관, 감독관, 도축사의 요건

이러한 역할을 맡는 인원은 할랄 도축 실무에 대한 교육을 받고 관련 경력을 보유해야 한다. 도축 관련 업무에 실제 관여하는 모든 무슬림은 할랄 도축 절차에 대한 적절한 경험을 보유해야 한다. 작업자는 충분히 날카로운 칼을 사용해야 하며, 또한 항상 칼을 날카롭게 갈아놓아야 한다. 작업자는 빠르게 방혈이 이루어지고 동물이 고통을 받지 않도록 하기 위해 식도, 기도, 경정맥을 신속히 절단해야 한다. 기계식 도축이든 수작업 도축이든 상관없이 척수는 절단되지 않아야 한다. 감독기관은 오직 적절하게 훈련받은 심사관, 감독관, 도축사만 이러한 생산 단계에 참여할 수 있도록 해야 한다.

C-4 용인되지 않는 실무 사례

일부 생산자는 실제로는 할랄이 아닌 제품에 대해서도 할랄 육류 제품이라는 라벨을 부착한다. 그들은 자신들이 할랄 육류 라벨 부착 '규칙'을 준수하고 있다고 순진하게 믿을 수 있다. 또한 이러한 결정을 함에 있어 마케팅 및 판매 촉진 이외에는 달리 관심이 없을 수도 있다.

인증 기관에 관한 사항이 고지되지 않은 채 육류 제품에 할랄 라벨이 부착되었을 경우, 해당 육류는 허위 라벨일 가능성이 높다. 원재료로 사용하기 위해 할랄 육류를 찾고 있는 생산자는 할랄 라벨이 부착된 육류 품목이라고 해서 무조건 할랄이라고 여겨서는 안 된다. 이를 분명히 하기 위해서는 사용될 각 육류 품목별 생산 로트에 대한 할랄 인증서를 요청해야 한다. 육류가 가장 중요한 원재료인 관계로, 감독기관은 육류 공급사를 검토하거나 또는 필요시 다른 적절한 공급사를 추천해야 한다.

원재료로 사용하기 위해 할랄 육류를 구매하는 생산자에게 조언하자면, 육류 품목에 대해서는 특별한 주의를 하도록 당부한다. 모든 구매 주문에 대해 공급사의 적격성을 확인해야 한다. 하지만 만약 당신의 감독기관이 당신 지역에서는 오직 하나의 육류 공급사만 허용된다고 한다면, 다른 감독기관으로 변경하길 권한다(복수의 할랄 육류 공급사가 있는 지역을 기준으로 한 것으로, 이는 특정 감독기관과 공급사 간의 불공정한 유착 관계를 주의하라는 의미임 — 옮긴이). 오늘날 공급사 네트워크는 나날이 발전하고 있으며 이에 따라 수많은 이슈와 문제로 둘러싸여 있다. 세상이 발전하는 만큼 시각도 유연해야 하며 동시에 주의도 필요하다. 어떤 것이든 문제가 있는 것으로 보인다면 거기에는 실제로 문제가 있을 확률이 높다. 향후 몇 년 이내에, 당신 회사의 구매 거래처에 제시할 할랄 기준을 당신의 회사와 당신이 선정한 무슬림 감독기관이 공동으로 설정하는 광경을 목도하게 되더라도 그리 놀랄 일은 아니다.

허용되지 않는 도축 실무 사례

어떠한 상황에서도 다음과 같은 행위는 허용되지 않는다.

- 도축 공정을 시작할 때만 도축 기도를 하는 것(모든 도체 각각에 대해 계속 하지 않고).
- 모든 도축 업무가 완료된 이후 당일 도축된 동물 전체를 대상으로 도축 기도를 하는 것.
- 입회 무슬림의 직접 기도를 대체하기 위해 녹음된 도축 기도를 사용하는 것.
- 인도적 방식이 사용되었으므로 할랄로 간주되어야 한다는 도축장의 말을 수용하는 것.
- 제품에 할랄 라벨이 부착되었다는 이유만으로 실제 할랄로 생산되었다고 인정하는 것.
- 무슬림 현장 입회가 없었는데도 육류 제품에 할랄 라벨을 부착하는 것.
- 할랄 라벨이 부착된 육류를 가공하는 동시에 돼지고기나 돼지고기 관련 제품을 가공하는 것.
- 전반적이고 세부적인 세척 작업 없이, 할랄 라벨이 부착된 제품의 가공 직전에 돼지고기나 돼지고기 관련 제품을 가공하는 것('N. 생산자 가이드라인과 표준' 참조).

C-5 생산 실무 및 표준

대상 동물에게 불필요한 고통을 주지 않기 위해 인도적인 방식으로 도축이 행해져야 한다. 동물이 살아 있는 동안에는 도체를 분리하거나 절단해서는 안 된다. 동물을 몽둥이로 가격해서는 안 된다. 도축사는 동물이 고통을 당하지 않도록 모든 필요한 주의를 다할 책임을 부담한다.

도축은 식도 및 기도가 절단되도록 목의 전면부 전체를 신속히 절단해야 한다. 척수는 절단되지 않아야 하며 목에 있는 두 가닥 경정맥이 절단되어야 한다. 동물의 피는 도축 직후 완전히 방출되어야 한다. 동물이나 가금류가 죽은 이후에만 가죽, 머리, 깃털 및 기타 부분을 제거할 수 있다.

할랄 표준에 의거해 적절하게 도축된 동물은 할랄로 인정된다. 부적절하게 도축된 동물의 경우, 할랄이라고 표시해서는 안 되며 할랄 육류로부터 분리되어야 하지만, 해당 도체를 비할랄 제품으로 판매할 수는 있다. 대상 동물을 적절하게 처리 및 도축하고 이후 판매나 배급용으로 적절히 취급할 뿐만 아니라, 비할랄로 간주되는 동물, 제품 혹은 부산물로부터 다비하 할랄 동물을 격리했음을 감독관에게 확인받을 수 있도록 각 도축사는 문서로 정리된 표준 및 운영 절차를 항상 소지해야 한다. 이 항에서 요구되는 할랄 도축이 완료되기 전에 도축이 진행되는 도중 기절 과정이나 기타 원인으로 인해 동물이 죽은 경우, 해당 동물은 이미 죽은 더러운 고기로 간주되며, 따라서 하람에 해당한다.

각 포장은 숙련된 할랄 감독관의 감독하에 적절하게 밀봉되어야 하며 해당 감독관의 감독하에서만 다비하 할랄 마크를 부착해야 한다. 위에 언급된 표준에 따라 도축되지 않았거나 또는 할랄 감독관이 요구하는 대로 처리 및 포장되지 않은 모든 육류 제품은 할랄 라벨을 부착해서는 안 된다.

도축 방식

a. 수작업에 의한 도축

개인에 의해 동물이 도축되는 경우, 작업자는 할랄 요건뿐만 아니라 동물에게 고통을 주지 않기 위해 요구되는 특정 방식과 절차에 대해서도 특별한 훈련을 받았어야 한다. 이러한 고난도의 작업에는 민첩성과 강인함이 요구된다. 심신이 약한 사람이 이런 업무를 수행하게 되면, 대상 동물이 신속하게 도축되지 않을 확률이 매우 높을 것이므로 가급적 피해야 한다. 이로 인해 동물에게는 불필요한 고통이 야기될 것이다. 이런 경우는 할랄 도축 요건에 부합한다고 할 수 없다.

따라서 도축 업무와 관련된 책임을 맡을 정도로 적절하게 숙련되고 충분히 강인하지 않은 사람은 동물 주변으로 접근하지 못하도록 해야 한다. 만약 감독 기관이나 관계자가 그 사실을 알면서도 이러한 상황을 허용한다면, 여기에 관여된 모든 사람이 동물의 비인도적 죽음에 대한 책임을 져야 할 것이다. 이 분야에서 특화된 훈련 및 경력이 결코 가볍게 취급되어서는 안 된다.

b. 기계식 혹은 로터리 칼 도축(가금류용)

기계식 도계, 혹은 직접 기계가 실행하는 도계는 다분히 논쟁거리이다. 이제 대부분의 무슬림 국가는 숙련된 정규직 무슬림 작업자가 기계 앞에서 적절한 도축 기도를 하는 경우에는 기계식으로 도계된 가금류도 수용한다. 이때 사용되는 기계는 마치 도계사의 손에 쥐어진 칼과 마찬가지로 인식해 단지 도계사를 보조하는 도구일 뿐이다. 해당 기계가 식도, 기도 및 두 경정맥을 제대로 절단할 것을 조건부로, 이와 같은 기계식 도계가 사용될 수 있다. 기계가 미처 빠뜨린 모든 가금류는 반드시 무슬림 도계사에 의해 수작업으로 도계되어야 한다. 구체적인 '기계식 도계 절차'에 대해서는 IFANCA에 문의하면 된다.

C-6 유대인이나 기독교인이 도축한 육류의 허용

종교적으로 독실한 유대인이나 기독교인이 모든 할랄 도축 기도 절차 및 규정에 부합하는 방식으로 실시한 도축이라 하더라도, 오직 제한된 조건하에서만 수용될 수 있다. 하지만 무슬림이 도축한 육류를 구할 수 있다면 굳이 유대인이나 기독교인이 도축한 육류를 허용할 필요나 이유가 없을 것이며 이러한 예외 조항은 고려할 여지가 없게 된다.

일부 무슬림 가정은 이러한 육류를 구입한 후, 집에서 조리나 식사 전에 뒤늦게 도축 기도를 하기도 했다. 하지만 엄격하게 따지면, 도축 기도는 도축 시점에 행해져야 하며, 따라서 집에서 도축 기도를 하는 것으로는 그 육류의 할랄 여부를 변경하지 못한다.

D. 생선 및 수산물

D-1 할랄로 허용되는 수산물종

조개류를 포함한 모든 신선 생선 및 수산물은 할랄로 간주된다. 가공되거나 조리된 모든 생선 및 생선을 함유하고 있는 제품은 할랄 라벨을 부착하기 전에 숙련된 할랄 감독관으로부터 할랄 승인을 받아야 한다.

D-2 도축 실무

생선은 특정 방식으로 도축될 필요가 없다. 하지만 어떠한 경우에도 생선에게 고통이 가해져서는 안 된다. 물리력을 가해서 때리거나 또는 살아 있는 채로 살을 발라내서는 안 된다. 산 채로 조리되어서도 안 된다. 생선 스스로 죽도록 놔두어야 한다.

D-3 감독관 및 심사관에 대한 표준과 요건

감독관 및 심사관은 생선 처리 실무에 대해 훈련을 받아야 한다.

E. 우유 및 치즈 등 유제품

E-1 요거트

사용된 젤라틴이 할랄 도축된 동물에서 얻은 것으로 확인되지 않는 한, 요거트 및 요거트 제품에는 어떠한 젤라틴도 포함되어서는 안 된다.

E-2 치즈

대부분의 치즈는 동물로부터 얻은 레닛과 기타 효소를 함유하고 있다. 이러한 성분들이 할랄 허용된 동물이나 미생물 혹은 식물성 재료에서 유래되었는지를 확실히 하는 게 가장 중요하다.

F. 과일 및 채소

신선 과일 및 채소는 모두 할랄로 간주된다. 가공 과일 및 채소의 경우, 그것들이 비할랄 오일, 지방, 보존제, 향신료, 색소 등을 사용하는 가공 플랜트에서 생산되었다면 할랄로 인정되지 않을 것이다. 이들 제품의 가공 절차에는 무슬림 감독관의 현장 입회를 요하지 않는다. 하지만 분별 있는 생산자라면 과일 및 채소의 할랄 적격이 손상되지 않도록 필요한 절차를 확실히 운용하기 위해 할랄 감독기관과 협력할 것이다.

추가로 생산 혹은 충진 포장에 사용되는 원재료나 가공 보조제 역시 할랄 여부가 확인되어야 한다. 향신료, 색소 혹은 보존제에는 문제의 소지가 있는 원재료가 첨가되었을 수 있다(I. 첨가제, 착색제 및 보존제 참조). 공급사와 제품 모두 할랄 감독기관의 승인을 받아야 한다. 아울러 포장 재료의 할랄 여부에 관해서는 'L. 포장 재료'를 참조하기 바란다.

G. 빵, 빵가루 작업, 페이스트리, 케이크

빵 제품은 할랄과 관련해 특이한 성질을 갖고 있다. 프라이드 치킨이나 치즈 스틱 같은 제품의 빵가루 작업, 또는 제품 속을 채우는 '숨겨진' 원재료로 사용된 빵가루 작업에는 지방, 오일, 향신료, 색소, 보존제 혹은 알코올 유래 원재료처럼 문제의 소지가 있는 원재료가 함유되었을 수 있다. 할랄 여부를 확실히 하기 위해서는 알코올 유래 혹은 동물 유래 원재료가 사용되지 않았음을 분명히 하는 게 중요하다. 다양한 원재료의 할랄 여부를 수록한 이하 부록을 참조하기 바란다.

H. 오일 및 지방

동물 지방은 가축 부산물 제품으로, 반드시 할랄 도축된 동물로부터 얻어야 한다. 식물성 오일에는 하람 보존제나 가공 보조제가 절대 사용되어서는 안 된다.

I. 첨가제, 착색제, 보존제

첨가제·착색제·보존제는 허용되는 원재료에서 얻고, 알코올 기반 운반체를 사용하지 않은 채 할랄 요건에 맞게 가공되도록 하는 것이 중요하다. 다양한 원재료들의 할랄 여부를 수록한 이하 부록을 참조하기 바란다.

J. 알코올과 알코올 부산물

여기에서의 알코올이란 에틸알코올을 의미한다. 이슬람의 경우, 알코올을 함유한 제품이나 원재료는 조리 목적이나 사탕 충진용으로 사용되는 것조차 금지된다. 인공·천연 착향료, 색소 및 일부 육류성 혹은 식물성 베이스는 플레이버를 추출하기 위해 사용된 알코올을 함유하고 있을 수 있다. 그와 같은 원재료는 할랄 요건에 부합하지 않으며, 이러한 것들은 숨겨진 원재료일 수 있으므로 주의해서 살펴야 한다. 감독기관은 공정 및 원재료에 관한 팔로우 업이 필요할 수 있다. 여기에서 식초는 비록 알코올의 부산물 혹은 파생물이기는 해도 일반적으로 이슬람에서 허용된다는 것을 주지해야 한다. 하지만 혼란을 초래하지 않으려면 라벨 기재 사항에 '와인 비니거'라는 단어는 피하는 것이 현명하다.

K. 간편 조리 식품 - 복합 다중 원재료

간편 조리 식품은 보통 매우 다양한 원재료를 함유하고 있다. 따라서 감독기관은 해당 공급자 자료를 검토하고 또한 정기적으로 승인하는 데 특별히 유의해야 한다.

수프, 스튜 및 간편 대용식 등의 복합 다중 육류 원재료 베이스 제품의 생산 플랜트에는 무슬림 현장 감독관이 참여하도록 해야 한다. 만약 해당 플랜트가 평상시에는 비할랄 육류성 제품을 생산하지만 채식주의 및 할랄 제품도 함께 생산하고 있다면, 할랄 생산을 시작하기 전에 해당 시설에 대한 특별한 세척 및 할랄 처리 과정을 실시해야 한다.

간편 조리 식품에 대한 할랄 인증은 별도의 무슬림 검토와 감독이 요구된다. 육류를 포함하는 할랄 인증 제품에 대해서는 현장 무슬림 통제 및 감독이 의무 사항이다.

L. 포장 재료

포장 재료는 경우에 따라 할랄 여부가 불분명하다. 전자레인지용 냉동식품 용기 같은 플라스틱은 허용 가능한 것으로 보이지만 플라스틱을 제조하는 데 사용된 일부 원재료의 출처는 감춰져 있을 수 있다. 많은 경우, 플라스틱 용기 제조에는 스테아르산염이 사용된다. 스테아르산염은 동물로부터 유래했을 수 있다.

금속제 캔 역시 의심스럽다. 많은 경우 캔 성형과 절삭에는 보조제로서 오일 사용이 필요하다. 그러한 오일 역시 동물로부터 파생되었을 수 있다.

감독기관이 특정 용기에 담긴 식품을 승인하기 위해서는 해당 포장 관련 사안의 수용 여부를 결정하기 위해 필요한 조사와 평가를 실시해야 한다. 간혹 특정 용기가 하람 원재료를 포함하고 있을 경우, 얼마나 많은 하람 요소가 있는지 확인하기 위해 '멜트 다운melt-down' 테스트가 사용된다. 생산자는 오직 승인된 용기와 공급사만을 활용해야 할 것이다.

M. 공신력 있는 우량 감독기관에 대한 신뢰

할랄 인증 표준이 발전함에 따라 감독기관 역시 새로 만들어질 것이다. 일관된 표준, 조직, 체계적인 훈련을 갖춘 기관 및 그 표준은 오래 유지될 것이며 무슬림 공동체의 존경을 받을 것이다. 결국, 해외 고객을 포함한 소비자는 제품의 할랄 여부를 결정하는 데 인증 기관의 표준과 명성을 기준으로 할 것이다. 생산 공정에 대한 엄격하고 공인된 할랄 실무 기준과 표준을 제정하는 것은 할랄 인증 및 수용성에서 향후 발전을 촉진할 것이다.

N. 생산자 가이드라인과 표준

N-1 인증 프로세스

제품에 제대로 된 할랄 라벨을 부착하기 위해서는 신뢰할 만한 감독기관에 의해 경영·정책·생산 실무를 포함한 생산 시설 전반이 면밀하고 주의 깊게 평가되어야 한다. 할랄 표준에 부합하도록 하기 위해 생산 실무를 수정해야 하는 경우, 신뢰할 만한 감독기관의 지침을 기반으로 숙련된 무슬림의 협력을 통해 생산 실무의 변경 및 실행을 해야 한다.

    a. 과일 통조림 제조 플랜트 같이 매일 동일한 공정이 실시되는 간단하거나 단순한 구성의 제조 라인의 경우, 부분적인 무슬림 감독이 요구된다. 일단 생산 실무 기준이 문서로 구축되면 생산의 모든 요소를 숙련된 감독관이 항상 감독할 필요는 없다. 향후 문서화된 절차가 적소에 잘 활용되고 있는지 확인하기 위해 계획된 생산 일정 중에 감독관이 통지 없이 방문할 수 있다. 이러한 플랜트의 경우, 해당 플랜트와 모든 생산이 항상 할랄로 간주될 수 있으며 연간 단위 검토 및 인증서만 필요

하다.

b. 복잡한 제품이거나 또는 할랄과 비할랄 육류 제품이 함께 제조되는 경우, 할랄 인증 감독기관에는 항상 계획된 할랄 생산 일정이 통보되어야 한다. 할랄 생산을 개시하기 전에 장비 및 시설에 대한 특별 세척과 처리가 선행되어야 한다. 생산 개시 시점에는 숙련된 무슬림 심사관이나 감독관이 직접 현장에 입회해야 한다. 입회한 인원은 사용될 원재료를 규명 및 조사하고, 포장 및 라벨을 확인하며, 사용될 설비와 장비의 청결도를 확인·승인하고 준수할 할랄 절차를 검토해야 한다. N-3에서 N-8까지는 복잡한 생산 환경에 대한 요건과 관련된 항목들이다. 생산자에게 연간 단위 인증서가 발급된다 하더라도, 무슬림 감독기관은 로트 코드별로 할랄 여부를 명확히 하기 위해 할랄 감독하에 생산된 로트 코드 통제 리스트를 유지 관리해야 한다. 일부 고객은 각각의 모든 생산 배치에 대해 각각 인증받을 것을 요구하기도 한다.

c. 도축 시설의 경우 현장 입회 무슬림 감독관은 도축, 할랄 육류 분리 및 라벨 작업에 이르는 모든 단계에 반드시 입회해야 한다. 도축장이 할랄 도축 전용 시설이 아닌 한, 각각의 도축에 대해 개별적으로 할랄 인증이 이루어져야 한다.

N-2 플랜트와 생산 공정에 대한 심사 및 승인

a. 플랜트 및 생산에 대한 전반적 승인 - 어떤 시설에 대해 포괄적인 할랄 인증을 수여하기 위해서는 해당 시설이 동일한 형태의 생산을 지속적으로 실시하고, 동일한 원재료를 사용해 동일한 그룹의 승인 제품을 생산해야 한다. 다음은 무슬림 감독기관의 역할이다.

■ 생산 시설 레이아웃, 생산 절차, 정책 및 실무 기준을 검토한다. 여기에는 직접 심사와 플랜트 임직원과의 토의가 수반된다.

- 경영진의 평판, 성실성, 신뢰성을 평가한다.

- 모든 원재료 및 원재료 공급사 리스트를 검토·승인한다. 당해 연도의 인증서 유효기간 중에 변경된 모든 신규 공급사나 원재료가 생산에 투입되기 전에 할랄 인증 기관에 의해 승인받도록 하는 절차가 구축되어야 한다.

- 할랄 전용 인증 생산을 위한 서면 절차를 승인한다. 이는 비할랄 생산과 상이할 수 있다.

- 생산자가 자신의 라벨이나 광고에서 무슬림 조직의 명칭과 할랄 심벌을 언제 어떻게 사용할 수 있는지 허가한다(서면으로).

- 무슬림 심사관이 현장에 입회했었음을 기록한 서류 및 기록부에 대해 불시 방문 심사를 실시한다.

- 세척 작업의 적정성을 평가하기 위해 위생관리 절차 및 위생 화학약품을 검토한다.

b. **복잡한 제품이 생산되는 경우의 플랜트 승인** - 복잡한 제품에는 육가공 할랄 제품 생산 시설에서 생산된 제품이 포함된다. 또한 해당 시설이 다른 시간에 다른 고객을 위해 비할랄 육류 제품도 생산하는 경우, 그 곳에서 생산되는 비육류성 할랄 제품도 복잡한 제품에 포함된다.

- 각 생산이 개시되는 시점에 절차, 원재료, 청결도, 포장·라벨 검토에 대한 무슬림 현장 심사가 이루어져야 한다.

- 할랄 생산 사이에 비승인 제품이 생산되는 경우에는 항상 현장 입회 심사관이 원재료·청결도·포장을 재심사해야 한다.

- 감독기관은 할랄 생산 기간 중 할랄로 생산된 것과 비할랄로 생산된 것을 로트 번호로 구분한 생산 보고서를 획득해 확인해야 한다.

- 할랄 인증된 생산에 대해서만 할랄 라벨이 명시될 수 있도록 하기 위해 포장 통제 절차가 적용되어야 한다. 이 경우 할랄 인증 감독기관

이 요청하면 생산 전후의 포장 재료 및 라벨 재고량이 제공되어야 한다. 포장 재료를 생산자에게 불출하기에 앞서 포장 재료 공급사와의 서면 계약이 체결되어야 하며, 할랄 감독기관은 이것에 근거해 할랄 인증을 표시할 해당 포장 재료에 대한 모든 구매 주문을 승인하게 된다.

복잡 생산 공정 요건

N-3 생산 준비

할랄 생산 개시 전날에는 완전하고 전반적인 세척 작업이 실시되어야 한다. 장비, 파이프(CIP 세척 혹은 분해 세척), 공급 라인, 컨베이어, 조리 장비, 기구, 버킷bucket, 스토브, 오븐, 솥, 증류기, 수레, 운반기, 통 및 할랄 생산에 사용되는 기타 모든 장비는 철저히 세척되어야 하며 이물질이 남아 있지 않아야 한다. 심사관은 직접 만져보고 시각적으로 조사한다. 남아 있던 모든 식품, 윤활유 혹은 기타 찌꺼기들은 철저한 세척을 통해 생산 작업 전에 제거되어야 한다.

N-4 원재료의 할랄 적격을 입증하기 위해 요구되는 서류

생산자는 모든 1차 및 2차 공급사 리스트와 함께 할랄 생산에 사용되는 원재료 리스트를 할랄 감독기관에 제출해야 한다. 또한 심사관에게도 이러한 원재료 및 공급사 리스트가 제출되어야 하는데 단순 제품의 경우에는 심사 시점에 제출하고, 복잡 할랄 제품의 경우에는 생산 개시 전에 제출되어야 한다.

만약 비승인 대체 원재료가 사용되고 있거나 허용 불가 공급사가 관여하고 있음을 심사관이 발견한다면 감독기관에 의해 해당 사안이 규명될 때까지는 생산 및 인증이 즉시 보류되거나 혹은 철회된다.

N-5 원재료 및 포장 제품의 격리, 선적, 보관

할랄 육류 등 할랄 생산 전용으로 사용되는 원재료가 제대로 격리되는 경우, 할랄 감독기관은 모든 생산요소에 대해 현장 육안 심사를 하는 대신 편의상 운영진의 자율 통제를 신뢰하게 된다. 비록 의무 사항으로 요구되지는 않는다 해도 이러한 실무 관행은 비승인 원재료(특히 육류 및 육가공품)를 사용함으로써 할랄 생산이 무효화될 가능성을 감소시킨다. 만약 할랄 적격에 손상을 입게 되면 해당 제품은 할랄이 아닌 일반 제품으로 판매될 수 있다.

비할랄 제품이 실수로 할랄 인증 박스에 포장되는 경우에는 중대한 부정적 결과가 야기될 우려가 있다. 만약 포장자재 재고가 명확하게 분리되어 있음을 감독기관에 제대로 설명하지 못한다면 생산된 모든 할랄 제품이 의심을 받게 되며, 이러한 사안이 해결될 때까지는 재고로 보관 중인 모든 할랄 제품에 대한 할랄 인증이 보류되는 결과를 가져올 수 있다.

선적 단계에서는 포장된 할랄 제품과 비할랄 제품을 구분할 필요가 없다(예를 들어 LTL 복합 운송인). 하지만 포장 밖으로 육즙이 흘러나올 수 있는 비할랄 신선육은 분리되어야 한다. 만약 모든 포장이 교차 오염을 방지할 수 있도록 적절하게 밀봉되어 있다면 선적되는 할랄 식품과 비할랄 식품을 분리하지 않아도 된다.

N-6 비할랄 제품용으로 돼지고기, 비계, 돼지고기 유래 원재료를 사용하는 플랜트에 대한 추가 요건

비할랄 제품의 생산기간에 돼지고기 제품을 처리하는 시설에 대해서는 특별한 세척 작업이 요구된다. 어떠한 경우에도 할랄 인증 제품과 동일한 공간에서 동시에 돼지고기 생산이 실시되어서는 안 된다. 해당 플랜트는 돼지고기 관련 생산과 할랄 생산이 분리될 수 있도록 분명하게 격리되어야 한다. 플랜트 내의 동일한 생산 구역이 아니라면 동일한 시설에서 동시 생산이 이루어질 수도 있다.

모든 시설이 완전히 세척되는지 확실히 하기 위해 현장 할랄 심사관은 반드시 생산 개시 전에 도착해야 하며, 기존에 돼지고기 생산에 사용되었지만 다시 할랄 생산에 사용될 생산 구역과 장비를 조사해야 한다. 추가로 해당 구역과 장비는 재차 무슬림의 감독하에 스팀, 끓는 물 혹은 화학약품을 사용해 남아 있을지도 모르는 돼지고기나 지방 찌꺼기를 완전히 제거해야 한다. 이와 같은 세척 절차는 충진기, 솥, 도구, 혼합기 등을 포함해 할랄 가공 식품과 접촉하는 모든 표면에 적용된다.

N-7 포장 공정에 요구되는 할랄 감독관 통제

오직 적절하게 처리된 제품에만 할랄 인증이 부착될 수 있도록 하기 위해 제조자가 비할랄 제품에 실수로 할랄 라벨을 부착하지 않도록 포장 공정과 라벨에 대한 통제를 실시해야 한다. 감독기관은 포장 인쇄물 및 라벨에 대한 모든 구매 주문에는 반드시 감독기관의 승인 서명을 받도록 하는 서면 계약을 제조사와 해당 포장 재료 공급사 간에 체결하도록 지도해야 한다.

이후 감독기관은 구매량과 생산량(출고량)을 비교해 포장 자재 재고량의 합리적인 관리·감독을 수행해야 한다. 비승인 생산 물품에 할랄 라벨이 부착되지 않았음을 확실히 하기 위해 모든 중요 재고량 변화에 대해서는 수량 차이에 대한 서면 설명이 요구된다.

어떠한 경우에도 현장 심사관의 사전 승인 없이는 고무인이 사용되어서는 안 된다. 시설에서 자체적으로 라벨을 인쇄하는 경우, 제조사 임원은 인쇄된 라벨의 수량을 기재한 공문에 서명해 이를 감독기관으로 제출해야 한다.

N-8 라벨 부착 요건

사전에 감독기관의 서면 승인을 받지 않는 한, 어떠한 경우에도 회사는 인증된 할랄임을 표시하기 위해 자사 제품 포장에 감독기관의 명칭 또는 심벌을 표기해서는 안 된다. 기간 경과로 인해서든 인증 철회나 보류로 인해서든 명칭 또는 심벌에 대한 사용 허가가 종료되었다면 할랄 심벌을 담고 있는 모든 자료는 반드시 파기되어야 한다.

할랄 라벨이 부착된 모든 제품에는 감독기관의 명칭 또는 심벌이 기재되어야 한다. 인증 수여 기관의 명칭을 언급하지 않은 채 할랄 라벨이 부착된 제품은 우선적으로 무슬림 공동체의 단속 활동 대상이 되는 제품군과 유사하게 간주될 것이다.

부록 표 1

식품 첨가제		기능	할랄 여부
영문	한글		
Acetic acid	아세트산	산미료, 보존제, 착향료	할랄
Adipic acid	아디프산	산미료, 착향료	할랄
Agar	한천	겔화 보조제	할랄
Albumin	알부민	단백질 강화제, 결합제	불분명 a
Algin	알긴	증점제, 결합제 및 겔화 보조제	할랄
Annatto	아나토	색소	할랄
Artificial color / flavor	합성 색소 / 플레이버	색소 및 플레이버 추가	불분명 a, b
Ascorbic acid	아스코르빈산	비타민 C, 반죽개량제, 산화방지제	할랄
Aspartame	아스파탐	감미료	할랄
Benzoic acid	벤조산	보존제	할랄
Beta carotene	베타카로틴	색소, 비타민 A	할랄
Butylated hydroxyanisole(BHA)	부틸하이드록시아니솔 (BHA)	산화방지제	할랄
Butylated hydroxytoluene(BHT)	부틸레이티드하이드록시톨루엔(BHT)	산화방지제	할랄
Caffeine	카페인	음료 첨가제	할랄
Calcium caseinate	카제인칼슘	단백질 강화제, 결합제, 휘핑 보조제	할랄
Calcium propionate	프로피온산칼슘	보존제, 항곰팡이제	할랄
Calcium silicate	규산칼슘	고결 방지제	할랄
Calcium stearoyl lactylate	스테아릴젖산칼슘	휘핑 보조제, 반죽개량제, 유화제	불분명 a

식품 첨가제		기능	할랄 여부
영문	한글		
Calcium sulfate	황산칼슘	칼슘 재료, 충진제, 고결제	할랄
Caramel	캐러멜	색소	할랄
Carrageenan	카라기난	안정제, 겔화 보조제	할랄
Citric acid	구연산	산미료, 산화방지제	할랄
Cornstarch	옥수수 전분	증점제	할랄
Dextrin	덱스트린	접착제, 플레이버 운반체	할랄
Diammonium phosphate	인산2암모늄	팽창제	할랄
Dipotassium phosphate	인산2칼륨	유화제, 완충제	할랄
Disodium guanylate / inosinate	구아닐산 / 이노신산2나트륨	플레이버 향상제	할랄
EDTA	EDTA	금속이온 봉쇄제	할랄
Enzymes	효소	활성 첨가제	불분명 c
Erythorbic acid	에리소르빈산	보존제	할랄
Ethyl alcohol	에틸알코올	추출 보조제	하람
Ferric orthophosphate	오르토인산염 제2철	식품 보충제	할랄
Ferrous fumarate	푸마르산 철	식품 보충제	할랄
Ferrous gluconate	글루콘산 철	식품 보충제	할랄
Fumaric acid	푸마르산	산미료	할랄
Gelatin	젤라틴	겔화 보조제	불분명 d
Glutamic acid	글루탐산	플레이버 향상제	불분명 a
Glycerin	글리세린	습윤제, 결정화 조절제, 가소제	불분명 a
Glyceryl monolaurate	글리세릴 모노라우레이트	유화제	불분명 a
Glycine	글리신	식이 보충제, 산패 방지제	불분명 a
Guar gum	구아검	안정제, 증점제	할랄
Gum base	껌 베이스	수지	불분명 a
Hydrolyzed vegetable protine(HVP)	가수분해 식물성 단백질 (HVP)	플레이버 향상제	할랄
Isopropyl citrate	구연산 이소프로필	산화방지제	할랄
Lactic acid	젖산	산도 조절제, 착향료, 보존제	할랄
Lactylated fatty acid esters	락틸레이트화 지방산 에스테르	유화제	불분명 a
Lard	라드	돼지 지방	하람
Lecithin(soy)	레시틴(대두)	유화제, 반죽안정제, 점착방지제, 점도감소제, 습윤제	할랄
Magnesium stearate	스테아르산 마그네슘	윤활제, 결합제, 유화제, 고결 방지제	불분명 a
Maltodextrin	말토덱스트린	성형제, 결정화 방지제, 증량제	할랄

식품 첨가제		기능	할랄 여부
영문	한글		
Methylcellulose	메틸셀룰로오스	증점제	할랄
Methylsalicylate	살리신산메틸	착향료	할랄
Monoglyceride and di-glyceride	모노글리세리드 및 디글리세리드	유화제, 반죽개량제, 질감 향상제	불분명 a
Monosodium glutamate (MSG)	글루탐산모노나트륨 (MSG)	플레이버 향상제	할랄
Oleoresins	올레오레진	색소 및 플레이버 첨가제	불분명 a
Oxystearin	옥시스테아린	결정화 방지제, 이형제	불분명 a
Pectin	펙틴	겔화 보조제	할랄
Phosphoric acid	인산	산미료	할랄
Polysorbates	폴리소르베이트	유화제	불분명 a
Potassium citrate	구연산 칼륨	금속이온 봉쇄제 및 완충제	할랄
Potassium sorbate	소르비탄 칼륨	보존제	할랄
Potassium stearate	스테아르산 칼륨	결합제, 유화제, 껌 베이스 가소제	불분명 a
Propyl gallate	갈산 프로필	산화방지제	할랄
Propylene glycol	프로필렌 글리콜	습윤제, 용매	할랄
Propylene glycol alginate	알긴산 프로필렌 글리콜	증점제, 안정제, 유화제	할랄
Propylene glycol monos-tearate	프로필렌 글리콜 모노스테아레이트	분사 보조제, 결정 안정제, 분무 증강제	불분명 a
Rennet	레닛	치즈에 주로 사용되는 우유 응고제	불분명 c
Saccharine	사카린	감미료	할랄
Shortening	쇼트닝	동물성 또는 식물성 지방이나 오일	불분명 a
Silicon dioxide	이산화규소	고결 방지제	할랄
Sodium acid pyropho-sphate	산성 피로인산 나트륨	팽창제, 보존제, 금속이온 봉쇄제	할랄
Sodium alginate	알긴산 나트륨	증점제, 결합제, 겔화 보조제	할랄
Sodium ascorbate	아스코르브산 나트륨	산화방지제, 영양제	할랄
Sodium benzoate	벤조산나트륨	보존제	할랄
Sodium bicarbonate	탄산수소나트륨	팽창제	할랄
Sodium caseinate	카제인 나트륨	단백질 강화제, 유화제, 결합제, 휘핑 보조제	할랄
Sodium citrate	구연산나트륨	금속이온 봉쇄제	할랄
Sodium erythorbate	에리소르빈산 나트륨	산화방지제	할랄
Sodium hexametapho-sphate	헥사메타인산 나트륨	결합제	할랄
Sodium lauryl sulfate	라우릴황산 나트륨	휘핑 보조제, 유화제	불분명 a

식품 첨가제		기능	할랄 여부
영문	한글		
Sodium nitrate	질산나트륨	살균제, 보존제	할랄
Sodium nitrite	아질산나트륨	살균제, 보존제	할랄
Sodium propionate	프로피온산 나트륨	보존제	할랄
Sodium silico aluminate	실리코알루민산 나트륨	고결 방지제 및 품질개량제	할랄
Sodium stearate	스테아르산 나트륨	결합제, 유화제, 고결 방지제	불분명 a
Sodium sulfite	아황산나트륨	보존제	할랄
Sorbitan monostearate	소르비탄 모노스테아레이트	유화제, 계면활성제, 분산제	불분명 a
Sorbitol	솔비톨	습윤제	할랄
Stannous chloride	염화 제1주석	산화방지제, 보존제	할랄
Stearic acid	스테아르산	윤활제, 결합제, 소포제	불분명 a
Stearoyl lactylate	스테아로일 락틸레이트	반죽개량제, 유화제, 휘핑 보조제	불분명 a
Sulfur dioxide	이산화황	보존제, 살균제	할랄
Tallow	동물성 지방	동물성 지방	불분명 a
Tartaric acid	주석산	플레이버 향상제, 산미료	할랄
Titanium dioxide	이산화 티타늄	색소	할랄
Vanilla	바닐라	플레이버	불분명 b
Vanillin	바닐린	플레이버	불분명 b
Vinegar	식초	산미료, 플레이버	할랄
Whey	유청	유당, 우유 고형분, 유청단백질의 원료	불분명 c
Yeast	효모	팽창 및 발효 보조제	할랄
Zein	제인	코팅제	할랄

주 1: 동물로부터 유래되었거나 또는 동물성 원재료를 함유하고 있는 재료.
주 2: 하람에 해당하는 에틸알코올 함유 가능.
주 3: 레넷 및 기타 효소가 비할랄 도축 동물로부터 유래되었을 수 있음. 치즈 부산물인 유청(Whey)은 문제가 될 만한 레넷이나 효소를 사용한 응유로부터 파생되었을 수 있음.
주 4: 돼지고기로부터 파생되었을 수 있음. 단, 생선이나 할랄 도축 동물로부터 얻은 젤라틴은 할랄에 해당.

'마이 오운 밀' 및 '제이앤엠' 브랜드 제품 소개

마이 오운 밀스 인코포레이티드My Own Meals, Inc.와 제이앤엠 컴퍼니J&M Company는 IFANCA의 이슬람식 감독 및 인증하에 할랄 인증된 상온 유통 대용식을 생산·유통하고 있다. 사용된 모든 육류·가금류 고기는 다비하 할랄 인증을 받았다. 모든 육류 첨가 대용식은 제이앤엠J&M™ 브랜드명으로 판매된다. 모든 채식주의자 대용식은 마이 오운 밀My OWN MEAL® 브랜드명으로 판매된다.

대용식 제품의 유통기한은 제조일로부터 18개월이며 가정, 사무실, 학교 점심 및 산업체용으로 10온스 전자레인지 용기에 포장된다. 또한 주로 캠핑, 여행, 군 전투식량용으로 유통기한이 제조일로부터 5년인 8온스 알루미늄 포일 파우치 제품도 있다. 사용된 제조 공정은 통조림 공정과 유사하므로 냉장보관은 필요하지 않다. 이 외에도 사이드 디시side dish 제품도 출시되어 있다. 대용식 제품은 다음과 같이 다양하다.

- 마이 카인드 오브 치킨My Kind of Chicken® 가벼운 소스에 현미, 완두, 당근을 넣은 조각 닭고기. 다양한 맛 선택 가능.
- 치킨 메디터레니언Chicken Mediterranean™ 톡 쏘는 소스에 토마토, 감자, 병아리콩chick pea, 블랙 올리브를 넣은 닭고기살. 지중해식 맛을 즐길 수 있는 메뉴.
- 치킨 앤 블랙 빈스Chicken and Black Beans 검은콩과 강낭콩, 토마토, 감자, 피망 및 옥수수를 넣은 닭고기살. 단순한 양념으로 만든 훌륭한 메뉴.
- 치킨 앤 누들스Chicken and Noodles 가볍고 맛있는 양념 소스에 클루스키kluski 누들, 완두, 당근을 넣은 닭고기살. 훌륭한 조합.
- 치킨, 플리즈Chicken, Please® 가벼운 소스에 닭고기살, 감자, 옥수수와 당근을 넣은 건강식 스튜.
- 비프스튜Beef Stew 가벼운 소스에 소고기, 감자, 피망, 토마토, 양배추, 주키니zucchini, 병아리콩, 당근을 넣은 풍미 좋은 스튜.
- 올드 월드 스튜Old World Stew 현미, 토마토, 주키니, 핀토빈Pinto bean을 넣은 소고기 스튜. 향긋한 풍미로 맛이 좋음.
- 플로렌틴 라자냐Florentine Lasagna 리코타 치즈와 파마산 치즈, 시금치, 핀

토빈을 넣은 작은 라자냐 누들. 플로렌스 맛의 영향을 받은 메뉴.

- 치즈 또르텔리니Cheese Tortellini 파마산 치즈와 핀토빈으로 향을 낸 걸쭉한 양념 토마토 소스와 치즈를 채운 또르텔리니. 완벽함.
- 베지테리언 스튜Vegetarian Stew 마카로니, 채소, 감자, 보리, 렌틸콩, 땅콩과 양념. 훌륭한 맛과 다양한 식감을 가진 제품으로 채식주의자 및 건강식 선호 소비자에게 맞는 메뉴.
- 파스타 위드 가든 베지터블스Pasta with Garden Vegetables 피망, 버섯, 주키니, 토마토 등 다양한 채소를 넣은 로티니 파스타. 전통적인 이탈리아식 양념으로 완벽하게 조화된 맛있고 건강한 메뉴.

미국 내에서 아래 주소로 연락하면 마이 오운 밀 및 제이앤엠의 모든 제품을 우편으로 주문할 수 있다.

My Own Meals, Inc.
전화: 847-948-1118

J&M Company
전화: 847-948-1290(J&M)
팩스: 847-948-0468
P.O. Box 334
Deerfield, IL 60015
이메일: myownmeals@worldnet.att.net

저자 소개

무함마드 챠드리 Dr. Muhammad Munir Chaudry 박사

식품공학자이다. 1984년 IFANCA 회장이 될 때까지는 헬러 시즈닝스Heller Seasonings에서 기술 임원을 역임했다. 식품공학 박사로서, 미국과 해외에서 할랄 생산 표준을 발전시키기 위해 적극적으로 노력해왔다.

모함마드 마즈하 후싸이니 Mohammad Mazhar Hussaini

무슬림 식이법을 연구한 영양학자로 IFANCA의 설립회장이자 임원이다. *Islamic Dietary Concepts & Practices*(IFANCA, 1993)를 포함한 몇 권의 저서와 경력을 거치면서 식이법 관련 연구를 계속하고 있다.

메리 앤 잭슨 Mary Anne Jackson

CPA 및 MBA이자 전 비트라이스 푸드 컴퍼니Beatrice Foods Co. 임원으로, 1986년 마이 오운 밀스 인코포레이티드를 설립했다. 1978년부터 비트라이스 Beatrice에 재임하는 동안 회계, 재무, 마케팅, 신제품 개발, 운영 및 전략운영 기획 부문에서 근무했다.

미안 리아즈 Dr. Mian Nadeem Riaz 박사

텍사스 주 칼리지 스테이션College Station 소재 텍사스 에이앤엠 대학교Texas A&M University의 식품연구 과학자로, 할랄 인증과 관련된 무슬림 현안에 대한 인식을 제고하기 위해 IFANCA와 함께 일하고 있다. 할랄 표준이 식품에 끼치는 영향에 대한 평가를 담당하고 있다.

기관 소개

마이 오운 밀스 인코포레이티드 및 제이앤엠 컴퍼니

메리 앤 잭슨에 의해 1986년 설립된 마이 오운 밀스 인코포레이티드는 아동을 위한 순수 천연, 상온 유통 제품군을 출시함으로써 아동용 대용식 시장을 개척하고 선도했다. 1991년 잭슨은 제품군과 마케팅 초점을 성인과 아동 모두를 위한 코셔 및 할랄 대용식으로 전환했다. 1996년 마이 오운 밀스 인코포레이티드는 미군에 최초의 할랄 전투식량을 성공적으로 납품했고, 모든 제품에 육류 메뉴가 포함되어 있었다. 회사는 신뢰에 기초한 건강식 및 상온 유통 대용식 중시 전략을 이어오고 있다. 모든 제이앤엠 브랜드 제품은 할랄 인증 제품이다. 모든 마이 오운 밀 브랜드 제품은 코셔 인증 제품이다. 모든 마이 오운 밀 채식주의 제품은 코셔 및 할랄을 인증받았다.

추가 정보에 대해서는 P.O. Box 334, Deerfield, IL 60015로 연락할 것.

미국 이슬람 식품 및 영양 협의회 Islamic Food and Nutrition Council of America: IFANCA

IFANCA는 무슬림 식이 요건·표준·규정에 대한 인식과 이해를 향상시키려는 목적으로 1982년 미국 일리노이 주에서 이사회에 의해 설립 및 등록되었다. 이 조직은 식품·영양·건강과 관련된 영역에서 과학적 연구에 헌신하고 있다. IFANCA는 자격을 갖춘 제품 및 제조사의 생산에 대해 할랄 감독과 인증을 제공한다. 중점적으로 다루는 분야는 도축, 육가공품, 식품, 동종 제품군이다.

추가 정보에 대해서는, P.O. Box 597722, Chicago, IL 60659-7722로 연락하면 된다. '할랄 산업 생산 표준'은 할랄 생산 표준을 설명하는 최초이자 단일 주제의 문서에 해당한다. 이 표준의 목표는 각 표준 간의 일관성을 정의·도출하고, 제품에 할랄 라벨을 부착하고자 하는 생산자에게 소비자가 기대하고 있는 내용을 기술하는 것이다. 할랄 제품 수요가 증가함에 따라 표준의 일부 내용은 문서 보완을 필요로 하며, 따라서 지속적인 명확화와 수정이 필요할 것이다. 물론 독자가 속한 지역의 무슬림 감독기관이 이 책보다 더욱 자세한 사안을 규명하거나 설명할 수도 있겠지만, 어떤 것이든 일단 문서가 존재해야 이후 변경될 수 있을 것이다.

할랄 식품 시장

제대로 된 인증과 라벨이 부착된 할랄 식품 시장은 미국의 경우 아직 초기 단계이다. 미국 내수 수요는 한계가 있다. 할랄 생산은 거의 수출용 육가공품으로만 한정되어왔다. 경쟁력을 포함한 여러 가지 이유로 인해, 해외 고객들은 할랄 라벨을 더욱 제한적으로 수용하고 있으며 사용된 공정에 대한 더 많은 정보를 요구하고 있다. 현재의 소규모 미국 내수시장은 향후 수십 년에 걸친 성장을 반영하며 어떤 것을 수용하고 어떤 것을 수용하지 말아야 할지에 대해 점점 까다롭게 변하고 있으며 또한 목소리를 높이고 있다.

말레이시아 할랄 식품의 생산, 전처리, 취급, 보관에 관한 일반 지침(2차 수정)●

Halal food - production, preparation, handling and storage -

general guidelines(second revision)

1. 적용 범위

말레이시아 표준은 할랄 식품(영양 보조제 포함)의 전처리와 취급에서 식품 업계 실무 지침을 제공하며, 또한 말레이시아에서의 할랄 식품 및 식품 거래나 사업에 대한 기본 요건으로서의 역할을 한다(알림: 인증에 필요한 모든 요건이 이 표준에 수록되어 있는 것은 아님. 할랄 인증은 말레이시아 관할 당국에 의뢰해 획득할 수 있음).

2. 용어 정의

이 표준의 목적상 다음과 같은 용어 정의가 적용된다.

● 자료: Jabatan Kenajuan Islam Malaysia(2009), 홈페이지 www.islam.gov.my 참조.

2.1 샤리아 율법

2.1.1 샤리아 율법은 의무, 선택 사항 혹은 선결 조건al wadh'u[•]의 형태로 일정한 책임이 부과된 사람mukallaf의 행위에 관련된 알라의 명령이다.

2.1.2 말레이시아 법률에서 정의하는 샤리아 율법은 연방 지역에서 적용되도록 국왕yang di-pertuan Agong이 승인했거나 또는 해당 주州에서 적용되도록 주 통치자가 승인한 것으로서 샤피이 교파에 따른 이슬람 율법이나 그 외 말리키 교파, 한발리 교파, 하나피 교파에 따른 이슬람 율법, 또는 이슬람 당국이 승인한 파트와fatwa를 의미한다.

2.2 할랄

행위자에게 벌칙을 부과하지 않은 채 샤리아 율법에 의해 허용되는 사물이나 행위.

2.3 할랄 식품

할랄 식품이란 다음과 같은 조건을 충족하는 것으로 샤리아 율법에 따라 허용된 식품과 음료, 그 원재료를 의미한다.

a. 샤리아 율법에서 정한 비할랄 동물의 일부나 관련 제품을 함유하지 않아야 하며, 또한 샤리아 율법에 의거해 도축되지 않은 동물의 일부나 관련 제품을 함유하지 않을 것.

b. 샤리아 율법에 따른 나지스Najs를 함유하지 않을 것.

c. 소비에 안전하고 무독성으로 취하게 하지 않으며 건강에 유해하지 않을 것.

• Al wadh'u는 샤리아 율법을 실시하기 전에 선행되는 요건이다. 예컨대, 기도 시간의 준수는 해당 기도가 유효하기 위한 요건이다.

d. 샤리아 율법에서 정한 나지스로 오염된 장비를 사용해 전처리, 가공 혹은 제조되지 않았을 것.

e. 인체의 일부 또는 샤리아 율법에서 허용되지 않은 인체 부산물을 함유하지 않을 것.

f. 해당 식품을 전처리·가공·취급·포장·보관·배급하는 동안 위의 a, b, c, d 혹은 e에 기재된 요건을 충족하지 않는 다른 식품, 또는 샤리아 율법에서 나지스로 정한 기타 물질과 물리적으로 분리될 것.

2.4 나지스

2.4.1 샤리아 율법에 따른 나지스는 다음과 같다.

a. 개, 돼지 및 그 부산물.

b. 비할랄 물질로 오염된 할랄 식품.

c. 비할랄 물질과 직접 접촉된 할랄 식품.

d. 소변, 혈액, 구토물, 고름, 태반, 배설물, 그리고 돼지와 개의 정자와 난자처럼, 인간이나 동물의 장기에서 배출된 모든 액체와 물질(알림: 개와 돼지를 제외한 인간 및 동물의 젖, 정자와 난자는 나지스가 아님).

e. 부패한 고기 또는 샤리아 율법에 의거해 도축되지 않은 할랄 동물.

f. 카므르Khamar[*] 또는 카므르를 함유하고 있거나 혼합한 식품이나 음료.

2.4.2 나지스에는 다음과 같은 세 가지 형태가 있다.

a. 무할라자mughallazah 개와 돼지의 장기에서 배출된 모든 액체와 물질, 그 부산물 및 파생물을 포함해 개와 돼지 같이 심각한 나지스로 간주되는 것.

• 알코올성 음료와 취하게 하는 것을 의미한다.

b. 무카파파mukhaffafah 경미한 나지스로 간주되는 것. 이 범주에 들어가는 유일한 나지스로는, 엄마의 모유 이외의 어떠한 다른 음식도 섭취하지 않은 2세 이하 유아의 소변.

c. 무타와시타mutawassitah 구토물, 고름, 피, 카므르, 부패한 고기, 장기에서 추출된 액체 및 물질 등과 같이, 심각한 나지스와 경미한 나지스 어디에도 속하지 않는 중간 수준의 나지스로 간주되는 것.

2.5 도축

샤리아 율법에 따르면, 도축 행위란 동물의 방혈과 사망을 촉진하기 위해 기도, 식도, 그리고 경동맥과 경정맥을 함께 절단하는 것이다.

2.6 관할 당국

관할 당국이란 지정된 요건에 따라 특정 업무를 수행하도록 정부로부터 위임받은 기관을 말한다(알림: 말레이시아의 경우 이슬람 관련 업무, 할랄 인증, 동물 보건, 공중 보건, 식품 안전 및 기타 등 각각의 분야를 책임지는 다양한 관할 당국이 존재한다).

2.7 작업장

영구적이든 그렇지 않든 상관없이, 식품의 전처리, 도축, 가공, 취급, 포장, 보관, 배송 및 판매와 관련해 사용되는 모든 건물이나 기타 구조물을 말하며, 해당 건물이나 구조물이 위치한 토지 및 그 인접 토지를 포함한다.

3. 요건

3.1 경영진 책임

3.1.1 경영진은 무슬림 할랄 수석 임원을 지정하거나 또는 내부 할랄 통제시스템 실행의 유효성을 보장할 수 있도록 무슬림 인원으로 구성된 위원회를 결성해야 한다.

3.1.2 경영진은 해당 인원들이 할랄 원칙 및 그 적용에 대한 훈련을 받도록 해야 한다.

3.13 경영진은 할랄 통제시스템을 실행하기 위해 충분한 자원(예컨대 인력, 시설, 재정 및 기반 시설)이 제공되도록 해야 한다.

3.2 작업장

작업장은 제품 오염 위험을 통제하고 의도한 용도에 적합한 공정 흐름이 가능하도록 설계·건설되거나 리노베이션renovation 되어야 한다.

3.2.1 작업장의 레이아웃은 해충 침입과 작업 간 교차 오염에 대한 방호를 포함해 적절한 공정 흐름, 적절한 직원 동선, 양호한 위생 및 안전 실무가 가능해야 한다.

3.2.2 원재료 수령부터 완제품에 이르기까지의 제품 공정 흐름은 교차 오염을 방지해야 한다.

3.2.3 작업장은 세척 작업 및 식품 위생에 대한 적절한 감독이 원활하도록 설계되어야 한다.

3.2.4 적합한 위생 설비가 제공·유지되어야 한다.

3.2.5 부패 위험 제품의 효과적인 운송이 가능하도록 적재와 하역장이 적절하게 설계되어야 한다.

3.2.6 해충의 출입을 방지하고 번식 가능 장소를 차단할 수 있도록 청결한

상태로 작업장이 유지되어야 한다.

3.2.7 인력과 장비를 통한 교차 오염을 방지하기 위해 작업장은 돼지 축사 혹은 그 가공 작업으로부터 효과적으로 분리·이격되어야 한다.

3.2.8 도축 및 가공 작업장은 오직 할랄 도축과 할랄 가공을 위해서만 사용되어야 한다.

3.2.9 발골·절단·포장·보관 등의 도체 처리 작업은 도축 장소와 동일한 장소에서 실시되거나 또는 관할 당국에 의해 표준 요건에 부합한다고 승인된 작업장에서 실시되어야 한다.

3.2.10 애완동물과 기타 동물은 작업장에 출입하지 못하도록 해야 한다.

3.3 장치, 도구, 기계, 가공 보조물

3.3.1 할랄 식품 가공에 사용되는 장치·도구·기계·가공 보조물은 세척이 원활하도록 고안 및 설치되어야 하며 샤리아 율법에서 나지스로 정한 물질로 만들어지거나 이를 함유해서는 안 되며, 또한 할랄 식품용으로만 사용되어야 한다.

3.3.2 기존에 무할라자 나지스를 사용했었거나 혹은 이와 접촉되었던 장치·도구·기계·가공 보조물은 샤리아 율법이 요구하는 바에 따라 세척과 종교적 세정이 실시되어야 한다('별첨 B' 참조).

3.3.3 무할라자 나지스 생산 라인이나 또는 무할라자 나지스를 포함했었던 가공 라인을 할랄 생산 라인으로 전환하는 경우, 해당 라인은 샤리아 율법이 요구하는 바에 따라 세척과 종교적 세정이 실시되어야 한다('별첨 B' 참조). 이러한 절차는 관할 당국에 의해 감독·검증되어야 한다. 일단 전환된 이후에는 해당 라인은 오직 할랄 식품용으로만 운영되어야 한다. 해당 라인을 무할라자 나지스 생산 라인으로 전환했다가 다시 할랄 생산 라인으로 번복하는 행위는 허용되지 않는다.

3.4 위생, 시설 보건, 식품 안전

3.4.1 위생, 시설 보건, 식품 안전은 할랄 식품의 전처리에서 선결 조건이다. 여기에는 개인위생, 복장, 장치, 도구, 기계, 가공 보조물이 포함되며 또한 식품의 가공·제조·보관을 위한 장소가 포함된다.

3.4.2 할랄 식품 제조자는 다음과 같은 조치를 취해야 한다.

  a. 가공에 앞서 원재료, 성분, 포장 재료를 검사·분류할 것.

  b. 폐기물을 효과적으로 관리할 것.

  c. 유해 화학물질을 적절하게 보관하고 할랄 식품과 격리시킬 것.

  d. 기계에서 나오는 플라스틱이나 유리, 금속 파편 또는 먼지, 유해가스, 배기가스, 쓸모없는 화학물질 등의 외부 물질로 인한 식품의 오염을 방지할 것.

  e. 허용된 식품 첨가물의 과도한 사용을 방지할 것.

제조와 가공에 필요하다면 적절한 탐지 장치나 차단 장치가 사용되어야 한다.

3.4.3 할랄 식품은, '우수위생관리기준GHP', '우수제조관리기준GMP' 혹은 말레이시아 보건부의 'GMP 가이드라인', 말레이시아 관할 당국에 의해 현재 시행 중인 MS 1514나 MS 1480 및 공공 보건 법령에 의거해, 허가받은 작업장에서 위생적인 여건하에 가공·포장·배급되어야 한다.

3.5 할랄 식품의 가공

3.5.1 할랄 식품 및 음료의 원료.

3.5.1.1 동물.

동물은 두 가지 부류로 구분된다.

3.5.1.1.1 육상동물.

다음과 같은 경우를 제외하고, 모든 육상동물은 할랄 식품에 해당한다.

  a. 샤리아 율법에 따라 도축되지 않은 동물.

b. 무할라자 나지스 동물. 즉, 돼지와 개 및 그 부산물.

c. 호랑이, 곰, 코끼리, 고양이, 원숭이 등과 같이, 먹이를 죽이기 위해 사용되는 길게 뻗은 이빨이나 엄니가 있는 동물.

d. 독수리, 부엉이 등의 포식성 조류.

e. 쥐, 바퀴벌레, 지네, 전갈, 뱀, 말벌 및 기타 유사 동물 등의 해충 또는 독성 동물.

f. 벌, 딱따구리 등과 같이 이슬람에서 죽이는 것이 금지된 동물.

g. 이, 벼룩 등과 같이 혐오스러운 것으로 간주되는 생물.

h. 의도적이고 지속적으로 나지스로 사육된 할랄 가축.

I. 당나귀와 노새처럼 샤리아 율법에 의거해 식용이 금지된 그 외 동물.

3.5.1.1.2 수상 동물

수상 동물이란 물고기처럼 물속에서 사는 것으로 물 밖에서는 생존할 수 없는 동물을 말한다. 독이 있거나 취하게 하거나 혹은 유해한 것들을 제외한 모든 수상 동물은 할랄이다. 악어, 거북이, 개구리처럼 육상과 수상 모두에서 사는 동물은 할랄이 아니다.

나지스에서 살고 있거나 또는 의도적이고 지속적으로 나지스로 양식된 수상 동물은 할랄이 아니다.

3.5.1.2 식물

독이 있거나, 취하게 하거나 혹은 유해한 것들을 제외한 모든 종류의 식물, 그 제품과 파생물은 할랄이다.

3.5.1.3 버섯과 미생물

독이 있거나, 취하게 하거나 혹은 유해한 것들을 제외한 모든 종류의 버섯과 미생물(즉, 박테리아, 해조류 및 균류), 그 부산물과 파생물은 할랄이다.

3.5.1.4 천연 미네랄과 화학물질

독이 있거나, 취하게 하거나 혹은 유해한 것들을 제외한 모든 천연 미네랄 및 화학물질은 할랄이다.

3.5.1.5 음료

독이 있거나, 취하게 하거나 혹은 유해한 것들을 제외한 모든 종류의 물과 마실 것은 할랄 음료에 해당한다.

3.5.1.6 유전자 변형 식품GMF

샤리아 율법에서 비할랄에 해당하는 동물의 유전 물질로 만든 유전자 변형 조직GMO이나 원재료로 된 제품 또는 부산물을 함유한 식품과 음료는 할랄 이 아니다.

3.5.1.7 제3.5.1.1.2항과 제3.5.1.2항에도 불구하고 샤리아 율법에서 허용 된 바에 따라, 가공되는 동안 해당 독소나 독이 제거된 경우에는 유해 수 상 동물이나 식물로부터 얻은 제품도 할랄에 해당한다.

3.5.2 도축 공정

3.5.2.1. 도축 공정에서는 샤리아 율법에 따른 동물 복지가 고려되어야 하 며 다음과 같은 요건이 준수되어야 한다.

  a. 도축은 정상적인 정신 상태의 발릭Baligh(성년에 도달해 이슬람 율법에 따 른 책임을 부담하는 사람 – 옮긴이)에 해당되고, 이슬람식 동물 도축에 관한 기본적인 규칙과 요건을 완전히 숙지한 독실한 무슬림에 의해

실시되어야 한다.

b. 도축사는 관할 당국이 발급한 할랄 도축사 자격증을 보유하고 있어야 한다.

c. 도축 행위는 알라의 이름으로 의도niyyah를 갖고 행해져야 하며, 다른 목적이어서는 안 된다. 도축사는 자신의 행위를 충분히 인지하고 있어야 한다.

d. 도축되는 동물은 할랄 동물이어야 한다.

e. 도축되는 동물은 도축 시점에 살아 있거나 혹은 살아 있는 것으로 간주된 상태hayat al-mustaqirrah*여야 한다.

f. 도축되는 동물은 건강해야 하며 관할 당국의 승인을 받아야 한다.

g. 도축 직전에 도축 기도tyasmiyyah**를 낭송해야 한다.

h. 도축은 키블라quiblah 방향을 향해 실시할 것이 권장된다.

I. 도축 라인, 연장 및 도구는 할랄 도축 전용이어야 한다.

j. 도축용 칼이나 칼날은 날카로워야 하며 피나 다른 불순물이 묻어 있어서는 안 된다.

k 도축은 단 한 번에 완료되어야 한다. 도축에서 '톱질 행위'는 도축 과정 중 도축용 칼이나 칼날이 동물로부터 빠지지 않을 경우에 한해 허용된다.

l. 뼈, 발톱, 이빨을 도축 도구로 사용해서는 안 된다.

m. 할랄 도축 행위는 목의 성문(울대뼈) 바로 아래 지점을, 목이 긴 동물

- 도축되는 동안 피가 분출되고 도축 이후에 동물이 움직인 경우, 해당 동물은 살아 있거나 혹은 살아 있는 것으로 간주된 상태(hayat al-mustaqirrah)로 본다.
- 기도 문구에는 "알라의 이름으로, 알라는 위대하고 전능하다"라는 의미의 비스밀라 알라후 아크바르(BISMILLAH ALLAHU AKBAR) 및 "알라의 이름으로, 알라는 가장 은혜롭고 너그럽다"라는 의미의 비스밀라히르 라흐마니르 라힘(BISMILLAHIR RAHMANIR RAHIM)이 포함된다.

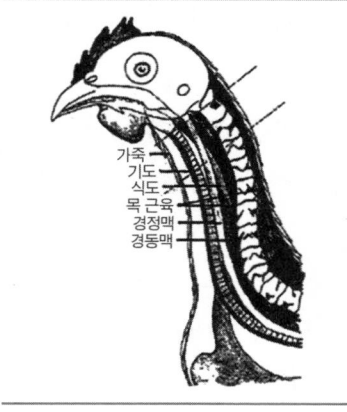
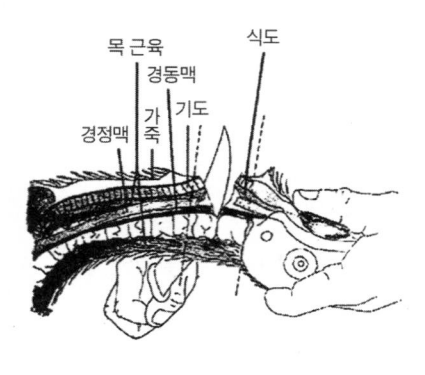

의 경우에는 성문을 지난 적정 지점을 절개하는 것으로 시작된다.

n. 도축 행위는 동물의 방혈과 사망을 촉진하기 위해 기도halqum, 식도mari, 경동맥과 경정맥wadajain을 절단해야 한다(부록 그림 1, 부록 그림 2 참조). 방혈은 자연적이고 완전해야 한다.

o. 무슬림 심사관을 선임해 동물이 샤리아 율법에 따라 적절하게 도축되었는지 확인하도록 임무를 부여해야 한다.

3.5.2.2. 가금류의 경우, 할랄 도계를 통해 죽은 것으로 간주되는 동물에 대해서만 온수탕침을 실시해야 한다.

3.5.2.3 기절시키는 것은 권장되지 않는다. 하지만 기절 과정이 실시되는 경우에는 '별첨 A'에 명시된 조건을 준수해야 한다.

3.6 할랄 식품의 보관, 운송, 진열, 판매, 제공

3.6.1 보관·운송·진열·판매·제공되는 모든 할랄 식품은 할랄로 구분되어 라

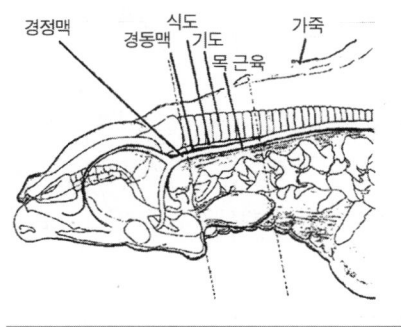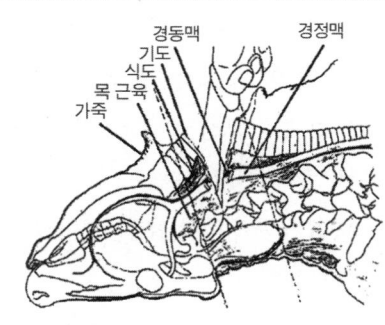

벨이 부착되어야 하며, 또한 비할랄 물품과 섞이거나 오염되는 것을 방지할
수 있도록 모든 단계에서 분리되어야 한다.

3.6.2 무할라자 나지스를 기반으로 한 제품은 전용 공간에 보관되어야 한다.

3.6.3 보세 트럭 같은 운송 차량은 할랄 전용이어야 하며, 할랄 식품의 형태
에 적합해야 하고, 또한 위생 및 시설 보건 조건을 충족해야 한다.

3.7 포장, 라벨 부착, 광고

3.7.1 할랄 식품은 적합하게 포장되어야 한다. 포장 재료는 그 성질상 할랄
이어야 하며, 다음과 같은 요건을 충족해야 한다.

  a. 포장 재료는 샤리아 율법에서 나지스로 정한 원재료를 사용해 제조해
     서는 안 된다.

  b. 샤리아 율법에서 나지스로 정한 것들로 오염된 장비를 사용해서 전처
     리, 가공 혹은 제조해서는 안 된다.

  c. 전처리, 가공, 보관 혹은 운송되는 동안, 위의 a 혹은 b에 특정된 요건
     에 부합하지 않는 다른 식품이나 또는 샤리아 율법에서 나지스로 정한
     다른 물품과는 물리적으로 분리해야 한다.

d. 포장 재료는 할랄 식품에 독성 작용을 가져와서는 안 된다.

e. 포장 디자인, 사인, 심벌, 로고, 명칭, 사진은 샤리아 율법의 원칙을 오도하거나 그에 반해서는 안 된다.

3.7.2 포장 공정은 시설 보건에 적합한 조건에서 청결하고 위생적인 방법으로 실시되어야 한다.

3.7.3 제품에 직접 접촉되는 방식의 라벨 재료는 유해하지 않은 할랄 재료이어야 한다.

3.7.4 할랄 식품과 할랄 인공 플레이버에는 혼동을 야기할 수 있는 햄, 박쿠테 bak kut teh(동남아에 널리 알려진 중국식 요리의 일종으로 돼지뼈 해장국 ― 옮긴이), 베이컨, 맥주, 럼 등의 비할랄 제품의 이름을 붙이거나 또는 그 동의어를 붙여서는 안 된다.

3.7.5 각 용기에는 다음과 같은 정보를 담아 읽기 쉽고 지워지지 않게 표기하거나, 또는 해당 용기에 라벨을 부착해야 한다.

a. 제품의 명칭

b. 미터 단위로 표시된 순 내용량(SI 단위계)

c. 제조자·수입자·배급자의 명칭과 주소, 그리고 상표

d. 원재료 리스트

e. 제조 일자, 제조 배치 번호와 유통기한을 식별할 수 있는 코드 번호

f. 원산지 국가

3.7.6 1차 육가공 제품의 경우, 라벨이나 마크에는 다음과 같은 정보도 포함되어야 한다.

a. 도축 일자.

b. 가공 일자.

3.7.7 광고는 샤리아 율법 원칙에 반해서는 안 되며, 또한 샤리아 율법에 어긋나는 부속 요소를 게재해서는 안 된다.

3.8 법정 요건

제품은 이 표준 외에도 현재 말레이시아에서 유효한 기타 관련 요건을 포함한 제반 법령을 준수해야 한다.

4. 준수

이 표준에 부합되는 것으로 간주된 제품의 경우, 해당 제품은 표준 제3조를 준수해야 한다.

5. 할랄 인증서

할랄 인증서는 말레이시아의 관할 당국에 의해 발급되어야 한다.

6. 할랄 인증마크

말레이시아 관할 당국의 승인이 있는 경우, 해당 제품이 이 표준의 요건에 부합하는 것을 조건부로 각 제품에는 해당 기관의 할랄 인증마크를 표시할 수 있다.

별첨 A(준수 규정)

반추동물 및 가금류 도축에서 기절에 관한 요건

A.1 일반 요건

A.1.1 이슬람의 동물 도축에 관한 요건에 의거해 도축이 실시되어야 한다.

A.1.2 동물은 도축 시점에 살아 있거나 살아 있는 것으로 간주된 상태 hayat al-mustaqirrah 이어야 한다.

A.1.3 기절은 권장되지 않으나 기절이 실시되어야 하는 경우, 허용된 방법은 전기 기절 또는 공기압 충격식 기절이다.

A.1.4 기절 장비는 숙련된 무슬림의 감독하에 사용되어야 하며, 정기적으로 관할 당국의 검사를 받아야 한다.

A.1.5 기절로 인해 동물이 죽거나 영구적인 물리적 상해를 입혀서는 안 된다.

A.1.6 무할라자 나지스 부류에 속하는 동물을 기절시킬 때 사용했던 기절 장치를 할랄 동물을 기절시키는 데 사용해서는 안 된다.

A.2 전기 기절

A.2.1 전기 기절 장치는 도축을 관할하는 당국이 허용한 형태의 장치이어야 한다.

A.2.2. 할랄 동물의 도축에 사용되는 기절 장치 유형은 헤드 head 부분에 두 전극이 위치해 있는 '두부 전용' 형태이어야 한다.

A.2.3 가금류의 전기 기절에는 '수조 기절 장치'만 허용된다.

A.2.4 사용되는 전류 강도는 숙련된 무슬림에 의해 감독되어야 하며, 관할 당국의 검사를 받아야 한다. 기절 설정 한도 가이드라인은 부록 표 2와 부록

부록 표 2 **닭과 소에 대한 전기 기절 설정 한도 가이드라인**

가축 유형	무게(kg)	전류(A)	전압(V)	지속 시간(초)
닭	2.40~2.70	0.20~0.60	2.50~10.50	3.00~5.00
소	300~400	2.50~3.50	300~310	3.00~5.00

알림: 전류, 전압, 지속 시간은 동물의 유형과 무게, 기타 다양한 요소를 고려해 해당 기관에 의해 결정·운용될 수 있음.

부록 표 3 **기타 동물의 전기 기절 설정 한도 가이드라인**

가축 유형	전류(A)	지속 시간(초)
1년 미만의 양(lamb)	0.50~0.90	2.00~3.00
염소	0.70~1.00	2.00~3.00
양(sheep)	0.70~1.20	2.00~3.00
송아지(calf)	0.50~1.50	3.00
거세우(steer)	1.50~2.50	2.00~3.00
경산우(cow)	2.00~3.00	2.50~3.50
물소	2.50~3.50	3.00~4.00
타조	0.75	10.00

알림: 전류, 전압, 지속 시간은 동물의 유형과 무게, 기타 다양한 요소를 고려해 해당 기관에 의해 결정·운용될 수 있음.

표 3에 기재된 바와 같다.

A.3 공기압 충격식 기절 장치

A.3.1 공기압 충격식 기절 방식은 소과 동물에만 적용된다.

A.3.2 기절 장치를 작동시키는 공기 압력은 225피에스아이psi 미만이어야 하며, 동물을 기절시키는 데 필요한 최소치로 유지되어야 한다.

A.3.3 기절 장치의 헤드 부분은 평평하거나 약간 볼록해야 한다.

A.3.4 기절 장치 헤드 부분에서 3밀리미터 이상 벗어나지 않도록 하기 위해 기절 장치 헤드 부분 주위에는 보호용 테두리가 있어야 한다.

A.3.5 기절시킬 동물의 머리는 기절 장치를 작동하기 전에 미리 고정되어야 한다.

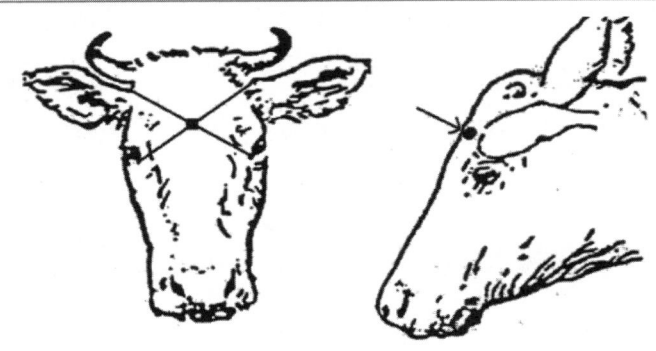

A.3.6 동물의 눈 가운데 코너 부분과 귀 시작 부분을 이은 선이 만나는 지점에 기절 장치 중앙부를 직접 접촉시켜야 한다(부록 그림 3).

A.3.7 기절 장치 헤드 부분이 전두골前頭骨과 수직이 되도록 기절 장치를 작동해야 한다.

A.3.8 한 번에 동물을 기절시켜야 한다.

샤리아 율법에 의거한 무할라자 나지스에 대한 종교적 세정 방법

B.1 일반 요건

눈에 보이든‘ainiah 또는 눈에 보이지 않든(사라지거나 건조되는 등) 상관없이, 나지스는 후크미아hukmiah로 부른다. 나지스를 세정하기 위해서는 다음의 단계가 필요하다.

    a. 일곱 번 세척이 필요하며, 그중 한 번은 흙이 섞인 물이어야 한다.

    b. 첫 번째 세척 단계에는, 실제로는 몇 번의 세척을 해서라도 나지스 잔류물을 제거해야 한다. 첫 번째 세척 단계 후 물기가 남아 있어서는 안 되며 그 이후의 세척은 두 번째 세척으로 계산한다.

    c. 사용되는 흙의 양은 현탁액을 만드는 정도로 충분하다.

    d. 흙이 함유된 세정제의 사용이 허용된다.

B.2 흙의 조건

흙이 갖춰야 할 조건은 다음 두 가지이다.

    a. 나지스가 아니어야 한다.

    b. 호우가 내린 이후를 제외하고는 무스타말 흙musta'mal soil(건식 세정 tayammum에 이미 사용되었던 흙)이 아니어야 한다.

B.3 물의 조건

물이 갖춰야 할 조건은 다음 세 가지이다.

a. 천연수mutlaq 이어야 한다.

b. 무스타말musta'mal *물이 아니어야 한다.

c. 나지스가 아니어야 한다.

부록
4

싱가포르 할랄 규정과 수입 요건

/

Singapore's halal regulations and import requirements

1. 서론

1.1 음식, 식품 및 그 판매에 대한 싱가포르의 할랄 규정과 수입 요건은 세 개의 주요 법률이 적용된다. 이들 법률은 각각 상이한 세 개의 정부와 준정부 기관에 의해 운용된다.

1.2 이들 사안을 관할하는 법률과 기관은 다음과 같다.

❶ '1973 식품판매법' 및 '1988 식품 규정': 이들 법규는 싱가포르로 수입되는 식품이나 농산물을 규율하며, 환경부 식품통제국Food Control Department(이하 FCD)에서 관할한다.

❷ '1999 우량육류수산물법': 이 법은 육류 및 수산물 제품의 수출입과 환적을 통제하기 위해 의회에서 통과되었다. 이 법의 시행으로 '도축장 및 육가공 공장법'이 폐지되었으며 국토개발부 산하 1차 산업부PPD에서 관할한다.

❸ '1998 무슬림법 운용 법안(개정)': 이 법안은 싱가포르에서의 모든 제품, 서비스 혹은 활동에 대한 할랄 인증을 규제하는 권한을 싱가포르 이슬람 종

교 협의회Majlis Ugama Islam Singapura: MUIS 에 부여한다.

2. 목적

2.1 이 부록의 목적은 싱가포르의 할랄 규정과 수입 요건에 대한 전반적인 구조를 간략히 제시하고 3대 관련 법률의 핵심 사안을 중점적으로 살펴보기 위한 것이다.

3. 식품의 수입과 판매

3.1 싱가포르에서의 식품이나 농산물의 수입과 판매는 '1973 식품판매법' 및 '1988 식품 규정'에 의해 규율된다. 환경부 산하의 FCD가 이들 규정을 관할한다.

3.2 싱가포르 시장에 출시되는 가공식품의 안전을 보장하기 위해 모든 식품은 원산지에 상관없이 식품 규정에서 정한 표준에 부합해야 한다. 일반적으로 수입 식품은 다음과 같은 요건을 준수해야 한다.

❶ 자국 정부기관의 인가를 받은 수출 식품 공장 허가서, 식품 공장 사진, 일정 온도로 식품을 유지하기 위한 배송 트럭이나 냉장 트럭 사진을 FCD에 제출해 검증받아야 한다.

제품 라벨 부착

❷ 식품은 식품 규정에서 정한 요건을 엄격히 준수해 공급자가 적절하게 포장하고 라벨을 부착해야 한다.

❸ 제품 라벨에는 다음과 같은 기본 정보가 영어로 기재되어야 한다.

a. 제품의 실제 내용물을 충분히 표시할 수 있는 통상 명칭이나 설명.

b. 중량 비율이 높은 것부터 순서대로, 제품에 사용된 모든 원재료와 첨가
물을 나열한 설명서.

c. 식품에 합성 색소 타르트라진tartrazine이 포함된 경우, 라벨에 표시
할 것.

d. 해당 포장에 담겨진 식품의 최소 용량을 용적 단위(액상 식품의 경우) 혹
은 순 중량(고체 식품의 경우) 형태로 표시할 것.

e. 원산지 국가명.

f. 싱가포르의 수입업자, 배급사 혹은 대행인의 명칭과 주소.

❹ 위의 a~d에 해당되는 세부 사항은 높이 1.5밀리미터 이상의 글자 크기로
인쇄되어야 한다.

추가 라벨 부착 요건

❺ 위에 정한 기준에 추가해, 다음과 같은 일정한 식품류에 대해서는 추가
적인 라벨 부착 요건이 적용된다.

a. 우유 및 유제품.

b. 특수 목적 식품.

c. 에너지, 단백질, 비타민, 미네랄의 원천이 된다고 주장하는 식품.

d. 인공 감미 보조제를 함유하고 있는 식품.

3.3 식품의 라벨에는 입증되지 않은 사실과 식품 규정에서 금지된 내용이
기재되어서는 안 된다.

3.4 식품 규정 별표 3에 나열되어 있는 포장 식품은 식품 규정 제10조에 의
거해 날짜가 표시되어야 한다.

3.5 영양 성분 내용에는 식품 규정 별표 13에서 정한 형태의 영양정보표가 포함되어야 한다.

식품 수입 등록

3.6 싱가포르에서 판매를 위해 수입된 모든 포장 식료품의 경우, 승인된 수입화물 통관허가서를 제출해(우편이나 팩스) FCD에 등록해야 한다. 등록은 무료이다.

면제 대상

3.7 재수출, 무역 샘플, 외교용, 개인 소비용 혹은 경유 물품에 해당하는 식품은 등록을 요하지 않는다.

통제 대상 식료품의 심사와 샘플링

3.8 다음과 같은 통제 대상 식료품이 수입된 후, 수입업자는 이를 판매용으로 불출하기 전에 해당 식품의 심사와 샘플링을 위해 FCD로 연락해야 한다.

❶ 동유럽산 식료품: 방사능 오염, 즉 세슘cesium 134와 세슘 137 검사.

❷ 땅콩, 캐슈너트, 옥수수: 아플라톡신aflatoxin 검사.

❸ 모든 전분과 밀가루: 아플라톡신과 보존제 검사.

❹ 한천 및 두유 제품: 붕산 검사.

❺ 통조림 과일: 시클라메이트-아스파탐cyclamate-aspartame, 사카린saccharine, 아세설팜-Kacesulfame-K 검사.

❻ 세라믹 주방용품: 납 및 카드뮴 검사.

❼ 천연 미네랄 워터, 샘물, 음용수: 화학물질과 미생물 시험을 위해 취수지 표시 도면, 정품확인서 및 보건 인증서.

❽ 위스키 및 브랜디: 최소 3년 이상 나무통에서 숙성되었음을 증명하는 원

산지 국가가 발급한 인증서 원본.

❾ 방사선 조사照射 식품은 FCD로부터 허가를 받아야 한다.

4. 육류 및 수산물 제품의 수입 · 수출 · 환적

4.1 '1999 우량육류수산물법'이 의회를 통과했다. 이 법은 모든 육류 및 수산물 제품이 소비에 적합하며 질병에 걸렸거나 오염되지 않았음을 보장하는 것이 목적이다.

4.2 이 법의 시행으로 인해 '도축장 및 육가공 공장법'이 폐지되었으며 국토개발부 산하 1차 산업부PPD에서 관할한다. 1999년 하반기에 발효되었다.

4.3 일반적으로 이 법은 동물 도축과 가공·포장·검사·수입·배급·판매·환적 그리고 육류 및 수산물 제품의 수출을 규율한다. 여기에는 다음과 같은 요건도 포함되어 있다.

❶ 육류 및 수산물 제품의 수입업자와 수출업자에 대한 허가.

❷ 육류 및 수산물 제품의 인바운드와 아웃바운드 탁송에 대한 모든 사안, 예컨대 전술한 표준에 부합하고 포장 및 라벨 부착 요건을 준수하도록 하는 등의 사안을 규율.

❸ 수출 목적상 해당 육류 제품이 허가된 원료로부터 유래되었음을 보장하고, 그 탁송은 도착국의 통관 요건에 부합함을 보장.

❹ 도축된 모든 동물이 소비에 적합하며 부적합 동물의 도체는 소정의 방법에 따라 폐기되었음을 보장하는, 모든 해당 도축장에 대한 허가 사항.

❺ 공장 및 플랜트, 냉장고, 냉장실, 냉동실을 포함한 냉장 저장고 같은 모든

가공 시설에 대한 허가 사항.

❻ 동물, 육류 혹은 수산물 제품을 판매하는 모든 대형마켓에 대한 허가
사항.

4.4 또한 이 법은 특정 조항을 실행하기 위한 하위 규칙의 제정을 허용한다.
이러한 규칙에는 다음과 같은 내용이 포함될 수 있다.

❶ 작업장 및 운송 수단에 대한 검사.

❷ 육류 및 수산물 제품에 대한 심사와 인증.

❸ 수출용 육류 및 수산물 제품에 대한 인증, 그리고 해당 인증을 철회할 수
있는 조건.

❹ 동물 도축 전 약물이나 기타 물질의 운용에 대한 규제나 금지.

❺ 질병이 있거나 용도에 적합하지 않은 동물의 도축장 반입에 대한 규제나
금지.

❻ 가공 시설에서의 육류나 수산물 제품의 가공 및 포장에 대한 통제.

❼ 육류나 수산물 제품의 냉장, 냉동, 보관에 대한 요건 규정화.

❽ 포장에 사용되는 재료의 승인에 대한 조항 제정.

❾ 작업장의 구조·조명·환기·기온·세정·하수·용수·유지·우수 관리에 관한
규제.

❿ 사용되는 모든 부착물, 설비, 장비, 기구, 물품에 대한 구조·세정·유지에
관한 규제.

⓫ 작업자의 복장·활동·건강과 관련해 해당 작업자가 준수해야 하는 위생
요건에 관한 규제.

⓬ 육류나 수산물 제품 가공에서 화학물질, 약물, 기타 물질의 투입과 원재
료 사용에 대한 통제.

⓭ 육류나 수산물 제품에 투입된 화학물질, 약물, 기타 물질의 성질과 용량

에 관한 정보 요구, 또는 해당 제품의 라벨에 기재될 육류나 수산물 제품 가공에 사용된 원재료에 대한 성질이나 용량에 관한 정보 요구.

⓮ 질병이 있거나 또는 달리 생산 용도에 적합하지 않은 동물·수산물에 대한 처리 방식의 규정화.

⓯ 수출용 육류나 수산물 제품이 수출 대상국의 요건에 부합할 것에 대한 요구, 그리고 정해진 요건에 부합하지 않는 해당 제품에 대한 수출 금지나 제한.

⓰ 식용으로 도축될 살아 있는 동물의 취급 및 처리에 대한 규정.

⓱ 동물 도축 방법에 대한 규제.

⓲ 허가된 도축장에서의 도축 동물 손질에 대한 표준 제정.

⓳ 싱가포르로 수입되는 동물·수산물·육류·수산물 제품에 대한 규제와 통제, 그리고 싱가포르 반입 시 해당 동물·육류·수산물 제품의 처리 방식에 대한 규정화.

⓴ 샘플 획득과 분석 절차에 대한 규정화.

5. 할랄 규정

5.1 '1998 무슬림법 운용법안'이 의회에 상정되었다. 이 법안의 통과에 따라 '싱가포르 이슬람 종교 협의회 Islamic Religious Council of Singapore: MUIS'는 싱가포르에서의 할랄 인증에 관한 모든 사안을 규율할 수 있는 권한을 부여 받았다.

5.2 이 법안이 제정되기 전, MUIS는 오직 '식품판매법'에 의존할 수밖에 없었다. 위반자는 허위 라벨 단속 조항에 따라 처벌되었다. 이에 따르면, "누구든 제품의 가치, 우수성 혹은 안전성에 대해 허위, 오도 혹은 기망하거나 잘못된

인식을 야기할 우려가 있는 방식으로 라벨을 표시하거나 광고하는 식품을 판매해서는 안 된다."

5.3 이 법안을 통해 MUIS는 "모든 제품, 서비스 혹은 활동에 대해 할랄 인증서를 발급하고 해당 제품의 생산, 가공, 마케팅 혹은 진열, 해당 서비스의 제공 또는 해당 활동의 실행에 무슬림 율법의 요건이 준수되도록 하기 위해 해당 인증서 소지인을 규율하도록 허락되었다."

5.4 이 법안은 MUIS가 할랄 인증서의 사용 및 발급, 특정 할랄 인증마크의 사용을 규율할 일련의 하위 규칙을 입안하도록 허용했다. 또한 이 법안은 이에 저항하는 위반자에 대해 형사처분을 포함해 처벌할 수 있는 사법권을 MUIS에게 부여한다.

6. 할랄 인증 획득의 이점

6.1 할랄 인증서와 할랄 인증마크는 공인되고 합법적이며, 독립적이고 할랄 요건에 부합하는 식품의 제조자, 배급사 혹은 판매자임을 인정받을 수 있는 독립적 증서에 해당한다. 지각 있는 무슬림 소비자에게 할랄 인증서는 자신들의 이슬람 요구 기준이 적당히 타협되지 않았다는 확신과 신뢰의 심벌이다.

6.2 수출업자의 경우, 할랄 인증서는 수입국의 수입 요건에 부합할 기회를 증대시킬 수 있다. 인증서는 해당 제품의 시장성을 향상시킨다. 인증서는 식품이나 제품의 할랄 적격을 보장하는 데 국제적으로 통용되는 수단에 해당한다.

7. 일반 할랄 요건

7.1 할랄 인증 제도의 효과적인 통제와 운영을 위해 모든 신청인은 인증서가 발급되기 전에 신청 요건을 충족해야 한다. 주요 요건은 다음과 같다.

❶ 사용되는 모든 육류(가금류 포함)와 육가공품은 자격을 갖춘 무슬림에 의해 도축된 후 할랄 인증된 납품업자로부터 획득되어야 한다. 젤라틴과 쇼트닝 같은 동물성 원재료 역시 할랄 인증된 재료에서 얻어져야 한다. 돼지고기, 비계, 그 모든 부산물, 알코올, 기타 비할랄 식품은 원재료로 사용되는 것이 엄격하게 금지된다.

❷ 모든 수입 육류(가금류 포함) 및 육류 부산물은 MUIS가 인정·승인한 해외 이슬람 기관에 의해 할랄 인증되었어야 한다.

❸ 도축, 전처리, 가공, 운송 혹은 보관 과정 동안 모든 식품과 원재료는 비할랄 식품과 분명하고 명백하게 분리되어야 하며 서로 접촉되지 않아야 한다.

❹ 구매, 검증, 생산 공정에는 최소한 두 명 이상의 충분한 경력을 갖춘 무슬림 직원이 참여해야 한다. 이들의 역할은 처리 공정의 모든 사안이 이슬람 요건을 준수하도록 지속적으로 확인·보장하기 위한 핵심에 해당한다.

❺ 전처리, 취합, 세척 혹은 보관 과정에서 일어날 수 있는 할랄과 비할랄 식품에 대한 기구·장비의 혼용은 절대 피해야 한다. 별도의 세척 및 건조 장비와 장소가 반드시 마련되어야 한다. 기존에 돼지고기가 함유된 식품을 처리했던 장비의 경우, MUIS가 지정한 담당관이 도기류, 금속 주방기구류, 식기세척기, 냉장고, 냉동고, 냉장실을 포함한 모든 기구와 장비를 종교적으로 세정해야 한다.

❻ 할랄 인증 레스토랑이나 케이터링catering 사업자가 되기 위해서는 오직 할랄 식음료만 제공해야 한다. 돼지고기와 그 부산물 및 알코올을 포함한

비할랄 식품이 제공되거나 또는 식음료 원재료로 사용되어서는 안 된다. 직원이 할랄 전용 구역으로 비할랄 식품이나 음료수를 반입하는 것은 허용되지 않는다.

❼ 복수의 매장을 운영하는 패스트푸드 체인이나 프랜차이즈 방식으로 운영하는 레스토랑은 모든 소속 매장에 대해 인증을 신청해야 한다.

❽ 신청인은 정식 신청서를 제출하기 전에 100% 할랄로 운영하고 자사 직원이 MUIS가 정한 할랄 요건을 준수하고 이에 익숙해지도록 하는 것이 바람직하다.

8. 감사와 심사

8.1 신청서가 제출된 시점과 할랄 인증을 보유하는 동안 할랄 요건의 준수를 확인하기 위해 신청인의 작업장에 대한 부정기 감사와 암행 심사가 실시된다. 통상적으로 이러한 감사는 다음과 같은 관련 사안 중 하나 혹은 그 이상을 수행한다.

❶ 할랄 준수 의지에 대한 진정성 평가.

❷ 제출된 정보와 관련 증빙의 진위 검증.

❸ 전반적인 할랄 준수와 내부 통제 시스템 평가.

❹ 실행 내역의 유효성 및 일관성 평가.

❺ 생산 공정의 규정 지도 및 보장에 대한 무슬림 직원의 역할과 효용성 평가.

❻ 직원들을 대상으로 할랄 요건 및 준수에 대한 교육과 이해 증진.

❼ 미준수로 인한 위험 평가.

❽ 개선 사항에 대한 고지.

9. 수입 절차

9.1 수입업자는 모든 신규 수입 식료품을 FCD에 등록해야 한다. 이를 위해서는 싱가포르 무역개발국Trade Development Board으로부터 승인받았음을 증명하는 수입품 확인서 사본을 우편이나 팩스로 FCD에 전달해야 한다. 싱가포르는 수출입 서류 절차의 편의를 위해 트레이드네트TradeNet라 불리는 전자 무역 서류처리 시스템을 도입했다. (http://www.customs.gov.sg/leftNav/trad/TradeNet.html)

9.2 해외에서 싱가포르로 제품을 수입하는 회사는 중앙등록번호Central Registration Number를 받기 위해 무역개발국에 연락해야 한다. 이러한 등록은 해당 제품에 대해 1년 동안 유효하다. 수입·수출 규제 대상 품목에 대한 필수 허가나 승인을 획득하기 위해서는 그에 대한 보증서나 허가서가 필요할 수 있다.

9.3 모든 육류·가금류 제품의 선적에는 수출보건증명서가 첨부되어야 한다. 소시지, 프랑크소시지, 패티처럼 주로 육류로 구성된 제품의 경우 미국 농무부Department of Agriculture의 심사 증명서가 있어야 한다. 3% 미만의 육류를 함유한 품목의 경우, 주州 보건 증명서로도 가능하다. 3%를 초과하는 육류가 함유된 제품을 선적하는 경우, 미국 수출업자가 어떤 형태의 증명서가 필요한지 또한 해당 서류를 어떻게 획득하는지 확인하기 위해서는 자기 지역의 미국 농무부에 연락해야 한다. 싱가포르로 선적되는 육류·가금류에 대한 심사는 1차 산업부PPD가 실시한다. 육류·가금류 품목 수입업자는 해당 품목을 사전에 등록해야 한다.

수입 규제와 관세

9.4 싱가포르는 할당 제한을 부과하지 않으며 대부분의 상품은 개방 허가제에 따라 수입할 수 있다. 쌀(쌀겨 제외)에 대해서는 특정 허가가 요구된다. 담배, 담배류 제품, 알코올성 음료를 제외하고는 수입 제품에 대해 관세가 부과되지 않는다.

화물 통관허가 신청

9.5 트레이드네트를 통해 제출된 허가 신청에서 수출 화물의 경우, 해상 고유 화물번호Ocean Unique Cargo Reference Number와 하우스 고유 화물번호House Unique Cargo Reference Number가 기재되어야 하며, 수입 화물의 경우에는 해상 선하증권 혹은 선적항·하역항 원본 선하증권OBL 번호와 하우스 선하증권HBL 번호가 기재되어야 한다. 이러한 참조 번호는 해운 회사, 포워딩사, 하주를 통해 확인할 수 있다.

10. 무역 지원 기관과 연락처

Majlis Ugama Islam Singapura

Islamic Centre of Singapore

273 Braddell Road

Singapore 579702

전화: 65-3591450

팩스: 65-3530363

www.muis.gov.sg

Food Control Department

Ministry of the Environment

Environment Building

40 Scotts Road

Singapore 228231

전화: 65-7327733

팩스: 65-7319843 또는 7319844

Custom & Excise Department

Customs Service Centre

전화: 65-3552000

Port of Singapore Authority

Help Desk

전화: 65-3211528 또는 3211173

Primary Production Department

Ministry of National Development

Maxwell Road #03-00

Singapore 069110

전화: 65-2221222

팩스: 65-2206068

Trade Development Board of Singa-pore

Manifest Audit Unit

전화: 65-4334577 또는 4334578

적하목록 조정명세서 제도에 관한 일반 문의

부록에서 언급된 법률 및 규정은 아래 기관에서 구매할 수 있다.

Singapore National Printers Corporation Ltd.

97 Ubi Avenue 4

Singapore 408754

전화: 65-7412500

팩스: 65-7443770

뉴저지 주 할랄 식품법

/

New jersey halal food laws

[1차 중쇄]

뉴저지 주 209차 입법회의 주 의회, 일련번호 1919

2000년 3월 6일 발의

제안자: 주 의회 제35자치구 Passaic ALFRED E. STEELE 의원

개요

할랄이라고 표시된 식품의 처리·배급·판매에서 소비자 기망 행위 방지.

수록 조문 버전

2000년 5월 22일 자 '주 의회 소비자 사무 및 규제 직종 위원회'에 보고된 바
에 의거해 할랄이라고 표시된 식품의 처리·배급·판매에서의 소비자 기망 행위

를 방지하고 〔P.L. 1988 제154조 제목 및 본문 개정〕 P.L. 1960 제39조(C. 56:8-1 이하)를 보완하기 위한 법률.

뉴저지 주 상원 및 주 의회는 다음과 같이 입법한다.

1. **(신설 조항)** 본 법의 제1항 내지 6항은 '할랄 식품 소비자보호법'이라 칭한다.

2. **(신설 조항)** 본 법에서 사용된 용어: '딜러'란 제조자, 도축장, 도매상, 판매점, 레스토랑, 호텔, 케이터링 시설, 정육점, 여름 캠프, 제과점, 델리카트슨 delicatessens, 슈퍼마켓, 식료품점, 요양원, 냉동 판매상, 식품기획사 등을 포함해 스스로가 할랄 식품을 판매하거나 조리하거나 혹은 보관한다고 광고, 표시 혹은 주장하는 일체의 조직을 의미한다. 이러한 조직들은 할랄이라고 표시하지 않은 채 식품을 판매, 조리 혹은 보관할 수도 있다. '국장'이란 법무공공안전부의 소비자사무국 국장이나 혹은 그 피지명자를 의미한다. '식품'이란 식품, 식제품, 식품 원재료, 식이 보조 식품 혹은 음료를 의미한다.

3. **(신설 조항)**
   a. 할랄이라고 표시되는 식품을 조리, 배급, 판매 혹은 판매용으로 전시하는 모든 딜러는, P.L. 1960 제39조 4항(C. 56:8-4)에 정한 관할 당국이 채택한 규정에 의거해, 국장이 요구하는 바에 따라 해당 식품이 판매되거나 또는 판매용으로 전시되는 장소의 잘 보이는 위치에, 국장이 정한 크기와 형태의 게시판에 국장이 요구하는 정보를 게시하는 방법으로, 자신이 할랄이라고 표시하게 된 근거 사실을 밝혀야 한다.
   b. 누구든 본 항 a호 요건을 위반하는 경우는 위법행위에 해당한다.

4. **(신설 조항)** 누구든 본 법 제3항의 대상이 된다 하더라도 할랄이라고 표시된

식품의 도축장, 제조자, 가공업자, 포장업자 혹은 배급사의 표시 사실에 스스로가 진정으로 의존했음이 충분한 증거에 의해 입증될 수 있는 경우라면, 이는 위법행위에 해당하지 않는다.

5. **(신설 조항)** 어떤 딜러든 해당 식품과 관련해 본 법 제3항에서 요구하는 표시 사항에 부합하지 않는 식품을 보유하는 경우, 이는 딜러가 판매하려는 의도로 해당 식품을 보유하고 있었다는 추정 증거로 간주된다.

6. **(신설 조항)** 할랄이라고 표시되는 식품을 조리, 배급, 판매 혹은 판매용으로 전시하는 모든 딜러는 P.L. 1960 제39조 4항(C. 56:8-4)에 정한 관할 당국이 채택한 규정에 의거해 기록 보관, 라벨 부착, 서류 작성 등을 포함해 국장이 정하는 모든 요건을 준수해야 한다.

7. P.L.1988 제154조 제목은 다음과 같이 개정한다.

뉴저지 주 법률 타이틀 2C 제21장을 보완하고 P.L. 1981 제290조 23B항을 폐지하는 법률로서 〔코서식품법을 개정하기 위한〕 다양한 식품의 조리·배급·판매에 관한 법률.

(비교: P.L. 1988, 제154조, 제목)

8. P.L.1988 제154조 1항(C.2C:21-7.2)은 다음과 같이 개정한다.

1. 본 법에서 사용된 용어

  a. '광고하다'는 신문, 라디오 및 텔레비전 광고, 전단지 배포, 창문 및 인테리어 홍보물 전시 등을 포함해 판촉 행위에 관여하는 것을 의미한다.

  b. '식품', '식제품' 혹은 '식품 상품'이란 원료든 소비자용으로 조리되었든 상관없이, 고체든 액상이든 상관없이 육류, 육류 제품 혹은 육류 조리

품, 우유, 유제품 혹은 우유 조리품, 그리고 모든 알코올 혹은 비알코올성 음료 등을 포함한 모든 식품, 식제품 혹은 식품 조리를 의미한다.

c. '포장 식품'이란, 사전에 어떤 식으로든 통에 담기거나 포장되어 소매 판매용에 적합한 단위로 판매되는 식품 상품을 의미하며, 제조하자마자 소비되도록 의도된 것은 제외한다.

d. '코셔'란 정통파 유대교의 율법과 관습을 엄격히 준수해 조리된 것을 의미하며, 여기에는 '유월절용 코셔'라고 표시된 유월절 축제용으로 조리된 식품을 포함한다.

e. '할랄'이란 이슬람 종교의 율법과 관습에 따라 조리되었고 이를 엄격하게 준수하는 것을 의미한다.

(비교: P.L.1988, 제154조 1항)

9. P.L.1988 제154조 2항(C.2C:21-7.3)은 다음과 같이 개정한다.

2.

a. 본 법에서 금지하는 허위 표시에는 합리적인 개인이 비코셔 식품이나 식제품이 코셔라고 믿도록 직간접적으로 기망하거나 달리 오도할 우려가 있는 모든 구두 혹은 서면 표시 행위가 포함된다.

b. 코셔 식품이나 식제품만을 판매하거나, 판매용으로 납품하거나, 조리하거나 혹은 제공한다고 스스로 광고 또는 표시한 사업장에 비코셔 식품이나 식제품이 존재하는 경우, 이를 보유하고 있는 자는 본 법을 위반해 해당 제품들을 판매용으로 납품하고 있다는 추정 증거로 본다.

c. 문제가 된 당해 식품이나 식제품에 대해 도축장, 제조자, 가공업자, 포장업자, 배급사 또는 개인이나 기관이 코셔, 유월절용 코셔로 인증받았거나 또는 정통파 유대교 종교 요건에 따라 조리되었음을 인증받았다는 사실 주장에 피고가 진정으로 의존했던 경우, 이는 본 법 위반으로

제기된 기소에 대한 완전한 변호 사유가 된다.

d. P.L.1988 제154조(C.2C:21-7.2 이하)에서 금지하는 허위 표시에는, 합리적인 개인이 비할랄 식품이나 식제품이 할랄이라고 믿도록 직간접적으로 기망하거나 달리 오도할 우려가 있는 모든 구두 혹은 서면 표시 행위가 포함된다.

e. 할랄 식품이나 식제품만을 판매하거나, 판매용으로 납품하거나, 조리하거나 혹은 제공한다고 스스로 광고 또는 표시한 사업장에 비할랄 식품이나 식제품이 존재하는 경우, 이를 보유하고 있는 자는 P.L.1988 제154조(C.2C:21-7.2 이하)를 위반해 해당 제품들을 판매용으로 납품하고 있다는 추정 증거로 본다.

f. 문제가 된 당해 식품이나 식제품에 대해 도축장, 제조자, 가공업자, 포장업자, 배급사 또는 개인이나 기관이 할랄로 인증받았거나 또는 이슬람교 종교 요건에 따라 조리되었음을 인증받았다는 사실 주장에 피고가 진정으로 의존했던 경우, 이는 P.L.1988 제154조(C.2C:21-7.2 이하) 위반으로 제기된 기소에 대한 완전한 변호 사유가 된다.

(비교: P.L.1988, 제154조 2항)

10. P.L.1988 제154조 3항(C.2C:21-7.4)은 다음과 같이 개정한다.

3. 영업 과정 중 다음과 같은 행위를 한 자는 치안문란 죄 위반에 해당한다.

a. (1) 판매, 조리, 제공 혹은 판매용으로 납품되는 식품을 코셔나 유월절용 코셔라고 허위로 표시하는 행위.

(2) 해당 상품이 비코셔 판매용으로 납품되는 경우에는 기재 문구 중 관련 식별 표시를 제거할 수 있다고 해석되는 경우를 제외하고, 어떤 식품 상품이 코셔 혹은 유월절용 코셔라는 것을 나타내기 위해 해당 상품에 부착된 원래 식별 표시 방법을 제거 혹은 훼손하거나 또는 제거나

훼손을 야기하는 행위.

(3) 도축장 금속 표식, 마크, 스탬프, 태그, 브랜드, 라벨 혹은 기타 식별 표시 수단이 허위로 부착된 식품 상품을 코셔로 판매·처분하거나 또는 이를 재판매하기 위해 보유하는 행위.

b. (1) 포장 제품 형태의 식품 상품을 제조하거나 포장하는 자가 아닌 한, 포장된 식품 상품에 코셔나 유월절용 코셔라고 라벨을 부착 혹은 명시하거나 또는 그와 같은 라벨이나 명시 수단을 보유하는 행위.

(2) 낱개 단위 식품을 제조하는 자가 아닌 한, 포장되지 않은 낱개 단위 식품에 코셔나 유월절용 코셔라고 라벨을 부착 혹은 명시하거나 또는 그와 같은 라벨이나 기타 명시 수단을 보유하는 행위.

(3) 어떤 언어로든 '코셔', '유월절용 코셔', '파르브pareve'(유대교에서 육류 및 유제품 성분이 함유되지 않은 제품 — 옮긴이), '글라트glatt'(하자 없는 코셔 육류 제품 — 옮긴이)를, 또는 합리적인 개인이, 해당 상품이 코셔나 유월절용 코셔라고 믿도록 기망하거나 달리 오도할 우려가 있는 기타 모든 용어나 심벌을 상품에 새기거나 이를 허용하는 방식으로, 포장된 식품 상품에 코셔 혹은 유월절용 코셔라고 허위로 라벨을 부착하는 행위.

(4) 매우 근접한 지점에 동일하거나 더 큰 글자로 '비코셔'라는 용어가 상품 라벨에 함께 기재되지 않는 한, '코셔 스타일', '코셔식', '유대교식' 혹은 '유대교 스타일'이란 용어를 상품에 새기거나 이를 허용하는 방식으로 포장 식품에 라벨을 부착하는 행위.

c. (1) 매장 입구에 최소한 높이 4인치 이상의 블록체로 '코셔 및 비코셔 식품 판매 매장' 혹은 '코셔 및 비코셔 식품 제공 매장' 혹은 이와 유사한 의미를 내포한 문구를 담은 윈도 사인window sign을 게시하지 않는 한, 비코셔 벌크 식품과 코셔 표시 벌크 식품을 동일한 영업장소에서 함께 판매하거나 판매용으로 납품하거나 조리하거나 또는 제공하는

행위.

(2) 해당 광고에 사용된 히브리어 글자와 동일하거나 더 큰 영어 글자로 "저희는 코셔 식품만 판매합니다", "저희는 코셔 및 비코셔 식품을 모두 판매합니다" 또는 이와 유사한 의미의 문구와 결합해 구성하지 않는 한, 매장 내 취식이든 혹은 매장 외 취식이든 상관없이, 판매용으로 납품하는 식품에 대한 광고나 식품 조리 영업장소에 대한 광고 내용에 히브리어 단어나 심벌을 사용하는 행위. 본 조항의 목적상 '히브리어 심벌'이란 히브리어로 된 모든 단어나 글자, 또는 히브리어 글자와 유사한 모든 심벌, 엠블렘emblem, 사인, 휘장 혹은 기타 마크를 의미한다.

d. (1) 다음에 해당하지 않는 한, 코셔로 표시된 벌크 식품 및 비코셔 벌크 식품을 동일한 쇼윈도나 기타 장소 혹은 자신의 영업장소에 판매용으로 진열하는 행위.

   (a) 코셔 및 비코셔 식품 표시 위에 각각 '코셔 식품' 및 '비코셔 식품'으로, 또는 육류 단독 진열의 경우에는 각각 '코셔 육류' 및 '비코셔 육류'로 두드러져 보이는 블록체block letter 글씨로 게시한 경우.

   (b) 별도의 진열장에 제품을 보관하거나 또는 분명히 보이는 칸막이를 사용해 코셔 품목과 비코셔 품목을 격리함으로써, 코셔 식제품을 비코셔 식제품으로부터 격리하는 경우.

   (c) 코셔 식품 전용으로 사용되는 기구를 사용해 판매용 코셔 식제품을 소분하거나 달리 조리하는 경우.

(2) 다음에 해당하지 않는 한, 자기 영업장 내 소비든 다른 곳에서든 상관없이, 동일한 영업장에서 비코셔 식품을 조리하거나 제공하면서 동시에 다른 식품을 코셔라고 조리하거나 제공하는 행위

   (a) 각 식품 종류별로 식기 및 기구를 별도로 사용·관리하며 분명하게

라벨을 부착하거나 표시를 하는 경우.

　(b) 매장에서 사용하거나, 게시하거나 또는 매장 밖에서 배달하거나 광
고하는 각 메뉴나 표시에 "저희는 코셔·비코셔 식품을 조리 및 판매
합니다"라는 문구를 두드러져 보이는 블록체 글씨로 분명히 명시한
경우.

(3) 해당 식품 상품이 코셔 혹은 유월절용 코셔라는 것을 나타내기 위
해 채택된 원래의 도축장 금속 표식, 마크, 스탬프, 태그, 브랜드, 라벨
혹은 기타 식별 표시 수단이 부착되지 않은 식품 상품을 코셔로 판매하
거나 또는 재판매하기 위해 보유하는 행위.

(4) (a) 코셔에서 요구하는 방식으로 실제로 염장처리 되었고, 또한 (b)
해당 상품이 포장 상품인 경우에는 포장 라벨상에, 포장 상품이 아닌
경우에는 해당 제품을 뚜렷이 지칭하는 표시에 '염장 처리'라고 표시된
경우가 아닌 한, '염장 처리'라고 표시된 신선육 혹은 가금류를 코셔로
판매하거나 또는 판매용으로 납품하는 행위. 이 구문의 목적상, '신선
육 혹은 가금류'는 염장 처리 이외의 가공이 되지 않은 육류·가금류를
의미한다.

e. (1) 판매, 조리, 제공 혹은 판매용으로 납품되는 식품을 할랄이라고 허
위로 표시하는 행위.

(2) 해당 상품이 비할랄 판매용으로 납품되는 경우에는 기재 문구 중
관련 식별 표시를 제거할 수 있다고 해석되는 경우를 제외하고, 어떤
식품 상품이 할랄이라는 것을 나타내기 위해 해당 상품에 부착된 원래
식별 표시 방법을 제거 혹은 훼손하거나 또는 제거나 훼손을 야기하는
행위.

(3) 도축장 마크, 스탬프, 태그, 브랜드, 라벨 혹은 기타 식별 표시 수단
이 허위로 부착된 식품 상품을 할랄로 판매하거나, 처분하거나 또는 이

를 재판매하기 위해 보유하는 행위.

f. (1) 포장 제품 형태의 식품 상품을 제조하거나 포장하는 자가 아닌 한, 포장된 식품 상품에 할랄이라고 라벨을 부착 혹은 명시하거나 또는 그와 같은 라벨이나 명시 수단을 보유하는 행위.

(2) 낱개 단위 식품을 제조하는 자가 아닌 한, 포장되지 않은 낱개 단위 식품에 할랄이라고 라벨을 부착 혹은 명시하거나 또는 그와 같은 라벨이나 기타 명시 수단을 보유하는 행위.

(3) 어떤 언어로든 '할랄'이나 '하랄'을, 또는 합리적인 개인이 해당 상품이 할랄이라고 믿도록 기망하거나 달리 오도할 우려가 있는 아랍어 글자뿐만 아니라 기타 모든 용어나 심벌을 상품에 새기거나 이를 허용하는 방식으로, 포장된 식품 상품에 할랄이라고 허위로 라벨을 부착하는 행위.

g. 매장 입구에 최소한 높이 4인치 이상의 블록체로 '할랄 및 비할랄 식품 판매 매장' 혹은 '할랄 및 비할랄 식품 제공 매장' 혹은 이와 유사한 의미를 내포한 문구를 담은 윈도 사인을 게시하지 않는 한, 비할랄 벌크 식품과 할랄 표시 벌크 식품을 동일한 영업장소에서 함께 판매하거나, 판매용으로 납품하거나, 조리하거나 또는 제공하는 행위.

h. (1) 해당 식품 상품이 할랄이라는 것을 나타내기 위해 채택된 원래의 도축장 마크, 스탬프, 태그, 브랜드, 라벨 혹은 기타 식별 표시 수단이 부착되지 않은 식품 상품을 할랄로 판매하거나 또는 재판매하기 위해 보유하는 행위.

(2) 다음에 해당하지 않는 한, 할랄로 표시된 벌크 식품 및 비할랄 벌크 식품을 동일한 쇼윈도나 기타 장소 혹은 자신의 영업장소에 판매용으로 진열하는 행위.

(a) 할랄 및 비할랄 식품 표시 위에 각각 '할랄 식품' 및 '비할랄 식품'으

로, 또는 육류 단독 진열의 경우에는 각각 '할랄 육류' 및 '비할랄 육류'를 두드러져 보이는 블록체 글씨로 게시한 경우.

(b) 별도의 진열장에 제품을 보관하거나 또는 분명히 보이는 칸막이를 사용해 할랄 품목과 비할랄 품목을 격리함으로써, 할랄 식제품을 비할랄 식제품으로부터 격리하는 경우.

(c) 할랄 식품 전용으로 사용되는 기구를 사용해 판매용 할랄 식제품을 소분하거나 달리 조리하는 경우.

(비교: P.L. 1988, 제154조 3항)

11. 본 법은 입법 후 180일에 발효한다.

일리노이 주 할랄 식품법

/

Illinois halal food laws

일리노이 주 92차 주 의회 법률

92 _SB0750enr

SB750 등록   LRB9207942DJpr

공공보건 관련 법률

일리노이 주 시민을 대표하는 주 의회는 다음과 같이 입법한다.

제1항 약식 명칭. 본 법은 '할랄 식품법'이라 칭한다.

제5항 본 법에서 사용된 용어 정의

'광고하다'는 신문, 라디오, 인터넷과 전자 매체 및 텔레비전 광고, 전단지 배포, 창문 및 인테리어 홍보물 전시 등을 포함해 판촉 행위에 관여하는 것을 의미한다.

'식품', '식제품' 혹은 '식품 상품'이란, 날것이든 소비자용으로 조리되었든 또는 고체든 액상이든 상관없이 육류, 육류 제품 혹은 육류 조리품, 우유, 유제품 혹은 우유 조리품, 그리고 모든 음료 등을 포함해 법에서 요구되는 바에 따라 심사된 식품이나 식제품, 또는 농무부가 승인한 원료로 조리된 모든 식품을 의미한다.

'포장 식품'이란 사전에 어떤 식으로든 통에 담기거나 포장되어 소매 판매용에 적합한 단위로 판매되는 식품 상품을 의미하며, 제조하자마자 소비되도록 의도된 것은 제외한다.

'할랄'이란 신뢰할 만한 공인 이슬람 조직 및 학자가 명시한 바에 따라, 또한 다비하/자비하(적절한 이슬람 규율에 의거해 도축된)에 관한 율법과 관습 등을 포함해 이슬람 종교의 율법과 관습에 따라 조리되었고 이를 엄격하게 준수하는 것을 의미한다.

제10항 기망 행위 금지

  a. 합리적인 개인으로 하여금 비할랄 식품이나 식제품이 할랄이라고 믿도록 직간접적으로 기망하거나 달리 오도할 우려가 있는 모든 구두 혹은 서면 표시 행위는 B급 경범죄에 해당한다.

  b. 할랄 식품이나 식제품만을 판매하거나, 판매용으로 납품하거나, 조리하거나 혹은 제공한다고 어떤 식으로든 스스로 광고 또는 표시한 사업장에 비할랄 식품이나 식제품이 존재하는 경우, 이를 보유하고 있는 자는 제(a)호를 위반해 해당 제품을 판매용으로 납품하고 있다는 추정 증거로 본다.

  c. 문제가 된 당해 식품이나 식제품에 대해 동물 사육장, 도축장, 제조자,

가공업자, 포장업자, 배급사 또는 개인이나 기관이 할랄로 인증받았거나 또는 이슬람교 종교 요건에 따라 조리되었음을 인증받았다는 사실 주장에 피고가 진정으로 의존했던 경우, 이는 제(a)호 위반으로 제기된 기소에 대한 완전한 변호 사유가 된다.

제15항 할랄 식품 관련 기타 위반. 아래 행위는 B급 경범죄에 해당한다.
1. 판매, 사육 혹은 판매용으로 납품된 해당 동물이 식용으로 인정받도록 하기 위해 할랄 방식으로 사육되었다고 허위로 의사 표시를 하는 행위.
2. 판매, 조리, 제공 혹은 납품된 해당 식품이 할랄이라고 허위로 의사 표시를 하는 행위.
3. 어떤 식품 상품이 할랄이라는 것을 나타내기 위해 해당 상품에 부착된 원래 식별 표시 방법을 제거 혹은 훼손하거나 또는 제거나 훼손을 야기하는 행위. 단, 해당 상품이 비할랄 판매용으로 납품되는 경우에는 본 제(3)호에 따른 식별 표시 제거 금지 위반으로 보지 않는다.
4. 동물 사육장이나 도축장의 마크, 스탬프, 태그, 브랜드, 라벨 혹은 기타 식별 표시 수단이 허위로 부착된 식품 상품을 할랄로 재판매하기 위해 보유하는 행위.
5. 포장 제품 형태의 식품 상품을 제조하거나 포장하는 자가 아닌 한, 포장된 식품 상품에 할랄이라고 라벨을 부착 혹은 명시하거나 또는 그와 같은 라벨이나 명시 수단을 보유하는 행위.
6. 낱개 단위 식품을 제조하는 자가 아닌 한, 포장되지 않은 낱개 단위 식품에 할랄이라고 라벨을 부착 혹은 명시하거나 또는 그와 같은 라벨이나 기타 명시 수단을 보유하는 행위.
7. 어떤 언어로든 '할랄'이나 '하랄'을, 또는 합리적인 개인으로 하여금 해당 상품이 할랄이라고 믿도록 기망하거나 달리 오도할 우려가 있는 아랍어 글자

뿐만 아니라 기타 모든 용어나 심벌을 상품에 새기거나 이를 허용하는 방식으로, 포장된 식품 상품에 할랄이라고 허위로 라벨을 부착하는 행위.

8. 매장 입구에 최소한 높이 4인치 이상의 블록체로 '할랄 및 비할랄 식품 판매 매장' 혹은 '할랄 및 비할랄 식품 제공 매장' 혹은 이와 유사한 의미를 내포한 문구를 담은 윈도 사인을 게시하지 않는 한, 비할랄 벌크 식품과 할랄 표시 벌크 식품을 동일한 영업장소에서 함께 판매하거나, 판매용으로 납품하거나, 조리하거나 또는 제공하는 행위.

9. 해당 식품 상품이 할랄이라는 것을 나타내기 위해 채택된 원래의 동물 사육장이나 도축장 마크, 스탬프, 태그, 브랜드, 라벨 혹은 기타 식별 표시 수단이 부착되지 않은 식품 상품을 할랄로 판매하거나 또는 재판매하기 위해 보유하는 행위.

10. 다음에 해당하지 않는 한, 할랄로 표시된 벌크 식품 및 비할랄 벌크 식품을 동일한 쇼윈도나 기타 장소 혹은 자신의 영업장소에 판매용으로 진열하는 행위.

   a. 할랄 및 비할랄 식품 표시 위에 각각 '할랄 식품' 및 '비할랄 식품'으로, 또는 육류 단독 진열의 경우에는 각각 '할랄 육류' 및 '비할랄 육류'를 두드러져 보이는 블록체 글씨로 게시한 경우.

   b. 별도의 진열장에 제품을 보관하거나 또는 분명히 보이는 칸막이를 사용해 할랄 품목과 비할랄 품목을 격리함으로써, 할랄 식제품을 비할랄 식제품으로부터 격리하는 경우.

   c. 할랄 식품 전용으로 사용되는 기구를 사용해 판매용 할랄 식제품을 소분하거나 달리 조리하는 경우.

제20항 연방 법률. 본 법의 어떤 조항도 연방 법률인 '1978 인도적 도축 방법에 관한 법'의 적용 조항으로부터 할랄 식품을 제외하는 것으로 해석되어서

는 안 된다.

　제90항 '소비자 사기 및 기망 사업행위 법률'은 다음과 같이 2KK항을 추가
해 개정한다.

(815 ILCS 505/2KK 신설)

2KK항. 할랄 식품, 공시

　a. 본 조항에서 사용된 용어

　　i. '딜러'란 제조자, 동물 사육장, 도축장, 도매상, 판매점, 레스토랑, 호
텔, 케이터링 시설, 정육점, 여름 캠프, 제과점, 델리카트슨, 슈퍼마
켓, 식료품점, 관인 요양 시설, 냉동 판매상 및 식품기획사 등을 포
함해 스스로가 할랄 방식으로 동물을 사육하거나 또는 할랄 식품을
판매하거나 조리하거나 혹은 보관한다고 광고, 표시 혹은 주장하는
일체의 조직을 의미한다. 이들 조직은 할랄이라고 표시하지 않은
채 식품을 판매, 조리 혹은 보관할 수도 있다.

　　ii. '국장'이란 농무국장을 의미한다.

　　iii. "식품"이란 식용을 위해 사육된 동물, 식품, 식제품, 식품 원재료,
식이 보조 식품 혹은 음료를 의미한다.

　　iv. '할랄'이란 신뢰할 만한 공인 이슬람 조직 및 학자가 명시한 바에 따
라, 다비하/자비하(적절한 이슬람 규율에 의거해 도축된)에 관한 율법
과 관습 등을 포함해, 이슬람 종교의 율법과 관습에 따라 조리되었
고 이를 엄격하게 준수하는 것을 의미한다.

　b. 할랄 방식으로 동물을 사육한다고 표방하는 모든 딜러 및 할랄이라고
표시되는 식품을 조리·배급·판매 혹은 판매용으로 전시하는 모든 딜러
는, 국장이 채택하는 규칙에 의거해 해당 식품이 판매되거나 또는 판매
용으로 전시되는 장소의 잘 보이는 위치에, 국장이 정한 크기와 형태의

게시판에 국장이 요구하는 정보를 게시하는 방법으로, 자신이 할랄이라고 표시하게 된 근거 사실을 밝혀야 한다.

c. 누구든 제(b)호의 대상이 된다 하더라도 할랄이라고 표시된 식품의 동물 사육장, 도축장, 제조자, 가공업자, 포장업자 혹은 배급사의 표시 사실에 스스로가 진정으로 의존했음이 충분한 증거에 의해 입증될 수 있는 경우라면, 이는 위법행위에 해당하지 않는다.

d. 어떤 딜러든 해당 식품과 관련해 제(b)호에서 요구하는 표시 사항에 부합하지 않는 식품이나 또는 식용으로 사육된 동물을 보유하는 경우, 이는 딜러가 판매하려는 의도로 해당 식품을 보유하고 있었다는 추정 증거로 간주된다.

e. 할랄 방식으로 동물을 사육한다고 표방하는 모든 딜러 및 할랄이라고 표시되는 식품을 조리, 배급, 판매 혹은 판매용으로 전시하는 모든 딜러는 국장이 채택한 규정에 의거해, 기록 보관, 라벨 부착, 서류 작성 등을 포함해 국장이 정하는 모든 요건을 준수해야 한다.

f. 할랄 식품에 전문화된 공인 이슬람 기관, 또는 무슬림 할랄 식품 감독관의 정보가 담긴 서류를 제출함으로써 국장에게 정식 딜러로 등록하지 않는 한, 할랄 방식으로 사육되었다고 표방하는 동물과 할랄이라고 표시되는 식품을 판매용으로 납품해서는 안 된다.

g. 국장은 일리노이 '행정절차법'에 의거해 본 조항을 실시하기 위한 규칙을 채택해야 한다.

h. 본 조항을 위반하거나 또는 본 조항을 실시하기 위해 국장이 채택한 규칙을 위반하는 것은 본 법에 따른 위법행위에 해당한다.

각국의 수출 요건●

Export requirements for various countries

바레인 수출 요건

적격·부적격 제품

A. 적격 제품

  1. 신선/냉동 육류.

  2. 가금류 제품.

도축 요건

이슬람 종교의 할랄 도축 요건 적용.

라벨 작업 요건

A. 모든 제품에 대해, 취급 제품의 형태를 명확히 하여 박스상의 냉장 기재
   사항에 보관 온도를 명시해야 한다(예를 들어 '냉동 보관 - __℃ 이하로 보관,

● 　자료: 미국 농무부(USDA), 『수출 요건 일람(Library of Export Requirements)』(2003.5.8).

또는 '냉장 보관 - __°C 에서 __ °C 사이 보관).

B. 미국에서 의무화되어 있는 라벨 기재 사항에 추가해, 포장 육류·가금류에는 다음과 같은 기재 사항이 포함되어야 한다.

1. 2개 국어 라벨: 아랍어 및 영어.

2. 원산지 국가.

3. 생산(도축 혹은 냉동) 일자와 유통기한 일자는 수출협회 포장용 컨테이너에만 기재될 것을 요한다.

   a. 바레인의 일자 표시 형식은 다음을 준수해야 한다. 유통기간이 6개월 이하인 제품의 경우에는 일/월/년, 유통기간이 6개월 초과인 제품의 경우에는 월/년. 일자는 숫자 형식 및 2개 국어(영어, 아랍어)로 표기되어야 한다.

   b. 유통기한 일자는 해당 제품이 냉동된 일자부터 계산한다. '제품은 도축 72시간 후 냉동됨'이라는 문구는 식품안전검사국 양식 9060-5의 '비고'란에 기재해야 한다.

4. 냉동 제품 라벨상에 '저온 보관할 것'이라는 문구의 사용은 허락되지 않는다.

5. 제품의 유통기간은 생산 일자부터 시작되어야 한다.

6. 미터법 순 중량

7. 제품 식별 표시

8. 이슬람식 도축 인증서가 요구되는 경우, 해당 동물이 이슬람 원칙에 의거해 도축되었다는 문구가 라벨상에 기재되어야 한다.

C. 생산 일자 및 유통기한 일자를 추가하는 것을 대체해 다음과 같은 라벨 작업 방식을 사용할 수 있다.

1. 스티커가 사용되는 경우, 라벨 전문용어를 가려서는 안 되며 또한 제거 시 저절로 파손되어야 한다. 필수 라벨 기재 사항을 덮는 부착식 라벨은 허용되지 않는다. 생산 일자 또는 유통기한 일자가 기재된 스티커를 제품 상에 부착하는 것은 허락되지 않는다.

2. 삽입식 인쇄물은 생산 일자 및 유통기한 일자가 함께 기재되어야 한다. 삽입식 인쇄물은 승인된 재질로 제작되어야 한다.

D. 사전 포장된 가공 육류·가금류 제품의 경우, 라벨상에는 냉동 제품의 생산(포장 혹은 냉동) 일자, 유통기한 일자 및 순 중량이 기재되어야 한다.

서류 작업 요건

A. 식품안전검사국 양식 9060-5 획득   증명에 앞서, 심사 담당관에 의해 정확한 생산 일자 및 유통기한 일자가 검증되어야 한다. 모든 식품안전검사국 양식 9060-5 증명서에는 일자가 있어야 하며 또한 식품안전검사국 검역관의 서명과 직위가 포함되어야 한다.

B. 이슬람식 도축 인증서   이슬람식(할랄) 도축 인증서는 의무 사항이 아니다. 하지만 수출업자는 해당 제품의 유통이 제한될 수 있음을 주지해야 한다. 미국 수출업자는 상품 선적 시에 이슬람식 도축 인증서가 요구되는지 여부를 결정하기 위해 바레인의 수입업자에게 확인해야 한다. 필요한 경우, 수출업자는 이슬람 센터나 이슬람 기관에서 이슬람식 도축 인증서를 획득해야 한다. 이슬람식 도축 인증서는 수입 국가로부터 인정된 무슬림 기관의 구성원에 의해 발급되어야 하며, 해당 인증서에는 대상 동물이 무슬림 종교 요건에 의거해 도축되었다는 사실이 기재된다. 이러한 인증서는 바레인 영사관의 공증을 받아야 하며 모든 선적에 첨부되어야 한다.

C. 할랄 라벨이 부착된 신선·냉동 제품의 경우, 해당 제품에는 이슬람식 도축장의 인증서가 첨부되거나, 또는 제품이 목적지에 도착하기 전에 적절한 인증서가 제공될 것이라는 수출업자의 서면 보증서가 첨부되어야 한다.

D. 가공 제품의 경우, 해당 제품에는 사용된 원료를 생산하기 위해 도축된 동물에 대한 이슬람식 도축 인증서가 첨부되거나, 또는 제품이 목적지에 도착하기 전에 적절한 인증서가 제공될 것이라는 수출업자의 서면 보증서가 첨부되어야 한다.

취급·보관 요건

바레인은 모든 선적에 대해 보관·처리에 관한 소비자 지침 및 기타 특별한 취급 요건이 첨부될 것을 요한다.

기타 요건

A. 신선·냉동 육류 제품의 유통기간 도축 혹은 냉동 시점부터 바레인 도착까지의 기간은 4개월을 초과해서는 안 된다. 제품은 −18℃ 이하의 온도에서 냉동 상태로 유지되어야 하며, 유통기간은 소고기의 경우 12개월을, 분쇄육 및 양고기의 경우에는 9개월을 초과해서는 안 된다.

B. 신선·냉동 가금류 제품의 유통기간 냉동 칠면조, 오리, 거위, 닭의 경우, 도축 혹은 냉동 시점부터 바레인 도착까지 소요된 기간이 3개월을 초과해서는 안 된다. 제품은 −18℃ 이하의 온도에서 냉동 상태로 유지되어야 하며, 유통기간은 12개월을 초과해서는 안 된다.

C. 여기에서 언급된 요건들은 단지 가이드라인으로만 참조해야 한다. 개별 선적에 대해 어떤 요건들이 충족되어야 하는지를 결정하기 위해서는 수출업자가 수입업자에게 확인할 책임이 있다.

이집트 수출 요건

적격·부적격 제품

A. 적격 제품.

1. 신선·냉동 적색 육류·가금류.

2. 적색 육류·가금류 제품.

3. 말 내장.

라벨 작업 요건

A. **일반 제품**　취급 제품의 형태를 명확히 하여 박스상의 냉장 기재 사항에 보관 온도를 명시해야 한다(예를 들어 '냉동 보관 - __℃ 이하로 보관', 또는 '냉장 보관 - __℃ 에서 __℃ 사이 보관).

B. **신선·냉동 및 통조림 육류·가금류**　미국에서 의무화되어 있는 라벨 기재 사항에 추가해, 사전 절단 및 포장 육류와 가금류에는 다음과 같은 기재 사항이 (인쇄 형태로) 포함되어야 한다

1. **생산**(도축 혹은 냉동) **일자 및 유통기한 일자**　해당 월을 단어나 약어로 기재해야 한다(예를 들어 Jan 혹은 January 1985). 유통기한 일자는 해당 제품이 최초로 냉동된 날부터 계산한다. 문자 표기와 함께 날짜를 나타낼 수 있도록 라벨상에 미리 인쇄된 달력 모양도 빈번히 사용된다.

2. **미터법 순 중량**　미터법 단위 중량을 나타내는 문자와 숫자는 아랍어로

기재되어야 한다.

3. 2개 국어 라벨　모든 라벨은 아랍어와 영어로 기재되어야 한다.

C. 추가 요건　제품 정보 및 수입업자 명칭과 주소가 아랍어(영어는 선택 사항)로 인쇄되어야 하는데, 신선·냉동 제품의 경우에는 봉지나 래핑wrapping(밀봉) 안쪽 라벨상에 표기되어야 하며, 일반 제품(신선·냉동에 추가해)의 경우에는 이러한 정보가 직접 포장 용기와 박스상에 표기되어야 한다.

인증 요건

A. 식품안전검사국 양식 9060-5를 획득해야 한다. 모든 식품안전검사국 양식 9060-5 증명서에는 일자가 있어야 하며 식품안전검사국 검역관의 서명과 직위가 포함되어야 한다.

B. 특별 항목 제품 증명서　매매계약이나 사양을 충족시키기 위해 제품의 특별 항목(포장이나 절단 방식, 제품 중량 범위 또는 품질)을 증명받기 원하는 수출업자는 자체 비용 부담 조건으로 미국 농무부 농업마케팅국의 등급 부여 부서에서 해당 증명서를 획득할 수 있다.

C. 추가 증명

1. 소고기 제품(식용 특수 부위 포함)　다음과 같은 문구가 식품안전검사국 양식 9060-5 '비고'란에 기재되어야 한다. "미국에서 수출되는 식용 특수 부위를 포함한 소고기 제품은 임상적으로든 시험실 기준으로든 소 면역결핍증BIV 및 소 백혈병EBL에 해당되지 않는 소로부터 획득되었음" 및 "미국은 광우병BSE으로부터 안전함. 이 육류는 광우병BSE에 해당되지 않는 소에서 획득되었으며, 영국을 원산지로 하는 육류나 동물성 단백질을 함유

하지 않음."

2. 말 내장 식품안전검사국 양식 9060-10을 획득해야 한다. 다음과 같은 문구가 식품안전검사국 양식 9060-10 '비고'란에 기재되어야 한다. "이 내장은 접촉성 질병 및 전염성 질병에 감염되지 않은 동물로부터 획득되었음" 및 "미국은 광우병 BSE 으로부터 안전함."

취급·보관 요건

이집트는 모든 선적에 대해 보관·처리에 관한 소비자 지침 및 기타 특별한 취급 요건이 첨부될 것을 요한다.

기타 요건

A. 선박 용품 포트사이드는 자유항이다. 모든 미국 제품은 어떤 국적 선박이든 선박 용품으로 적합하다.

B. 이집트 수입 심사 이집트로 수입되는 육류·가금류 제품은 살모넬라에 대한 무작위 테스트용 표본이 수집된다. 선적 전에 원산지 국가에서 행해졌던 제품 시험 결과는 이집트에서는 인정되지 않는다.
  1. 소고기(소간 포함)는 표본의 10% 이하가 양성반응일 때 합격이다.
  2. 가금류는 표본의 20% 이하가 양성반응일 때 합격이다.
  3. 살모넬라의 허용 수준에 대한 예외. 검출된 살모넬라의 형태가 살모넬라 타이피 S. typhi, 살모넬라 파라타이피 S. paratyphi A, B, C, 또는 살모넬라 콜레라스위스 S. cholerasuis 인 경우, 보건부 결정이 있을 때까지 해당 선적분은 보류된다.

C. 유통기간

  1. 냉동 육류(림프절이 붙어 있는 소와 양의 간을 포함해)는 생산 일자로부터 2개월 이내에 미국으로부터 선적되어야 한다. 선적 일자를 확정하는 기준으로는 선하증권이 사용된다. 냉동 적색 육류의 직접 소비 유통기간은 냉동 일자로부터 7개월이다. 모든 육류는 최소 50% 이상의 유통기간을 남겨두고 이집트에 도착해야 한다.

  2. 냉동 가금류(내장 포함)는 생산 일자로부터 2개월 이내에 미국에서 선적되어야 하며, 또한 생산 일자로부터 3개월 이내에 이집트에 도착해야 한다. 제품의 유통기간은 생산 일자로부터 9개월 이내로 한다.

D. 냉동 가금류 표본을 해동했을 경우, 수집된 물은 5%를 초과해서는 안 된다.

E. **적색 육류의 지방 함유량** 직접 소비용 제품의 지방 함유량은 7% 이하여야 한다. 가공용 적색 육류의 지방 함유량은 20% 이하여야 한다.

수출 적격 플랜트

A. **소간** 이집트는 소간을 수출하는 시설에 대해 선적 전에 승인받을 것을 요구한다. 이집트로 소간을 수출할 수 있는 적격 플랜트의 리스트는 식품안전검사국 수출 일람 '플랜트 리스트' 항목에서 찾아 볼 수 있다. 이집트로 소간을 수출하기 위한 신규 플랜트 승인 신청에 관한 추가 정보는 식품안전검사국의 기술서비스센터[(402)-221-7400]로 연락하면 된다.

B. **기타 모든 제품** 연방 차원의 심사를 받은 모든 시설은 이집트로 수출하는 데 적격이다.

할랄 인증에 관한 정보

다음은 수출업자를 위한 정보로 제공된 것이다. 식품안전검사국은 무슬림 국가로 수출하고자 하는 제품이 적절한 종교적 도축 요건을 충족했음을 증명할 책임이 없다. 수출 인가 절차에는 할랄 공정에 대한 기관 감독이나 할랄 인증서의 진위 검증이 포함되지 않는다.

종교적 도축: 이슬람식 도축 인증

수출업자는 이슬람 센터나 이슬람 기관의 구성원으로부터 이슬람식 도축 인증서를 획득해야 한다. 이슬람식 도축 인증서는 수입 국가가 인정한 무슬림 기관의 구성원에 의해 발급되어야 한다. 해당 인증서에는 대상 동물이 무슬림 종교 요건에 의거해 도축되었다는 사실이 기재된다. 할랄 라벨이 부착된 제품에는 인증서가 첨부되어야 한다. 이러한 인증서는 아랍-아메리카 상업회의소 혹은 이집트 영사관의 공증을 받아야 하며 모든 선적에 첨부되어야 한다.

할랄 라벨 작업

할랄 인증 제품에는 해당 제품이 이슬람 원칙에 의거해 도축되었다는 사실이 기재된 라벨이 부착되어야 한다(할랄 라벨 작업은 수출업자 및 할랄 기관의 책임이다).

A. 신선·냉동 비가공 제품의 경우　할랄 라벨이 부착된 제품에는 적절한 할랄 인증서가 첨부되어야 한다.

B. 할랄 라벨 부착 가공 제품　할랄 라벨이 부착된 가공 제품에 사용된 원재료에는 적절한 할랄 인증서가 첨부되어야 한다.

인도네시아 수출 요건

적격·부적격 제품

A. 적격 제품

  1. 신선·냉동 적색 육류 및 적색 육류 제품.

  2. 신선·냉동 가금류 및 가금류 제품.

B. **부적격 제품**　인도네시아에서 소 허파는 '소과 동물의 기타 식용 특수 부위'로 간주된다. 허파를 식용 제품으로 취급하는 국가에서 인도네시아로 수출하는 것이 허락된다. 미국에서는 허파가 식용 불가 제품으로 간주되며, '식용 불가'라고 라벨이 부착되어야 한다. 따라서 미국에서 인도네시아로 허파를 수출하는 것은 부적격이다.

서류 작업 요건

신선·냉동 적색 육류·가금류 제품에 대한 서류 작업 요건은 다음과 같다.

A. 식품안전검사국 양식 9060-5 － 육류·가금류 수출 양호 증명서 － 를 획득해야 한다.

  1. 정확한 생산 일자 및 유통기한 일자가 '비고'란에 기재되어야 한다.

  2. 해당 양식은 식품안전검사국 검역관에 의해 서명과 일자가 기재되어야 한다.

B. 인도네시아에서 2차 가공을 거쳐 일본으로 수출되기 위한 가금류는 다음과 같은 사안을 준수해야 한다.

  1. 수출업자에 의해 요청되는 경우, 해당 가금류가 관련 요건을 충족할 것

을 조건부로 하여, 다음과 같은 문구가 식품안전검사국 양식 9060-5의 '비고'란에 기재되어야 한다. "미국에서 최소 90일 이내에는 조류독감의 발병이 없었음. 나아가 가금류가 사육된 지역(사육 농장으로부터 최소 반경 50킬로미터 이내의 지역)에서는 뉴캐슬병, 조류 콜레라 및 미국 정부가 정한 기타 심각한 전염성 조류 질병이 최소 90일 이내에는 발생되지 않았음."

2. 일부 주에서는 일본으로의 가금류 수출이 일정 기간 제한되어 있다. 따라서 수출용 가금류가 각 해당 주의 해당 제한 기간에 이들 주에서 사육되었거나 경유되지 않았다는 증명서가 제공되어야 한다. 신규 증명서나 기존 선적에 대한 재증명을 위한 명세서는 일본이 정한 관련 요건에서 확인할 수 있다.

이러한 확인서는 미국에서 가공되는 가금류에 대한 일본 보건 당국의 요건이다.

수출 적격 플랜트

A. 연방 차원의 심사를 받은 모든 미국 육류·가금류 시설은 인도네시아로 수출하는 데 적격이다.

B. **견본품 선적**   10킬로그램(22파운드) 미만의 견본품 선적에는 수입 허가가 필요하지 않다.

할랄 인증에 관한 정보

다음은 수출업자를 위한 정보로 제공된 것이다. 식품안전검사국은 무슬림 국가로 수출하고자 하는 제품이 적절한 종교적 도축 요건을 충족했음을 증명할 책임이 없다. 수출 인가 절차에는 할랄 공정에 대한 기관 감독이나 할랄 인증서의 진위 검증이 포함되지 않는다.

종교적 도축: 이슬람식 도축 인증

수출업자는 이슬람 센터나 이슬람 기관의 구성원으로부터 이슬람식 도축 인증서를 획득해야 한다. 이슬람식 도축 인증서는 수입 국가의 인정을 받은 무슬림 기관의 구성원에 의해 발급되어야 한다. 해당 인증서에는 대상 동물이 무슬림 종교 요건에 의거해 도축되었다는 사실이 기재된다. 할랄 라벨이 부착된 제품에는 인증서가 첨부되어야 한다. 이러한 인증서는 아랍-아메리카 상업회의소의 공증을 받아야 한다.

할랄 라벨 작업

A. 할랄 라벨 작업은 수출업자와 할랄 기관의 책임이다.

B. 냉동 가금류 및 가금류 제품에 대한 할랄 인증이 항상 요구되는 것은 아니다. 수출업자는 선적 전에 수입업자에게 이에 대해 확인하는 것이 바람직하다.

C. 할랄 라벨이 부착된 가공 제품에 대해 할랄 인증이 요구되지는 않지만 이들 가공 제품에 사용된 원재료에는 적절한 할랄 인증서가 첨부되어야 한다.

D. 미군 부대용 선적　미국인이 소비하기 위해 선적되는 제품의 경우, 이슬람식 도축 인증서는 생략될 수 있다.

이란 수출 요건

적격·부적격 제품

A. 적격 제품

1. 적색 육류.

2. 가금류 제품.

도계 요건

종교적 도계　가금류는 날카로운 칼로 껍질, 경정맥 및 기도를 절단함으로써 마무리 처치와 내장 제거 준비를 위해 도체의 완전한 방혈을 야기하는 방식으로 도계해야 한다.

서류 작업 요건

A. 육류 제품　식품안전검사국 양식 9060-5를 획득해야 한다.

B. 가금류 제품

1. 식품안전검사국 양식 9060-5를 획득해야 한다.

2. 다음과 같은 내용이 기재된 미국 농무부 식품안전검사국 공문 양식의 증명서 역시 획득해야 한다. "관련 증명서에 기재되어 있는 탁송물 전체는 다음에 해당하는 가금류로부터 유래되었음."

a. 증명서에 명시된 도계장에서 공식 검역관에 의한 사망 직전 검사 대상이었고 공식 검역관의 감독하에 사망 직후 검사의 대상이었으며, 전염성 질병의 징후는 발견되지 않음.

b. 검역관 감독하에 있던 가금류 무리 중에서 직전 2개월 이내에는 다음과 같은 질병이 진단된 바 없음. 살모넬라증, 감보로병, 파스퇴렐라 감

염증, 뉴캐슬병, 조류 독감 및 앵무병.

c. 위 제(b)호에 언급된 질병으로 진단받은 다른 가금류와 도계장에서 접촉한 바 없음.

d. 적절한 조사 결과, 도계 전 6개월간 판매용 집단에서 뉴캐슬병의 고병원성 변종이 발생했다는 기록이 없는 만족할 만한 상태에서 부화·사육되고 또한 도계되었음.

e. 세척을 위해 미국 농무부 가이드라인에 의거해 도체 냉각 수조에 염소가 투입되었음.

(알림: b호 및 d호는 회사 검역관이 동일한 문구에 서명한 회사 자체 증명서에 기초해 증명될 수 있음.)

3. **미국 농무부 가금류 등급분류** 조리용 신선(냉동) 구이용 육계(전체육)에는 미국 농무부 등급 증명서가 첨부되어야 하며, 다음과 같은 요건을 충족해야 한다.

a. 구이용 육계는 A 등급이어야 하며, 등급 증명서와 카톤 박스carton box 상에 기재되어야 한다.

b. 각 구이용 육계의 중량은 850~1350그램(2~3파운드) 이내로, 평균 1100그램(2.4파운드)이어야 한다.

c. 가금류는 선적일로부터 최장 3개월 이내에 도계 및 냉동되었어야 하며, 이는 수출 증명서에 기재되어 있어야 하고 카톤 박스에는 도계 일자가 명시되어야 한다. 수출 증명서에는 도계 및 냉동의 최초 일자와 최종 일자가 기재되어야 한다.

d. 각 구이용 육계는 밀봉된 비닐 재질로 개별 포장되어야 한다.

C. **특별 구매** 이란 정부 입찰에 따라 구매된 조리용 신선(냉동) 가금류(전체육)는 해당 입찰에서 정한 모든 요건을 충족해야 한다. 입찰 지시서

에 미국 농무부의 증명을 받아야 한다는 조건이 명시되지 않는 한, 심사관은 통상적인 수출용 재심사와 수출 증명서 발급만 진행하게 된다.

D. 특별 허가 수입업자는 이란 농무부가 발급하는 수입 허가를 보유하고 있어야 한다.

E. 증명서상의 서명 모든 필요 양식과 부속서류에는 일자가 기재되고 공식 검역관의 서명이 있어야 한다. 서명란에는 성명과 직위(수의학 박사 혹은 동급)가 명시되거나 인쇄되어야 한다.

취급·보관 요건
가금류의 경우, 각 구이용 육계는 밀봉된 비닐 재질로 개별 포장되어야 한다.

수출 적격 플랜트
연방 차원의 심사를 받은 모든 시설은 이란으로 수출하는 데 적격이다.

이라크 수출 요건

적격·부적격 제품
A. 적격 제품
  1. 육류 제품 현재 기준으로 적격성은 파악되지 않음.
  2. 가금류 제품.

서류 작업 요건

증명 요건은 다음과 같다.

A. 식품안전검사국 양식 9060-5를 획득해야 한다.

B. 가금류   이라크 정부는 각 선적분에 대한 입찰 지시서를 제출함으로써, 미국 수출업자를 통해 직접 가금류 제품을 구매한다. 입찰 및 후속 계약서에는 가금류 등급 분류 당국이 증명한 사양이 명시된다.

요르단 수출 요건

적격·부적격 제품

A. 적격 제품
1. 신선·냉동 소고기.
2. 신선·냉동 가금류 및 가금류 제품.

서류 작업 요건

증명 요건은 다음과 같다.

A. 신선·냉동 소고기   식품안전검사국 양식 9060-5를 획득해야 한다.

B. 신선·냉동 가금류   식품안전검사국 양식 9060-5를 획득해야 한다. 다음과 같은 문구가 식품안전검사국 양식 9060-5 '비고'란에 기재되어야 한다. "미국은 국제수역사무국OIE 리스트 A 가금류 질병에 해당되지 않음."

수출 적격 플랜트

연방 차원의 심사를 받은 모든 시설은 요르단으로 수출하는 데 적격이다.

쿠웨이트 수출 요건

적격·부적격 제품

A. 적격 제품

 1. 육류 및 육류 제품: 소고기, 송아지 고기, 새끼 양, 양고기, 염소고기.
 2. 가금류 및 가금류 제품.

B. 부적격 제품 돼지고기 및 돼지고기 제품.

가공 요건

다음은 육류·가금류에 대한 가공 요건이다.

A. 돼지 껍데기나 돈지豚脂는 가공 제품에 허용되지 않는다.

B. 조직화 식물 단백(일명 콩고기 같은 인조육을 말함 — 옮긴이)이 함유된 제품
 은 가공 제품으로 허용된다.

라벨 작업 요건

A. 취급 제품의 형태를 명확히 하여 박스상의 냉장 기재 사항에 보관 온도
 를 명시해야 한다(예를 들어, '냉동 보관 - __℃ 이하로 보관', 또는 '냉장 보관 -
 __℃ 에서 __℃ 사이 보관').

B. 신선·냉동 및 통조림 육류·가금류 미국에서 의무화되어 있는 라벨 기재 사항에 추가해, 포장 육류·가금류에는 다음과 같은 기재 사항이 포함되어야 한다.

1. 원산지 국가.

2. 해당 제품은 이슬람 원칙에 의거해 도축되었다는 문구.

3. 2개 국어 라벨: 영어 및 아랍어.

4. 라벨상의 영어 부분은 제품의 명칭 및 제조자나 생산자의 성명과 주소를 명시해야 한다. 미국 연방 규정집CFR 9의 317.7이나 381.128에 의거해 허락되는 경우, 제품 명칭은 미국 표준을 따르지 않아도 된다. 예컨대, 미국산 닭은 통상적으로 '아메리칸 치킨'으로 라벨이 부착된다.

5. 미터법 순 중량이 요구된다. 미터법 단위 중량을 나타내는 문자와 숫자는 아랍어로 기재해야 한다(알림: 총중량은 상업 송장에는 필요하지만 제품 라벨에는 요구되지 않는다).

6. 생산(도축 혹은 냉동) 일자 및 유통기한 일자는 개별 포장 제품에 기재되어야 한다. 쿠웨이트의 일자 표시 형식 요건은 다음을 준수해야 한다. 유통기간이 6개월 이하인 제품의 경우에는 일/월/년, 유통기간이 6개월 초과인 제품의 경우에는 월/년. 일자는 숫자 형식 및 2개 국어(영어, 아랍어)로 표기되어야 한다.

C. 사전 절단 및 포장 신선·냉동 육류·가금류에 대한 라벨 작업 요건을 대체해 다음과 같은 라벨 작업 방식을 사용할 수 있다.

1. 스티커가 사용될 수는 있지만 라벨 전문용어를 가려서는 안 되며 또한 제거 시 저절로 파손되어야 한다. 필수 라벨 기재 사항을 덮는 부착식 라벨은 허용되지 않는다. 생산 일자와 유통기한 일자가 기재된 스티커를 제품상에 부착하는 것은 허락되지 않는다.

2. 삽입식 인쇄물이 사용될 수는 있지만 생산 일자와 유통기한 일자가 함께 기재되어야 한다. 삽입식 인쇄물은 승인된 재질로 제작되어야 한다.

서류 작업 요건

증명 요건은 다음과 같다.

A. **식품안전검사국 양식 9060-5**   식품안전검사국 양식 9060-5를 획득해야 한다. 모든 식품안전검사국 양식 9060-5 증명서에는 일자가 기재되어야 하며 식품안전검사국 검역관의 서명과 직책이 명시되어야 한다.

B. **이슬람식 도축**   수출업자는 식품안전검사국 증명서에 추가해, 이슬람 센터나 이슬람 기관의 구성원으로부터 이슬람식 도축 인증서를 획득해야 한다. 이슬람식(할랄) 도축 인증서는 수입 국가의 인정을 받은 무슬림 기관의 구성원에 의해 발급되어야 한다. 해당 인증서에는 대상 동물이 무슬림 종교 요건에 의거해 도축되었다는 사실이 기재된다. 할랄 라벨이 부착된 제품에는 인증서가 첨부되어야 한다. 이러한 인증서는 아랍-아메리카 상업회의소 혹은 쿠웨이트 영사관의 공증을 받아야 하며, 모든 선적에 첨부되어야 한다.

C. 식품안전검사국 증명

1. **신선·냉동 비가공 제품**   할랄 라벨이 부착된 제품에는 적절한 할랄 인증서가 첨부되거나, 또는 제품이 목적지에 도착하기 전에 해당 선적분에 대한 적절한 할랄 인증서가 제공될 것이라는 수출업자의 서면 보증서가 첨부되어야 한다. 식품안전검사국은 무슬림 국가로 수출하고자 하는 제품이 적절한 종교적 도축 요건을 충족했음을 증명할 책임이 없다. 수출 인가 절차에는 할랄 공정에 대한 기관 감독이나 할랄 인증서의 진위 검증이 포

함되지 않는다.

2. 할랄 라벨이 부착된 가공 제품에 사용된 원재료에는 적절한 할랄 인증서가 첨부되어야 한다.

D. **군용 선적**　쿠웨이트 외무부는 미군 부대로 탁송되는 선적에 대해서는 현지 수입 규정의 예외로 처리할 수 있다. 이러한 예외에 해당되지 않는 경우, 해당 제품은 현지 규정에 의거한 심사의 대상이 된다. 미군 부대로 탁송되는 각 선적은 식품안전검사국 양식 9060-5와 해당 선적이 군부대용이라는 것을 언급한 주駐쿠웨이트 미국 대사관의 공문이 첨부되어야 한다.

취급·보관 요건

A. **특별 취급을 요하는 제품**　쿠웨이트는 모든 선적에 대해 보관·처리에 관한 소비자 지침 및 기타 특별한 취급 요건이 첨부될 것을 요한다.

B. **포장**　모든 신선·냉동 제품은 포장 재질을 통해 내부가 보이도록 해야 한다.

C. 제품 도착 및 유통기한 일자

1. 유통기간이 1년을 초과하는 모든 수입 포장 제품은 라벨상의 생산 일자로부터 6개월 이내에 쿠웨이트에 도착해야 한다.

2. 유통기간이 1년 이내인 모든 수입 제품은 해당 유통기간의 전반부 2분의 1 기간과 라벨상의 생산 일자로부터 3개월 이내의 기간 중 더 짧은 기간 내에 쿠웨이트에 도착해야 한다.

수출 적격 플랜트

연방 차원의 심사를 받은 모든 시설은 쿠웨이트로 수출하는 데 적격이다.

말레이시아 수출 요건
(말레이 반도, 사바, 사라왁을 포함하는 동말레이시아)

적격·부적격 제품

적격 제품

A. 육류 제품

1. 말레이시아가 승인한 육가공 플랜트에서 제조된 가공 제품을 포함해, 신선·냉동 소고기, 송아지 고기, 새끼 양/양고기 도체, 대분할 부분육.

2. 육류 및 육류 부산물, 즉 할랄에 해당하는 간, 비장, 염통, 골, 기타 식용 부위는 적격이다.

3. 소 허파는 다음을 조건부로 적격에 해당한다.

a. 허파는 말레이시아로 수출할 수 있도록 승인된 시설에서 공급되어야 하며, 승인된 이슬람 센터가 발급한 할랄 인증서가 첨부되어야 한다.

b. 허파는 변질되지 않은 것이어야 하며, 규정 325.8항에 의거해 '소 허파: 식용 목적 아님'이라는 라벨이 부착되어야 한다.

c. 미국 농무부에서 발급되는 유일한 증명서는 중량, 카톤 박스 수량, 증명서 공문에 서명한 MPI 검역관의 직책(예를 들어, 수의학 박사 혹은 수의사)을 기재한 일자를 포함한 미국 농무부 공문이며, 여기에는 다음과 같은 문구가 명시되어야 한다.

i. "이 허파는 사망 직전 검사 및 사망 직후 검사를 통과한 동물에서 얻었으며 다음과 같이 검사되었음. 전단부, 중앙부, 후단부 종격동, 좌

우 기관지 림프절을 절개해 검사했고 허파 굴곡 표면에 대해서는 촉진이 실시되었음."

ii. "구제역은 1929년 이후 발병되지 않았고, 우역 牛疫은 미국 내 발병 사례가 없었음."

4. 연방 차원의 심사를 받은 모든 돼지고기 제품은 수출하는 데 적격이다.

B. 가금류 제품 　말레이시아가 승인한 플랜트에서 나온 신선·냉동 가금류 및 가금류 제품

도축 요건

도축은 기절 과정 없이 실시되어야 한다. 하지만 버섯 모양 기절 도구의 사용은 뇌를 관통하지 않는 것을 조건부로(뇌가 관통된 동물은 불합격이 된다) 허용된다(말레이시아는 현재 일정한 조건하에 기절 과정을 허용하고 있음 ― 옮긴이).

라벨 작업 요건

소 허파는 변질되지 않은 것이어야 하며, MPI 규정 325.8항에 의거해 '소 허파: 식용 아님'이라는 라벨이 부착되어야 한다.

서류 작업 요건

A. 허가 요건 　수출업자는 수입업자를 통해 허가를 획득해야 한다. 이러한 허가는 말레이시아로의 육류 및 육류 부산물과 가금류 및 가금류 부산물의 수입을 허가받는 것으로서, 말레이시아 수의검역국Department of Veterinary Services 이 발급한다(미국 농무부 심사관이 이러한 허가를 검증하는 것은 필수 사항이 아니다).

B. 증명 요건

1. 식품안전검사국 양식 9060-5를 획득해야 한다. 모든 식품안전검사국 양식 9060-5는 다음을 충족해야 한다.

a. 일자가 기재되어야 하며, 또한 서명란에 직위와 직책(수의학 박사 혹은 동급)과 함께 식품안전검사국 검역관의 서명과 직책이 명시되어야 한다.

b. 다음과 같은 내용이 기재된 미국 농무부 검역 증명서가 첨부되어야 한다.

    i. "구제역은 1929년 이후 발병되지 않았으며, 우역牛疫은 미국 내 발병 사례가 없었음."

    ii. "이 증명서의 대상이 되는 육류는 ___ (번호) 시설에서 도축된 동물로부터 획득되었음"(이러한 기재 사항은 이슬람식(할랄) 도축 인증서를 요하는 소 및 양 육류와 육류 부산물에 대해서만 요구됨).

    iii. "돼지 콜레라는 1978년 이후 미국에서 발병되지 않았음"(이러한 기재 사항은 돼지고기 및 돼지고기 제품에 대해서만 요구됨).

2. 증명 수여에 앞서 심사를 통해 정확한 생산 일자와 유통기한 일자가 검증되어야 한다.

3. 가금류 제품은 식품안전검사국 양식 9060-5의 비고란에 다음과 같은 문구를 포함해야 한다. "이 (가금류) 제품은 사망 직전 검사 및 사망 직후 검사 대상(가금류)에서 얻은 것이며, 전염성 및 접촉성 질병에 해당되지 않음이 확인되었음. 이 (가금류) 제품은 식용으로 적합하며, 수출에 앞서 오염을 방지하기 위한 모든 예방 조치가 취해졌음. 구제역은 1929년 이후 발병되지 않았으며 우역牛疫은 미국 내 발병 사례가 없었음."

C. 이슬람식 도축 인증서

1. 수출업자는 식품안전검사국 증명서에 추가해, 이슬람 센터나 이슬람 기

관이 승인한 구성원으로부터 이슬람식(할랄) 도축 인증서를 획득해야 한다. 이슬람식 도축 인증서는 수입 국가의 인정을 받은 무슬림 기관의 구성원에 의해 발급되어야 한다. 해당 인증서에는 대상 동물이 무슬림 종교 요건에 의거해 도축되었다는 사실이 기재된다. 할랄 라벨이 부착된 제품에는 인증서가 첨부되어야 한다. 이러한 인증서는 승인된 이슬람 센터의 공중을 받아야 한다.

2. 돼지고기 제품은 이슬람식(할랄) 도축 인증서가 필요하지 않다.

3. 가금류와 가금류 제품은 할랄 인증서 없이 수입될 수 있지만 이 경우 할랄로 유통될 수는 없다.

기타 요건

할랄 육류는 비할랄 육류로부터 분리 및 격리되어야 한다. 도축 플랜트에서 가공 플랜트로 선적되는 제품은 식별·격리되어야 하며 또한 이슬람식(할랄) 도축 인증서가 첨부되어야 한다. 가공 플랜트로 할랄 육류를 공급하는 도축 플랜트 운영자는 해당 육류가 비할랄 육류로부터 식별되고 격리되어야 한다는 사실을 가공 플랜트 입고 담당자에게 통보할 책임을 진다.

A. 소 도축장, 양 도축장, 돼지 도축장, 가금류 도계장 및 가공 시설 그리고 냉장보관 시설은 말레이시아의 심사 및 승인의 대상이 된다. 이러한 절차를 거쳐 말레이시아의 승인을 받은 시설 리스트는 식품안전검사국 수출 일람에서 확인할 수 있다. 말레이시아는 승인 리스트에 등재되어 있지 않은 플랜트로부터도 제품의 수입을 허락할 수 있다. 수출업자의 요청 시, 승인 리스트에 등재되지 않은 연방 시설에서 획득되었거나 보관되었던 제품에 대한 수출 증명서가 발급될 수 있다. 수출업자는 특정 시설의 적격성 여부에 대해 수입업자에게 확인하는 것이 바람직하다. 플랜트 적격

성에 대한 추가적인 정보는 가용하게 되는 대로 게시된다.

B. 할랄 인증서는 말레이시아 당국의 인정을 받은 관인 이슬람 기관에 의해 발급되어야 한다. 미국을 근거지로 하는 공인된 이슬람 당국에 의해 정기적인 후속 심사가 이루어질 수 있다.

모로코 수출 요건

적격·부적격 제품

A. 적격 제품

1. 적색 육류 및 육류 제품.

2. 가금류 및 가금류 제품. 모로코로의 육류·가금류 수출은 상무부의 수입 허가를 요한다. 수입업자는 농무부의 승인 이후 수입 허가를 획득하게 된다. 모로코로 제품을 수출하고자 하는 미국 수출업자는 수입업자에게 연락해 수입 허가 사본을 획득해야 한다.

서류 작업 요건

A. 적색 육류 제품의 경우, 식품안전검사국 양식 9060-5를 획득해야 한다.

B. 가금류 제품의 경우, 식품안전검사국 양식 9060-5 및 식품안전검사국 양식 9352-1 – 모로코로 수출되는 가금류 고기에 대한 검역 증명서 – 를 획득해야 한다.

C. 증명서상의 서명 모든 필요 양식과 부속서류에는 일자가 기재되고 식품

안전검사국 검역관의 서명이 있어야 한다〔서명란에는 성명과 직위(수의학 박사 혹은 동급)가 명시되어야 한다〕.

D. 종교적 도축　'할랄'이라고 라벨이 부착된 선적에 대해서는 이슬람식(할랄) 도축 인증서가 첨부되어야 한다. 해당 동물은 이슬람 율법에 의거해 도축되어야 한다.

수출 적격 플랜트

연방 차원의 심사를 받은 모든 시설은 모로코로 수출하는 데 적격이다.

오만 수출 요건

적격·부적격 제품

A. 적격 제품

1. 신선·냉동 적색 육류 및 적색 육류 제품.
2. 신선·냉동 가금류 및 가금류 제품.

(알림: 명확하게 라벨이 부착된 경우, 돼지고기도 적격임).

도축 요건

이슬람식 할랄 도축 요건이 적용된다.

라벨 작업 요건

A. 신선·냉동 육류·가금류　미국에서 의무화되어 있는 라벨 기재 사항에 추가해 포장 육류·가금류에는 다음과 같은 기재 사항이 포함되어야 한다.

1. **생산(도축 혹은 냉동) 일자 및 유통기한 일자** 오만의 일자 표시 형식은 다음을 준수해야 한다. 유통기간이 6개월 이하인 제품의 경우에는 일/월/년, 유통기간이 6개월 초과인 제품의 경우에는 월/년. 일자는 숫자 형식과 2개 국어(영어, 아랍어)로 표기되어야 한다.

2. **미터법 순 중량** 현재 기준으로, 순 중량 오차 허용치에 대해서는 제한 사항이 없음.

3. 원산지 국가.

4. 해당 제품이 이슬람 원칙에 의거해 도축되었다는 기재 사항.

5. **2개 국어 라벨** 아랍어 및 영어.

6. 미국 연방 규정집CFR 9의 317.7이나 381.128에 의거해 허락되는 경우, 제품 명칭은 미국 표준을 따르지 않아도 된다. 예컨대, 미국산 닭은 통상적으로 '아메리칸 치킨'으로 라벨이 부착된다.

B. 오만은 돼지고기 제품의 수입을 허가하지만 돈지를 포함한 모든 돼지고기 제품은 라벨을 통해 식별되어야 한다.

서류 작업 요건

증명 요건은 다음과 같다.

A. 식품안전검사국 양식 9060-5를 획득해야 한다. 모든 식품안전검사국 양식 9060-5 증명서에는 일자가 기재되어야 하며 식품안전검사국 검역관의 서명과 직책이 명시되어야 한다.

B. 수출업자는 식품안전검사국 증명서와 함께 이슬람 센터나 이슬람 기관의 구성원으로부터 이슬람식 할랄 도축 인증서를 획득해야 한다. 이슬람

식 도축 인증서는 수입 국가의 인정을 받은 무슬림 기관의 구성원에 의해 발급되어야 한다. 해당 인증서에는 대상 동물이 무슬림 종교 요건에 의거해 도축되었다는 사실이 기재된다. 할랄 라벨이 부착된 제품에는 인증서가 첨부되어야 한다. 이러한 인증서는 아랍-아메리카 상업회의소 혹은 아랍 영사관의 공증을 받아야 하며, 모든 선적에 첨부되어야 한다.

C. 추가 증명

1. 신선·냉동 비가공 제품　할랄 라벨이 부착된 제품에는 적절한 할랄 인증서가 첨부되거나, 또는 목적지에 제품이 도착하기 전에 해당 선적분에 대한 적절한 할랄 인증서가 제공될 것이라는 수출업자의 서면 보증서가 첨부되어야 한다.

2. 할랄 라벨이 부착된 가공 제품에 사용된 원재료에는 적절한 할랄 인증서가 첨부되어야 한다.

취급·보관 요건

오만은 모든 선적에 대해 보관·처리에 관한 소비자 지침 및 기타 특별한 취급 요건이 첨부될 것을 요한다.

기타 요건

A. 수탁인　제품은 직접 오만으로 탁송되어야 한다.

B. 유통기간

1. 냉동 소고기의 경우, 정해진 유통기간은 없다. 유통기간을 정하려는 경우, 12개월이 합리적인 기간으로 권장된다.

2. 냉동 가금류의 유통기간은 12개월 미만이어야 한다.

수출 적격 플랜트

연방 차원의 심사를 받은 모든 시설은 모로코로 수출하는 데 적격이다. 제품에 '할랄'이라는 라벨이 부착되는 경우, 해당 플랜트는 이슬람 요건을 수용할 수 있어야 한다.

파키스탄 수출 요건

적격·부적격 제품

식용이든 비식용이든 수출용 제품에는 암퇘지, 수퇘지 혹은 멧돼지 제품이나 부산물이 함유되어서는 안 된다.

라벨 작업 요건

가공식품에 해당하는 소비자 포장 제품과 벌크 제품은 제조 일자 및 유통기한 일자가 명기되어야 한다.

문서 작업 요건

A. 종교적 도축   인증서에는 다음과 같은 기재 사항이 포함되어야 한다. "이 인증서의 대상이 된 가금류는 날카로운 칼로 껍질, 경정맥 및 기도를 절단함으로써 마무리 처치와 내장 제거 준비를 위해 도체의 완전한 방혈을 야기하는 방식으로 도계되었음."

B. 특별 기재 사항   식용 및 비식용 수출용 제품은 다음과 같은 요건을 준수해야 한다.

1. 신용장에는 수출 품목이 암퇘지, 수퇘지 혹은 멧돼지 제품이나 부산물이 함유되지 않았다는 조건이 포함되어야 한다.
2. 통관 시점에 수출업자는 수입화물이 암퇘지, 수퇘지 혹은 멧돼지 제품이나 부산물을 함유하지 않았다는 내용의 증명서를 공급업자로부터 받아 세관 당국에 제출해야 한다.

카타르 수출 요건

적격·부적격 제품

A. 적격 제품
1. 신선·냉동 적색 육류 및 육류 제품(돼지고기 제외).
2. 신선·냉동 가금류 및 가금류 제품.

B. 부적격 제품
1. 돼지고기 및 돼지고기 제품.

라벨 작업 요건

신선·냉동 육류 및 가금류의 경우, 미국에서 의무화되어 있는 라벨 기재 사항에 추가해, 포장 육류·가금류에는 다음과 같은 기재 사항이 포함되어야 한다.

A. 생산(도축) 일자와 유통기한 일자 카타르의 일자 표시 형식은 다음을 준수해야 한다. 유통기간이 6개월 이하인 제품의 경우에는 일/월/년, 유통기간이 6개월 초과인 제품의 경우에는 월/년. 일자는 숫자 형식 및 2개 국어(영어, 아랍어)로 표기되어야 한다.

B. 아랍어 스티커는 허용된다.

C. 해당 제품이 이슬람 원칙에 의거해 도축되었다는 기재 사항이 요구된다.

D. **미터법 순 중량**　현재 기준으로, 카타르는 라벨에 명시된 순 중량의 10%까지 오차가 허용된다.

서류 작업 요건

증명 요건은 다음과 같다.

A. 식품안전검사국 양식 9060-5를 획득해야 한다. 모든 식품안전검사국 양식 9060-5 증명서에는 일자가 기재되어야 하며 식품안전검사국 검역관의 서명과 직책이 명시되어야 한다.

B. **종교적 도축**(이슬람식 도축 인증서)　이슬람식(할랄) 도축 인증서가 요구된다. 수출업자는 이슬람 센터나 이슬람 기관의 구성원으로부터 이슬람식 도축 인증서를 획득할 수 있다. 이슬람식 도축 인증서는 수입 국가로부터 인정된 무슬림 기관의 구성원에 의해 발급되어야 한다. 해당 인증서에는 대상 동물이 무슬림 종교 요건에 의거해 도축되었다는 사실이 기재된다. 할랄 라벨이 부착된 제품에는 인증서가 첨부되어야 한다. 이러한 인증서는 아랍-아메리카 상업회의소 및 카타르 영사관의 공증을 받아야 하며, 모든 선적에 첨부되어야 한다.

C. 추가 증명

1. 할랄 라벨이 부착된 신선·냉동 비가공 제품에는 적절한 할랄 인증서가 첨부되거나, 또는 목적지에 제품이 도착하기 전에 해당 선적분에 대한 적

절한 할랄 인증서가 제공될 것이라는 수출업자의 서면 보증서가 첨부되어
야 한다.

2. 할랄 라벨이 부착된 가공 제품의 경우, 할랄 라벨이 부착된 가공 제품에
사용된 원재료에는 적절한 할랄 인증서가 첨부되어야 한다.

취급·보관 요건

A. **특별 취급**   카타르는 모든 선적에 대해 보관·처리에 관한 소비자 지침
및 기타 특별한 취급 요건이 첨부될 것을 요한다.

B. **포장**   진공포장은 요구되지 않는다.

기타 요건

A. **제품 도착 및 유통기간**   육류·가금류 제품은 도축 일자로부터 4개월 이
내에 도착해야 한다.

B. **카타르 시험실용 표본 수집**   카타르로 반입되는 육류·가금류 제품에 대
해서는 정기적으로 무작위 표본이 수집된다. 제품은 다음 항목에 대해 검
사된다.

1. 살충제.

2. 살모넬라 및 기타 병원성 박테리아.

3. 총 박테리아 개체 수.

4. 중금속.

5. 가공 제품에 함유되어 있는 돈지 및 돼지 껍질에 대한 동물종 식별 테
스트.

C. 냉동 소고기 및 가금류 제품의 유통기간은 12개월이며 분쇄육은 9개월, 신선 소고기는 21일, 신선 양고기는 14일이다.

수출 적격 플랜트

연방 차원의 심사를 받은 모든 시설은 카타르로 수출하는 데 적격이다

사우디아라비아 수출 요건

적격·부적격 제품

A. 적격 제품

1. 신선·냉동 적색 육류 및 2차 가공 적색 육류 제품.

a. 5살 이하의 수컷 소는 4분의 1보다 더 작게 절단되어서는 안 된다. 3살 이하의 양은 전체육으로 선적되어야 한다.

b. 각 도체(소의 경우 2절이나 4절)는 다음을 충족해야 한다.

   i. 판독하기 쉬운 미국 검사 표식이 있을 것.

   ii. 보존제를 사용하지 않았을 것.

   iii. 콩팥이 제거되었을 것.

   iv. 깨끗한 흰 천으로 쌓여 있을 것.

c. 도체는 내장이 적출되고 머리, 다리 및 콩팥 지방이 제거되어야 한다. 동물종을 식별할 수 있도록 꼬리 부분은 남겨도 된다.

d. 스탬프 잉크를 제외하고 보존제, 항생제 혹은 착색 물질이 사용되어서는 안 된다.

2. 신선·냉동 가금류 및 2차 가공 가금류 제품(알림: 가금류 고기 및 2차 가공된 가금류 제품은 동물성 단백질, 동물성 지방 혹은 동물 부산물로 사육되지 않은

가금류로부터 얻어져야 한다. 사우디아라비아로의 수출 적격에 해당하기 위해서는 해당 가금류가 미국 농무부 농업마케팅국AMS이 관장하는 '동물성 단백질 비사용 가금류 증명 프로그램'에 따라 생산되어야 한다.)

B. 부적격 제품
  1. 모든 동물종의 간, 혀, 골, 콩팥 및 위 같은 특수 부위 제품.

라벨 작업 요건

A. 모든 제품 취급 제품의 형태를 명확히 하여 박스상의 냉장 기재 사항에 보관 온도를 명시해야 한다(예를 들어, '냉동 보관 - __℃ 이하로 보관', 또는 '냉장 보관 - __℃에서 __℃ 사이 보관').

B. 신선·냉동 육류·가금류 미국에서 의무화되어 있는 라벨 기재 사항에 추가해, 사전 절단·가공 및 포장 육류·가금류에는 다음과 같은 기재 사항이 (인쇄 형태로) 포함되어야 한다.
  1. 2개 국어 라벨 표시에 사용된 언어 중 하나는 아랍어이어야 한다.
  2. 해당 할랄 제품이 이슬람 원칙에 의거해 도축되었다는 문구가 라벨상에 기재되어야 한다.
  3. 미터법 순 중량
  a. 가금류 냉장 가금류 전체육 중량은 550그램 내지 1800그램에 해당하면 된다. 중량 분류(등급)는 각 등급 간에 최소 100그램 단위로 구분되어야 한다. 동일 등급에서는 50그램의 오차가 허용된다.
  b. 냉동 가금류 각 박스나 카톤 박스에 담긴 각 가금류(단위)는 크기와 중량에서 10% 이내의 허용 오차에 속하는 동일 등급이어야 한다.
  4. 생산(도축 혹은 냉동) 일자 및 유통기한 일자의 경우, 해당 월을 약어나

단어로 기재해야 한다(예를 들어, Jan 혹은 January 1985). 또한, 일자는 27/4/87 또는 영어 및 아랍어로 27 Apr 87로 표현될 수도 있다. 문자 표기와 함께 날짜를 나타낼 수 있도록 라벨상에 달력 모양이 미리 인쇄될 수 있다.

a. 생산(도축 혹은 냉동) 일자는 '생산 일자로부터 ___개월 동안 제품 양호'라는 문구와 함께 기재되어야 한다.

b. 냉동 가금류의 유통기한 일자는 해당 제품이 최초로 냉동된 일자부터 계산된다. 신선·냉동 소고기, 송아지 고기, 물소 고기, 양고기, 염소 고기 및 신선 가금류의 유통기한 일자는 도축 일자부터 계산된다.

5. 냉동 제품 라벨상에 '저온 보관할 것'이라는 문구의 사용은 허락되지 않는다.

6. 라벨 작업 요건(B항)을 충족하는 것에 대체해 다음과 같은 라벨 작업 방식을 사용할 수 있다.

a. **스티커** 라벨 기재 사항에 영향을 끼쳐서는 안 되며, 제거 시 저절로 파손되어야 한다. 이중 라벨 부착은 제품의 반입 거절을 야기할 수 있다. 기존의 라벨 정보를 덮는 부착식 라벨은 규정 위반이다.

b. **삽입식 인쇄물** 생산 일자 및 유통기한 일자가 함께 기재되어야 한다.

c. **잉크 스탬프** 잉크는 지워지지 않고 판독이 쉬워야 한다(잉크 스탬프는 가장 바람직하지 않은 라벨 작업 방식이다).

C. 가공 육류·가금류

1. 가공 육류·가금류 라벨에 요구되는 사항.

a. 미국에서 의무적인 라벨 기재 사항을 담은 2개 국어 라벨.

b. 미터법 순 중량.

c. 돼지고기 제품(돈지 포함) 식별 표시.

d. 생산 일자 및 유통기한 일자('기타 요건' C항 '제품 도착 및 유통기한 일자' 참조).

2. 가공 육류·가금류 제품은 이슬람식 도축 인증서를 요하지 않는다. 가공 제품에 할랄이라고 라벨이 표시된 경우, 최초 원재료는 무슬림이 승인한 조직으로부터 획득되어야 하며 이슬람식 도축을 입증하는 적절한 인증서가 첨부되어야 한다.

D. 사전 포장된 가공 육류·가금류 제품 요건

1. 생산(포장 혹은 냉동) 일자 및 유통기한 일자('기타 요건' C항 '제품 도착 및 유통기한 일자' 참조).

2. 냉동 제품의 순 중량.

서류 작업 요건

증명 요건은 다음과 같다.

A. 소고기 및 양고기

1. 식품안전검사국 양식 9060-5를 획득해야 한다.

2. 식품안전검사국 공문 증명서를 통해 다음과 같은 기재 사항이 제공되어야 한다.

a. "이 육류는 평균 __살의 동물로부터 획득된 것이며 도축으로부터 12시간 이전 및 도축 직후 검역 검사의 대상이었으며, 질병이 발견되지 않았고 식용으로 적합함."

b. "이 동물은 미국 농무부나 주洲가 지정한 질병에 대해 주洲 감독하에 있는 집단에서 선별되었음."

c. "도축된 동물에 대해서는 주의 깊은 검역 검사가 실시되었으며 전염성 및 접촉성 질병의 임상적 징후가 발견되지 않았음."

d. "미국에서는 1929년 이후 구제역FMD이 발병되지 않았으며 광우병BSE
  에 해당하지 않음."

e. "이 제품은 위생적인 환경에서 처리·취급·보관·운송됨."

f. "이 제품은 생산·보관·운송에 관한 미국 규정을 준수하고 있음."

g. "원산지 주州에서는 도축 3개월 이내에 수포성 구내염, 우역牛疫, 가성
  우역Peste Des Petite Ruminant: PPR, 접촉성 소 흉막폐렴, 괴피병怪皮病, 리프
  트 밸리열Rift Valley Fever, 블루텅Bluetongue, 양두羊痘, 산양두山羊痘, 흡혈
  기생충 패혈증Theileriosis Hemorrhagic Septicemia(아시아형), 소 브루셀라병,
  우형결핵균牛型結核菌, 소 바베시아증, 접촉성 무유증無乳症 및 접촉성 산
  양 흉막폐렴이 발병된 바 없음."

h. "이 제품은 검사를 통과하지 않은 다른 제품과 함께 보관된 바 없음."

I. "미국은 반추동물에게 반추동물 단백질을 사료로 주는 것이 금지되어
  있음."

j. "국립 잔류물 프로그램에 기초해, 이 제품은 호르몬 영향을 야기하는
  유해 잔류물을 함유하고 있지 않음."

  (알림: 육류 공문 증명서 기재 사항은 사우디아라비아 수입 담당 관리와 협의
  를 마쳤으며 사우디아라비아 증명 요건에 부합하는 것으로 판단됨.)

B. 가금류 및 가금류 제품

1. 식품안전검사국 양식 9060-5를 획득해야 한다.

2. 식품안전검사국 공문 증명서를 통해 다음과 같은 기재 사항이 제공되
어야 한다.

a. "이 가금류는 도계로부터 12시간 이전 및 도계 직후 검역 검사의 대상
  이었으며, 질병이 발견되지 않았고 식용으로 적합함."

b. "이 가금류는 미국 농무부나 주州가 지정한 질병에 대한 주州 감독하에

있는 집단에서 선별되었음."

c. "도계된 가금류에 대해서는 주의 깊은 검역 검사가 실시되었으며 전염성 및 접촉성 질병의 임상적 징후가 발견되지 않았음."

d. "이 제품은 위생적인 환경에서 처리·취급·보관·운송됨."

e. "이 제품은 생산·보관·운송에 관한 관련 미국 규정을 준수하고 있음."

f. "도계 3개월 이내에 원산지 주州에서는 고병원성 조류 인플루엔자(조류독감), 치명적 뉴캐슬병, 가금티푸스, 추백리雛白痢가 발병된 바 없음."

g. "이 제품은 검사를 통과하지 않은 다른 제품과 함께 보관된 바 없음."

h. "해당 가금류는 동물성 단백질, 동물성 지방 또는 동물 부산물로 사육되지 않았음."

I. "미국 식품의약국은 가금류 사육에 성장촉진호르몬의 사용을 금지하고 있음."

(알림: 가금류 공문 증명서 기재 사항은 사우디아라비아 수입 담당 관리와 협의를 마쳤으며, 사우디아라비아 증명 요건에 부합하는 것으로 판단됨.)

C. 이슬람식 도축 인증서　식품안전검사국 증명서에 추가해, 수출업자는 이슬람 센터나 이슬람 기관의 구성원으로부터 이슬람식(할랄) 도축 인증서를 획득해야 한다. 할랄 라벨이 부착된 제품에는 적절한 할랄 인증서가 첨부되거나, 또는 목적지에 제품이 도착하기 전에 해당 선적분에 대한 적절한 할랄 인증서가 제공될 것이라는 수출업자의 서면 보증서가 첨부되어야 한다. 하지만 무슬림 국가로 수출하고자 하는 제품이 적절한 종교적 도축 요건을 충족했음을 식품안전검사국이 증명할 책임은 없다. 이슬람식 도축 인증서는 수입 국가가 인정한 무슬림 기관의 구성원에 의해 발급되어야 한다. 해당 인증서에는 대상 동물이 무슬림 종교 요건에 의거해 도축되었다는 사실이 기재된다. 수출 인가 절차에는 할랄 공정에 대한 기

관 감독이나 할랄 인증서의 진위 검증이 포함되지 않는다. 할랄 라벨이 부착된 제품에는 적절한 할랄 인증서가 첨부되어야 한다. 이러한 인증서는 아랍-아메리카 상업회의소 혹은 아랍 영사관의 공증을 받아야 하며, 모든 선적에 첨부되어야 한다.

D. **냉동 제품**   식품안전검사국 양식 9060-5의 '비고'란에 다음과 같은 문구가 기재되어야 한다. '제품은 도축 72시간 후 냉동됨'

E. **미군 부대용 선적**   사우디아라비아에 있는 미국인이 소비하기 위해 선적되는 제품의 경우, 이슬람식 도축 인증서는 생략될 수 있다. 이러한 선적에는 해당 선적이 사우디아라비아 내 미군 부대행이며 사우디아라비아로의 선적분 반입과 관련해 발생할 수 있는 문제에 대해 수출업자가 모든 책임을 부담한다는 내용의 서면 확인서(수출 인가와 함께 제출)가 요구된다.

F. 모든 증명서에는 일자가 기재되고 또한 식품안전검사국 검역관의 서명과 직책이 명시되어야 한다.

취급·보관 요건
사우디아라비아는 모든 선적에 대해 보관·처리에 관한 소비자 지침 및 기타 특별한 취급 요건이 첨부될 것을 요한다.

기타 요건
A. 사우디아라비아 수입 검사
  1. **시험실용 표본 수집**   사우디아라비아로 반입되는 모든 육류·가금류 제품에 대해 무작위로 수집된 표본은 다음과 같은 검사가 실시된다.

a. 살모넬라   양성반응이 부표본의 5분의 2를 초과하는 경우, 제품 반입
   은 거부된다.

b. 대장균   분쇄육의 경우에는 허용되지 않음.

c. 박테리아 증식   최대 10,000,000/g

d. 휘발성 질소

   소고기: 최대 20mg/100g

   가금류: 최대 50g/100kg

2. 돼지고기 동물종 식별 테스트는 모든 제품에 대해 정기적으로 실시된다.

3. 냉동 가금류 표본을 해동했을 경우, 수집된 물은 5%를 초과해서는 안
된다. 사우디아라비아 당국은 제품 도착 후 제품이 억류되지 않도록 하기
위해 미국 업체가 선적 전에 테스트를 실시할 것을 권장한다.

B. 억류 제품   제품이 억류된 경우, 사우디아라비아 중개인이나 수탁인을
통해 사우디아라비아 상무부로 직접 이의신청을 제기해야 한다. 이의신
청은 사안별로 결정된다.

C. 제품 도착 및 유통기한 일자

1. 냉동 가금류의 경우, 냉동 칠면조, 오리, 거위, 닭은 도계 시점부터 사우
디아라비아 도착까지 소요된 기간이 3개월을 초과해서는 안 된다. 냉동
가금류의 유통기간은 도계일로부터 12개월로, −18°C 이하의 온도에서 보
관되어야 한다.

2. 냉동 적색 육류의 경우, 도축 및 냉동 시점부터 사우디아라비아 도착까
지 소요된 기간이 4개월을 초과해서는 안 된다. 냉동 소고기, 물소 고기,
양고기 및 염소 고기는 도축일로부터 12개월이 유통기간이고, 분쇄육, 햄
버거, 소시지, 간은 냉동일로부터 9개월이 유통기간이며, −18°C 이하의 온

도에서 보관되어야 한다.

3. 냉장 적색 육류의 경우, 도축 시점부터 사우디아라비아 도착까지 소요된 기간은 -2℃ 이하의 온도에서 10일을 초과해서는 안 되며, 유통기간은 도축일로부터 4주로 한다.

4. 냉장 가금류의 경우, 도계 시점부터 사우디아라비아 도착까지 소요된 기간은 -2℃ 이하의 온도에서 7일을 초과해서는 안 된다.

5. 냉장 진공 육류·가금류의 경우, 도축 및 도계 시점부터 사우디아라비아 도착까지 소요된 기간은 -2℃ 이하의 온도에서 40일을 초과해서는 안 되며 유통기간은 도축 및 도계일로부터 10주로 한다.

6. 통조림 육류의 경우, 살균 금속 용기에 담긴 육류·가금류 제품의 유통기간은 24개월로 한다.

7. 수량에 상관없이, 육류·가금류 제품의 견본품은 모든 라벨 작업 및 기타 요건을 준수해야 한다. 견본품이 휴대 운송되는 경우 이러한 요건들은 종종 입국 당국에 의해 생략된다.

D. 제3국 항구를 경유하는 제품은 미국 농무부 봉인으로 봉인되어야 하며, 식품안전검사국 양식 9060-5 '비고'란에 봉인 번호와 컨테이너 번호가 기재되어야 한다.

수출 적격 플랜트

연방 차원의 심사를 받은 모든 시설은 사우디아라비아로 수출하는 데 적격이다.

싱가포르 수출 요건

적격·부적격 제품

A. 적격 제품

 1. 육류 제품.

 a. 신선·냉동 소고기.

 b. 신선(냉장)/냉동 돼지고기.

 c. 신선·냉동 양고기.

 2. 가금류 제품

 a. 연방 차원의 심사를 받은 신선·냉동 가금류.

 b. 연방 차원의 심사를 받은 냉동 오리 역시 다음과 같은 조건하에 싱가포르로 수출될 수 있다.

  i. 머리와 발이 붙어 있는지 여부와 상관없이 기도와 식도가 있는 채로, 또한 지방 분비선이 손상되지 않은 채로.

  ii. 사망 직전 및 사망 직후 검사가 실시되고, 조리용 제품으로 준비될 것(기도, 식도, 지방 분비선은 상관없이 머리와 발이 붙어 있는 경우를 제외하고).

  iii. 머리는 깃털이 완전히 제거되고 주둥이와 비강은 철저히 세척될 것.

  iv. 기도와 식도가 붙어 있는 가금류의 냉각용으로 사용된 물은 기도와 식도가 제거된 가금류의 냉각용으로 사용하지 말 것.

 c. 가금류 발(홍콩 표준 적합).

 d. 미국에서 사육되었고 토종이거나 또는 보호 개체에 해당하지 않을 것을 조건부로, 타조 고기.

 3. 가공 제품(통조림 제품 포함).

B. 부적격 제품

    1. 소 허파.

    2. 제3국에서 미국으로 수입된 제품.

라벨 작업 요건

A. 가금류 발　선적 컨테이너는 다음을 충족해야 한다.

    1. "미국 농무부의 위생 감독하에 포장된 싱가포르 수출용 닭발(칠면조 발)" 이라는 문구를 기재할 것.

    2. 시설 번호, 명칭, 그리고 플랜트 주소 및 'USA'를 명시할 것. 선적 컨테이너에는 공식 검사 표식을 사용하지 않는다.

B. 오리(머리와 발이 붙어 있는 오리 수출)의 경우, 모든 라벨에는 제품에 대한 충분한 설명을 기재해야 하며, '싱가포르 수출용'이라는 문구가 들어가야 한다.

C. 모든 신선·냉동 육류·가금류 제품의 선적 카톤 박스에 도축 일자 혹은 생산 일자를 기재해야 한다(월/년의 형식으로 하며, 코드 방식의 일자 표시는 허락되지 않음).

D. 식품안전검사국 양식 9060-5에 기재된 모든 제품 명칭에는 해당 동물종이 포함되어야 한다. '프로슈토prosciutto'처럼 통상적으로 라벨 명칭에 나타나지 않는 경우, 명칭 뒤에 괄호를 사용해 부기해야 한다〔예를 들어, '프로슈토(돼지고기)'〕.

가공 요건

가금류 발은 다음과 같은 조건(홍콩 표준)에 따라 싱가포르로 수출될 수 있다.

A. 도체의 발은 내장 제거 작업실에 들어가기 전 또는 선별장에서 내장 제거 이송 라인으로 옮겨진 직후, 마무리 처리된 가금류에 대한 최종 세척이 실시된 후 제거되어야 한다.

B. 도체의 발은 위생적으로 취급되고 청결한 용기에 포장되어 지체 없이 냉동되어야 한다. 플랜트 운영자는 이들 제품의 적절한 취급을 위해 협력하고 명백히 식용으로 부적합한 발은 플랜트 직원이 배제하도록 지시해야 한다.

C. 도체의 발은 껍질을 벗기고 발톱을 제거해야 한다.

D. 선별장에서 발 절단 작업을 하는 플랜트는 발이 수집되는 동안 오염되지 않도록 해야 한다.

E. 무릎 관절 부위에 대해서는 제품의 양호도나 제품 포장 작업에 영향을 끼칠 수 있는 팽창 및 비정상 여부를 관찰해야 한다.

F. 도체의 발은 위생적인 환경의 별도 작업실에서 선적용 카톤 박스를 사용해 처리·포장되어야 하며, 냉동될 때까지 냉장 보관되어야 한다.

서류 절차 요건

증명 요건은 다음과 같다.

A. 식품안전검사국 양식 9060-5를 획득해야 한다.

1. 싱가포르로 수출되는 모든 냉동 육류와 가금류, 육류 제품과 가금류 제품은 다음과 같은 문구를 '비고'란에 포함시켜야 한다. "이 제품은 미국 농무부 감독하에 냉동되었음." 위 문구를 충족하는 방법으로는 다음을 들 수 있다.

a. 해당 제품이 수출 시설에서 냉동된 경우.

b. 해당 제품이 '작업장 외부' 냉동이고, 냉동 절차에 관한 산업 증명서인 '싱가포르로 선적되는 제품에 대한 작업장 외부 냉동품질 통제 증명서'가 식품안전검사국에 제출된 경우.

B. 식품안전검사국 양식 9435-1(9/93)을 획득해야 한다. 식품안전검사국 양식 9435-1(9/93)을 작성할 때에는 다음과 같은 정보가 증명서상에 정확하게 반영되었는지 확인해야 한다.

1. 증명서상의 생산 일자와 제품에 표시된 생산 일자가 일치해야 한다.

2. 제조 일자가 증명서 발급 일자보다 앞서야 한다.

3. 증명서상의 시설 번호와 제품에 표시된 시설 번호가 일치해야 한다.

4. 증명서상의 수출 증명 번호와 카톤박스에 날인된 수출 증명 번호가 일치해야 한다. 추가로, 다음과 같은 요건이 충족되어야 한다.

a. 요청된 경우, 정확한 제조 및 도축 일자(월은 문자로 표기)가 식품안전검사국 양식 9435-1(9/93)에 기재되어야 한다.

    i. 냉동 소고기, 양고기 및 가금류는 도축으로부터 6개월 이내에 싱가포르에 도착해야 한다. 도축 시점으로부터 6개월 내지 12개월 사이에 싱가포르에 도착한 제품은 자동적인 억류 대상이 되며, 판매에 앞서 테스트 대상이 된다. 도축 시점으로부터 12개월 이후에 싱가포르에 도착한 제품은 반입이 불허된다.

    ii. 냉동 돼지고기는 도축으로부터 3개월 이내에 싱가포르에 도착해야 한다. 도축 시점으로부터 3개월 내지 6개월 사이에 싱가포르에 도착한 제품은 자동적인 억류 대상이 되며, 판매에 앞서 테스트 대상이 된다. 도축 시점으로부터 6개월 이후에 싱가포르에 도착한 제품은 반입이 불허된다.

iii. 가공 돼지고기, 소고기, 양고기, 가금류는 제조로부터 3개월 이내에 싱가포르에 도착해야 한다. 제조 시점으로부터 3개월 내지 6개월 사이에 싱가포르에 도착한 제품은 자동적인 억류 대상이 되며, 판매에 앞서 테스트 대상이 된다. 제조 시점으로부터 6개월 이후에 싱가포르에 도착한 제품은 반입이 불허된다. 또한 특정 제품(가공 돼지고기, 소고기, 양고기, 가금류)에 대해서는 1차 산업부PPD의 사전 승인을 요하는데, 이 경우에는 허용된 기간을 넘어서 제조일이 반영될 수 있다.

b. 식품안전검사국 양식 9060-5 및 식품안전검사국 양식 9435-1(9/93) 그리고 모든 보완 서류에는 동일 검역관이 일자를 기재하고 서명해야 한다. 서명란에는 수의학 박사 혹은 동등 수준이 기재되거나 인쇄되어야 한다.

5. 소고기 및 소고기 제품 증명　다음과 같은 추가 기재 사항이 식품안전검사국 양식 9060-5 '비고'란에 기재되어야 한다. "미국은 해당 동물 도축 일자 및 해당 제품의 싱가포르 수출 일자에 앞서 6년 동안 광우병BSE이 발병하지 않았음."

6. 신선(냉장) 돼지고기　먼저 선모충 테스트를 실시한 후, 다음과 같은 기재 사항을 식품안전검사국 양식 9060-5 '비고'란에 기재해야 한다. "이 육류가 속해 있던 각 도체에 대해서는 선모충 테스트가 실시되었으며, 결과는 음성이었음." 선모충 분석을 수행한 시험실은 농업마케팅국AMS 시험실 인증 프로그램에 따라 인증받았어야 한다(알림: 돼지고기 베이컨 제품에는 선

모충 테스트 요건이 적용되지 않는다).

7. 타조 고기 증명　다음과 같은 추가 기재 사항이 식품안전검사국 양식 9060-5 '비고'란에 기재되어야 한다. "이 가금류는 미국에서 사육되었으며, 토종 및 보호 개체에 해당하지 않음." 아울러 원산지 국가가 기재되어야 한다.

8. 가금류 발(홍콩 표준 적합)　전술한 방식으로 가공된 가금류 발은 미국에서는 식용으로 간주되지 않지만 싱가포르로 수출하기 위해 처리된 때에는 식용으로 간주된다.

a. 식품안전검사국 양식 9060-5를 획득해야 한다. 홍콩 표준에 의거해 가공된 가금류 발에는 식품안전검사국 양식 9060-5에 들어 있는 "본인은 위에 기재한 가금류 및 가금류 제품이 사망 직전 검사 및 사망 직후 검사를 정식으로 받았으며 미국 농무부의 적용 법률과 규정을 통과했으며, 또한 식용으로 우수하고 적합함을 보장함"이라는 문구의 체크 박스가 적용되지 않으며, 따라서 여기에 체크 표시를 해서는 안 된다.

b. 홍콩 표준의 요건이 충족되는 경우, 심사관은 다음과 같은 문구를 포함한 수출 증명서를 발급할 수 있다. "본 문서는 미국 농무부 장관이 공포한 '가금류 및 가금류 제품의 검사에 관한 규정(연방 규정집 파트 381)'을 준수해 상기 가금류 발이 가공되었으며, 외관 검사를 기준으로 볼 때 손상되거나 이물이 혼합되지 않았으며, 홍콩 표준에 의거해 식용으로 적합함을 증명한다." 본 증명은 식품안전검사국 양식 9060-5의 '비고'란에 기재하거나 또는 그 바로 위에 기재할 수 있다.

c. 증명서는 최초 플랜트의 심사관만 발급할 수 있다.

d. 증명서에는 증명 사실 바로 뒤에 심사관의 이니셜이 기재되어야 한다. 모든 식품안전검사국 양식 9060-5 증명서는 일자가 기재되어야 하며, 식품안전검사국 검역관의 서명과 직책이 명시되어야 한다.

9. 가공 제품

a. **통조림 육류·가금류 제품** 통조림 육류·가금류 제품의 경우, 식품안전 검사국 양식 9060-5에 다음과 같은 추가 기재 사항이 기재되어야 한다. "본 서류에서 언급된 통조림 육류(가금류) 제품은 미국 농무부 규정 318.300항 내지 318.311항에 의거해 제조 및 검사되었으며, __분을 초과하는 시간 동안 __°C 를 초과하는 온도로 처리되었음. 이러한 살균 공정은 __분의 살균 값 Fo 에 해당함."

b. '육류 심사법률'에 해당되지 않는 통조림 포크앤빈스는 해당 규정의 파트 350(증명 서비스)에 따라 증명될 수 있다. 해당 제품에는 제조자가 다음과 같은 사항을 기재한 확인서가 첨부되어야 한다.

i. 제품의 육류 함유량(지방 포함)

ii. 제품이 손상되지 않고 양호한 원재료로 조리되었다는 사실

iii. 제품이 __분 동안 __°C 로 가열되었다는 사실

iv. 내용물의 모든 부분이 100°C 이상의 온도로 가열되었다는 사실

c. 상기 확인서에는, 해당 검역관이 제조자 기재 내용의 진실성을 의심할 어떠한 이유도 없으며 가공 플랜트의 청결도와 제조 실무에 만족한다는 사실을 기재하고 해당 MPI 검역관의 대응 서명이 있어야 한다. 이러한 증명서는 회사 공문으로 작성될 수 있다. 증명서에는 검역관의 서명 아랫부분에 'MPI 검역관'이라고 기입되어야 한다. 식품안전검사국 양식 9060-5는 발급되지 않는다.

10. **소고기 육포 증명** 일본 반입용으로 싱가포르에서 판매되는 미국 소고기 육포에는 식품안전검사국 양식 9060-5의 '비고'란에 다음과 같은 문구가 포함되어야 한다. "오븐 온도는 최종 30분 이상의 시간 동안 190°F로 유지되었으며, 이러한 공정은 해당 육포의 내부 온도가 70°C이어야 한다는 요건을 충족함."

11. 싱가포르의 경우, 육류·가금류 제품의 수입업자는 정식으로 등록될 것을 요한다. 이러한 내용은 미국 수출업자의 참고를 위한 것이다.

기타 요건

A. 싱가포르는 원료, 신선·냉동 및 조리 제품에 대한 미생물 테스트를 실시한다.

B. **중량** 제품이 두 개 이상의 시설에서 나오는 경우, 각 시설에서 나온 제품 수량을 정확하게 반영할 수 있도록 카톤 수량과 중량이 구분되어야 한다.

C. 신선(냉동) 돼지고기

1. 제품은 찌꺼기나 잔반이 들어 있지 않은 사료로 사육된 거세 돼지나 어린 암돼지로부터 나온 것이어야 하며, 또한 도체용 스프레이를 뿌리지 않은 채 도축되었어야 한다. 대부분의 미국 상용 돼지고기 생산 및 도축장에서는 이런 방식을 채택하지 않으므로, 그러한 사용 사례가 알려지지 않는 한, 일반적으로 수출 증명서는 발급된다.

2. 신선(냉동) 돼지고기는 최소 6주의 유통기간을 가져야 한다.

D. 신선·냉동 돼지고기는 318.10항에 나열된 방법 중 하나를 사용해 선모충이 박멸되도록 처치해야 한다(알림: 돼지고기 베이컨 제품에는 선모충 처치 요건이 적용되지 않음).

E. 머리와 발이 달린 조리용 오리 도체에 대한 재증명 MPI 지침 9180.1에 설명되어 있는 하자 내용, 기준, 절차는 다음 표에 나타난 바와 같이 표본 수집 계획 및 그 한계에 사용되어야 한다.

표본 크기	허용 수량(최대)	총계
10*	3	30
하위 집단당 절대 한계	4	34
엄격 기준	2	27

* 누적 표본 수집은 요구되지 않음. 무작위 열 개의 가금류 표본이 사용됨.

F. 외국항을 경유하는 싱가포르로의 수출 선적

1. 미국에서 싱가포르로 가는 육류·가금류 선적은, 다음과 같은 조건이 충족되는 경우에 한해 외국항을 경유해 선적될 수 있다.

a. 화물은 미국 농무부 공식 봉인으로 봉인되어 냉장 컨테이너(리퍼)로 선적되어야 한다.

b. 컨테이너는 출발지 플랜트나 항구, 즉 컨테이너 야적장이나 컨테이너 선박상에서 봉인될 수 있다.

c. 봉인의 일련번호는 수출업자가 요청하는 바에 따라, 수출 증명서 또는 수정된 식품안전검사국 양식 7350-1상에 기록되어야 한다.

d. 환적항의 검사관은 원래의 수출 증명서상에, 또는 식품안전검사국 양식 7350-1상에 다음과 같은 문구를 증명해야 한다. "컨테이너는 (도시)에 머무는 동안 (도시)의 항만 구역 내의 컨테이너 야드에서 냉장된 채로 보관되었음."

e. 화물은 14일을 초과해 환적항에 머물러서는 안 된다.

f. 컨테이너의 온도는 미국부터 싱가포르까지의 모든 여정에 대해 기록되어야 하며, 싱가포르에서의 검사 시에 온도 기록부가 제출되어야 한다.

g. 상선 선사는 다음과 같이 조치해야 한다.

i. 제안된 환적항 및 절차에 대한 동의를 획득하기 위해 싱가포르의 검사관을 접촉할 것(현재 승인된 환적항은 홍콩, 일본 및 타이완의 지룽 Keelung 임).

ii. 환적 감독 및 증명을 위해 환적항 검사 당국과 사전에 협의할 것.

iii. 컨테이너가 미국 항만 지역에서 봉인될 준비가 되는 시점에 미리 MPI 인원에게 통지할 것.

iv. MPI 인원이 컨테이너선에서 실시하는 컨테이너 봉인 작업을 보조할 선원을 제공할 것.

v. 증명을 위해 원래의 수출 증명서 또는 식품안전검사국 양식 7350-1 중 해당되는 것을 환적항(또는 수출업자 포워더)으로 전달하고, 이후 싱가포르의 수입업자에게 전달할 것.

h. 수출업자는 요구된 서류를 획득하고, 현지 검사 인원을 통해 컨테이너 봉인 일정을 잡은 뒤(해당 절차가 사전에 실시되지 않은 경우), 환적에 적용되는 요건을 이행해야 한다.

I. 검사관은 원래의 수출 증명서 또는 식품안전검사국 양식 7350-1 중 해당되는 서류에 봉인 번호를 기록한다.

수출 적격 플랜트

연방 차원의 심사를 받은 모든 시설은 싱가포르로 수출하는 데 적격이다.

터키 수출 요건

적격·부적격 제품

A. 적격 제품

1. 통조림 육류 제품.

B. 부적격 제품

1. 현재 기준으로 신선·냉동 적색 육류·가금류, 그리고 가공 적색 육류·가
금류는 부적격이다. 터키 정부가 요구하는 동물 질병 확인서는 식품안전
검사국에 의해 증명이 불가능하다. 추가 정보에 대해서는 '수출지원국'으
로 연락해야 한다.

서류 작업 요건

통조림 육류 제품에 대한 증명 요건 식품안전검사국 양식 9060-5를 획득해
야 한다.

기타 요건

A. 통조림 육류 제품 다음과 같은 두 가지 추가 서류가 요구된다.

1. 해당 식품의 원산지를 기재한 원산지 증명서.

2. 물리적·화학적·미생물 분석을 포함한 분석 증명서. 이러한 분석 결과는
식품에 들어 있는 육류 및 제품에 대한 분석은 물론, 제품에 들어 있는 모
든 첨가물(식별 표시 혹은 E-넘버 표기) 및 그 함량도 규명해야 한다. 또한 분
석 결과에는 병원체 미생물에 관한 결과치도 포함되어야 한다.

B. 선박 용품 선박 용품용 육류·가금류 제품은 연방 차원의 심사를 받은
모든 시설에서 가능하다. 이들 제품은 식품안전검사국 양식 9060-5로 증
명되어야 한다. '비고'란에는 '선박 용품용 제품'이라는 문구가 기재되어
야 한다.

아랍에미리트 수출 요건

적격·부적격 제품

A. 적격 제품

 1. 신선·냉동 적색 육류·가금류.

 2. 적색 육류·가금류 제품.

도축 요건

이슬람식 할랄 도축 요건이 적용된다.

라벨 작업 요건

A. 모든 제품　취급 제품의 형태를 명확히 하여 라벨상의 냉장 기재 사항에
 보관 온도를 명시해야 한다(예를 들어, '냉동 보관 - __℃ 이하로 보관', 또는
 '냉장 보관 - __℃ 에서 __℃ 사이 보관').

B. 신선·냉동 육류·가금류　미국에서 의무화되어 있는 라벨 기재 사항에 추
 가해, 사전 절단 및 포장 육류와 가금류에는 다음과 같은 기재 사항이 (인
 쇄 형태로) 포함되어야 한다.

 1. 생산(도축 혹은 냉동) 일자 및 유통기한 일자.

 a. 아랍에미리트의 일자 표시 형식은 다음을 준수해야 한다. 유통기간이
 6개월 이하인 제품의 경우에는 일/월/년, 유통기간이 6개월 초과인 제
 품의 경우에는 월/년. 일자는 숫자 형식으로 표기되어야 한다.

 b. 유통기한 일자는 해당 제품이 냉동된 일자부터 계산한다 (예외: 아랍에
 미리트는 봉지 포장 가금류의 경우, 금속 클립 부위를 둘러싼 접착 테이프 위
 에 유통기한 일자를 인쇄하는 것을 허용한다).

2. 해당 제품이 이슬람 원칙에 의거해 도축되었다는 문구(예외: 아랍에미리트는 소비자용 포장에는 이슬람식 도축에 대한 표기를 요구하지는 않지만 그런 경우, 수출업자는 해당 제품의 유통이 제한될 수 있음을 주지해야 한다).

3. **제품의 유통기간** 진공포장 냉장, 냉동 육류, 기타 육류·가금류 제품에 대해서는 유통기간 제한이 적용된다. 3개월 이내의 유통기간을 갖는 상하기 쉬운 식품은 라벨상에 정확한 일자를 기재해야 한다. "… 전에 사용하는 게 좋습니다"같은 문구의 사용은 허락되지 않는다.

4. 원산지 국가.

5. 미터법 순 중량 라벨이 요구된다. 현재 기준으로, 순 중량 오차 허용치에 관한 제한 사항이 없음.

6. 알코올 물질, 동물성 지방의 종류, 젤라틴, 식품 첨가물 및 피가 제품에 함유된 경우, 라벨상에 그 함유 사실이 고지되어야 한다.

C. 포장 신선·냉동 육류와 가금류에 대한 라벨 작업 요건을 충족하는 것에 대체해 다음과 같은 라벨 작업 방식을 사용할 수 있다.

1. 스티커가 사용될 수 있지만 라벨 전문용어를 가려서는 안 되며 또한 제거 시 저절로 파손되어야 한다. 필수 라벨 기재 사항을 덮는 부착식 라벨은 허용되지 않는다.

2. 삽입식 인쇄물이 사용되는 경우, 생산 일자 및 유통기한 일자가 함께 기재되어야 한다. 삽입식 인쇄물은 승인된 재질로 제작되어야 한다.

D. **통조림 상품** 라벨상에 유통기한 일자 및 생산 일자가 사전에 인쇄되어야 한다.

서류 작업 요건

증명 요건은 다음과 같다.

A. 식품안전검사국 양식 9060-5를 획득해야 한다. 모든 식품안전검사국 양식 9060-5 증명서에는 일자가 기재되어야 하며, 식품안전검사국 검역관의 서명과 직책이 명시되어야 한다.

B. **종교적 도축**(이슬람식 도축 인증) 식품안전검사국 증명서에 추가해, 수출업자는 이슬람 센터나 이슬람 기관의 구성원으로부터 이슬람식(할랄) 도축 인증서를 획득해야 한다. 이슬람식 도축 인증서는 수입 국가가 인정한 무슬림 기관의 구성원에 의해 발급되어야 한다. 해당 인증서에는 대상 동물이 무슬림 종교 요건에 의거해 도축되었다는 사실이 기재된다. 할랄 라벨이 부착된 제품에는 인증서가 첨부되어야 한다. 이러한 인증서는 아랍-아메리카 상업회의소 혹은 아랍 영사관의 공증을 받아야 하며, 모든 선적에 첨부되어야 한다.

C. 추가 증명

  1. 신선·냉동 비가공 제품의 경우, 할랄 라벨이 부착된 제품에는 적절한 할랄 인증서가 첨부되거나, 또는 목적지에 제품이 도착하기 전에 해당 선적분에 대한 적절한 할랄 인증서가 제공될 것이라는 수출업자의 서면 보증서가 첨부되어야 한다.
  2. 할랄 라벨이 부착된 가공 제품에 사용된 원재료에는 적절한 할랄 인증서가 첨부되어야 한다.

취급·보관 요건

A. 아랍에미리트는 모든 선적에 대해 보관·처리에 관한 소비자 지침 및 기

타 특별한 취급 요건이 첨부될 것을 요한다. 이러한 지침은 아랍에미리트 자치 당국에 고지되어야 한다.

B. 가금류는 청결한 비닐 포장 재질로 포장되어야 한다.

기타 요건

A. 제품은 유통기한 일자로부터 최소한 3개월 전에 아랍에미리트에 도착해야 한다.

B. 유통기간

  1. 냉동 소고기의 경우, 아랍에미리트에는 정해진 유통기간이 없다. 유통기간을 정하려는 경우, 12개월이 합리적인 기간으로 권장된다.

  2. 냉동 가금류의 경우, 아랍에미리트에는 정해진 유통기간이 없다. 유통기간을 정하려는 경우, 9개월이 합리적인 기간으로 권장된다.

  3. 진공포장 냉장 육류·가금류의 유통기간은 3개월이다.

  4. 기타 육류·가금류 제품의 유통기간은 3개월을 초과해서는 안 된다.

수출 적격 플랜트

  연방 차원의 심사를 받은 모든 시설은 아랍에미리트로 수출하는 데 적격이다. 제품에 '할랄'이라는 라벨이 부착되는 경우, 해당 플랜트는 이슬람 요건을 충족시켜야 한다.

종교적 도축 가이드라인 권고안[•]

Recommended ritual slaughter guidelines

개요

코셔 및 할랄 도축은 각각 유대인과 무슬림 공동체의 요건을 충족시키기 위해 행해진다. 도축 과정의 대부분은 비종교적 도축에서 행해지는 것과 동일하다. 따라서 여기에서는 도축 직전 및 실질적인 도축 과정에서의 동물 취급에 초점을 맞춘다.

미국 육류협회 자료

미국 육류협회AMI는 그동안 육류 판매업자를 위한 동물 취급 가이드AMI Meat

• 이 권고안은 초안에 해당한다. 수정안은 미국 육류협회 또는 www.grandin.com에서 확인할 것. 식품마케팅협회/전미외식업협회(FMI/NCCR)로부터 가용한 코셔 및 할랄 정보에 대한 과학적 검토를 기초로 했다. 뉴욕 이싸커 소재 코넬대학교 식품공학과 교수이자 '코넬 코셔식품 이니셔티브' 책임자인 조 레겐슈타인(Joe M. Regenstein) 작성. 콜로라도 포트 콜린스 소재 콜로라도 주립대학교 동물학 부교수인 템플 그랜딘(Temple Grandin) 박사 공동 작업.

Packer Guide 권고안을 발간해왔다(AMI, 1991). 이 가이드라인은 템플 그랜딘 Temple Grandin 박사가 집필했다. 식품마케팅협회/전미외식업협회 FMI/NCCR (이하 FMI/NCCR)의 동물복지위원회는 AMI 문서, 감사 양식 및 이러한 가이드라인을 실행할 감사 시스템을 승인했다.

현재의 자료는 도축되는 특정 동물종에 대한 AMI 가이드라인에 관한 정규 감사도 실시되는 것으로 가정한다. 이러한 정규 감사는 동물 취급에 대해 다루게 되며, 여기에는 전기봉 오용, 울음소리 발생, 미끄러짐과 추락이 포함된다. 감사 양식은 www.fmi.org 또는 www.nccr.net에서 확인할 수 있다.

미국 육류협회 코셔 및 할랄 도축 표준

기존 문서와 마찬가지로, 이 문서의 최근 버전은 코셔(유대인) 및 할랄(무슬림) 도축을 다룬다. 이 문서는 종교적 도축을 주제로 한다. 이 문서에는 이를 통해 이해하게 될 가이드라인 권고안과 함께 종교적 도축에 관한 전체 내용이 포함되어 있다.

두 번째 버전에 대한 상세한 검토가 이루어졌다. ≪미트 포커스 인터내셔널 Meat Focus International ≫에 실린 이 1994년도 자료는 현재의 저자가 공동 저자를 맡은 「종교적 도축 및 동물 복지: 육류 전문가 토론 Religious slaughter and animal welfare: a discussion for meat scientists」이라는 제목으로 되어 있다.

그랜딘 박사의 웹사이트 www.grandin.com 에는 두 가지 자료가 모두 수록되어 있다. 또한 해당 웹사이트에는 소형 동물을 위한 '파이프와 레일' 형태의 감금 장치도 있으며, 다양한 감금 시스템에 대한 수많은 도면을 만날 수 있다. 그중 일부는 이 문서에도 포함되어 있지만, 추가 정보를 원하는 경우에는 해당 사이트를 방문할 것을 권한다.

코넬대학교의 '북동부 양 및 염소 프로그램NESGP(이하 NESGP)' 스태프는 그랜딘 박사와 함께 더블레일을 기반으로 소형 동물을 상향 기립식으로 고정할 수 있는 저가 장치용 두 가지 신규 디자인을 작업하고 있는데, NESGP 및 코넬대학교 웹사이트뿐만 아니라 그랜딘 박사의 웹사이트에도 게시되길 기대한다.

이 문서는 위 두 자료로 구성된 권고안을 실행하기 위해 FMI/NCCR 동물복지위원회가 제정한 가이드라인을 담고 있다. 가이드라인은 두 가지 방식으로 제시된다. 하나는 이들 가이드라인이 명확하게 정당성을 갖도록 하기 위해 상세하게 검토된 두 자료에서 도출한 가이드라인 권고안의 형태이며, 또 하나는 두 자료에 대한 검토 후 별개의 섹션 형태로서 하나의 포괄적인 실제 가이드라인으로 통합하여 편집한 가이드라인 권고안이다.

권고된 종교적 도축 실무(코셔 및 할랄)   인도적 요건과 안전을 위해 종교적 도축을 실시하는 플랜트는 최신 상향 기립식 감금 장치를 설치해야 한다. 살아 있는 소, 송아지 또는 양을 거꾸로 매다는 실무 관행은 없어져야 한다. 매우 다양한 형태의 인도적인 감금 장비가 다수 존재한다(AMI, 1991).

권장 가이드라인

> 코셔 및 할랄 도축은 동물이 상향 기립된 상태로 실시되어야 한다. 살아 있는 동물을 거꾸로 매다는 취급 시스템은 허용되지 않는 것으로 간주된다.

허용되는 시스템 종류에는 다음이 포함된다.

ASPCA 울타리(ASPCA는 미국 동물학대방지협회 The American Society for the Prevention of Cruelty to Animals ─ 옮긴이)   이 장치는 동물의 머리 앞부분이 열리는 좁은 칸막이로 구성되어 있다. 동물이 박스로 들어간 후, 푸시 게이트에 의해 앞으로 밀착되며 가슴 아래쪽에 몸통 리프트가 위치한다. 동물의 머리는 각각 서쉬타 Shehita(유대교식 도축 방식 ─ 옮긴이)나 무슬림식 도축을 실시하기 전에 랍비나 무슬림 도축사에 의해 턱을 들어 올려 고정되도록 되어 있다. 몸통 리프트의 리프팅 거리는 동물이 완전히 바닥에서 들어 올려지지 않도록 28인치로 제한되어 있다. 뒤쪽 푸시 게이트는 동물을 미는 압력을 운영자가 조절할 수 있도록 별개의 압력 조정기 또는 특수 조종 체크 밸브가 장착되어 있다. 울타리는 뒤쪽부터 전진 방향으로 사용되어야 한다. 머리를 고정하는 작업은 마지막 단계이다. 운영자는 기계가 갑자기 덜컹거리지 않도록 주의해야 한다. 대부분의 소는 박스가 천천히 다가오더라도 여전히 그냥 서 있게 되며, 약간의 압력만으로도 동물을 제어할 수 있다. 머리가 고정된 직후 종교적 도축이 실시되어야 한다(AMI, 1991).

권장 가이드라인

> ASPCA 울타리를 사용하는 플랜트는, 동물이 바닥에서 떨어질 정도로 몸통 리프트가 들어 올려지지 않는다는 것, 뒤쪽 푸시 게이트가 독립적으로 작동된다는 것, 과정이 진행되는 동안 동물이 차분히 있는 것, 그리고 머리 고정부가 정위치된 직후 도축이 실시되는 것을 포함해, 해당 시스템이 제대로 작동한다는 것을 시연해야 한다. 이러한 가이드라인은 ASPCA형 울타리에 특정해 적용된다. 모든 형태의 개별 동물 감금 장치에 대한 좀 더 일반적인 가이드라인은 이 문서 후미에 수록되어 있다.

ASPCA 울타리는 플랜트 운영에 최소한의 지장을 주면서 주말 동안에 손쉽게 설치될 수 있다. 이 장치는 시간당 최대 100두를 처리할 수 있으며 시간당 75두 정도가 적정하다. 송아지 대상 플랜트의 경우에는 이 울타리의 소형 버전을 손쉽게 설치할 수 있다(AMI, 1991).

권장 가이드라인

> 대형 소를 한 마리씩 가두는 ASPCA 울타리 또는 기타 박스 형태의 감금 장치는 시간당 100두 미만으로 운영되어야 한다.

컨베이어 감금 시스템 서쉬타 또는 할랄 도축 과정 동안 소, 양, 송아지를 상향 기립식으로 고정하기 위해서는 V-감금 컨베이어 또는 센터 트랙 컨베이어 감금 장치가 사용될 수 있다. 컨베이어 시스템은 대상 동물의 몸통이 편안한 상향 기립 자세가 되도록 견고하게 지탱해야 한다. 감금 장치가 각 동물에 대해 정지한 후, 머리 고정부는 종교적 도축사를 향해 머리를 고정시킨다. 네덜란드의 조사에 따르면, 센터 트랙 방식의 설계는 육류에 생기는 핏자국을 감소시키는 이점이 있는 것으로 나타났다.

소의 경우, ASPCA 울타리의 앞부분과 유사한 머리 고정부가 센터 트랙 컨베이어 감금 장치에 사용될 수 있다. 양쪽으로 분리되는 턱 리프트가 두 개의 수평 슬라이딩 도어에 부착되어 있다(AMI, 1991).

권장 가이드라인

> 컨베이어 감금 시스템은 원래의 설계 의도대로 운영되어야 한다. 머리 고정부가 정위치된 직후 도축이 실시되어야 한다. 더욱 구체적인 가이드라인은 이 문서 후미에 수록되어 있다.

소형 감금 시스템 주당 몇 마리의 송아지나 양에 대한 종교적 도축을 실시하는 소형 냉동창고형 플랜트의 경우, 센터 트랙 감금 장치와 유사한 방식으로 동물을 고정하기 위해 파이프로 제작된 저렴한 감금 장치가 사용될 수 있다. 후속 도축 과정이 실시되기 전에 대상 동물의 방혈이 완료되고 의식 상실이 완전히 되도록 해야 한다.

더욱 구제적인 가이드라인은 이 문서 후미에 수록되어 있다.

그랜딘 박사는 웹사이트www.grandin.com를 운영하고 있다. 여기에는 소형 동물용 '파이프 및 레일' 형태의 감금 장치에 대한 그림이 실려 있다. 코넬대학교의 '북동부 양 및 염소 프로그램NESGP'의 스태프는 그랜딘 박사와 함께 현재 더블레일 설계를 기반으로 소형 동물을 상향 기립식으로 고정할 수 있는 저가 장치용 두 가지 디자인을 작업하고 있다.

아울러, AMI는 종교적 도축과 관련해 다음과 같은 중요 안전 유의 사항을 제시한다. 이 유의 사항은 부적절한 종교적 도축과 관련해 관계자에게 그 위험을 경고한다.

권고된 종교적 도축 실무 지침: 작업 안전 조언　대형 소나 송아지에 대한 결박 호이스팅 hoisting 은 매우 위험할 수 있다. 결박 장치를 발로 차거나 떨어뜨려 작업자의 실명, 영구적 무릎 손상 및 머리 부상 같은 수많은 심각한 사고를 야기했다. 한 플랜트에서는 결박 호이스트를 감금 장치로 교체함으로써 500% 사고 감소 효과를 가져왔다. 살아 있는 양에 대한 결박 호이스팅 역시 위험하다. 여기에서도 작업자가 치아를 다치는 사고가 수차례 발생했었다(AMI, 1991).

비록 AMI 육류 판매업자 가이드가 훌륭한 시작점이 되긴 하지만 이와 더불어 제기되는 다양한 다른 사안 역시 고려되어야 한다.

종교적 도축에 관한 추가 정보

그랜딘 박사와 레겐슈타인은 《미트 포커스 인터내셔널》 1994년호에 "종교적 도축 및 동물 복지: 육류 전문가 토론"이라는 제목으로 종교적 도축에 대한 상당히 포괄적인 의견을 제시했다(Grandin and Regenstein, 1994). 이 자료는 그랜딘 박사의 웹사이트 www.grandin.com 에서 확인할 수 있다. 이 자료의 대부분은 FMI/NCCR 동물 복지와 관련이 있으며, 이 중 발췌된 일부분과 해당 작업을 통해 그들이 제안한 가이드라인이 아래에 제시되어 있다. 일부 내용은 권장 가이드라인이 개별적으로 쪼개진 반면, 또 어떤 내용은 해당 자료에 수록되기도 했는데 여기에서는 강조점과 고딕체로 표기했다. ✔로 표시된 부분은 저자가 강조한 부분이며, 가이드라인을 가리키는 것은 아니다.

무슬림과 유대교 신앙은 모두 종교적으로 허용되는 동물 도축에 관한 구체적 요건을 갖고 있다. 대부분의 국가에서 행해지는 일반 지침과의 주요 차이점은 도축에 앞서 동물을 기절시키지 않는다는 것이다.

무슬림이라면 누구든 알라의 이름을 소리 내면서 동물을 도축할 수 있다. 다시 말하지만, 도축 전 기절은 일반적인 실무 관행에 어긋난다. 하지만 일부 무슬림 기관은 도축 전 비관통 충격 기절을 승인한 바 있다. 1980년대 뉴질랜드 연구를 통해, 기절했던 동물이 1분 이내에 의식을 되찾고 5분 이내에 먹이를 먹을 수 있어야 하는 무슬림 표준에 부합하는 매우 정교한 전기 기절 장치가 개발되었다. 무슬림식 도축에 앞서 머리에만 충격을 주는 전기 기절 방식이 뉴질랜드와 호주의 거의 모든 양 도축장에서 사용된다. 소에 대한 전기 기절은 뉴질랜드에 있는 많은 무슬림 소 도축장에서 사용되며, 이러한 실무 관행은 호주로 확산되고 있다. 기절 과정을 적용하지 않는 국가의 무슬림 도축의 경우, 도축사에게 제공되는 훈련에 대해서도 관심을 기울이고 있다. 적절하게 칼을 가는 법을 가르치는 등의 실질적인 도축 기술을 향상시키기 위한 훈련 프로그램에 대한 추가적인 노력이 필요하다(Grandin and Regenstein, 1994).

권장 가이드라인

> FMI/NCCR 동물복지위원회는 할랄 도축에 코셔 칼레프chalef와 유사한 칼을 사용하도록 권고한다. 칼에는 직선 형태의 칼날이 있어야 하며 길이는 목 넓이의 최소한 두 배가 되어야 한다.' 칼은 항상 날카롭게 유지되어야 한다.

양 및 염소 할랄 도축용 칼을 공급하는 곳이 최소한 한 곳 이상 확인되었으며 실제 도축 플랜트에서의 사전 테스트는 성공적이었다. 인도적(할랄) 도축에 대한 농장용 특별 포스터 역시 제작되었다.

유대교 식이법의 경우, 신앙심이 독실한 특별히 훈련받은 사람이 도축을 실시한다. '쇼케트shochet'라고 부르는 이 사람은 이러한 일에 대해 특별한 훈련을 받는다. 그는 동물의 목을 파내거나, 찢거나 또는 째지 않고도 단칼에 경정맥과 경동맥을 재빨리 절단하기 위해 '칼레프'라고 부르는 특수 칼을 사용하도록 훈련받는다. 칼은 혹시라도 도축을 무효로 만들지도 모르는 어떤 결함이 있는지 정기적으로 점검된다. 이러한 과정이 적절하게 실시되면, 대상 동물은 신속하게 사망에 이른다. 날카로운 절단이 덜 고통스러운 것으로 알려져 있다(Grandin and Regenstein, 1994).

객관적 평가 필요

이들 두 종교에 해당하는 사람들에게 있어서의 종교적 도축의 중요성을 고려한다면 전문가들이 동물 복지 관점에서 이러한 실무 관행을 평가할 때에는 절대적으로 객관적이 되어야 한다는 것이 매우 중요하다.

종교적 도축에 대한 평가는 많은 사람들이 과학적 객관성을 놓쳤던 영역이다. 이는 문헌에 대한 왜곡과 선택적 검토라는 결과를 초래했으며, 정치는 우수한 과학의 발전에 지장을 가져왔다. 여기에는 다음과 같은 세 개의 기본적인 이슈가 있다. 감금 방식에 대한 스트레스, 절단 과정에서의 통증 인지, 완전 의식 상실까지의 잠재 시간.

감금

핵심이 되는 지적 고려 사항은 도축 과정에 대한 동물의 반발 행동으로부터 감금 스트레스 변수를 분리하는 것이다. 스트레스를 주거나 고통스러운 감금 방법으로 인해 목 절단에 대한 동물의 행동이 가려져버린다. 북미의 경우, 일부 코셔 도축 플랜트는 의식이 온전한 소의 뒤쪽 다리 하나를 결박해서 들어 올리는 식으로, 스트레스를 많이 주는 감금 방식을 사용한다.

그랜딘 박사의 관찰에 따르면, 이러한 방식으로 감금된 소는 종종 소리를 내며 몸부림치고 뒷다리는 상처를 입는 것으로 나타났다. 유럽의 경우, 소를 거꾸로 뒤집는 캐스팅 울타리를 사용함으로써 목 절단에 대한 반발 행동이 전혀 드러나지 않게 된다. 소는 뒤집어지는 것에 저항하고 머리를 똑바로 하기 위해 목을 비틀게 된다. 바인베르크Weinberg 캐스팅 울타리의 초기 버전은 상향 기립식 감금 장치보다 더욱 많은 스트레스를 유발했다(Dunn, 1992). 파코미아Facomia 울타리라고 불리는 개선된 캐스팅 울타리는 아마도 기존의 바인베르크 울타리보다 스트레스를 덜 주겠지만, 잘 설계된 상향 기립식 감금 시스템이 소에게는 더욱 편할 것이다. 모든 형태의 캐스팅 울타리의 또 다른 문제는 소와 송아지 모두 목 절단 이후 기도로 피가 흘러 들어간다는 것이다. 동물을 상향 기립식으로 고정하는 경우에는 이러한 현상이 발생하지 않는다.

불행히도 일부 조악하게 설계된 상향 기립식 ASPCA 감금 박스는 소의 흉부와 목에 과도한 압력을 가한다. 동물 복지의 관점에서, 스트레스를 주는 모든 감금 방식의 사용은 배제되어야 한다. 적절하게 설계·운영되는 상향 기립식 감금 시스템은 최소한의 스트레스를 유발할 것이다. 조악하게 설계된 시스템은 최고의 스트레스를 유발할 수 있다. 거친 취급 및 과도한 전기봉의 사용 역시 많은 스트레스 문제를 야기한다. 가장 최고의 기계적 시스템이라 하더라도 동물을 학대하는 사람이나 조심성 없는 사람에 의해 운영된다면 고통을 야기할 것이다.

유럽에서는 전통적인 도축(사전에 소를 기절시키는 방식)과 종교적 도축 모두에 사용되는 스트레스 유발 감금 장치에 관해 많은 관심을 기울여왔다. 유뱅크(Ewbank et al., 1992)는 고정부에 동물을 가두는 데 30초 이상이 소요되는 등 조악하게 설계된 머리 고정부에 감금된 소는, 머리가 자유로운 상태에서 기절시킨 소에 비해 더 높은 코르티솔cortisol 수치를 보이는 것을 발견했다. 숙련된 운영자가 제대로 운영하는 잘 설계된 머리 감금 장치에서라면 소가 자유롭게 머리를 움직일 수 있을 것이다(Grandin, 1992). 툼과 쇼(Tume and Shaw, 1992)는 기절 및 도축 과정 동안 소에게서 단지 15ng/ml의 매우 낮은 코르티솔 수치가 나왔다고 보고했다. 이러한 측정은 머리 감금 장치에 고정된 소에서 실시되었다(저자 직접 확인, Shaw, 1993). 방목된 소에 대한 농장에서의 현지 감금 과정의 코르티솔 수치는 25~63ng/ml를 보였다(Mitchell et al., 1988; Zavy et al., 1992).

종교적 도축이나 가축총 기절의 경우에는 몸통 감금 장치가 강력히 권고된다. 몸통이 감금되어 있는 동안에는 머리 감금 장치에서도 동물이 차분히 있게 된다. 기절 과정이나 도축은 머리가 감금된 후 10초 이내에 실시되어야 한다(Grandin and Regenstein, 1994).

권장 가이드라인

> 머리 감금부터 실제 도축까지의 실제 시간은 10초 미만이어야 한다.

목 절단에 대한 반발 행동

절단에 대한 반발 행동의 변수는 해당 동물이 완전히 의식 상실이 되는 데 필요한 시간 변수와는 분리되어야 한다. 뇌전도electroencephalogram: EEG 또는 뇌 유발 전위 기록은 동물이 의식을 상실하는 데 소요되는 시간을 측정한다. 이것은 고통을 측정하는 것이 아니다. 사전 기절이 없는 채로 목을 절단하는 것이 고통스러운지를 결정하기 위해서는 절단에 대한 동물의 행동적 반발에 대한 주의 깊은 관찰이 최선의 방법이 된다. 동물이 의식을 상실하는 데 소요되는 시간에 대해서는 추후 논하기로 한다.

그랜딘 박사는 미국의 코셔 도축 플랜트 세 곳에서 3000두 이상의 소 및 배합사료 송아지에 대한 관찰을 실시했다. 이들 플랜트는 최신 상향 기립식 시스템을 갖추고 있다. 시스템에 대해서는 그랜딘 박사의 자료에 상세하게 설명되어 있다(Grandin, 1988, 1991, 1992, 1993a, 1994). 소는 개선된 ASPCA 울타리 또는 더블레일(센터 트랙) 컨베이어 감금 장치로 고정되었다.

이 장비들은 그랜딘 박사 또는 그의 직접적인 감독하에 있는 사람에 의해 운영되었다. ASPCA 울타리의 뒤쪽 푸시 게이트에서는 동물에게 아주 약한 압력만 가해졌다. 머리 고정부에는 압력 제한 장치가 장착되었다. 동물은 부드럽고 차분하게 취급되었다. 동요되거나 흥분된 동물에게서 보이는 절단에 대한 반발 행동은 관찰되지 않았다. 장비에 묻은 피가 동물을 당황하게 하는 것으로 나타나지는 않았다. 동물들은 박스 뒷문이 열리면 자발적으로 들어갔다. 일부 소는 피를 핥기도 했다.

세 군데의 모든 감금 시스템에서 동물들은 목 절단에 대한 반발 행동이 없거나 아주 미미했다. 칼날이 목에 처음 닿을 때 약간의 주춤거림이 있을 뿐이었다. 이러한 주춤거림은 귀 식별표 구멍을 뚫을 때의 반발 행동보다 강하지 않은 수준이었다. 절단이 진행되어도 더 이상의 반발 행동은 없었다. 모든 동물에 대해 양쪽 경동맥이 절단되었다. 개선된 ASPCA 울타리에 있던 일부 동물들은 칼에서 쉽게 멀어질 수 있는 정도로 머리 고정부와 뒤쪽 푸시 게이트로 매우 느슨하게 고정되어 있었다.

동물들은 도망가려는 시도를 하지 않았다. 세 군데 도축 플랜트 모두에서 목을 절단하는 동안 동물의 몸통이나 다리에서는 어떠한 반발 행동도 거의 보이지 않았다. 더블레일 감금 장치에서는 푸시 게이트가 없고 몸통에는 아주 약한 압력이 가해지기 때문에 몸통과 다리의 움직임이 쉽게 관찰될 수 있다. 목이 절단되는 동안의 몸통 반발 행동은 다양한 턱 리프트 및 머리 고정 브라켓 bracket 테스팅을 하는 동안 일어나는 몸통 반발 행동과 몸부림보다 훨씬 적었다. 새로운 턱 리프트에 대한 테스트는 사람들이 해당 동물의 경계 영역 flight zone에 깊숙이 오랜 시간 침범했을 때의 반발행동과 유사했다. 방목된 동물의 경계 영역에 사람이 침범하면 해당 동물은 멀리 달아나는 시도를 하게 된다 (Grandin, 1993a). 하지만 목 절단은 경계 영역 침범보다 훨씬 작은 반발 행동을 야기했다. 이것은 자신의 목이 절단될 것임을 대상 동물이 인지하지 못한다는 것을 나타낸다. 베이거(Bager et al., 1992)는 송아지를 대상으로 한 유사한 관찰 결과를 보고했다. 20두의 홀스타인holstein, 앵거스angus, 샤롤레charolais 수소에 대한 추가 관찰 결과는 절단에 대해 반발하지 않았음을 나타낸다. 수소는 모든 몸통 감금이 풀어져 있는 상태에서 편안한 머리 감금 장치로 고정되었다. 동물들은 절단되는 동안에도 계속 서 있었으며 머리 감금에 저항하지 않았다. 절단 후 턱 리프트가 내려오면 동물은 즉시 주저앉거나 또는 보통의 경계하는 동물처럼 주위를 두리번거렸다. 대상 동물은 5~60초 이내에 저산소증으로 인한 경련 증상을 보였고 의식을 상실한 것으로 보였다. 차분한 동물은 거의 경련을 보이지 않았으며 흥분된 소는 매우 강한 경련을 보였다. 차분한 동물은 더 빨리 주저앉았으며 더욱 빨리 의식 상실 단계로 들어갔다. 뭉크(Munk et al., 1976)는 경련 시작과 관련해 유사한 관찰 결과를 발표했다. 경련은 소가 목 아래 부분에 가해지는 압력 때문에 V자형 지주에서 의식을 잃을 때 나타나는 저산소증 경련과 유사했다. 사육장에서의 일반적인 사육 과정을 위해 동물을 취급하는 동안 그랜딘 박사가 관찰한 결과는, 경동맥과 목 주변부에 대한 압박은 30초 내에 소를 죽일 수 있는 것으로 나타났다(Grandin and Regenstein, 1994).

권장 가이드라인

동물은 1분 이내에 의식 상실에 이르도록 해야 한다.

칼 모양 및 절단 방법에 관해 유대교 율법에 명시되어 있는 세부 내용은, 동물이 절단에 대한 반발 행동을 하지 않도록 방지하는 것을 중요시한 것으로 보인다. 칼은 직선 형태의 면도칼처럼 생겼으며 동물 목 넓이의 두 배가 되어야 한다. 절단은 망설임이나 지체 없이 실시되어야 한다. 절단 과정 동안 절개 부위 속으로 칼이 파묻히는 동작 역시 금지된다. 이러한 동작은 할라그라마 halagramah(후비는 행위)라고 부른다(Epstein, 1948). 후비는 행위의 금지는 절단에 대한 동물의 반발 행동을 줄이는 데 중요하다는 것을 보여준다. 종교적 도축사는 칼 가는 법에 대해 훈련을 받아야 한다. 쇼케트가 날이 둔한 칼을 사용하는지 항상 감시된다. 쇼케트는 매끄럽고 날이 빠지지 않은 칼을 사용하도록 한 종교적 요건을 주의해서 준수하지만 간혹 칼을 날카롭게 하지 못하는 경우도 발생한다. 무슬림 도축사에 의해 기절 과정 없이 길고 휘어진 가죽 손질용 칼을 사용해 실시된 할랄 소 도축을 관찰한 결과, 여러 번 난도질하는 결과를 초래했으며 때로는 동물로부터 강력한 반발 행동이 있기도 했다(Grandin and Regenstein, 1994).

권장 가이드라인

> 항상 목 넓이의 두 배에 해당하며 적절하게 날을 세운 칼이 사용되어야 한다.

절단 과정 동안 절개 부위 속으로 칼이 파묻히도록 조악하게 설계된 고정부에서 실시된 코서 도축에 대한 추가 관찰 결과, 소의 강력한 반발 행동이 야기되었다. 대상 동물은 난폭하게 발을 차고, 옆으로 비틀고, 감금 장치를 흔들었다. 이미 흥분되고 동요된 상태에서 조악하게 설계된 머리 고정부로 들어간 소는 차분한 동물보다 목 절단에 대해 더욱 강력한 반발 행동을 보였다. 이러한 관찰 결과는 절단 과정 및 직후에 절개 부위가 계속 열려 있도록 머리 고정 장치가 설계되어야 한다는 것을 나타냈다. 간혹, 매우 거칠고 동요된 상태의 동물은 절단 직후 간질 증상을 닮은 경련을 가져왔다. 이러한 현상은 차분한 소에서는 거의 발생하지 않았다(Grandin and Regenstein, 1994).

권장 가이드라인

> 머리 고정부는 절단 과정 및 직후에 절개 부위가 계속 열려 있도록 해야 하지만, 절개 부위가 찢어질 정도로 과도하게 목을 잡아당기는 것은 피해야 한다.

의식 상실에 이르는 시간

과학적 연구자들은 양의 경우 양쪽 경동맥이 절단된 후 2~15초 이내에 의식을 상실한다는 것에 동의한다(Nangeroni and Kennett, 1963; Gregory and Wotton, 1984; Blackmore, 1984). 하지만 소와 송아지에 대한 연구에서는 대부분의 동물이 신속하게 의식을 잃는 것으로 나타난 반면, 일부 동물은 1분을 넘을 정도로 장시간 의식을 유지할 수 있었다(Blackwore, 1984; Daly et al., 1988). 소에 대한 다른 연구에서도 의식을 상실하는 데 필요한 시간은 양이나 염소보다 더욱 다양한 것으로 나타났다(Munk et al., 1976; Gregory and Wotten, 1984). 소와 양의 차이는 혈관에 대한 해부학적 차이로 설명될 수 있다.

소와 송아지 도축에 대한 그랜딘 박사의 관찰 결과, 장시간 의식을 유지하는 문제는 해결될 수 있는 것으로 나타났다. 쇼케트가 신속한 절단 동작을 가한 경우, 송아지의 95%가 거의 즉시 주저앉았다(Grandin, 1987). 느리고 덜 결정적인 절단 동작이 가해진 경우, 장시간 의식을 유지하는 사례가 증가했다. 느린 절단 동작으로 도축된 송아지의 약 30%는 최대 30초 동안 정위반사를 보였고 걷는 능력을 유지했다.

그레고리(Gregory, 1988)는 의식 상실 개시가 지연되는 것에 대해 설명 가능한 이론을 제시했다. 느린 칼 동작은 동맥에 손상을 입혀 폐색을 유발하기 쉽다. 종교적 율법이 허용하는 한 최대한 턱뼈에 가깝게 절단이 행해지고 또한 절단 직후에 머리 고정부가 풀린다면, 신속한 의식 상실이 일어날 것이다. 턱 리프트는 올려진 상태로 유지되어야 한다. 뒤쪽 푸시 게이트에 의해 흉부에 과도하게 가해지는 압력은 방혈을 느리게 한다. 감금 장치의 부드러운 운영이 필수적이다. 관찰 결과에 따르면, 차분한 소가 더욱 빨리 의식을 상실했으며 수축 폐색 혈관을 보이는 경우가 적었음을 알 수 있다. 차분한 소는 통상적으로 10~15초 이내에 주저앉았다(Grandin and Regenstein, 1994).

상향 기립식 감금 장비 설계

우수한 상향 기립식 감금 장비는 양, 송아지 및 소에 대해 적은 스트레스, 편안한 감금을 가능하게 한다(Giger et al., 1977; Westervelt et al., 1976; Grandin, 1988, 1991, 1992, 1993). 동물 복지의 높은 표준을 유지하기 위해, 이러한 장비는 플랜트 경영진의 근접 감독하에 숙련된 운영자에 의해 운영되어야 한다. 중간 계류장과 이동 지역에서의 취급 담당자는 동물들을 부드럽게 다루고 각 동물이 차분하게 감금 장치에 들어가도록 유도해야 한다. 불행히도, 최근 유럽에는 일부 매우 조악하게 설계된 감금 시스템이 설치되었다. 그 장비의 설계자는 동물 편의에 대해서는 별로 관심을 두지 않았다. 아래에 열거된 구체적인 권고안 리스트에서 가이드라인 부분은 강조체로 표기되어 있다.

- 모든 감금 장치는 최적 압력 개념을 적용해야 한다. 장치는 해당 동물이 '감금 느낌'을 충분히 받도록 동물을 견고하게 고정해야 하지만 불편을 야기할 정도의 과도한 압력은 피해야 한다. 울타리를 운영하는 많은 사람들은 동물이 몸부림치면 동물을 더 세게 조이는 실수를 범한다. 몸부림치는 것은 종종 과도한 압력에 대한 표시이다.

- 목이 과도하게 꺾이는 것을 방지하기 위해 소 이마는 바닥과 평행이어야 한다. 이 각도는 종교적 도축에 적절하게 목구멍을 위치하게 하며, 불편을 최소화하면서 목 가죽을 잡아당겨 준다. 이것이 목 가죽의 최적 장력에 해당한다. 너무 느슨한 경우에는 절단 동작이 더 어려워진다. 너무 팽팽하면 칼에 의해 절단되기 전에 절개 부위가 찢어지는 경향을 보여 찢어지는 것을 금지한 유대교 율법을 위반할 수도 있다. 이는 또한 고통을 야기할 수도 있다. 일부 머리 감금 장치는 목 가죽의 장력을 최대로 하기 위해 목을 과도하게 꺾음으로써 소에게 엄청난 고통을 야기한다. 이것은 종교적 율법을 준수하는 데 필요한 것이 아니다. 4000년 전에는 그와 같

이 극단적으로 목구멍을 팽팽하게 할 만한 수압 장비가 존재하지 않았다는 것을 주지해야 한다. 모든 머리 고정부에는 압력 제한 장치가 장착되어야 한다. 압력 제한 밸브는 부주의한 운영자가 과도한 압력을 가하는 것을 자동으로 방지한다. 가죽 벨트로 덮인 15센티미터 넓이의 이마 브라켓은 압력을 균일하게 분배하며 대상 동물은 머리 감금에 대해 덜 저항하게 된다. 이마 브라켓에는 기둥 뒤에 맞는 직경 8센티미터 파이프도 장착되어야 한다. 이 장치는 아주 약한 압력으로도 머리를 견고하게 고정할 수 있게 해준다.

- ASPCA 울타리의 뒤쪽 푸시 게이트에는 압력 제한 장치가 장착되어야 한다. 동물이 머리 고정부에 너무 전진하도록 과도하게 밀어서는 안 된다. 동물의 등이 평평한 채로 바닥에 서 있을 수 있도록 압력이 조절되어야 한다. 등이 휘어지는 것은 과도한 압력이 가해진다는 표시이다. 긴장하지 않고 차분한 동물은 울타리 안에서 조용히 서 있게 되며 머리를 움직이려고 하지 않는다. 만약 동물이 몸부림친다면, 이는 과도한 압력이 가해졌거나 또는 푸시 게이트로 인해 균형을 잃었기 때문이다.

- ASPCA 울타리의 몸통 리프트가 몸통을 완전히 지탱하는 것은 아니기 때문에 동물이 ASPCA 울타리의 리프트에 의해 바닥에서 들어 올려져서는 안 된다. 편안한 상향 기립 자세로 몸통을 완전히 지탱해주는 리프팅 장치는 허용된다. ASPCA 울타리의 경우, 이러한 리프트는 감금하기 위한 것이지 들어 올리기 위한 것이 아니다. 리프팅 거리는 바닥부터 리프트 상부까지 71센티미터로 제한되어야 한다. 그 외 더블레일 시스템과 같은 감금 장치는 몸통 아래를 충분히 지탱하도록 설계되어 있다. 컨베이어 판재는 동물이 컨베이어에 걸쳐지는 시스템에서 해당 동물의 흉판 윤곽에 적합한 모양이어야 한다.

- 장비의 모든 부분은 항상 부드럽고 지속적인 동작으로 움직여야 한다.

기구를 덜컹거리게 사용해 동물을 움직이거나 갑자기 부딪히게 하면 동물이 흥분하고 동요하게 된다. 덜컹거리는 움직임은 플로우 컨트롤 밸브나 기타 컨트롤 장치를 설치해 배제할 수 있다. 이러한 밸브는, 만약 운영자가 거칠게 작동해도 자동으로 부드럽고 지속적인 동작을 제공한다. 모든 감금 장치는 최적(최대 아님) 압력 개념이 적용되어야 한다. 동물이 고정되어 있음을 느끼도록 충분한 압력이 가해져야 하지만 몸부림을 야기하는 과도한 압력은 피해야 한다. 과도한 압력이 천천히 감소하면 대상 동물은 종종 몸부림을 멈춘다.

- 모든 장비는 소음을 감소시키도록 설계되어야 한다. 쉭 하는 공기 소리와 쨍 하는 금속 소음은 동물의 두드러진 동요를 야기한다. 공기 배기구에는 소음기를 달거나 또는 파이프를 외부로 나가게 해야 한다. 슬라이딩 문 틈에 덧댄 플라스틱 가이드는 추가로 소음을 줄여준다.

- 동물이 자기의 경계 영역 내에 들어온 사람과 기타 주의산만 요소를 볼 수 없도록 동물의 머리 주위에는 단단한 칸막이가 설치되어야 한다. 이것은 방목된 소에게 매우 중요하며, 특히 완전히 길들여지지 않은 경우에는 더욱 그렇다. 컨베이어 시스템의 경우, 동물들이 서로 접촉하고 있는 관계로 더욱 안전하다고 느끼기 때문에 종종 이러한 칸막이는 요구되지 않는다.

- 동물이 원활히 들어올 수 있도록 감금 장비에는 조명이 밝혀져야 한다. 잘못된 조명을 설치하거나 동물에게 공기를 불게 되면 동물이 뒷걸음치는 결과를 초래한다(Grandin, 1993b). 뒷걸음을 야기하는 주의산만 요소들은 제거되어야 한다.

적은 수의 양과 염소를 도축하는 플랜트의 경우, 파이프를 사용해 간단한 상향 기립식 감금 장치를 설치할 수 있다(Giger et al., 1977). 송아지 플랜트의 경우, 소형 ASPCA 울타리가 사용될 수 있다. 대형 고속 플랜트의 경우, 머리 고정 장치와 함께 더블레일 감금 장치가 장착될 수 있다.

일부 유대교 랍비 기관은 위쪽 방향으로의 절단이 칼에 과도한 압력을 금지하는 유대교 율법을 위반할 수 있다는 염려 때문에 거꾸로 된 감금 장치에서 아래 방향으로 절단하는 것을 선호한다. 위쪽 방향으로의 절단 과정에서 대상 동물은 칼이 있는 아래쪽으로 밀리는 경향이 있다고 이해하는 것이다. 관찰 결과를 보면 정확히 반대의 상황이 발생함을 알 수 있다. 쉽게 움직일 수 있는 공기압 방식의 머리 감금 장치에 800~950킬로그램의 대형 수소가 고정되어 있는 경우, 제대로 절단되지 않게 되면 동물은 칼로부터 멀어지는 위 방향으로 머리를 당긴다. 이러한 행동은 칼날에 가해지는 압력을 감소시킬 것이다. 절단이 제대로 된 경우, 소는 여전히 서 있었고 머리 감금 장치를 움직이지 않았다. 이마 브라켓과 턱 리프트에 의해 동일한 양의 압력이 가해졌다.

상향 기립식 감금 장치는 대상 동물이 차분하게 유지되고 더욱 긴장을 늦추기 때문에 향상된 방혈 효과라는 이점을 제공할 수 있다. 관찰 결과를 보면, 긴장하지 않고 차분한 동물은 향상된 방혈을 가져왔고 신속히 의식 상실에 이르는 것으로 나타났다. 흥분한 동물은 느린 방혈을 가져오는 것으로 보인다. 신속히 방혈하고 피를 최대로 제거하는 것은 성서에 따른 원칙을 준수하는 것이기 때문에 편안한 상향 기립식 감금 장치의 사용은 종교적 관점에서 더욱 유리할 것이다.

신속한 방혈과 경련 감소는 점상 출혈 감소 및 안전 향상이라는 추가적인 이점을 제공한다. 경련하는 동물은 플랜트 직원에게 부상을 입힐 우려가 더욱 높다. 편안한 감금 장치에 고정된 차분하고 조용한 동물은 더욱 높은 동물 복지 표준에 부합하게 되며 점상 출혈의 발생은 더욱 낮아진다.

도축에서의 복지 측면

복지에 대한 관심의 대부분은 감금에 집중되어 있다. 유럽과 미국에서는 많은 스트레스를 주는 감금 장치가 여전히 사용된다. 이들 중 상당수의 시스템은 과도한 압력을 가하거나 또는 고통을 야기하는 자세로 동물을 고정시킨다. 감금 장치에 대한 적절한 설계와 운영을 통해 소와 양에 대한 이러한 우려의 대부분을 경감시킬 수 있다.

그림자, 쉭 하는 공기 소리 또는 어두운 조명 같은 주의산만 요소로 인해 동물이 뒷걸음치거나 입실을 거부한다면 해당 감금 장치는 동물 복지 관점에서 낮은 평가를 받을 것이다(Grandin, 1996). 쉽게 교정될 수 있는 이러한 문제들로 인해 최선의 감금 시스템 성능이 망가진다. 학대하는 작업자는 잘 설계된 시스템에서도 고통을 야기하게 된다. 적절한 울타리 운영에 관한 추가적인 정보는 그랜딘의 자료를 참조하기 바란다(Grandin, 1993).

감금 장치는 동물을 기절시키는 전통적인 도축과 종교적 도축 양쪽에서 동물을 고정하기 위해 사용된다. 머리 감금 장치의 사용은 가축총 기절의 정확도를 향상시킬 것이다. 머리 감금 장치가 없는 대규모 소 도축 플랜트의 경우, 가축총 기절 방식이 다섯 번 중 세 번의 비율로 실패하고 있으며, 이는 다시 말해 두 번째 충격을 가해야 한다는 것이다.

가축총과 전기 기절은 적절하게 적용되었을 경우에는 즉각적인 의식 상실을 유발할 것이다. 하지만 부적절한 적용은 막대한 스트레스를 야기할 수 있다. 모든 기절 방식은 대량의 에피네프린epinephrine 분비를 일으킨다(Van der Wal, 1978; Warrington, 1974). 이러한 에피네프린 방출은 환경적 스트레스 유발 요인이나 감금 방식으로 인해 촉발되는 분비보다 엄청 높다. 대상 동물이 의식 상실 상태로 예상되기 때문에 스트레스를 느끼지 못할 뿐이다. 부적절하게 적용된 기절 방식은 긴 직선 면도칼 형태의 칼을 사용하는 코셔 도축보다 더욱 높은 스트레스를 가져올 것임은 명백하다. 동물 복지 연구의 선구자 중 한 명인 킬고르(Kilgour, 1978)도 기절과 도축에 대해 유사한 결론에 다다랐다.

너무 짧은 칼을 사용한 할랄(무슬림) 도축은 동물의 일정한 고통과 몸부림을 야기한다. 기절 과정 없는 도축을 요구하는 무슬림 종교 기관은, 칼은 면도칼처럼 날카롭고 칼날은 직선 형태이며 길이는 적어도 목 넓이의 두 배는 될 것을 권고한다. 동물을 기절시키지 않는 경우, 휘어진 가죽 손질용 칼의 사용은 허용되지 않는다. 통상적으로 무슬림 도축사는 유대교 쇼케트처럼 도축 기술에 대해 광범위한 특별 훈련을 받지 않기 때문에 도축 전 기절 과정은 강력하게 권고된다. 앞에서 언급한 대로, 일부 무슬림 종교 기관은 전후방 사용이 가능한 머리 전용 전기식 기절을 허용한다. 도축 전 기절 과정은 플랜트가 더 빠른 라인 속도를 가능하게 하고 더 높은 수준의 동물 복지 표준을 유지할 수 있게 해준다.

일부 종교적 도축 플랜트에서는 동물이 의식을 상실하기도 전에 감금 박스에서 꺼내 동물 복지를 훼손한다. 관찰 결과는 절개 부위의 손상이나 잘린 부위의 접촉이 동물에게 강력한 반발을 야기한다는 것을 명확하게 나타낸다. 의식이 살아 있는 동물의 절개 부위를 머리 개방 장치의 아래쪽으로 잡아끄는 것은 고통을 야기하는 것으로 보인다. 동물은 스스로 주저앉을 때까지 머리 고정부와 몸통 감금 장치가 느슨해진 채로 계속 감금 장치에 머물도록 해야 한다. 동물이 주저앉을 때 절개 부위가 머리 개방부에 부딪히지 않도록 하기 위해 몸통 리프트는 방혈이 이루어지는 동안 계속 위쪽에 머물러야 한다.

동물과는 의사소통을 할 수 없으므로 제대로 실시된 절개라 하더라도 어느 정도 불쾌한 느낌을 가져올 가능성을 완전히 배제할 수는 없다. 하지만 조악한 절단 방식과 스트레스를 유발하는 감금 방식은 허용되지 않는다는 것은 분명히 결론지을 수 있다. 열악한 절단 기술은 종종 강력한 몸부림을 야기한다. 절단이 제대로 된 경우, 절단에 대한 행동적 반발은 쉭 하는 공기 소리, 쨍하는 금속 소음, 뒤집기 또는 몸통에 과도한 압력이 가해진 것에 대한 반발 행동보다 훨씬 적다. 대상 동물이 계속 서 있고 편안한 머리 감금 장치에 저항하지 않는 것으로 보아 적절하게 실시된 셔쉬타 절단 과정에서의 불안은 아마도 최소

수준일 것이다. 많은 플랜트에서의 관찰 결과, 기절 과정 없는 도축은 우수한 복지 수준을 유지하기 위해 기절 과정을 수용하는 경우에 비해 절차의 세부 사항에 대한 훨씬 더 높은 관리주의를 요한다는 것을 보여준다. 종교적 도축은 공정에 대한 지속적 개선 증대에 근접한 통합품질관리TQM의 적용을 통해 비약적으로 개선될 수 있는 절차이다. 이미 상향 기립식 감금 장비를 갖춘 플랜트의 경우, 다음과 같은 개선을 함으로써 동물 복지에서 상당한 개선과 점상 출혈 감소를 달성할 수 있다.

- 동물을 부드럽고 차분하게 취급하는 것에 대한 직원 교육.
- 이 자료에 담긴 사양에 따른 감금 장비의 개선.
- 정확한 절단 방법에 대한 각별한 주의.

신속히 의식 상실에 이르게 하는 기술에 대한 지속적인 모니터링과 개선이 필요하다. 장시간 의식이 유지되는 빈도가 높은 것은 열악한 절단 기술, 거친 취급, 감금 장치에 의한 과도한 압력, 또는 동요되고 흥분된 동물로 인해 초래된다(Grandin and Regenstein, 1994).
(알림: 이 자료의 전체 내용, 관련 그림, 인용 참고문헌은 그랜딘 박사의 웹사이트를 참조할 것.)

요약하면, 그랜딘 박사는 코셔·할랄 가이드라인과 AMI 가이드라인 간의 관계에 대해 다음과 같은 핵심 사안을 언급하고 있다. 그랜딘 박사는 코셔·할랄 도축의 경우, AMI 가이드라인에서 적절하게 다룬 핵심 사안 중 일부인 학대 및 자극 금지, 즉 동물이 도축 장비에 들어갈 때 차분함이 유지되어야 한다는 것의 중요성을 지적했다. 또한, 코셔·할랄 도축은 통상적인 도축보다 동물이 더 조용하고 차분해야 하는 특별한 필요가 제기되므로 부적절한 바닥 관리로 인한 미끄러짐과 추락, 소음으로 인한 '섬뜩함', 부적절한 조명, 통로상의 물건 등에 대한 사안 역시 특별한 주의를 요한다. 아울러, 그랜딘 박사는 코셔·할랄의 경우 일부 소는 머리 고정부가 사용될 때 울음소리vocalization를 내기도 하므로 현재의 '울음소리 점수vocalization score' 수치가 3~5% 정도 약간 상향 조정될 필요가 있음을 시사했다(전기봉 사용, 과도한 압력, 미끄러짐 등으로 인해 도축장 내 동물의 울음소리가 발생하며, 이러한 발생 빈도를 수치화해서 도축장 평가 기준으로 삼음. 전혀 울음소리가 나지 않는 0을 최상으로 봄. 코셔·할랄의 경우 동물 감금 장치 사용 시 일부 울음소리가 발생할 확률이 있으므로 그 허용 수치를 약간 상향 조정해야 한다는 의미 ― 옮긴이).

종교적 도축에 대한 최종 가이드라인 항목

두 가지 자료를 통해 파악된 정보들을 취합해, 다음과 같이 종교적 도축을 위한 실무 가이드라인을 하나로 통합했다.

장비 요건

코셔 및 할랄 도축은 동물이 편안한 상향 기립 자세로 있는 동안 실시되어야 한다. 동물을 뒤집거나 매다는 시스템은 허용되지 않는 것으로 간주한다(이 부분은 템플 그랜딘 박사에 의해 작성됨).

✔ **400파운드에 해당하는 소나 기타 동물 한 마리를 수용하는 ASPCA 울타리와 기타 박스 형태의 감금 장치**

ASPCA 울타리나 기타 박스 형태의 감금 장치를 사용하는 플랜트는 도축 과정에서 동물이 차분하게 머리 고정부가 정위치하는 직후 도축이 실시되도록 해당 장비를 운영해야 한다. 몸통을 완전히 지탱하지 못하는 몸통 리프트나 기타 리프팅 장치가 장착된 울타리에서는 대상 동물이 바닥에서 들어 올려져서는 안 된다. 편안한 상향 기립 자세로 몸통 전체를 지탱하는 리프팅 장치는 허용된다.

ASPCA 울타리와 다른 모든 박스 형태의 감금 장치는 시간당 100두 이내의 동물을 처리해야 한다. 이러한 기준은 400파운드(180킬로그램)에 해당하는 동물에 적용된다. ASPCA 울타리와 다른 모든 박스 형태 감금 장치의 뒤쪽 푸시 게이트에는 압력 제한 장치가 장착되어야 한다.

✔ 모든 동물종에 사용되는 컨베이어 감금 시스템

이 가이드라인은 하나 또는 그 이상의 움직이는 컨베이어 상에 동물을 감금하는 모든 시스템에 적용된다. 가장 흔한 시스템은 동물이 두 컨베이어 사이에 V자 형태로 위치하는 V형 감금 장치이며, 다른 하나는 움직이는 컨베이어에 동물이 걸쳐지는 센터 트랙(더블레일) 시스템이다. 컨베이어를 사용하는 시스템은 대상 동물의 몸통이 편안한 상향 기립 자세로 완전히 지탱될 수 있도록 설계되어야 한다.

컨베이어 입구에서 동물이 뒷걸음치는 것을 줄이기 위해서는, 들어오는 동물이 리프팅 컨베이어 아래 '시각적 절벽Visual Cliff'을 보지 못하도록 하는 인공 바닥의 설치가 강력히 권고된다.

들어오는 동물이 컨베이어 끝의 도착부를 통해 사람이나 기타 주의산만 요소를 볼 수 없도록 하기 위해 단단한 칸막이를 설치하는 게 필요할 수 있다. 플랜트 레이아웃에 따라 그러한 칸막이의 필요성이 결정될 것이다.

컨베이어 판재나 운반 틀은 대상 동물이 판재나 운반 틀 사이에 끼이지 않도록 설계되어야 한다. 대부분의 동물은 최소한의 몸부림만 보인 채 컨베이어 시스템에 조용히 태워져야 한다. 컨베이어 시스템은 시간당 100두 이상의 속도로 운영될 수 있다.

✔소형 동물 시스템

400파운드 미만의 양, 염소, 송아지 같은 소형 동물은 ASPCA 울타리나 기타 박스 형태의 감금 장치 또는 컨베이어 감금 장치의 소형 버전으로 처리될 수 있다. 이들 시스템에 대한 모든 가이드라인은 소형 동물에도 적용된다. 양처럼 작은 동물은 한 명 또는 그 이상의 사람들에 의해 상향 기립 자세로 감금될 수 있다.

주당 몇 마리의 동물을 종교적으로 도축하는 소형 플랜트의 경우, 편안한 상향 기립 자세로 동물을 고정하기 위해 파이프로 제작된 간단하고 저렴한 감금 장치가 사용될 수 있다. 동물의 몸통 전체를 지탱할 수 있는 경우에만 동물을 바닥에서 완전히 들어 올리는 장치의 사용이 허용된다. 허용되는 디자인 중 하나는 동물을 걸치는 두 개의 평행한 파이프 형태이다. 감금 장치는 대부분의 동물이 최소한의 몸부림만 보인 채 쉽게 고정될 수 있도록 구성되어야 한다.

✔모든 감금 시스템에 대한 요건

장치는 해당 동물이 '감금 느낌'을 충분히 받도록 동물을 견고하게 고정해야 하지만 몸부림이나 울음소리를 야기할 정도의 과도한 압력은 피해야 한다. 압력 제한 장치가 요구된다.

소의 경우, 100마리 중 다섯 마리 이하에서만 울음소리가 나야 한다는 AMI 가이드라인을 준수해 운영되어야 한다. 장비는 동물과 접촉되는 모든 장치 부분이 덜컥거리는 움직임이 없도록 설계되어야 한다. 덜컥거리지 않으면서 지속적으로 움직이는 감금 장치는 동물이 차분할 수 있도록 도와준다.

모든 감금 장치는 최적(최대 아님) 압력 개념이 적용되어야 한다. 장치는 동물이 감금되어 있음을 느끼도록 충분한 압력으로 동물을 고정해야 하지만 고통이나 불편을 야기할 정도로 너무 조여서는 안 된다. 몸부림은 불편하다는 표시이다.

모든 장비는 쉭 하는 공기 소리, 금속끼리 부딪히는 쨍하는 소리나 덜거덕거리는 소리 등의 소음을 줄이는 방향으로 설계되어야 한다. 공기 소리에 대한 소음기의 사용과 금속 작동 부분에 비금속 가이드의 사용 등을 통한 소음 감소 방안이 강구되어야 한다. 수압식 펌프와 기타 소음이 발생하는 동력 장치는 감금 장치로부터 멀리 위치시키는 것이 강력히 권고된다.

동물이 자기 경계 영역 내에 들어온 사람과 기타 주의산만 요소를 볼 수 없도록 동물의 머리 주위에는 단단한 칸막이가 설치되어야 한다. 모든 장비에는 날카로운 모서리나 끼일만한 부분이 없어야 한다. 목 개방부 등의 표면은 둥글고 매끄러워야 한다.

뒤쪽 푸시 게이트, 머리 고정부 또는 기타 몸통 감금 장치 같은 감금 장비의 작동 부분은 운영자가 압력을 조절하고 점진적으로 압력을 가할 수 있도록 설계되어야 한다. 이러한 조절 장치는 상이한 크기의 동물에 대해 적용할 수 있도록 운영자가 중간 지점에서 손쉽게 작동 부분을 정지시킬 수 있어야 한다.

감금 장비는 동물이 들어오는 것을 원활히 하고 뒷걸음치는 사례를 줄일 수 있도록 조명이 밝혀져야 한다. 모든 형태의 감금 장비의 입구는 뒷걸음치는 것이 감소되고 전자봉 사용 시 해당 장비가 AMI 가이드라인에 부합할 수 있도록 설계되어야 한다.

감금 장비 및 그 입구 부분의 바닥은 미끄러짐과 추락에 관한 AMI 가이드라인을 준수해야 한다. 뒷걸음을 야기하는 주의산만 요소들은 제거되어야 한다.

머리 고정부

머리 고정부는 그랜딘과 레겐슈타인의 자료(Grandin and Regenstein, 1994)를 고려해 설계되어야 한다. 목이 과도하게 꺾이는 것을 방지하기 위해 소의 이마는 바닥과 평행이 되어야 한다. 모든 머리 고정부에는 압력 제한 장치가 장착되어야 한다.

머리 고정부가 정위치한 직후 도축이 실시되어야 한다. 머리 감금부터 실제 도축까지의 실제 시간은 10초 미만이어야 한다.

머리 감금부는 절단 과정과 그 직후 절개 부위가 열린 채로 유지되도록 해야 하지만 절개 부위가 찢어지는 경우를 야기할 정도로 목을 과도하게 잡아당기는 것은 피해야 한다.

칼 요건

FMI/NCCR 동물복지위원회는 코셔에서 사용되는 칼레프와 유사한 칼이 할랄 도축에도 사용될 것을 권고한다. 사용되는 칼은 직선 형태의 칼날이 있어야 하며 길이는 목 넓이의 최소한 두 배가 되어야 한다. 칼은 항상 적절히 날카로운 상태로 유지되어야 한다.

도축

각 동물에 대해 정확한 절단 방식이 사용되도록 각별한 주의가 필요하다.

도축 후 요건

동물은 스스로 주저앉을 때까지 머리 고정부와 몸통 감금 장치가 느슨해진 채로 계속 감금 장치에 머물도록 해야 한다. 대상 동물은 1분 이내에 의식 상실에 이르러야 한다.

직원

모든 직원은 도축의 모든 단계를 포함해 부드럽고 차분하게 동물을 취급하도록 훈련되어야 한다.

이러한 정보에 기초해 종교적 도축에 대한 평가를 위한 출발점으로서 추가적인 정보가 취합되기를 제안한다. 일부가 실질적인 감사 주안점에 해당하는 반면 다른 일부는 추후 감사 양식이 더욱 정비될 수 있도록 정보를 획득하기 위한 것이다.

종교적 도축에 대한 실질적인 감사 주안점은 '비가금류'의 경우에는 동물 복지 감사 프로그램Animal Welfare Audit Program 자료에서, '가금류 도계'의 경우에는 www.fmi.org 또는 www.nccr.net을 통해 확인할 수 있다.

참 고 자 료

Grandin, T. 1991. *Recommended Animal Handling Guide for Meat Packers,* 2nd ed. Washington, D.C.: American MeatInstitute.

_____. 1994. "Euthanasia and slaughter of livestock." *J. Am. Vet. Med. Assoc.,* 204, 1354-1360.

_____. 1996. "Factors that impede movement at slaughter plants." *J. Am. Vet. Med. Assoc.,* 209, 757-759.

Grandin, T. and J. M. Regenstein. 1994. "Religious slaughter and animal welfare: a discussion for meat scientists." *Meat Focus Int.,* 3, 115-123.

외국어 핵심 용어 정리

/

Key terminology from other languages

원어	한국어	의미
ahadith[1]	아하디스	하디스의 복수형
ahlul kitab[1]	아흘룰 키탑	성서의 사람들, 경전을 받은 사람들
allah[1]	알라	유일신
allahu akbar[1]	알라후 아크바르	하나님은 위대하다
as-salat[1]	앗-살라	무슬림이 행하는 매일 기도 및 기타 기도
bismillah[1]	비스밀라	하나님의 이름으로
bodek[2]	보데크	내부 장기 조직 검사원
chalef[2]	칼레프	코셔 도축에 사용되는 특수 칼
chametz[2]	하메츠	유대교 율법에서 금지된 곡식
dhabh[1]	다브흐	동물의 목을 절단하는 이슬람식 도축
dhabiha[1]	다비하	이슬람 방식에 의거해 도축된
dhakaat[1]	다카트	동물의 적절한 도축을 통해 육류를 정화하는 것
hadith[1]	하디스	무함마드 언행록
haj[1]	핫즈	무슬림의 메카 순례
halaal/halal[1]	할랄	이슬람 율법에 부합하거나 또는 허용된 것
halacha[2]	할라카	유대교 율법 체계
haraam/haram[1]	하람	이슬람 율법에 부합하지 않거나 또는 금지된 것
istihala[1]	이스티할라	제품에서의 뚜렷한 화학적 변성
jalalah/jalallah[1]	잘랄라	동물이 오물 속에서 오물을 먹고 사는 환경
janaba[1]	자나바	불결해지는 상태

원어	한국어	의미
khamr[1]	카므르	발효되고, 거품이 나는 알코올성 음료
kosher[2]	코셔	유대교 율법에 부합하거나 또는 허용된 것
makrooh[1]	마크루흐	선호하지 않거나 또는 혐오하는 것
mashbooh[1]	마쉬부흐	의심스럽거나 또는 불분명한 것
nahr[1]	나흐르	동물의 목을 찌르는 이슬람식 도축 방법
najis[1]	나지스	불결한 것 또는 더러운 것
pareve[1]	파르브	제품이나 육류에 속하지 않는 중립적인 코셔 제품
quran[1]	코란	무슬림의 신성한 경전
shari'ah[1]	샤리아	이슬람 법제 또는 율법
shirk[1]	쉬르크	하나님과 동격을 상정하는 것
shochet[2]	쇼케트	유대교 도축사
sunnah[1]	순나	무함마드의 전통(가르침과 활동).
tasmiyyah[1]	타스미야	하나님의 이름을 소리 내는 것
torah[2]	토라	유대교의 신성한 경전
treife[2]	트레이프	율대교 율법에서 코셔가 아니거나 또는 금지된 것
umra[1]	우므라	핫즈의 짧은 형태
zabh[3]	자브흐	다브흐를 달리 발음하는 단어
zabiha/zabeeha[3]	자비하	다비하를 달리 발음하는 단어

주: 첨자로 기재된 각각의 숫자는 다음을 의미함.
1. 아랍어
2. 히브리어
3. 우르두어

부록

10

E-넘버 원재료[●]

/

E-numbered ingredients

유럽연합 허용 식품첨가물[a]

E-넘버	첨가물	할랄 여부
착색료: 식품을 다채롭고 먹음직스럽게 하거나, 공정 중에 사라진 색상을 대체하기 위해 사용		
옐로 및 오렌지 컬러		
E-100	커큐민	할랄
E-101	리보플라빈, 리보플라빈 인산염(비타민 B2)	할랄
E-102	타르트라진(=식용색소 황색 제6호)	할랄
E-104	퀴놀린 옐로	할랄
E-107	옐로 2G	할랄
E-110	식용색소 황색 제5호 또는 오렌지 옐로 S(=식용색소 황색 제6호)	할랄
레드 컬러		
E-120	코치닐 또는 카르민산	불분명
E-122	카르모이신 또는 아조루빈	할랄
E-123	식용색소 적색 제2호(아마란스)	할랄
E-124	식용색소 적색 제102호(폰소 4R) 또는 코치닐 레드 A	불분명
E-127	에리트로신 BS(=식용색소 적색 제3호)	할랄

● 자료: Table 6 of Bender, D.A. and Bender, A.E., *Bender's Dictionary of Nutrition and Food Technology*(Woodhead Publishing, Cambridge, and CRC Press, Boca Raton, 1999), 7th(ed.) 를 기준으로 편집.

E-넘버	첨가물	할랄 여부
E-128	레드 2G	할랄
E-129	알루아 레드(=식용색소 적색 제40호)	할랄
블루 컬러		
E-131	파텐트 블루 V	할랄
E-132	인디고 카르민 또는 인디고 틴(=식용색소 청색 제2호)	할랄
E-133	브릴리언트 블루 FCF(=식용색소 청색 제1호)	할랄
그린 컬러		
E-140	(i) 엽록소, 나뭇잎의 천연 녹색 색소,(ii) 클로로필린	할랄
E-141	(i) 엽록소의 구리 착물,(ii) 클로로필린	할랄
E-142	그린 S 또는 애시드 브릴리언트 그린 BS	할랄
브라운 및 블랙 컬러		
E-150a	캐러멜 색소(설탕으로 만든 것)	할랄
E-150b	캐러멜 색소 II형	할랄
E-150c	캐러멜 색소 III형	할랄
E-150d	캐러멜 색소 IV형	할랄
E-151	블랙 PN 또는 브릴리언트 블랙 BN	할랄
E-153	카본 블랙 또는 식물성 카본(숯)	할랄
E-154	브라운 FK	할랄
E-155	브라운 HT(초콜릿 브라운 HT)	할랄
카로틴 파생물		
E-160(a)	(i) 혼합 카로틴, (ii) 베타 카로틴	할랄
E-160(b)	안나토, 빅신, 노르빅신	할랄
E-160(c)	파프리카 추출물, 캡산틴 또는 캡소루빈	할랄
E-160(d)	리코펜	할랄
E-160(e)	β-아포-8′-카로티날(활성비타민 A)	할랄
E-160(f)	β-아포-8′-카로틴산의 에틸 에스테르	할랄
기타 식물성 색소		
E-161(a)	플라보크산틴	할랄
E-161(b)	루테인	할랄
E-161(c)	크립토크산틴	할랄
E-161(d)	루비크산틴	할랄
E-161(e)	비올라크산틴	할랄
E-161(f)	로도크산틴	할랄
E-161(g)	칸타크산틴	할랄
E-162	비트 레드 또는 베타닌	할랄

E-넘버	첨가물	할랄 여부
E-163	안토시아닌(식물성 안료)	할랄
착색용 무기 화합물		
E-170	(i) 탄산칼슘(백악), (ii) 탄산수소칼슘	할랄
E-171	이산화티타늄	할랄
E-172	산화철, 수산화물	할랄
E-173	알루미늄	할랄
E-174	은	할랄
E-175	금	할랄
E-180	루빈 안료 또는 리톨 루빈 BK	할랄
보존제: 식품의 손상과 독성화를 야기하는 미생물로부터 식품을 보호하거나, 식품의 안전 보관 기간을 연장하는 화합물		
소르빈산 및 관련 소금		
E-200	소르빈산	할랄
E-201	소르빈산나트륨	할랄
E-202	소르빈산칼륨	할랄
E-203	소르빈산칼슘	할랄
벤조산 및 관련 소금		
E-210	벤조산(과일에서 자연적으로 발생)	할랄
E-211	벤조산나트륨	할랄
E-212	벤조산칼륨	할랄
E-213	벤조산칼슘	할랄
E-214	에틸 파라-하이드록시 벤조에이트	할랄
E-215	에틸 파라-하이드록시 벤조에이트, 나트륨염	할랄
E-216	프로필 파라-하이드록시 벤조에이트	할랄
E-217	프로필 파라-하이드록시 벤조에이트, 나트륨염	할랄
E-218	메틸 파라-하이드록시 벤조에이트	할랄
E-219	메틸 파라-하이드록시 벤조에이트, 나트륨염	할랄
이산화황 및 관련 소금		
E-220	이산화황(깐 감자의 갈변 현상을 방지하기 위해서도 사용)	할랄
E-221	황산나트륨	할랄
E-222	황산수소나트륨	할랄
E-223	메타중아황산나트륨	할랄
E-224	메타중아황산칼륨	할랄
E-226	황산칼슘	할랄
E-227	황산수소칼슘	할랄

E-넘버	첨가물	할랄 여부
E-228	황산수소칼륨	할랄
바이페닐 및 관련 파생물		
E-230	바이페닐 또는 디페닐[시트러스의 표면 처리용]	할랄
E-231	오르토페닐페놀(2-하이드록시바이페닐)[시트러스의 표면 처리용]	할랄
E-232	소디움 오르토페닐페놀(소디움 바이페닐-2-yl 옥사이드)	할랄
기타 보존제		
E-233	2-(티아졸-4-yl) 벤지미다졸(티오벤다졸)[시트러스 및 바나나의 표면 처리용]	할랄
E-234	니신	할랄
E-235	나타마이신(NATA)[치즈 및 건조 저장 소시지의 표면 처리용]	할랄
E-239	헥사메틸렌 테트라민(헥사민)	할랄
E-242	디메틸 디카보네이트	할랄
E-912	몬탄산 에스테르[시트러스의 표면 처리용]	불분명
E-914	산화 폴리에틸렌 왁스[시트러스의 표면 처리용]	할랄
피클용 소금		
E-249	아질산칼륨	할랄b
E-250	아질산나트륨	할랄b
E-251	질산나트륨	할랄b
E-252	질산칼륨	할랄b
산 및 산 관련 소금: 항균 성질에 추가해, 착향 및 식품의 산도 조절용 완충제로 사용		
E-260	아세트산	할랄
E-261	아세트산칼륨	할랄
E-262	(i) 아세트산나트륨, (ii) 이초산나트륨	할랄
E-263	아세트산칼슘	할랄
E-270	젖산	할랄
E-280	프로피온산	할랄
E-281	프로피온산나트륨	할랄
E-282	프로피온산칼슘	할랄
E-283	프로피온산칼륨	할랄
E-284	붕산[캐비어 보존제용]	할랄
E-285	사붕산나트륨(붕사)[캐비어 보존제용]	할랄
E-290	이산화탄소	할랄
E-296	말산	할랄
E-297	푸마르산	할랄
산화방지제: 고지방 식품의 변질을 방지하고, 산화로 인한 지용성 비타민(A, D, E, K)의 보호		

E-넘버	첨가물	할랄 여부
비타민 C 및 파생물		
E-300	L-아스코르빈산(비타민 C)	할랄
E-301	L-아스코르빈산나트륨	할랄
E-302	L-아스코르빈산칼슘	할랄
E-304	(ⅰ) 아스코빌팔미테이트, (ⅱ) 아스코빌스테아레이트	불분명
E-315	에리소르빈산(이소아스코르빈산)	할랄
E-316	에리소르빈산나트륨(이소아스코르빈산나트륨)	할랄
비타민 E		
E-306	토코페롤 천연 추출물에 풍부	할랄
E-307	α-토코페롤(혼합형)	할랄
E-308	γ-토코페롤(혼합형)	할랄
E-309	δ-토코페롤(혼합형)	할랄
기타 산화방지제		
E-310	프로필갈레이트	할랄
E-311	옥틸갈레이트	할랄
E-312	도데실갈레이트	불분명
E-320	부틸 하이드록시아니솔(BHA)	할랄
E-321	부틸 하이드록시톨루엔(BHT)	할랄
E-322	레시틴	불분명
기타 산 및 산 관련 소금: 다른 특별한 용도에 추가해, 착향 및 식품의 산도 조절용 완충제로 사용		
젖산 소금(E-270)		
E-325	젖산나트륨	할랄
E-326	젖산칼륨	할랄
E-327	젖산칼슘	할랄
E-585	젖산철	할랄
구연산 및 관련 소금과 에스테르		
E-330	구연산(체내에서 형성되며, 대부분의 과일에 존재)	할랄
E-331	구연산나트륨	할랄
E-332	구연산칼륨	할랄
E-333	구연산칼슘	할랄
E-1505	트리에틸구연산	할랄
주석산 및 관련 소금		
E-334	L-주석산(주석산은 자연적으로 발생. 산으로서의 특성은 물론, 주석산 염은 종종 금속 조절제 및 유화 보조제로 사용)	할랄
E-335	주석산나트륨	할랄

E-넘버	첨가물	할랄 여부
E-336	주석산칼륨	할랄
E-337	주석산칼륨나트륨	할랄
인산 및 관련 소금		
E-338	인산	할랄
E-339	(i) 1 인산나트륨, (ii) 2인산나트륨, (iii) 3인산나트륨	할랄
E-340	(i) 1 인산칼륨, (ii) 2인산칼륨, (iii) 3인산칼륨	할랄
E-341	(i) 1 인산칼슘, (ii) 2인산칼슘, (iii) 3인산칼슘	할랄
E-450	이인산염: (i) 디소듐 디포스페이트, (ii) 트리소듐 디포스페이트, (iii) 테트라소듐 디포스페이트, (iv) 디포타슘 디포스페이트, (v) 테트라포타슘 디포스페이트, (vi) 디칼슘 디포스페이트, (vii) 칼슘 디하이드로겐 디포스페이트	할랄
E-451	삼인산염: (i) 펜타소듐 트리포스페이트, (ii) 펜타포타슘 트리포스페이트	할랄
E-452	다중 인산염: (i) 폴리인산나트륨 (ii) 폴리인산칼륨, (iii) 폴리인산칼슘나트륨, (iv) 폴리인산칼슘	할랄
E-540	디칼슘 디포스페이트	할랄
E-541	산성알루미늄 인산나트륨	할랄
E-542	식용 인산골(골분, 고결 방지제로 사용)	불분명
E-544	폴리인산칼슘(고결 방지제로 사용)	할랄
E-545	폴리인산암모늄(고결 방지제로 사용)	할랄
말산 소금(E-296)		
E-350	말산나트륨	할랄
E-351	말산칼륨	할랄
E-352	말산칼슘	할랄
기타 산 및 관련 소금		
E-353	메타주석산	할랄
E-354	주석산칼슘	할랄
E-355	아디프산	할랄
E-356	아디프산나트륨	할랄
E-357	아디프산칼륨	할랄
E-363	숙신산	할랄
E-370	1,4-헵토노락톤	할랄
E-375	니코틴산	할랄
E-380	구연산트리암모늄	할랄
E-381	구연산철암모늄	할랄
E-385	EDTA 칼슘2나트륨	할랄

E-넘버	첨가물	할랄 여부
유화제 및 안정제: 오일 및 지방을 물과 혼합하거나, 식품에 부드럽고 크림 같은 식감을 주거나, 제빵류의 경화를 지연시키거나, 젤리 제조용으로 사용		

알긴산염

E-넘버	첨가물	할랄 여부
E-400	알긴산(해조류 유래)	할랄
E-401	알긴산나트륨	할랄
E-402	알긴산칼륨	할랄
E-403	알긴산암모늄	할랄
E-404	알긴산칼슘	할랄
E-405	알긴산 프로판-1,2-디올	할랄

기타 식물성 수지

E-넘버	첨가물	할랄 여부
E-406	아가(해조류 유래)	할랄
E-407	카르기난(홍조류 유래)	할랄
E-410	로커스트콩검(캐롭검)	할랄
E-412	구아검	할랄
E-413	트라가칸스검	할랄
E-414	아카시아검(아라비아검)	할랄
E-415	잔탄검	할랄
E-416	카라야검	할랄
E-417	타라검	할랄
E-418	젤란검	할랄

지방산 파생물

E-넘버	첨가물	할랄 여부
E-430	폴리옥시에틸렌(8) 스테아레이트	불분명
E-431	폴리옥시에틸렌(40) 스테아레이트	불분명
E-432	폴리옥시에틸렌(20) 소르비탄 모노라우레이트(폴리소르베이트 20)	불분명
E-433	폴리옥시에틸렌(20) 소르비탄 모노올레이트(폴리소르베이트 80)	불분명
E-434	폴리옥시에틸렌(20) 소르비탄 모노팔미테이트(폴리소르베이트 40)	불분명
E-435	폴리옥시에틸렌(20) 소르비탄 모노스테아레이트(폴리소르베이트 60)	불분명
E-436	폴리옥시에틸렌(20) 소르비탄 트리스테아레이트(폴리소르베이트 65)	불분명

펙틴 및 파생물

E-넘버	첨가물	할랄 여부
E-440	(i) 펙틴, (ii) 아미드펙틴	할랄

기타 화합물

E-넘버	첨가물	할랄 여부
E-322	레시틴	불분명
E-442	암모늄 인지질	불분명
E-444	자당초산이소낙산 에스테르	불분명
E-445	우드로진의 글리세롤 에스테르	불분명

E-넘버	첨가물	할랄 여부
셀룰로오스 및 파생물		
E-460	(i) 결정 셀룰로오스, (ii) 분말 셀룰로오스	할랄
E-461	메틸셀룰로오스	할랄
E-463	하이드록시프로필 셀룰로오스	할랄
E-464	하이드록시프로필 메틸셀룰로오스	할랄
E-465	에틸 메틸셀룰로오스	할랄
E-466	카복시 메틸셀룰로오스, 카복시 메틸셀룰로오스나트륨	할랄
지방산 소금 또는 에스테르		
E-470a	지방산 나트륨, 칼륨, 칼슘염	불분명
E-470b	지방산 마그네슘염	불분명
E-471	지방산 모노/디글리세리드	불분명
E-472a	지방산 모노/디글리세리드의 아세트산 에스테르	불분명
E-472b	지방산 모노/디글리세리드의 젖산 에스테르	불분명
E-472c	지방산 모노/디글리세리드의 구연산 에스테르	불분명
E-472d	지방산 모노/디글리세리드의 주석산 에스테르	불분명
E-472e	지방산 모노/디글리세리드의 모노/디아세틸 주석산 에스테르	불분명
E-472f	지방산 모노/디글리세리드의 아세트산 및 주석산 에스테르 혼합물	불분명
E-473	지방산 수크로오스 에스테르	불분명
E-474	수크로글리세리드	불분명
E-475	지방산 폴리글리세롤 에스테르	불분명
E-476	캐스터 오일 중합 에스테르의 폴리글리세롤 에스테르(폴리글리세롤 폴리리시놀리에이트)	불분명
E-477	지방산 프로판-1,2-디올 에스테르	불분명
E-478	글리세롤과 프로판-1,2-디올의 젖산 지방산 에스테르	불분명
E-479b	지방산 모노/디글리세리드와 상호 반응시킨 가열 산화 두유	불분명
E-481	스테아로일-2-젖산나트륨	불분명
E-482	스테아릴젖산칼슘	불분명
E-483	주석산스테아릴	불분명
E-491	소르비탄 모노스테아레이트	불분명
E-492	소르비탄 트리스테아레이트	불분명
E-493	소르비탄 모노라우레이트	불분명
E-494	소르비탄 모노올리에이트	불분명
E-495	소르비탄 모노팔미테이트	불분명
E-1518	트리아세틸글리세롤(트리아세틴)	불분명

특수 용도 산 및 소금: 완충제, 유화용 소금, 금속 조절제, 안정제, 팽창 보조제, 고결 방지제

E-넘버	첨가물	할랄 여부
탄산염		
E-500	(i) 탄산나트륨, (ii) 탄산수소나트륨, (iii) 세스퀴탄산나트륨	할랄
E-501	(i) 탄산칼륨, (ii) 탄산수소칼륨	할랄
E-503	(i) 탄산암모늄, (ii) 탄산수소암모늄	할랄
E-504	(i) 탄산마그네슘, (ii) 탄산수소마그네슘	할랄
염산 및 관련 소금		
E-507	염산(보통 소금은 염화나트륨)	할랄
E-508	염화칼륨(종종 일반 소금 대체용으로 사용)	할랄
E-509	염화칼슘	할랄
E-510	염화암모늄	할랄
E-511	염화마스네슘	할랄
E-512	염화제일석	할랄
황산 및 관련 소금		
E-513	황산	할랄
E-514	(i) 황산나트륨, (ii) 황산수소나트륨	할랄
E-515	(i) 황산칼륨, (ii) 황산수소칼륨	할랄
E-516	황산칼슘	할랄
E-517	황산암모늄	할랄
E-518	황산마그네슘	할랄
E-520	황산알루미늄	할랄
E-521	황산알루미늄나트륨	할랄
E-522	황산알루미늄칼륨	할랄
E-523	황산알루미늄암모늄	할랄
알칼리: 식품의 산을 중화시키는 기초제로 사용		
E-524	수산화나트륨	할랄
E-525	수산화칼륨	할랄
E-526	수산화칼슘	할랄
E-527	수산화암모늄	할랄
E-528	수산화마그네슘	할랄
E-529	산화칼슘	할랄
E-530	산화마그네슘	할랄
기타 소금		
E-535	페로시안화나트륨	할랄
E-536	페로시안화칼륨	할랄
E-538	페로시안화칼슘	할랄

E-넘버	첨가물	할랄 여부
E-540	디칼슘디포스페이트	할랄
E-541	산성알루미늄인산나트륨	할랄
고결 방지제 및 기타 용도로 사용되는 화합물		
E-542	식용 인산골(골분)	불분명
E-544	칼슘 폴리포스페이트	할랄
E-545	암모늄 폴리포스페이트	할랄
규소 소금		
E-551	이산화규소(규사)	할랄
E-552	규산칼슘	할랄
E-553a	(i) 규산마그네슘, (ii) 마그네슘 삼규산염	할랄
E-553b	탈크	할랄
E-554	규산알루미늄나트륨	할랄
E-555	규산알루미늄칼륨	할랄
E-556	규산알루미늄칼슘	할랄
기타 화합물		
E-558	벤토나이트	할랄
E-559	카올린(규산알루미늄)	할랄
E-570	지방산	불분명
E-572	스테아르산마그네슘	불분명
E-574	글루콘산	할랄
E-575	글루코노델타락톤	할랄
E-576	글루콘산나트륨	할랄
E-577	글루콘산칼륨	할랄
E-578	글루콘산칼슘	할랄
E-579	글루콘산철	할랄
E-585	젖산철	할랄
향미 증진제로 사용되는 화합물		
E-620	L-글루타민산(천연 아미노산)	불분명
E-621	글루탐산모노나트륨(MSG)	불분명
E-622	글루탐산칼륨	불분명
E-623	글루탐산칼슘	불분명
E-624	글루탐산암모늄	불분명
E-625	이글루탐산마그네슘	불분명
E-626	구아닐산	할랄
E-627	구아닐산이나트륨	할랄

E-넘버	첨가물	할랄 여부
E-628	구아닐산이칼륨	할랄
E-629	구아닐산칼슘	할랄
E-630	이노신산	할랄
E-631	이노신산이나트륨	할랄
E-632	이노신산이칼륨	할랄
E-633	이노신산칼슘	할랄
E-634	5'-리보뉴클레티드칼슘	할랄
E-635	5'-리보뉴클레티드이나트륨	할랄
E-636	말톨	할랄
E-637	에틸 말톨	할랄
E-640	글리신, 글리신나트륨(천연 아미노산)	불분명
E-900	디메틸폴리실록산	할랄
광택 보조제로 사용되는 화합물		
E-901	밀랍	할랄
E-902	칸데릴라 왁스	할랄
E-903	카르나우바 왁스	할랄
E-904	셸락	불분명
E-912	몬탄산 에스테르	불분명
E-914	산화 폴리에틸렌 왁스	할랄
처리 분말용으로 사용되는 화합물		
E-920	L-시스테인염산염(천연 아미노산)	불분명
E-924	브롬산칼륨	할랄
E-925	염소	할랄
E-926	이산화염소	할랄
E-927	아조디카바마이드	할랄
추진 가스		
E-938	아르곤	할랄
E-939	헬륨	할랄
E-941	질소	할랄
E-942	아산화질소	할랄
E-948	산소	할랄
감미료 및 당 알코올		
E-420	(i) 솔비톨, (ii) 솔비톨 시럽	할랄
E-421	만니톨	할랄
E-422	글리세롤	불분명

E-넘버	첨가물	할랄 여부
E-927a	아조다이카본아마이드	할랄
E-927b	요소	할랄
E-950	아세설팜 K	할랄
E-951	아스파탐	불분명
E-952	사이클라민산, 사이클라민산나트륨, 사이클라민산칼슘	할랄
E-953	이소말트	할랄
E-954	사카린, 사카린나트륨, 사카린칼륨, 사카린칼슘	할랄
E-957	토마틴	할랄
E-959	네오헤스페리딘 DC	할랄
E-965	(i) 말티톨, (ii) 말티톨 시럽	할랄
E-966	락티톨	할랄
E-967	자일리톨	할랄

기타 화합물

E-넘버	첨가물	할랄 여부
E-999	퀼라야 추출물	할랄
E-1105	리소자임	불분명
E-1200	폴리덱스트로오스	할랄
E-1201	폴리비닐피롤리돈	할랄
E-1202	폴리비닐폴리피롤리돈	할랄
E-1505	트리에틸구연산	할랄
E-1518	글리세릴트리아세테이트(트리아세틴)	불분명

변성 전분

E-넘버	첨가물	할랄 여부
E-1404	산화녹말	할랄
E-1410	인산일전분	할랄
E-1412	인산이전분	할랄
E-1413	인산화 인산이전분	할랄
E-1414	아세틸 인산이전분	할랄
E-1420	초산전분	할랄
E-1422	아세틸아디핀산전분	할랄
E-1440	하이드록시프로필전분	할랄
E-1442	하이드록시프로필인산이전분	할랄
E-1450	옥테닐호박산나트륨전분	할랄

주: E로 시작하지 않는 것들은 영국에서는 허용되지만, 유럽연합에서 공통적으로 허용되는 것은 아님.
a 여기에 수록된 원재료의 할랄 여부는 순수한 형태를 대상으로 한 것임. 많은 원재료는 다른 식품 원재료와 어울려 표준화되었으므로, 그것들의 할랄 여부는 불분명할 수 있으며 여기에 나열된 원재료도 불분명하게 만들 수 있음. 공급업자에게 화합물에 대한 완전한 정보공개를 요청할 것.
b 건강에 대한 영향으로 일부 이슬람학자들은 이들 보존제를 불분명한 것으로 간주함.

원재료 할랄 여부

/

Halal status for ingredients

원재료명		설명	할랄 여부
영문	한글		
acesulfame potassium	아세설팜 칼륨	합성 감미료	할랄
acetone peroxide	아세톤 퍼옥사이드	반죽개량제, 반죽숙성제, 밀가루 표백제	할랄
acetylated monoglyceride	아세틸레이티드 모노글리세리드	트리아세틴과 식용 지방의 에스테르 교환으로 제조된 유화제	불분명
acidophilus	아시도필러스	박테리아 스타터 배양과 플레이버 개발에 사용	할랄
adipic acid	아디프산	산미료, 착향 보조제	할랄
agar / agar-agar	한천 / 아가-아가	홍조류로부터 얻은 수지	할랄
albumin	알부민	난백, 혈청, 우유에 함유된 수용성 단백질	불분명
algin / alginates	알긴 / 알긴산염	갈조류에서 얻은 수지로, 알긴산의 파생물	할랄
all-purpose flour	다목적 밀가루	강력분과 박력분의 중간 정도 점성의 밀가루 (중력분)	할랄
allspice	올스파이스	열대지방 상록수인 올스파이스 나무의 미숙과를 건조해 만든 양념	할랄
almond oil	아몬드 오일	시안화수소산을 제거한 비터 아몬드의 오일	할랄
almond paste	아몬드 페이스트	갈아서 설탕과 함께 데친 스위트 아몬드와 비터 아몬드를 조리해 만든 페이스트	할랄
alum	명반	보존제이며, 황산 알루미늄, 황산 알루미늄 칼륨 등의 알루미늄형 화합물의 총칭	할랄
aluminum acetate	아세트산 알루미늄	범용 식품첨가제	할랄
aluminum ammonium sulfate	황산 알루미늄 암모늄	범용 식품첨가제(완충제, 중화제 기능)	할랄

원재료명		설명	할랄 여부
영문	한글		
aluminum calcium silicate	규산 알루미늄 칼슘	고결 방지제로 바닐라 분말에 사용	할랄
aluminum caprate	카프릭산 알루미늄	카프릭산의 알루미늄염	불분명
aluminum caprylate	카프릴산 알루미늄	카프릴산의 알루미늄염	불분명
aluminum laurate	라우르산 알루미늄	라우르산의 알루미늄염	불분명
aluminum myristate	미리스트산 알루미늄	미리스트산의 알루미늄염	불분명
aluminum nicotinate	니코틴산 알루미늄	니코틴산의 알루미늄염	할랄
aluminum oleate	올레산 알루미늄	올레산의 알루미늄염	불분명
aluminum oxide	산화 알루미늄	분산제	할랄
aluminum palmitate	팔미트산 알루미늄	팔미트산의 알루미늄염	불분명
aluminum sodium sulfate	황산 알루미늄 나트륨	완충제, 중화제, 고결제 기능을 하는 범용 식품 첨가제	할랄
aluminum stearate	스테아르산 알루미늄	스테아르산의 알루미늄염	불분명
aluminum sulfate	황산 알루미늄	전분 품질개량제 및 고결제	할랄
amidated pectin	아미드 펙틴	암모니아의 에스테르 해체 반응으로 야기되는 저메톡실 펙틴	할랄
ammonium alginate	알긴산 암모늄	알긴산의 암모늄 소금에 해당하는 수지	할랄
ammonium bicarbonate	탄산수소 암모늄	반죽강화제 및 팽창제	할랄
ammonium carbonate	탄산 암모늄	탄산수소암모늄과 카밤산암모늄으로 구성된 팽창제, PH 조절제	할랄
ammonium caseinate	카제인 암모늄	카제인의 암모늄염	할랄
ammonium chloride	염화암모늄	반죽개량제, 효모 먹이	할랄
ammonium hydroxide	수산화암모늄	알칼리성, 맑은 무색의 암모니아 용액	할랄
ammonium phosphate	인산 암모늄	범용 식품첨가제	할랄
ammonium sulfate	황산 암모늄	반죽개량제, 고결제, 가공 보조제	할랄
ammonium sulfite	아황 산암모늄	첨가제로 캐러멜 제조에 사용	할랄
anise	아니스	허브에 속하는 아니스의 숙과를 건조한 것으로, 향신료로 사용	할랄
annatto	아나토	빅사 오렐라나 나무의 씨껍질로부터 얻어지는 색소 원료로, 황색 계열부터 레드-오렌지색을 내는 색소 원료	할랄
arabic gum	아라비아 검	아카시아 나무껍질의 상처로부터 얻는 수지	할랄
arabinogalactan	아라비노갈락탄	낙엽송으로부터 얻는 식물 추출물, 수지	할랄
arginine	아르기닌	비필수아미노산으로 백색 결정 또는 분말 형태	불분명
arrowroot	애로우루트(마란타)	뿌리에서 전분을 생산할 수 있는 다년초인 마란타로부터 얻은 전분	할랄

원재료명		설명	할랄
영문	한글		여부
artificial coloring	합성 색소	FD&C 합성 착색제의 일종	불분명
artificial flavor	합성 플레이버	향신료, 과일, 야채, 식용 효모, 나무껍질, 싹, 허브, 뿌리, 잎, 기타 식물성 재료, 육류, 수산물, 달걀, 가금류, 유제품 또는 발효 제품으로부터는 추출되지 않는 것으로서, 플레이버를 구성하는 기능을 하는 모든 물질	불분명
ascorbic acid	아스코르빈산	수용성 비타민으로 비타민 C라고 부르며, 괴혈병을 예방하고 전염병에 대한 저항력을 길러주며, 건강한 뼈와 치아에 필수적.	할랄
ascorbyl palmitate	팔미트산 아스코빌	아스코르빈산과 팔미트산이 결합된 산화방지제	불분명
ascorbyl stearate	아스코빌 스테아레이트	산화방지제로 피넛 오일에 사용	불분명
aspartame	아스파탐	디펩티드에 해당하는 인공 감미료로, 페닐알라닌과 아스파르트산을 조합해서 합성함	불분명
aspartic acid	아스파르트산	비필수아미노산으로 신맛이 나는 무색 또는 백색 결정 형태	불분명
azodicarbonamide	아조디카본아마이드	반죽개량제로, 황색 계열부터 오렌지-레드색을 띠는 결정형 분말	할랄
babassu oil	바바수 오일	바바수팜의 열매로부터 얻는 오일	할랄
baker's yeast	빵효모	건조된 미생물 발효 효모균(saccharomyces cerevisiae)	할랄
baker's yeast glycan	빵효모 글리칸	이스트, 발효 효모균(saccharomyces cerevisiae)의 건조된 세포벽. 샐러드드레싱에 유화제, 증점제로 사용	할랄
baking powder	베이킹파우더	탄산수소나트륨, 하나 이상의 팽창제(알루미늄인산나트륨 또는 인산2수소칼슘) 그리고 전분 같은 불활성 물질의 혼합물로 구성된 팽창제	할랄
baking soda	베이킹소다	중탄산소다로서, 화학적으로 탄산수소나트륨으로 알려짐	할랄
barley	보리	겨울 보리, 봄보리로 나뉘며 맥아 제조에 사용	할랄
basil	바질	바질 말린 잎과 부드러운 줄기에서 얻는 향신료	할랄
bay leaves	월계수 잎	상록수인 월계수 말린 잎으로 구성된 향신료	할랄
beeswax	밀랍	꿀벌의 벌집으로부터 얻는 정제 왁스로 캔디, 껌, 제과류의 광택제로 사용	할랄
beet extract	비트 추출물	비트에서 얻는 천연 붉은 색소로, 요거트, 음료, 캔디, 디저트에 사용	할랄
bentonite	벤토나이트	범용 식품첨가제로, 안료와 염료로 사용	할랄
benzoic acid	벤조산	크랜베리, 푸룬, 계피 같은 일부 과일에서 자연적으로 발생하는 보존제	할랄

원재료명		설명	할랄 여부
영문	한글		
benzoyl peroxide	과산화벤조일	염화벤조일과 과산화나트륨의 상호작용으로 만들어진 벤즈알데하이드로, 독특한 향이 나는 무색의 결정형 고체이며, 치즈 제조에 사용	할랄
beta-apo-8′-catotenal	베타-아포-8′-카로테날	밝은 오렌지색부터 어두운 오렌지색을 띠는 카로티노이드 색소	할랄
beta-carotene	베타카로틴	황색부터 오렌지색까지 띠는 카로티노이드 색소	할랄
biotin	비오틴	영양 및 식이보충제에 해당하는 수용성 비타민	불분명
birch	자작나무	인공 착향료로 청량음료에 사용	할랄
bixin	빅신	아나토(annatto)의 주된 색소에 해당하는 카로티노이드로, 빅사 오렐라나 나무로부터 생산됨	할랄
bleached flour	표백 밀가루	누런색을 제거해 표백한 밀가루로, 시간 경과를 통해 자연적인 밀가루 표백을 얻거나 통상 산화제와 같은 화학물질을 사용해 가속 가능	할랄
bran	밀기울	곡물 가루에서 분리된 것으로, 밀, 호밀, 귀리 같은 곡물의 겉껍질	할랄
bread flour	강력분	통상 고순도 밀가루에서 얻어지는 경질의 밀가루	할랄
bromated flour	브롬화 밀가루	브롬산칼륨을 첨가한 백색 밀가루로, 제과제빵용으로 사용	할랄
bromelin	브로멜린	파인애플에서 얻어지는 단백질 분해 효소(프로테아제)로, 연육제로 사용	할랄
brominated vegetable oil(BVO)	브롬화 식물성 오일(BVO)	브롬과 결합시켜 점도를 높인 식물성 오일로, 착향 오일은 브롬화 오일에 용해되며 이후 과일 음료에 첨가 가능	할랄
brown sugar	황설탕	독특한 색상과 플레이버를 가진 당밀 막으로 덮인 자당 결정으로 구성된 감미료	할랄
buckwheat	메밀	통상 시리얼 곡물로 출시되는 벼과의 일종	할랄
bulgur	벌거	삶아서 말렸다가 빻은 밀로, 곡물의 일부인 겨와 씨눈이 남아 있음	할랄
butter	버터	버터 지방과 버터밀크 생산에서의 처닝(churning) 공정을 통해 크림에서 얻는 유지방 원료	할랄
butter, clarified	정제 버터	색상, 향, 맛에 영향을 줄 수 있는 고체 입자나 불순물을 제거해 정제한 버터	할랄
buttermilk	버터밀크	버터 생산에서의 처닝 공정 중 우유나 크림에서 지방을 제거하고 남은 것으로, 버터밀크를 발효시켜 발효 버터밀크를 제조	할랄
buttermilk, dried	버터밀크 분말	버터밀크의 분말 형태	할랄
butter oil	버터 오일	무지방 성분을 제거해 얻은 우유로, 크림 또는 버터의 투명한 지방에 해당	할랄

원재료명		설명	할랄 여부
영문	한글		
butylated hydroxyanisole(BHA)	부틸하이드록시아니솔(BHA)	지방과 오일에 안정성을 주는 산화방지제	할랄
butylated hydroxytoluene (BHT)	부틸레이티드하이드록시톨루엔(BHT)	부틸하이드록시아니솔(BHA)과 유사한 기능을 하는 산화방지제로, 고온에서는 불안정	할랄
butyric acid	부티르산	흔히 버터 지방에서 얻어지는 지방산	할랄
caffeine	카페인	무취와 쓴맛이 나는 백색 분말 또는 바늘 모양 결정으로 차 잎, 커피, 코코아, 콜라나무 열매에 천연 상태로 존재	할랄
cake flour	박력분	부드러운 밀가루	할랄
calciferol	칼시페롤	지용성 비타민으로 비타민 D2라 불림	할랄
calcium acetate	아세트산 칼슘	아세트산의 칼슘염으로 금속이온 봉쇄제 및 매염제로 사용	할랄
calcium alginate	알긴산 칼슘	알긴산의 칼슘염으로 안정제와 증점제로 사용	할랄
calcium aluminum silicate	규산 알루미늄 칼슘	분말 형태의 재료가 덩어리지지 않게 해주는 고결 방지제	할랄
calcium ascorbate	아스코르빈산 칼슘	아스코르빈산의 염류로, 백색 혹은 엷은 황색의 결정형 분말	할랄
calcium bromate	브롬산 칼슘	백색 결정형 분말로 존재하며 반죽개량제, 숙성제, 표백제로 사용	할랄
calcium caprate	카프릭산 칼슘	카프릭산의 칼슘염으로 결합제, 유화제, 고결 방지제, 일반 첨가제로 사용	불분명
calcium caprylate	카프릴산 칼슘	카프릴산의 칼슘염으로, 결합제, 유화제, 고결 방지제, 일반 첨가제로 사용	불분명
calcium carbonate	탄산 칼슘	탄산의 칼슘염으로, 고결 방지제와 반죽개량제로 사용	할랄
calcium caseinate	카제인 칼슘	카제인의 칼슘염	할랄
calcium chloride	염화칼슘	범용 식품첨가제	할랄
calcium citrate	구연산 칼슘	구연산의 칼슘염으로, 금속이온 봉쇄제, 완충제, 고결제로 사용	할랄
calcium diacetate	아세트산 칼슘	아세트산의 염류로, 보존제와 금속이온 봉쇄제로 사용	할랄
calcium gluconate	글루콘산 칼슘	백색 결정형 분말이며 고결제, 배합 보조제, 금속이온 봉쇄제 및 안정제로 사용	할랄
calcium glycerophosphate	글리세로인산 칼슘	영양 및 식이보충제이며 베이킹파우더에 사용	할랄
calcium hydroxide	수산화칼슘	산화칼슘(석회)에 물을 첨가해 만든 범용 식품 첨가제	할랄
calcium hydroxyphosphate	칼슘 하이드록시포스페이트	식품첨가제이며 식염으로 사용	할랄

원재료명		설명	할랄 여부
영문	한글		
calcium iodate	요오드산 칼슘	요오드의 칼슘염으로, 반죽개량제로 사용	할랄
calcium lactate	젖산 칼슘	젖산의 칼슘염	할랄
calcium lactobionate	락토바이온산 칼슘	락토바이온산의 칼슘염으로, 분말 푸딩믹스의 고결제로 사용	할랄
calcium laurate	라우르산 칼슘	라우르산의 칼슘염으로, 결합제, 유화제, 고결 방지제로 사용	불분명
calcium metaphosphate	메타인산 칼슘	금속이온 봉쇄제이며 일반적인 첨가제로 사용	할랄
calcium myristate	미리스트산 칼슘	미리스트산의 칼슘염으로, 결합제, 유화제, 고결 방지제로 사용	불분명
calcium oleate	올레산 칼슘	올레산의 칼슘염으로, 결합제, 유화제 및 고결 방지제로 사용	불분명
calcium oxide	산화 칼슘	범용 식품첨가제	할랄
calcium palmitate	팔미트산 칼슘	팔미트산의 칼슘염으로, 결합제, 유화제, 고결 방지제로 사용	불분명
calcium pantothenate	판토텐산 칼슘	영양 및 식이보충제이며 특별 식이요법 식품에도 사용	할랄
calcium pectinate	펙틴산 칼슘	시트러스나 사과에서 얻어지는 펙틴염	할랄
calcium peroxide	과산화칼슘	반죽개량제이며 제과제빵 제품에 사용	할랄
calcium phosphate	인산 칼슘	천연적으로 여러 형태로 존재하는 인산염으로, 고결 방지제와 광물질 보충제로 사용	할랄
calcium phytate	피트산 칼슘	금속이온 봉쇄제이며 식품의 금속이온 활성을 차단해 변색 및 이취 방지	할랄
calcium propionate	프로피온산 칼슘	프로피온산의 염류로, 보존제로 사용	할랄
calcium pyrophosphate	피로인산 칼슘	영양 및 식이보충제	할랄
calcium saccharate	사카린산 칼슘	수산화칼슘과 당의 유도체로, 휘핑크림의 거품이 잘 일어나게 하는 데 사용	할랄
calcium saccharin	사카린 칼슘	사카린의 칼슘염 형태의 감미료로, 자당의 약 500배에 달하는 단맛에 해당	할랄
calcium silicate	규산 칼슘	고결 방지제이며 베이킹파우더로 사용	할랄
calcium sorbate	소르빈산 칼슘	소르빈산의 칼슘염으로 치즈 제조에 사용	할랄
calcium stearate	스테아르산 칼슘	스테아르산의 칼슘염으로, 고결 방지제, 결합제, 유화제로 사용	불분명
calcium stearoyl lactylate	스테아릴 젖산 칼슘	젖산과 스테아르산의 칼슘염으로, 반죽개량제, 기포제, 유화제로 사용	불분명
calcium sulfate	황산 칼슘	석고를 사용해 고온하소 작용을 통해 만든 일반적인 첨가제	할랄
canthaxanthin	칸타크산틴	카로티노이드와 유사한 합성 적색 색소	할랄

원재료명		설명	할랄
영문	한글		여부
caramel color	캐러멜 색소	전분 및 기타 탄수화물의 산화작용에 의해 얻어지는 흑갈색 색소	할랄
carbonated water	탄산수	물에 이산화탄소를 용해해 만든 음료	할랄
carbon dioxide	이산화탄소	포도당이 발효하는 동안 생성되는 가스로, 음료의 탄산화에 사용	할랄
carboxymethylcellulose(CMC)	카르복시메틸셀룰로오스(CMC)	수용성 셀룰로오스 수지로, 증점제, 안정제, 결합제, 피막제, 현탄제로 사용	할랄
cardamon	카더몬	카더몬의 건조된 씨에서 얻은 향신료	할랄
carmine	카민	식용색소 적색 제2호로, 암컷 연지벌레에서 얻은 착색 안료	불분명
carnauba wax	카나우바 왁스	브라질 팜 일종인 카나우바 야자의 잎과 잎눈에서 얻은 범용 식품첨가제	할랄
carob	캐롭	캐롭 나무의 꼬투리에서 얻는 코코아 대체제	할랄
carotene	카로틴	색소 및 프로비타민으로, 아이스크림, 치즈, 기타 유제품에 사용	할랄
carrageenan	카라기난	홍조류에서 얻은 해조류 추출물	할랄
casein	카제인	탈지유에 젖산균, 염산 혹은 황산을 넣어 상업적으로 제조한 유단백	할랄
caseinates	카제인염	산카제인을 수산화나트륨이나 수산화칼슘으로 중화시켜 만든 카제인의 나트륨염 또는 칼슘염	할랄
celery seed	샐러리 씨	샐러리의 숙과를 건조해 만든 향신료	할랄
cellulose	셀룰로오스	탄수화물 중합체로, 저칼로리 음식에서 증량제 및 섬유 보조제로 사용	불분명
cheese	치즈	적절한 효소나 박테리아로 유단백을 응고시켜 얻은 제품	불분명
cheese culture	치즈 배양균	수종의 박테리아로, 유단백의 응고에 사용	할랄
chervil	처빌	식물의 일종인 처빌에서 얻은 향신료	할랄
chewing gum base	추잉껌 베이스	치클 및 기타 수종의 GRAS 물질 같은 저작 물질을 함유하고 있으며, 껌 제조에 사용	불분명
chia oil	치아 오일	샐비어 씨에서 추출한 오일로, 청량음료 제조에 사용	할랄
chicle	치클	식물성 천연 저작 물질로, 껌 베이스에 사용	할랄
chilte	칠트	식물성 물질로, 껌 베이스에 사용	할랄
chives	차이브	양파와 유사한 알리움플랜트에서 얻은 향신료	할랄
chloropentafluoroethane	클로로펜타플루오로에탄	폼이나 스프레이 형태의 식품에 사용되는 추진 및 분사 보조제	할랄
chlorophyll	클로로필	식물에서 추출한 녹색 색소로, 소시지 케이싱	할랄

원재료명		설명	할랄
영문	한글		여부
		및 쇼트닝에 사용	
cholic acid	콜산	유화제이며, 난백의 유화제로 사용	할랄
choline	콜린	비타민 B 복합체의 하나	불분명
cider vinegar	사과식초	사과 주스를 알코올과 초산을 발효해 만든 제품으로, 샐러드드레싱, 마요네즈, 소스에 사용	할랄
cinnamon	시나몬	계수나무의 말린 나무껍질로 만든 향신료	할랄
citric acid	구연산	레몬, 라임 주스에서 추출해 만든 산미료와 산화방지제	할랄
citrus oil	시트러스 오일	시트러스 껍질에서 오일을 압착해 얻는 착향료	할랄
clove	정향	정향나무의 어린싹으로, 향신료로 사용	할랄
cochineal	코치닐	암컷 연지벌레를 건조해 추출한 적색 색소로, 주성분은 수용성 추출물인 카민산	불분명
cocoa butter	코코아 버터	코코아 원액을 압착해 얻은 지방	할랄
cocoa liquor	코코아 원액	코코아 빈을 잘게 부순 코코아 닙스(nibs)를 다시 분쇄해 얻은 점성액으로, 초콜릿 원액으로도 부름	할랄
cocoa powder	코코아 파우더	코코아 닙스에서 나온 코코아 잔류물을 분쇄해서 만든 분말	할랄
coconut	코코넛	코코넛 과육과 코코넛 오일을 만드는 코코넛 팜 트리의 열매	할랄
collagen	콜라겐	근육 결합조직의 주성분에 해당하는 단백질로, 식육 제품용 케이싱, 개인위생 용품에 사용	불분명
copper gluconate	글루콘산 구리	글루콘산의 염류로, 식이보충제로 사용	할랄
copra	코프라	코코넛 과육을 건조한 것으로, 착향료로 사용	할랄
coriander	코리앤더(고수)	고수의 숙과를 말린 향신료	할랄
corn bran	옥수수 겨	옥수수를 건식 도정해 얻은 것으로, 식이섬유가 풍부	할랄
corn flour	옥수수 분말	옥수수를 분쇄해 걸러서 얻은 옥수수 분말	할랄
cornmeal	거친 옥수수 분말	그래뉼 형태의 옥수수 분말	할랄
corn oil	옥수수 오일	옥수수 배아에서 추출한 오일	할랄
cornstarch	옥수수 전분	옥수수 배젖으로 만든 전분	할랄
cornstarch, modified	변성 옥수수 전분	옥수수 전분에 묽은 무기산이나 기타 화학물질을 첨가해 만든 전분	할랄
corn syrup	옥수수 시럽	말토오스, 덱스트린, 덱스트로오스, 기타 다당류로 구성된 옥수수 감미 용액	할랄
corn syrup solids	고형 옥수수 시럽	옥수수 시럽의 건조 형태	할랄

| 원재료명 | | 설명 | 할랄 |
영문	한글		여부
cottonseed oil	면실유	목화씨에서 얻은 오일	할랄
cranberry extract	크랜베리 추출물	크랜베리에서 얻은 천연 적색 색소	할랄
cream	크림	유지방 함량 18~40%인 우유 성분	할랄
cream of tartar	타르타르 크림	주석산의 칼륨염으로, 제과제빵 제품, 캔디류, 푸딩에 사용	할랄
cumin	커민	큐민의 숙과를 말린 향신료	할랄
cupric/cuprous aspartate	아스파르트산 제1구리/ 아스파르트산 제2구리	아스파르트산 염류와 구리가 결합한 것	불분명
cupric/cuprous carbonate	탄산 제1구리/탄산 제2구리	탄산의 구리염	할랄
cupric/cuprous chloride	염화 제1구리/염화 제2구리	구리염	할랄
cupric/cuprous citrate	시트르산 제1구리/시트르산 제2구리	시트르산(구연산)의 구리염	할랄
cupric/cuprous glycerophosphate	글리세로인산 제1구리/ 글리세로인산 제2구리	글리세린과 인산염의 구리염	할랄
cupric/cuprous nitrate	질산 제1구리/질산 제2구리	질산의 구리염	할랄
cupric/cuprous sulfate	황산 제1구리/황산 제2구리	황산의 구리염	할랄
cuprous iodide	요오드화 제1구리	구리와 요오드의 염류로서, 식염으로 사용	할랄
curry powder	카레 파우더	카레, 소스, 육류의 시즈닝에 사용하는 혼합 향신료로, 고수, 생강, 정향, 계피, 피망, 커민을 포함하는 전형적인 향신료	할랄
cyanocobalamin	시아노코발라민	수용성 비타민인 비타민 B12로, 육류, 생선, 우유에 존재	불분명
cysteine	시스테인	탄력을 증가시키는 데 사용하는 비필수아미노산으로, 사람 머리카락, 오리 깃털 또는 합성으로 제조 가능	불분명
cystine	시스틴	비필수아미노산이며 영양 및 식이보충제로 사용	불분명
deoxycholic acid	디옥시콜산	유화제이며, 난백 분말에 사용	할랄
dextran	덱스트란	박테리아를 이용한 당 발효에 의해 얻은 수지	할랄
dextrin	덱스트린	산이나 효소로 가수분해할 때 생기는 생성물의 혼합물	할랄
dextrose	덱스트로오스	상업적으로 전분으로 만드는 옥수수 감미료	할랄
diacetyl tartaric acid esters of mono- and diglycerides	DATEM	친수성 유화제이며 오일과 물의 유액에 사용	불분명

원재료명		설명	할랄 여부
영문	한글		
diammonium phosphate	인산2 암모늄	발효 보조제이며 쿠키 및 크래커 제조에 사용	할랄
dicalcium phosphate	인산2 칼슘	미네랄 보충제, 반죽개량제	할랄
diglyceride	디글리세리드	글리세롤과 2분자 지방산이 에스테르 결합하거나, 또는 글리세롤과 트리글리세리드의 에스테르 교환으로 만들어진 유화제	불분명
dill seed	딜 씨	딜의 숙과를 건조한 향신료	할랄
dill weed	딜 위드	딜 잎에서 얻은 향신료	할랄
dimethylpolysiloxane	디메틸폴리실록산	소포제이며, 지방과 오일에 사용	할랄
dioctyl sodium sulfosuccinate	술포숙산 디옥틸 나트륨	유화제이며, 팩 포장 우유의 향미 증진제로 사용	불분명
dipotassium phosphate	제2인산 칼륨	인산의 칼륨염으로, 안정제, 완충제, 금속이온 봉쇄제로 사용	할랄
disodium calcium EDTA	EDTA 디소디움 칼슘	금속이온 봉쇄제	할랄
disodium dihydrogen EDTA	EDTA 디소디움 디하이드로겐	금속이온 봉쇄제	할랄
disodium 5′-guanylate(DSG)	5′-구아닐산 2나트륨 (DSG)	글루탐산모노나트륨(MSG)과 같은 계열에 속하는 향미 증진제	할랄
disodium 5′-inosinate	5′-이노신산 2나트륨	5′-구아닐산나트륨으로 기능하는 향미 증진제	할랄
disodium malate	말산 2나트륨	말산의 나트륨염 및 산미료	할랄
disodium phosphate	인산 2나트륨	인산의 나트륨염으로, 단백질 안정제와 미네랄 보충제로 사용	할랄
distilled monoglyceride	증류 모노글리세리드	식용 오일과 글리세린에서 얻은 모노글리세리드의 함량이 최소 90%에 해당하는 유화제	불분명
dodecyl gallate	도데실 갈레이트	산화방지제로 크림치즈, 즉석 매시드 포테이토, 마가린, 지방 및 오일에 사용	할랄
dough conditioner	반죽개량제	미네랄 혼합물로, 제과제빵 제품에 사용	할랄
durum flour	듀럼 분말	듀럼 밀에서 얻은 고운 분말	할랄
EDTA (ethylenediamine-tetraacetate)	EDTA	금속이온 봉쇄제	할랄
egg albumen	난백	달걀의 단백질 부분 중 하나로, 달걀흰자를 가리킴	할랄
egg yolk	난황	달걀의 노른자로, 마요네즈, 샐러드드레싱에서 유화제로 사용	할랄
enriched bleach flour	강화 표백 밀가루	황색 성분을 제거해 표백한 후 비타민과 미네랄을 강화한 밀가루	할랄
erythorbic acid	에리소르빈산	식품 보존제로, 강력한 환원 보조제	할랄
ester gum	에스테르검	소나무의 정제 우드 로진과 비동물성 글리세롤로 만들어진 농도 조절제	할랄

원재료명		설명	할랄
영문	한글		여부
ethoxylated mono- and diglycerides	에톡시화 모노 /디글리세리드	산화에틸렌에 반응하는 식용 식물성 지방의 글리세롤 분해로 만들어진 유화제	불분명
ethoxyquin	에톡시퀸	산화방지제이며, 칠리 파우더, 분말 필리, 파프리카의 색 보존에 사용	할랄
ethyl maltol	에틸 말톨	말톨과 관련된 합성 향미 증진제	할랄
ethyl vanillin	에틸 바닐린	합성 바닐라 플레이버에 해당하는 착향 보조제	할랄
eugenol	유게놀	정향 오일에서 추출한 착향료로, 카네이션과 계피 잎에서도 발견	할랄
farina	화리나	겨와 씨눈이 제거된 밀 그래뉴	할랄
fat	지방	실온에서 반고체 상태인 트리글리세리드로 이루어진 식물성 또는 동물성 비수용성 재료	불분명
fatty acids	지방산	식물성 또는 동물성의 지방족 화합물로, 윤활유, 결합제, 소포제, 유화제로 사용	불분명
FD&C blue # 1	FD&C 블루 # 1	브릴리언트 블루라고도 불리는 색소로, 캔디, 제과제빵 제품, 청량음료, 디저트에 사용	할랄
FD&C blue # 2	FD&C 블루 # 2	인디고틴으로도 불리는 색소로, 캔디, 과자, 제과제빵 제품에 사용	할랄
FD&C green # 3	FD&C 그린 # 3	패스트그린 FCF로도 불리는 색소로, 시리얼, 청량음료, 음료, 디저트에 사용	할랄
FD&C red # 3	FD&C 레드 # 3	에리트로신으로도 불리는 색소로, 캔디, 과자, 체리 염색에 사용	할랄
FD&C red # 4	FD&C 레드 # 4	폰소 SX로도 불리는 색소로, 마라스키노 체리에만 사용	할랄
FD&C red # 40	FD&C 레드 # 40	알루아레드 AC로도 불리는 색소로, 음료, 디저트, 캔디, 과자, 시리얼, 아이스크림에 사용	할랄
FD&C yellow # 5	FD&C 옐로 # 5	타트라진으로도 불리는 색소로, 음료, 제과제빵 제품, 애완동물 사료, 디저트, 캔디, 과자, 시리얼, 아이스크림에 사용	할랄
FD&C yellow # 6	FD&C 옐로 # 6	선셋옐로우 FCF로도 불리는 색소로, 음료, 제과제빵 제품, 디저트, 과자, 아이스크림에 사용	할랄
fennel	펜넬	펜넬의 숙과를 건조한 향신료	할랄
fenugreek	호로파	호로파의 씨로서, 향신료와 착향료로 사용	할랄
ferric ammonium citrate	구연산 철암모늄	철의 재료에 해당하는 영양 및 식이보충제로, 철 성분 17% 함유	할랄
ferric chloride	염화 제2철	영양 및 식이보충제	할랄
ferric/ferrous ammonium sulfate	황산암모늄 제1철/제2철	영양 및 식이보충제	할랄
ferric/ferrous sulfate	황산 제1철/제2철	영양 및 식이보충제	할랄

원재료명		설명	할랄 여부
영문	한글		
ferric fructose	과당 제2철	영양 및 식이보충제	할랄
ferric glycerophosphate	글리세로인산 제2철	영양 및 식이보충제	할랄
ferric nitrate	질산 제2철	영양 및 식이보충제	할랄
ferric orthophosphate	오르토인산염 제2철	영양 및 식이보충제	할랄
ferric oxide	산화 제2철	영양 및 식이보충제	할랄
ferric pyrophosphate	피로인산 제2철	영양 및 식이보충제	할랄
ferrous carbonate	탄산 제1철	영양 및 식이보충제	할랄
ferrous citrate	구연산 철	영양 및 식이보충제	할랄
ferrous fumarate	푸마르산 철	영양 및 식이보충제	할랄
ferrous gluconate	글루콘산 철	영양 및 식이보충제, 착색 조절제	할랄
ferrous lactate	젖산 철	영양 및 식이보충제	할랄
ferrous sulfate	황산 철	영양 및 식이보충제	할랄
ferrous tartrate	주석산 철	영양 및 식이보충제	할랄
flavoring	착향료	일반적으로 소비자에게는 노출되지 않는 식품의 플레이버나 착향 기능을 하는 것으로, 천연 또는 인공으로 만들어져 단독이나 혼합물로 사용되는 모든 원재료	불분명
folic acid	엽산	비타민 B 복합체로, 간, 땅콩 및 녹색 채소에서 발견	불분명
fructose(fruit sugar)	과당	신선 과일과 꿀에서 발견되는 천연 감미료로, 이성질화된 덱스트로오스와 자당 효소를 이용한 자당 치환에 의해 생산	할랄
fructose corn syrup	과당 콘시럽	이성질화 효소를 이용해 시럽 속의 포도당을 과당으로 이성질화하면서 파생되는 옥수수 감미료	할랄
fumaric acid	푸마르산	산미료로, 디저트, 파이 내용물 및 캔디에 사용	할랄
furcellaran	퍼셀라란	홍조류의 수지 추출물로, 밀크 푸딩, 플랑, 젤리, 잼 및 기타 식품에 사용	할랄
garlic	마늘	마늘 식물에서 얻는 향신료	할랄
garlic salt	갈릭 솔트	마늘 분말과 소금을 혼합한 시즈닝	할랄
gelatin	젤라틴	겔화 보조제 기능을 하는 동물성 단백질로, 소뼈, 송아지 가죽, 돼지가죽, 생선 껍질, 가금류 껍질로부터 파생된 콜라겐에서 생산	불분명
ghatti	가티검	아노게이수스 라티폴리아 나무에서 채취되는 수지로, 버터 시럽에 사용되며 안정제로도 사용	할랄
ginger	생강	생강나무의 뿌리를 말린 향신료	할랄

원재료명		설명	할랄 여부
영문	한글		
glacial acetic acid	빙초산	강산성 보존제 착향료	할랄
gluconic acid	글루콘산	글루코노델타락톤을 가수분해해서 만든 약한 유기산	할랄
glucono-delta-lactone(GDL)	글루코노델타락톤(GDL)	약한 산미료로 소시지, 프랑크푸르트 소시지, 디저트 믹스에 사용	할랄
glutamic acid	글루탐산	아미노산으로, 향미 증진제, 영양 및 식이보충제, 소금 대체제로 사용	불분명
glutamic acid hydrochloride	글루탐산 염산염	아미노산으로, 착향 보조제로 사용	불분명
glycerin or glycerol	글리세린 / 글리세롤	폴리올로, 캔디, 제과제빵 제품 및 기타 제품에서 습윤제, 결정화 조절제 및 가소제로 사용	불분명
glycerol ester of wood rosin	우드 로진 글리세롤 에스테르	에스테르 수지와 동일	할랄
glyceryl-lacto esters of fatty acids	지방산 글리세릴 락토 에스테르	모노-디글리세리드의 젖산 에스테르로서, 토핑, 케이크, 아이싱에 유화제와 가소제로 사용	불분명
glycerol-lacto-stearate	글리세롤 락토 스테아레이트	젖산으로 에스테르화한 모노글리세리드에 해당하는 유화제로, 휘핑, 쇼트닝, 케이크 믹스 및 코팅에 사용	불분명
glyceryl monolaurate	글리세릴 모노라우레이트	글리세린, 라우르산의 에스테르화를 통해 생산되는 모노글리세리드 유화제로, 제과제빵 제품, 휘핑, 프로스팅, 광택제로 사용	불분명
glyceryl triacetate	글리세릴 트리아세테이트	아세트산의 트리글리세리드로, 습윤제와 용매로 사용	불분명
glycine	글리신	비필수아미노산이며, 인공적으로 감미한 청량음료에서 영양 및 식이보충제로 사용	불분명
glycoholic acid	글리코콜산	유화제이며, 건조 난백에 사용	할랄
glycyrrhizin	글리시리진	감초에서 얻은 착향료와 발포제	할랄
graham flour	그레이엄 밀가루	통밀 분말	할랄
grain vinegar	곡류 식초	산미료로, 증류 식초 또는 양조 식초라고도 부르며, 희석한 증류 알코올을 발효해 제조	할랄
grape color extract	포도색소 추출물	콩코드 포도에서 추출한 포도색소 용액으로, 비음료 식품의 착색용으로 사용	할랄
grape seed oil	포도씨 오일	포도씨에서 추출한 오일	할랄
grape skin extract	포도 껍질 추출물	천연 적색 색소로, 청량음료와 캔디에 사용	할랄
guaiac gum	구아이악검	우드 레진에서 추출한 산화방지제 및 보존제	할랄
guar	구아	구아 나무의 씨 커널에서 추출한 수지로, 점증제와 안정제에 해당하며 아이스크림, 제과제빵 제품과 소스에 사용	할랄

원재료명		설명	할랄 여부
영문	한글		
gum base	껌 베이스	껌의 구성 성분으로, 물에 용해되지 않고, 저작 후에도 남아 있음. 치클, 크라운 검, 석유 왁스, 라놀린, 폴리에틸렌, 아세트산 비닐수지, 고무, 파라핀, 산화방지제 등의 원료로 제조	불분명
heptyl paraben	헵틸 파라벤	보존제 및 살균 보조제	할랄
high-fructose corn syrup (HFCS)	고과당 콘시럽(HFCS)	이성질화효소를 이용해 시럽 속의 포도당을 과당 으로 이성질화한 옥수수 시럽에서 얻은 감미료	할랄
honey	꿀	천연 시럽에 해당하는 감미료로, 벌이 모은 과 즙에 대한 자당 효소 반응을 통해 얻어짐	할랄
horseradish	호스래디시	호스래디시에서 얻은 향신료로, 소스에 사용	할랄
hydrochloric acid	염산	무기산이며, 산미료와 중화제로 사용	할랄
hydrogenated vegetable oil	수소화 식물성 오일	수소의 화학적 첨가를 통해 액상 형태를 반고 체나 고체 상태로 바꾸기 위해 수소화한 오일	할랄
hydrolyzed vegetable protein (HVP)	가수분해 식물성 단백질 (HVP)	밀 글루텐, 옥수수 글루텐, 산 분해를 통한 탈 지 대두 분말과 같은 식물성 단백질에서 얻은 향미 증진제로, 수프, 드레싱, 육류, 스낵, 크래 커에서 향미를 개선하는 데 사용	할랄
hydroxylated soybean lecithin	수산화 대두 레시틴	과산화 처리한 대두 레시틴에서 얻은 유화제 및 착색 보조제로, 건조 혼합음료, 마가린, 제과 제빵 제품에 사용	할랄
hydroxypropyl cellulose	하이드록시프로필 셀룰 로오스	프로필렌 옥사이드와 알칼리 셀룰로오스 반응 으로 얻은 수지로, 휘핑에서 안정제와 기포제 로 사용	할랄
hydroxypropyl methylcellulose	하이드록시프로필 메틸 셀룰로오스	프로필렌 옥사이드, 염화메틸, 알칼리 셀룰로 오스가 반응해 이루어진 수지로, 제과제빵 제 품, 드레싱, 샐러드드레싱에 사용	할랄
invert sugar	전화당	덱스트로오스(포도당)와 과당의 혼합물에 해당 하는 감미료로, 캔디와 아이싱에 사용	할랄
iron, reduced	환원철	영양제이며, 시리얼에 사용	할랄
isoamyl butyrate	부티르산 이소아밀	합성착향료이며, 디저트 젤리, 푸딩, 제과제빵 제품 등에 사용	할랄
isoamyl formate	포름산 이소아밀	합성착향료이며, 디저트 젤리, 푸딩, 캔디, 아이 스크림 등에 사용	할랄
isoamyl hexanoate	헥사논산 이소아밀	합성착향료이며, 디저트, 캔디, 아이스크림에 사용	할랄
isobutyl cinnamate	계피산 이소부틸	합성착향료이며, 음료, 아이스크림, 캔디, 제과 제빵 제품에 사용	할랄
isobutyl formate	포름산 이소부틸	합성착향료이며, 음료, 아이스크림, 캔디, 제과 제빵 제품에 사용	할랄

| 원재료명 | | 설명 | 할랄 |
영문	한글		여부
isopropyl citrate	구연산 이소프로필	구연산과 이소프로필 알코올을 반응시켜 만든 산화방지제로, 식물성 오일에 사용	할랄
karaya	카라야	스테르쿨리아 우렌스 나무의 삼출물을 건조한 수지로, 제과제빵 제품, 의치용 접착제, 토핑, 냉동 디저트에 사용	할랄
kelp	다시마	갈조류 제품으로, 요오드의 재료, 향미 증진제로 사용	할랄
kola nut	콜라 넛	콜라나무 씨로, 음료에 착향료로 사용	할랄
L-Cysteine	L-시스테인	시스테인 참조	불분명
L-Glutamine	L-글루타민	슈가비트 주스에서 분리한 아미노산으로, 대부분의 식물 및 동물(박테리아 포함)에서 발견	불분명
L-Taurine	L-타우린	아미노산이며, 통상적으로 합성물	불분명
lactic acid	젖산	우유에 존재하는 천연 유기산에 해당하는 산미료로, 식품의 착향료, 보존제, 산도 조절제로 사용	할랄
lactose	유당	대부분 포유동물의 젖에 존재하는 유당으로, 통상적으로 소젖에서 생산. 제과제빵 제품의 플레이버, 갈색 착색제, 연육제 및 건조 혼합물의 고결 방지제로 사용	할랄
lactylated fatty acid esters of glycerol and propylene glycol	글리세롤 및 프로필렌 글리콜의 락틸레이트화 지방산 에스테르	젖산과 프로필렌 글리콜 에스테르가 반응해 만들어진 유화제로, 휘핑 및 커피 표백제에 사용	불분명
lard	라드	돼지에서 얻은 지방으로, 주로 올레산과 팔미트 지방산으로 구성되며 식품 및 비식품군에 사용	Haram
lauric acid	라우르산	보통 코코넛 오일 및 기타 식물성 지방에 존재하는 지방산으로, 윤활제, 결합제, 소포제로 사용	불분명
leavening agents	팽창제	탄산가스를 생성하기 위해 알칼리성 탄산수소나트륨에 화학적으로 반응하는 약한 산으로, 주석산, 1인산칼슘, 산성 피로인산나트륨, 알루미늄 인산나트륨, 산성 산을 포함	할랄
lecithin	레시틴	대두와 난황에서 얻은 인지질 혼합물에 해당하는 유화제로, 식품에 광범위하게 사용	할랄
lemon oil	레몬 오일	레몬 열매에서 얻은 오일로, 레몬 플레이버를 내는 데 사용	할랄
licorice extract	감초 추출물	감초의 뿌리 부분을 건조해 만든 착향료로, 캔디, 제과제빵 제품, 음료, 담배에 사용	할랄
limonene	리모넨	시트러스 오일에서 얻은 산화방지제와 착향료	할랄

원재료명		설명	할랄 여부
영문	한글		
locust bean gum	로커스트콩 검	캐롭 씨에서 얻은 수지로, 가공 치즈, 아이스크림, 제과제빵 제품, 수프, 파이에 사용	할랄
mace	메이스	넛맥 나무의 씨인 넛맥을 둘러싼 껍질로 이루어진 향신료	할랄
magnesium carbonate	탄산 마그네슘	고결 방지제와 범용 식품첨가제	할랄
magnesium caseinate	카제인 마그네슘	카제인의 마그네슘염으로, 제과제빵 제품, 음료 및 식이보충제에 사용	할랄
magnesium chloride	염화 마그네슘	식이보충제 및 식품첨가제	할랄
magnesium hydroxide	수산화 마그네슘	범용 식품첨가제	할랄
magnesium laurate	라우르산 마그네슘	라우르산의 마그네슘염으로, 유화제 및 고결 방지제로 사용	불분명
magnesium myristate	미리스트산 마그네슘	미리스트산의 마그네슘염으로, 유화제와 고결 방지제로 사용	불분명
magnesium oleate	올레산 마그네슘	올레산의 마그네슘염으로, 유화제와 고결 방지제로 사용	불분명
magnesium oxide	산화 마그네슘	영양 및 식이보충제	할랄
magnesium palmitate	팔미트산 마그네슘	팔미트산의 마그네슘염으로서, 유화제와 고결 방지제로 사용	불분명
magnesium silicate	규산 마그네슘	불용성 염이며, 고결 방지제로 사용	할랄
magnesium stearate	스테아르산 마그네슘	스테아르산의 마그네슘염으로, 윤활유, 결합제, 유화제, 고결 방지제로 사용	불분명
magnesium sulfate	황산 마그네슘	영양 및 식이보충제	할랄
maleic acid	말레산	유기산이며, 지방 및 오일의 보존제로 사용	할랄
malic acid	말산	사과산이며, 청량음료, 건조 혼합음료, 푸딩, 젤리, 과일 내용물에 사용	할랄
malt	맥아	전분을 가수분해하는 효소인 알파-아밀라아제를 이용해 덱스트린, 말토오스 같은 발효당의 곡물(대개 보리) 발아를 통해 생산하며, 밀가루에 보충제로 사용	할랄
malt barley flour	맥아 보리 분말	보리 곡물의 싹을 통제하에 틔운 후 분쇄해 얻은 보리 분말	할랄
malt extract	맥아 추출물	보리의 수용성 효소 추출물을 D-알파 아밀라아제를 포함하는 농축물 형태로 건조한 것	할랄
malt flour	맥아 분말	밀 또는 보리를 발아시킨 후 건조 및 분쇄해 만든 분말	할랄
maltodextrin	말토덱스트린	전분을 산 또는 효소로 가수분해해 얻은 것으로, 크래커, 푸딩 및 캔디에 사용	할랄

원재료명		설명	할랄
영문	한글		여부
maltol	말톨	향미 증진제 또는 조절제로, 치커리, 코코아, 커피, 시리얼에서 자연적으로 존재하며 바닐라 맛 식품, 초콜릿 맛 식품, 음료에 사용	할랄
maltose	말토오스	전분을 효소 반응시켜 얻은 당류로, 빵, 즉석식품, 팬케이크 시럽에 사용	할랄
malt syrup	맥아 시럽	추출 및 탈수 과정을 통해 보리에서 얻은 시럽으로, 맥아 플레이버, 맥아 및 단백질의 원료로 사용하며 제과제빵 제품에도 사용	할랄
malt vinegar	맥아 식초	맥아 보리나 곡물을 알코올 발효 후 초산 발효시켜 만든 식초로, 식품에 산미료와 보존제로 사용	할랄
manganese carbonate	탄산 망간	망간의 원료로, 영양 및 식이보충제로 사용	할랄
manganese chloride	염화 망간	영양 및 식이보충제	할랄
manganese oxide	산화 망간	영양 및 식이보충제	할랄
manganese sulfate	황산 망간	영양 및 식이보충제	할랄
mannitol	만니톨	다가(多價)알코올로, 무설탕 캔디, 껌, 시리얼, 압축 민트에 감미료, 습윤제 및 증량제로 사용	할랄
maple sugar	메이플 슈거	단풍나무 수액을 농축해 얻은 감미료로, 시럽과 캔디에 사용	할랄
maple syrup	메이플 시럽	단풍나무 수액을 농축해 제조한 감미료로, 시럽과 캔디에 사용	할랄
margarine	마가린	오일과 우유를 유화시켜 만든 버터 유사 물질로, 식물성 오일이 사용되거나 또는 식물성 오일과 동물성 지방의 혼합물이 사용됨	불분명
marjoram	마조람	허브 마조람의 잎에서 얻은 향신료	할랄
methylcellulose	메틸 셀룰로오스	셀룰로오스로 이루어진 수지로, 식품의 코팅과 파이 내용물에 사용	할랄
methylethylcellulose	메틸에틸 셀룰로오스	에틸 셀룰로오스의 메틸 에스테르에 해당하는 수지로, 휘핑, 머랭, 공기층을 함유한 과자 제품에 사용	할랄
methylparaben	메틸 파라벤	살균제이며, 효모와 곰팡이 성장을 방지하기 위해 사용	할랄
methyl salicylate (wintergreen oil)	살리신산 메틸(윈터그린 오일)	합성 착향료로, 껌, 캔디, 음료, 제과제빵 제품에 사용	할랄
microcrystalline cellulose	결정 셀룰로오스	비수용성 수지로, 정제, 캡슐, 슈레드 치즈에 무영양 내용물과 고결 방지제로 사용	할랄
milk fat or butter fat	유지방/버터 지방	버터 제조 과정에서 크림을 농축해 생긴 유지방으로, 제과제빵 제품, 과자 제품, 냉동 디저트	할랄

| 원재료명 | | 설명 | 할랄 |
영문	한글		여부
		에 사용	
milk powder	분유	전지 우유를 건조한 것으로, 분무 또는 롤러 건조 공정을 통해 생산하며, 수프 믹스, 디저트 믹스에 사용되고 물을 부으면 원상태로 환원	할랄
milk solids-not-fat	무지유고형분	탈지 우유를 건조한 것으로, 아이스크림 믹스, 제과제빵 제품과 디저트에 사용	할랄
mint	민트	민트 계열에서 파생된 향신료	할랄
modified starch	변성 전분	용해성과 질감을 개선하기 위해 화학적 처리를 해 천연 전분의 물리적 특성을 수정한 전분으로, 점증제, 결합제, 안정제로 사용	할랄
molasses	당밀	전화당과 자당을 포함하는 사탕수수에서 설탕을 제조하고 남은 부산물로, 착향료와 감미료로 사용	할랄
monoammonium glutamate	글루탐산 모노암모늄	글루탐산에서 얻은 향미 증진제로 저염 다이어트에 사용	불분명
monoammonium phosphate	제1인산 모노암모늄	산미료이며, 빵에 팽창제, 효모 먹이로 사용	할랄
mono- and diglycerides	모노/디글리세리드	글리세롤과 지방이나 오일이 반응하도록 해서 만든 모노글리세리드와 디글리세리드를 포함하는 혼합 유화제로, 다양한 식품에 사용	불분명
monocalcium phosphate	제1인산칼슘	산 팽창제 및 영양보충제로, 식품에 광범위하게 사용	할랄
monoglyceride	모노글리세리드	글리세롤과 지방산의 직접 에스테르 결합 또는 글리세롤과 트리글리세리드 간의 에스테르 교환에 의해 제조된 유화제	불분명
monoglyceride citrate	구연산 모노글리세리드	글리세릴 모노올레이트와 구연산의 혼합물에 해당하는 금속이온 봉쇄제로, 산화방지 강화제로 사용	불분명
monopotassium phosphate	제1인산칼륨	약산성 중화제 및 금속이온 봉쇄제로, 저염 식품, 우유, 육류에 사용	할랄
monosodium glutamate(MSG)	글루탐산모노나트륨(MSG)	글루탐산의 나트륨염에 해당하는 향미 증진제로, 육류, 수프, 소스에 향미 증진제로 사용	불분명
monosodium phosphate	제1인산염	산미료, 완충제, 금속이온 봉쇄제로, 치즈, 탄산음료에 사용	할랄
mustard	머스타드	겨자과 식물의 익은 씨를 건조한 향신료로, 제과제빵 제품, 소스, 샐러드드레싱에 착향료로 사용	할랄
mustard flour	머스타드 분말	겨자씨를 도정해 곱게 분쇄한 것으로, 샐러드드레싱, 소스에 조미료로 사용	할랄

원재료명		설명	할랄 여부
영문	한글		
myristic acid	미리스트산	코코넛 오일과 기타 지방에서 얻은 지방산으로, 윤활유와 소포제로 사용	불분명
natamycin	나타마이신	보존제이며, 곰팡이나 효모의 성장을 방지하기 위해 치즈 표면을 코팅하는 데 사용	할랄
niacin	니아신	수용성 비타민 B로, 영양 및 식이보충제로 사용	할랄
niacinamide	니아신아미드	수용성 비타민 B로, 영양 및 식이보충제로 사용	할랄
nitrous oxide	아산화질소	불연성 가스이며, 압력 용기에 담긴 유제품과 식물성 지방 휘핑의 추진체로 사용. 웃음 가스로 불리기도 함	할랄
nutmeg	넛맥	넛맥 나무에서 얻은 향신료	할랄
oat flour	귀리 분말	도정한 귀리를 곱게 분쇄한 것	할랄
oatmeal	오트밀	도정한 귀리를 거칠게 분쇄한 것	할랄
oleic acid	올레산	불포화지방산이며, 윤활제와 소포제로 사용	불분명
oleoresins	올레오레진	휘발성·비휘발성 향신료 성분을 함유한 향신료로, 식품용 시즈닝으로 사용	할랄
oleoresin paprika	올레오레진 파프리카	파프리카의 휘발성·비휘발성 향신료 성분을 함유한 색소 추출물	할랄
oxystearin	옥시스테아린	부분 산화된 스테아르산과 기타 지방산의 글리세리드로 혼합된 변성 지방산	불분명
palmitic acid	팔미트산	다양한 함량의 스테아르산을 가진 팔미트산으로 주로 구성된 지방산으로, 윤활제, 결합제, 소포제로 사용	불분명
palm kernel oil	팜 커널 오일	팜 커널에서 얻은 오일로, 마가린과 과자에 사용되는 코코넛 오일의 대체제로 사용	할랄
palm oil	팜 오일	팜 나무 열매에서 얻은 오일로, 마가린과 쇼트닝에 사용	할랄
pantothenic acid	판토텐산	간, 달걀, 육류에서 발견되는 수용성 비타민 B	불분명
papain	파파인	파파야 열매에서 얻은 단백질 소화효소에 해당하는 연육제	할랄
paprika	파프리카	파프리카 숙과를 건조·분쇄해 만든 착향료와 색소	할랄
parabens	파라벤	파라하이드록시 벤조산의 메틸 또는 프로필 에스테르에 해당하는 살균제로, 제과제빵 제품, 음료 및 식품 색소에 사용	할랄
parboiled rice	파보일드 라이스	끈기가 생기도록 조리한 후 건조한 쌀로, 수프 및 쌀 요리에 사용	할랄

원재료명		설명	할랄 여부
영문	한글		
parsley	파슬리	파슬리 잎을 건조해 얻은 허브로, 토핑과 시즈닝으로 사용	할랄
pastry flour	페이스트리용 밀가루	연질밀에서 얻은 밀가루	할랄
peanut oil	땅콩 오일	땅콩에서 얻은 오일	할랄
pectin	펙틴	시트러스 껍질과 으깬 사과에서 얻은 수용성 식물성 수지	할랄
pepper	후추	향신료로, 녹색·적색·흑색·백색 열매를 생산	할랄
pepper, cayenne	카옌	고추과에 속하는 파프리카, 피망과 관련된 매운 향신료	할랄
pepper, red	홍고추	고추과에 속하는 익은 고추 향신료	할랄
petrolatum	페트롤라텀	석유에서 얻은 반고체의 탄화수소 혼합물로, 제과제빵 제품, 건조 과일, 음료, 난백에 이형제와 소포제로 사용	할랄
petroleum wax	석유 왁스	석유에서 얻은 왁스로, 껌 베이스에 사용하며, 생과일 채소의 보호피막제로 사용	할랄
phosphoric acid	인산	인을 연소해 생산한 강한 무기산으로, 콜라, 루트비어 음료에 원하는 정도의 산성을 가미하기 위한 착향료로 사용	할랄
polydextrose	폴리덱스트로오스	덱스트로오스의 응결로 만들어진 저칼로리 증량제	할랄
polyethylene glycol	폴리에틸렌 글리콜	산화에틸렌과 물의 중합체로, 탄산음료에 플레이버 조절제로 사용	할랄
polyglycerol esters of fatty acids	지방산의 폴리글리세롤 에스테르	식용 지방, 오일 또는 지방산과 글리세롤의 중합 반응으로 형성된 혼합 불완전 에스테르에 해당하는 유화제로, 케이크 믹스, 휘핑, 색소 및 향료에 용해제로 사용	불분명
polyoxyethylene sorbitan fatty acid esters	폴리옥시에틸렌 소르비탄 지방산 에스테르	산화에틸렌과 소르비탄 에스테르의 반응으로 만들어진 유화제로, 오일 및 물 유화액에서 사용	불분명
polyoxyethylene(20) sorbitan monooleate(Polysorbate 80)	폴리옥시에틸렌(20) 소르비탄 모노올레이트 (폴리소르베이트 80)	산화에틸렌과 반응하는 제품을 만들기 위해 올레산과 솔비톨의 반응으로 생산한 유화제	불분명
polyoxyethylene(20) sorbitan monostearate(Polysorbate 60)	폴리옥시에틸렌(20) 소르비탄 모노스테아레이트 (폴리소르베이트 60)	산화에틸렌과 반응하는 제품을 만들기 위해 스테아르산과 솔비톨의 반응으로 제조한 유화제	불분명
polyoxyethylene(20) sorbitan tristearate(Polysorbate 65)	폴리옥시에틸렌(20) 소르비탄 트리스테아레이트 (폴리소르베이트 65)	차후 산화에틸렌과 반응하는 제품을 만들기 위해 스테아르산과 솔비톨의 반응으로 제조한 유화제	불분명
polyoxyl(40) stearate	폴리옥실(40) 스테아레이트	유화제와 소포제	불분명
poppy seed	양귀비 씨	양귀비 씨로 만든 향신료	할랄

| 원재료명 | | 설명 | 할랄 |
영문	한글		여부
potassium alginate	알긴산 칼륨	알긴산의 칼륨염에 해당하는 수지	할랄
potassium bicarbonate	탄산수소 칼륨	알칼리 보조제 및 팽창제	할랄
potassium bisulfite	중아황산 칼륨	보존제 및 산화방지제	할랄
potassium bromate	브롬산 칼륨	반죽개량제	할랄
potassium carbonate	탄산 칼륨	범용 식품첨가제 및 알칼리	할랄
potassium chloride	염화칼륨	소금 대체제로 사용되는 영양 및 식이보충제	할랄
potassium citrate, monohydrate	구연산칼륨 제1수화물	금속이온 봉쇄제	할랄
potassium hydroxide	수산화칼륨	수용성 알칼리 및 식품첨가제	할랄
potassium iodate	요오드산 칼륨	요오드와 수산화칼륨이 반응해 만든 영양제	할랄
potassium iodine	요오드화칼륨	영양 및 식이보충제	할랄
potassium metabisulfite	메타중아황산 칼륨	화학 보존제 및 산화방지제	할랄
potassium nitrate	질산 칼륨	육류에 보존제 및 색소 정착제로 사용	할랄
potassium nitrite	아질산 칼륨	육류에 색소 정착제로 사용	할랄
potassium oleate	올레산 칼륨	올레산의 칼륨염으로, 유화제와 고결 방지제로 사용	불분명
potassium palmitate	팔미트산 칼륨	팔미트산의 칼륨염으로, 결합제, 유화제, 고결 방지제로 사용	불분명
potassium sorbate	소르비탄 칼륨	소르비탄의 칼륨염에 해당하는 보존제로, 치즈, 빵, 음료, 마가린, 건조 소시지에 사용	할랄
potassium stearate	스테아르산 칼륨	스테아르산의 칼륨염으로, 껌 베이스에 가소제로 사용	불분명
potassium sulfite	아황산 칼륨	아황산염으로, 보존제와 산화방지제로 사용	할랄
potassium tripolyphosphate	제3인산 칼륨	인산염으로, 육류의 수분결합제, 유화제, 금속이온 봉쇄제로 사용	할랄
potato starch	감자 전분	감자에서 얻은 전분	할랄
powdered sugar	파우더 슈거	분쇄한 설탕에 옥수수 전분을 첨가해 얻은 감미료	할랄
pregelatinized starch	호화 전분	찬물에서 팽윤이 가능하도록 열처리를 한 전분으로, 인스턴트 푸딩에 사용	할랄
propane	프로판	분사 보조제로, 폼이나 스프레이 형태의 식품에 사용되는 추진 및 분사 보조제	할랄
propionic acid	프로피온산	프로피온산의 산 원료로, 항곰팡이제로 사용	할랄
propylene glycol	프로필렌 글리콜	습윤제 및 플레이버 용매	할랄
propylene glycol alginate	알긴산 프로필렌 글리콜	다시마에서 얻은 알긴산의 프로필렌 글리콜 에스테르에 해당하는 수지	할랄
propylene glycol mono- and	프로필렌 글리콜 모노/	팔미트산 및 스테아르산 같은 지방산의 프로필	불분명

원재료명		설명	할랄 여부
영문	한글		
diesters	디에스테르	렌 글리콜 에스테르를 구성하는 유화제	
propylene glycol monostearate	프로필렌 글리콜 모노스 테아레이트	스테아르산의 프로필렌 글리콜 에스테르에 해 당하는 유화제	불분명
propyl gallate	갈산 프로필	합성 산화방지제로, 지방과 오일의 산패를 늦 추는 데 사용	할랄
pyridoxine	피리독신	수용성 비타민 B로, 간, 달걀, 육류에서 발견	불분명
pyridoxine hydrochloride	피리독신 염산염	수용성 비타민 B	불분명
quince seed	모과 씨	모과나무 열매에서 얻은 수지	할랄
quinine	퀴닌	기나나무에서 얻은 천연 착향료로, 퀴닌 워터 같은 음료에 쓴맛을 내는 데 사용	할랄
raisin	건포도	건조된 포도로, 과일과 시리얼 원재료로 사용	할랄
rape seed oil	유채 씨 오일	유채 및 유사 식물의 씨에서 얻은 오일	할랄
rennet	레넷	우유 응고제로, 송아지(송아지 레닛)나 소에서 얻은 레닌 효소 추출물을 농축한 것	불분명
riboflavin	리보플라빈	수용성 비타민 B2	할랄
rice bran oil	쌀겨 오일	쌀겨에서 추출한 오일	할랄
rice bran wax	쌀겨 왁스	쌀겨에서 얻은 정제 왁스	할랄
rice flour	쌀가루	긴 쌀, 중간 쌀, 짧은 쌀 등 다양한 종류의 쌀로 만든 분말	할랄
rice starch	쌀 전분	쌀에서 얻은 전분으로, 푸딩에 사용	할랄
roselle	로젤	히비스커스(hibiscus)에서 나온 로젤 꽃 추출물 에서 얻은 천연 적색 색소	할랄
rosemary	로즈마리	상록관목인 로즈마리의 말린 잎으로 만든 허브	할랄
rum ether(ethyl oxyhydrate)	럼 에테르	합성 착향료이며, 음료, 캔디, 아이스크림에 사용	할랄
rye flour	호밀가루	호밀을 제분해 얻은 분말	할랄
saccharin	사카린	자당보다 300~400배 더 높은 단맛의 무영양 합성 감미료	할랄
safflower oil	홍화유	홍화씨에서 얻은 식물성 오일	할랄
saffron	사프란	붓꽃류 식물의 말린 암술에서 얻은 향신료와 색소	할랄
sage	세이지	살비아의 말린 잎으로 만든 허브	할랄
sago starch	사고 전분	사고 야자에서 얻은 전분으로, 푸딩에 사용	할랄
savory	세이버리	세이버리의 잎과 꽃 끝부분을 건조한 허브	할랄
self-rising flour	자체 팽창 밀가루	탄산수소 나트륨 및 기타 염류를 첨가한 백색 밀가루	할랄

| 원재료명 | | 설명 | 할랄 |
영문	한글		여부
semen cydonia	사이도니아 씨	모과 씨로 만든 제품	할랄
semolina	세몰리나	정제된 거친 입자의 듀럼밀	할랄
sesame oil	참기름	참깨에서 얻은 오일	할랄
sesame seed	참깨	참깨류 식물의 씨	할랄
shallot	샬롯	양파의 일종에 속하는 백합과 다년초에서 얻은 향신료	할랄
shortening	쇼트닝	동물성 또는 식물성 지방이나 오일로, 제과제 빵 제품에 사용	불분명
silicon dioxide	이산화규소	광물을 원료로 하는 고결 방지제	할랄
smoke flavoring	훈제 플레이버	불태운 장작에서 얻은 착향료로, 기타 원재료 와 혼합해 사용	불분명
sodium acetate	아세트산 나트륨	아세트산을 제조하는 원료	할랄
sodium acid pyrophosphate (SAPP)	산성 피로인산 나트륨 (SAPP)	팽창제, 보존제, 금속이온 봉쇄제 및 완충제	할랄
sodium alginate	알긴산 나트륨	해조류에서 얻은 알긴산의 나트륨염에 해당하 는 수지	할랄
sodium aluminum phosphate	염기성 알루미늄 인산 나 트륨	유화제 및 팽창제	할랄
sodium aluminum sulfate	황산 알루미늄 나트륨	팽창제	할랄
sodium ascorbate	아스코르브산 나트륨	산화방지제 및 비타민 C	할랄
sodium benzoate	벤조산 나트륨	벤조산의 나트륨염에 해당하는 보존제	할랄
sodium bicarbonate	탄산수소 나트륨	팽창제	할랄
sodium bisulfate	중황산 나트륨	강산성의 식품첨가제	할랄
sodium bisulfite	산성 아황산 나트륨	박테리아 성장을 억제하고 변색을 방지하는 보존제	할랄
sodium calcium alginate	알긴산 칼슘 나트륨	알긴산의 염류 및 칼슘염에 해당하는 수지로, 점증제로 사용	할랄
sodium calcium aluminosilicate	알루미노규산 칼슘 나트륨	고결 방지제	할랄
sodium caprate	카프린산 나트륨	카프린산의 나트륨염으로, 유화제와 고결 방지 제로 사용	불분명
sodium caprylate	카프릴산 나트륨	카프릴산의 나트륨염으로, 유화제와 고결 방지 제로 사용	불분명
sodium carbonate	탄산 나트륨	알칼리성 식품첨가제	할랄
sodium caseinate	카제인 나트륨	카제인의 나트륨염으로, 유단백	할랄
sodium citrate	구연산 나트륨	구연산으로 만든 완충제 및 금속이온 봉쇄제	할랄
sodium diacetate	2초산 나트륨	보존제, 금속이온 봉쇄제, 산미료, 착향료	할랄

원재료명		설명	할랄 여부
영문	한글		
sodium erythorbate	에리소르빈산 나트륨	에리소르빈산의 나트륨염으로, 산화방지제로 사용	할랄
sodium hexametaphosphate	헥사메타인산 나트륨	금속이온 봉쇄제 및 수분결합제	할랄
sodium hydroxide	수산화나트륨	알칼리 및 중화제	할랄
sodium iron pyrophosphate	피로인산철 나트륨	영양 및 식이보충제	할랄
sodium lactate	젖산 나트륨	습윤제이며, 젖산의 나트륨염	할랄
sodium laurate	라우르산 나트륨	라우르산의 나트륨염으로, 유화제로 사용	불분명
sodium lauryl sulfate	라우릴황산 나트륨	유화제 및 기포제	불분명
sodium metabisulfite	메타중아황산 나트륨	보존제 및 산화방지제	할랄
sodium myristate	미리스트산 나트륨	미리스트산의 나트륨염으로, 결합제, 유화제, 고결 방지제로 사용	불분명
sodium nitrate	질산 나트륨	질산의 염류로, 살균제 및 보존제로 사용	할랄
sodium nitrite	아질산 나트륨	아질산의 염류로, 살균제 및 보존제로 사용	할랄
sodium oleate	올레산 나트륨	올레산의 나트륨염으로, 유화제 및 고결 방지제로 사용	불분명
sodium palmitate	팔미트산 나트륨	팔미트산의 나트륨염으로, 유화제 및 고결 방지제로 사용	불분명
sodium polyphosphate	폴리인산 나트륨	금속이온 봉쇄제 및 유화제	할랄
sodium potassium tartrate	주석산 칼륨 나트륨	완충제 및 금속이온 봉쇄제	할랄
sodium propionate	프로피온산 나트륨	프로피온산의 염류로, 보존제로 사용	할랄
sodium silicate	규산 나트륨	달걀용 보존제	할랄
sodium silicoaluminate	실리코알루민산 나트륨	고결 방지에 사용되는 고결 방지제 및 품질개량제	할랄
sodium sorbate	소르빈산 나트륨	소르빈산의 염류로, 보존제로 사용	할랄
sodium stearate	스테아르산 나트륨	스테아르산의 나트륨염으로, 껌 베이스에 가소제로 사용	불분명
sodium stearoyl fumarate	스테아로일 푸마르산 나트륨	효모 발효 제빵 제품용 반죽개량제	불분명
sodium stearyl fumarate	스테아릴 푸마르산 나트륨	효모 발효 제빵 제품용 반죽개량제	불분명
sodium tartrate	주석산 나트륨	금속이온 봉쇄제 및 안정제	할랄
sodium tetrametaphosphate	사메타인산 나트륨	금속이온 봉쇄제 및 유화제	할랄
sodium thiosulfate	티오황산 나트륨	금속이온 봉쇄제 및 산화방지제	할랄
sodium tripolyphosphate	삼인산 나트륨	결합제, 안정제 및 금속이온 봉쇄제	할랄
sorbic acid	소르빈산	효모, 곰팡이를 방지하는 보존제	할랄
sorbitan monostearate	소르비탄 모노스테아레이트	소르비탄 지방산 에스테르에 해당하는 유화제로, 글리세롤 모노스테아레이트의 솔비톨 파생	불분명

| 원재료명 | | 설명 | 할랄 |
영문	한글		여부
		유사체	
sorbitol	솔비톨	습윤제 및 무가당 감미료	할랄
soy flour	대두 분말	대두에서 지방을 제거해 얻은 분말	할랄
soybean oil	대두유	콩과 식물의 씨로부터 얻은 오일	할랄
soybean protein concentrate	농축 대두 단백질	대두 분말에서 수용성 탄수화물을 제거해 얻은 농축액	할랄
soybean protein isolate	분리 대두 단백질	대두 분말에서 단백질을 추출해 분리한 것	할랄
spice	향신료	식품에 향과 플레이버를 내는 역할을 하는 다양한 건조 식물	할랄
stannous chloride	염화 제1주석	산화방지제 및 보존제	할랄
stearic acid	스테아르산	유기산 혼합물(주로 스테아르산과 팔미트산)로 구성된 지방산	불분명
stearoyl lactylate	스테아로일 락틸레이트	반죽개량제, 유화제 및 기포제	불분명
stearyl citrate	스테아릴 시트레이트	구연산과 스테아릴 알코올을 반응해 만든 산화방지제	불분명
succinic acid	숙신산	말레산 또는 푸마르산을 수소 처리해 만든 산미료	할랄
succinylated monoglycerides	숙시닐화 모노글리세리드	유화제 및 반죽개량제	불분명
sulfur dioxide	이산화황	보존제	할랄
sulfuric acid	황산	산미료	할랄
sunflower oil	해바라기 오일	해바라기 씨에서 얻은 식물성 오일	할랄
tallow	동물성 지방	양고기나 소고기에서 얻은 동물성 지방	불분명
tarragon	타라곤	타라곤의 잎과 꽃 끝부분을 건조시킨 것	할랄
tartaric acid	주석산	산미료 및 착향료	할랄
tertiary butylhydroquinone (TBHQ)	3차 부틸하이드로퀴논 (TBHQ)	합성 산화방지제	할랄
tetrasodium pyrophosphate	피로인산 4나트륨	응고제, 유화제, 금속이온 봉쇄제	할랄
textured soy flour	성형 콩 분말	열처리와 사출을 거친 콩 분말	할랄
textured vegetable protein	성형 식물성 단백질	육류와 유사한 형태로 열처리와 사출을 거친 식물성 단백질	할랄
thiamine	티아민	수용성 비타민 B1	할랄
thyme	타임	타임 잎으로 구성된 허브	할랄
titanium dioxide	이산화 티타늄	백색 안료로, 착색 보조제로 사용	할랄
tocopherol	토코페롤	식물성 오일에서 얻은 지용성 비타민 E	할랄
tofu	두부	대두를 성형한 제품	할랄

| 원재료명 | | 설명 | 할랄 |
영문	한글		여부
tragacanth	트래거캔스	황기에 속하는 식물에서 얻은 수지로, 샐러드 드레싱과 소스에 사용	할랄
tricalcium phosphate	인산 3칼슘	고결 방지제	할랄
tricalcium silicate	규산 3칼슘	고결 방지제	할랄
triethyl citrate	트리에틸 시트레이트	금속이온 봉쇄제이며, 레몬 음료에 사용	할랄
trihydroxybutyrophe-none (THBP)	트리하이드록시부티로페논(THBP)	산화방지제	할랄
tripotassium citrate	구연산 3칼륨	완충제 및 금속이온 봉쇄제	할랄
tripotassium phosphate	3인산 칼륨	유화제 및 알칼리 완충제이며, 저염 식품에 사용	할랄
trisodium citrate	구연산 3나트륨	완충제 및 금속이온 봉쇄제	할랄
trisodium phosphate	3인산 나트륨	유화제 및 완충제	할랄
turbinado sugar	터비네이도 설탕	대형 결정 형태의 세척 원당	할랄
turmeric	강황	강황의 뿌리나 뿌리줄기에서 얻은 향신료 및 색소	할랄
tyrosine	티로신	보통 실크 부산물에서 분리한 아미노산	불분명
vanilla extract	바닐라 추출물	바닐라콩 추출물로 만든 착향료	불분명
tanilla flavor, artificial	인공 바닐라 플레이버	바닐린과 에틸 바닐린으로 이루어진 착향료	불분명
vanillin	바닐린	합성 바닐라로 만든 착향료	불분명
vegetable gum	식물성 수지	식물 원료에서 얻은 수지류	할랄
vegetable oils	식물성 오일	대두, 땅콩, 목화씨 및 식물 등의 식물성 원료에서 얻은 오일	할랄
vinegar	식초	연속적인 알코올과 초산 발효에 의해 생성된 산미료와 착향료	할랄
vitamin K	비타민 K	지용성 비타민	할랄
waxy maize starch	찰옥수수 전분	찰옥수수의 전분 단백	할랄
waxy rice flour	찹쌀가루	찹쌀에서 얻은 분말	할랄
wheat flour	밀가루	밀을 제분해 얻은 고운 분말	할랄
wheat germ	밀 배아	밀 커널의 오일 함유 부분	할랄
wheat gluten	밀 글루텐	밀가루에서 분리한 비수용성 복합 단백질	할랄
wheat starch	밀 전분	밀가루에서 얻은 전분	할랄
whey	유청	응유 공정 후 커드를 제거한 후 남은 우유 부분	불분명
whey powder	유청분말	유청의 고체 부분 또는 건조 형태	불분명
whey protein concentrate	농축유청단백질	비단백질 성분을 제거한 유청분말	불분명
whey protein isolate	분리유청단백질	유청에서 분리한 단백질	불분명

원재료명		설명	할랄 여부
영문	한글		
whole milk solids	전지유 고형분	우유를 건조하거나 탈수한 후 남은 제품	할랄
whole wheat flour	통밀가루	세척된 밀을 분쇄해 얻은 가루	할랄
wine vinegar	와인 식초	포도즙을 알코올과 초산으로 발효해 만든 식초	할랄
worcestershire sauce	우스터 소스	여러 가지 원재료로 구성된 소스	불분명
xanthan gum	잔탄검	미생물(Xanthomonas Campestris) 발효로 얻은 수지	할랄
xylitol	자일리톨	자당처럼 단맛을 지닌 감미료	할랄
yeast extract	효모 추출물	효모 세포(Saccharomyces Cerevisiae)에서 추출한 향미 증진제	할랄
yeast food	효모 식품	완전식품으로, 밀가루 반죽에 사용	불분명
yellow prussiate of soda	황혈소다	고결 방지제 및 결정화 보조제	할랄
yogurt	요거트	커스타드 유사 혹은 소프트 젤 제품	불분명
zein	제인	옥수수 글루텐 분말로 만든 옥수수 단백질	할랄
zinc acetate	아세트산 아연	영양 및 식이보충제	할랄
zinc carbonate	탄산 아연	영양 및 식이보충제	할랄
zinc chloride	염화 아연	영양 및 식이보충제	할랄
zinc gluconate	글루콘산 아연	영양 및 식이보충제	할랄
zinc oxide	산화 아연	영양 및 식이보충제	할랄
zinc stearate	스테아르산 아연	영양 및 식이보충제	불분명

감사의 글

이 책을 완성하는 데 많은 도움을 준 여러분께 감사의 말씀을 드린다. 특히 원고 작성에 끊임없는 조언과 지도를 해준 코넬대학교의 조 레겐슈타인Joe Regenstein 박사께 진심 어린 고마움을 표한다. 현명한 조언, 경청하고 의논하는 자세, 우리의 도전에 대한 격려, 그리고 아낌없이 자신의 시간을 할애해준 열정은 항상 소중하게 기억될 것이다. 그는 이 책의 저술 전반에 걸쳐 정확한 정보와 비평을 담는 데 결정적인 공헌을 했다.

아울러 최종 편집과 구성을 도와주었으며, 무엇보다도 이 책을 쓰도록 동기를 부여해준 엘리너 리머Eleanor Riemer 에게 깊은 감사를 드린다. 유용한 정보들을 수집하고 다듬는 데 값진 도움을 준 하이더 카타크Haider Khattak, 그레이스 타조노Grace Tjahjono, 아유브 칸M. Ayub Khan, 로거 오트만Roger Othman, 모하메드 사데크Mohamed Sadek, 로라 세그레티Laura Segreti 외 여러분에게도 고마움을 전한다. 끝으로 여러 측면에서 도움을 준 지인, 가족, 동료 모두에게 고개 숙여 감사의 마음을 전한다.

미안 리아즈Mian M. Riaz, 무함마드 챠드리Muhammad M. Chaudry

옮긴이의 글

최근 들어 산업 전반에 걸쳐 이슬람 시장 및 할랄에 대한 관심이 높아졌다. 일반적으로 할랄은 제품뿐만 아니라 금융 및 서비스 상품에 이르기까지 그 적용 대상이 광범위하다. 이 중 가장 핵심적이고 직접적인 산업 부문이 식품 산업이라는 것은 분명하다. 하지만 할랄 식품 생산에 대해 이론적이고 체계적으로 접근하기 위한 자료는 국내는 물론 해외에서도 그리 많지 않은 게 현실이다.

다행히도, 미국의 할랄 인증 기관 IFANCA를 설립한, 이 책의 저자가 대학과 산업체에서 축적한 전문 지식을 바탕으로 할랄 식품 생산에 대한 체계적인 이론을 정립해 이 책『할랄 식품 생산론』을 출간했다. 지금까지도 중동을 비롯한 다양한 국가에서 이 책으로 수많은 할랄 식품 전문가가 교육을 받고 있다. 다시 한 번 이 책을 집필한 리아즈 박사와 챠드리 박사께 깊은 감사의 인사를 전한다.

이제 한국어 번역본을 통해 국내에서도 좀 더 체계적이고 정확한 이론을 실무에 적용하고 학습에 활용할 수 있게 되었음은 대단히 기쁜 일이다. 다만, 원서가 출간된 시점으로부터 어느 정도 시간이 흐른 관계로, 본문이나 부록에 수록된 통계나 절차 규정에 일정한 시간 차가 있는 것에 대해 독자들에게 넓은 양해를 구한다. 그럼에도, 전통적 할랄 개념은 근래에 생긴 것이 아니라 약 1400년 전에 정립되어 현재까지 이어져 오는 흐름이며, 특히 산업적 측면에서의 할랄 식품 생산 이론은 이 책이 쓰인 이래 현재까지 큰 변화가 없었다. 따라서 구체적인 통계 수치 등은 필요 시 최근 데이터를 별도로 확인할 필요가 있겠지만, 이 책에서 주로 다루고 있는 할랄 식품 생산에 대한 일반 이론은 사실상 책 내용 그대로 학습하고 실무에 적용해도 무방하다.

한 가지 유의해야 할 점은, 할랄이라는 관념이 태생적으로 상이한 해석이 가능하며, 그에 따라 다양한 이해 당사자의 이견을 고려해야 한다는 것이다. 따라서 이 책을 포함해 할랄을 다루는 모든 자료는 유일의 절대적인 기준이 될 수 없으며, 상황과 여건에 따라 유연한 대응이 필요하다. 모쪼록 무슬림 시장 개척에 박차를 가하고 있는 한국의 할랄 산업계, 할랄에 대한 학문적 접근을 강화하고 있는 관련 학계, 그리고 이슬람 정책을 입안하는 유관 기관 등 할랄에 관심 있는 모든 독자들께 이 책이 도움이 되길 기원한다.

끝으로, 한국어판으로 출판되기까지 자료 분석에 도움을 준 석윤희 님께 특별히 감사의 말을 전하며 사단법인 할랄협회, GCC국가 연구소, 그리고 동료와 가족 모두에게 깊은 고마움을 전한다.

조영찬

찾아보기

지은이

미안 리아즈 Mian N. Riaz 박사

파키스탄 파이살라바 소재 농업대학교 식품기술학 부문 학사 및 석사 학위를 취득하고, 미국 메인 주 오로노 소재 메인 대학교에서 식품공학 박사를 취득했다. 현재 텍사스 A&M 대학교 식품단백질 연구개발센터의 연구 과학자이며 압출기술 프로그램의 책임자로 활동 중이다. 또한 동 대학교의 식품공학 및 식품 기술 프로그램에서 학위과정을 진행 중이다.

무함마드 챠드리 Muhammad M. Chaudry 박사

현재 미국 일리노이 주 시카고 소재 '미국 이슬람 식품 영양 협의회(IFANCA)'에서 할랄 인증 프로그램 책임자로 재직 중이다. 1993년까지 일리노이 주 베드포드 파크 소재 헬레 시즈닝스 앤드 인그리디언트(Heller Seasonings and Ingredients, Inc.)에서 총괄 품질보증 부문 부사장을 역임했다. 파키스탄 리알푸르 소재 웨스트 파키스탄 농업대학교에서 식품 기술 학사(우등) 및 석사(우등), 레바논 베이루트 소재 아메리칸 대학교에서 식품공학 석사, 미국 일리노이 주 어바나-샴페인 소재 일리노이 대학교에서 식품공학 박사 학위를 취득했다.

옮긴이

조영찬

연세대학교 법과대학을 졸업하고, SK그룹 및 외국계 기업에 근무하며 국제계약 및 해외투자 업무를 수행했다. 2011년 국내 최초로 이슬람 마케팅 및 할랄 인증을 전문으로 하는 (주)펜타글로벌을 설립하여 현재 대표이사로 재직 중이다. 2013년 (사)할랄협회를 설립하여 현재 수석 자문으로 활동하고 있다. 다수의 할랄 관련 국책 과제 및 프로젝트에 연구책임자로 활동했으며 복수의 해외 할랄 인증 기관의 한국 자문 및 감사관을 역임했다.

한울아카데미 1893

할랄 식품 생산론

지은이 **미안 리아즈 · 무함마드 챠드리** ┃ 옮긴이 **조영찬**
펴낸이 **김종수** ┃ 펴낸곳 **한울엠플러스(주)** ┃ 편집책임 **조인순**

초판 1쇄 인쇄 **2016년 5월 20일** ┃ 초판 1쇄 발행 **2016년 5월 25일**

주소 **10881 경기도 파주시 광인사길 153 한울시소빌딩 3층** ┃ 전화 **031-955-0655** ┃ 팩스 **031-955-0656**
홈페이지 **www.hanulmplus.kr** ┃ 등록번호 **제406-2015-000143호**

Printed in Korea.
ISBN 978-89-460-5893-4 93320 (양장)
      978-89-460-6168-2 93320 (학생판)
※ 책값은 겉표지에 표시되어 있습니다.
※ 이 책은 강의를 위한 학생용 교재를 따로 준비했습니다.
   강의 교재로 사용하실 때에는 본사로 연락해주시기 바랍니다.